高等學校文科教材

中國歷代文論選

第一册

主　編　郭紹虞
副主編　王文生

上海古籍出版社

本書是在一九六四年版《中國歷代文論選》的基礎上經過較大修改、增補，編寫而成的，由郭紹虞主編，王文生任副主編，錢仲聯參加校訂全書並擔任部分編寫工作，顧易生參加閱讀全稿，李慶甲、張海珊擔任先秦及近代主要部分的編寫工作，王文生、田念萱、黃屏擔任兩漢、魏晉南北朝及明、清部分的編寫工作，顧易生、蔣凡擔任隋唐、五代、宋、金、元部分及部分近代的編寫工作。

前　言

本書是在一九六四年版《中國歷代文論選》（下簡稱《文論選》）的基礎上經過較大修改、增補，編寫而成的。爲了適應教與學兩方面的需要，新編的《文論選》將分兩種版本發行，四卷本作爲教學和科研的參考書，一卷本供高等學校中文系作教材用。兩種版本編寫的指導思想是一致的，僅有繁簡詳略的差別。

《文論選》是我國古典文學理論文章的選集。首先就遇到一個選材的幅度，也就是或博采或精選的問題。爲此我們廣泛地徵求了意見。大多數同志認爲，我國古代文論成爲專書專論的固然不少，但有相當部分散見於書信序跋之中，過去雖有人對收集文論資料作過努力，但遠遠不够完備。因此，我們在編選工作中把博采放在重要位置上來考慮，選材偏於求詳。在具體選材中，又根據不同情况有所側重：兩漢以前，文學與其它學術著作的界綫還不太明顯，文學理論大都包含在哲學、政治及文學創作之中，選材不能不寬；魏晋以後，畛域分明，則選材相應求嚴。就文論研究的基礎來看，詩論文論歷來爲學者所注意，不妨精選；小説、戲劇、民歌等方面的理論沒有得到足够的重視，自應博采。再從歷史時期來看，過去的研究者往往把目光集中於鴉片戰爭以前的古代文論；相形之下，對近代文論則注意不够，這又要求我們對近代部分作適當增補。上述種種想法支配着我們的工作，其結果也就成了現在的新編文論選的一個特點，它比一九六四年版的篇幅擴大了，由三卷增爲四卷，而增加最多的又是小説、戲劇、民歌等方面的理論以及近代部分的文學理論。

在材料取捨上，我們遵循一個總的原則，力圖使文論的編選有利於總結文學理論發展的歷史規律，有利於爲社會主義新文學的發展提供歷史借鑑，有利於具有民族形式的馬克思主義文學理論的建立。根據這個原則，我們注意選取在文學思想鬥爭中觀點相互對立的作品，以便有所比較，總結經驗；注意選取在總結文學創作經驗方面有一定見地的論文，以便有所繼承，有所發展；注意選取各種不同文學流派的代表作，以便分析各家學說的特點，評判其歷史作用以及對現實的影響；對於專書，則選取其最有價值或富於代表性的篇章，以便存其精華，窺其全貌。

對於一卷本所選各篇以及四卷本的正文，我們除了作出注釋外，還寫了說明。注釋的目的在於解釋詞句，疏通文義。說明的作用或是論述一篇文章的歷史地位及其影響；或是列舉其主要論點，給予評價；或是揭櫫其固有含義，闡明大旨；總之，是爲了給教師以參考，給同學以啓發，并幫助自學者培養深入鑽研的興趣和獨立思考的能力。

四卷本的每篇正文之後，各有一組附錄。附錄文章或解說正文，有所闡發；或義有異同，可供比較；或後人論旨相同，有所引伸；或同一作者的其它文章觀點類似，足資旁徵。附錄的目的是爲了給研究者提供搜集材料的綫索，窺探某一理論發展的源流。

《文論選》是作爲教材用的。教師還可在本書的基礎上再作取捨，重點講授，以發揮自己的特長，同學在學習正文而有餘力的時候，也可以閱讀附錄。但無論教與學，都要注意培養同學收集材料、整理材料、分析材料的能力，要注意把文論選與批評史結合起來學習。古代文論是特定歷史條件的產物，它爲一定政治、經濟條件所制約，又受到哲學、宗教和其它意識形態的影響。它繼承某一文學傳統，又滋生了某種文學思想，有所演變，有所發展。我們只有在廣泛的聯繫中而不是孤立靜止地去學習文論，才能取其精華，去其糟粕，達到古爲今用的目的。

我們是本着上述原則來編寫這部《文論選》的。然而要完滿地貫徹這些原則，殊非易事。我們雖然作了很大的努力，但由於水平的限制，考慮不周或內容錯誤之處一定在所難免，我們殷切期待同志們的批評指正。

最後，我們深深感謝中國作家協會上海分會對我們的大力幫助和支持。我們也懷着遺憾的心情提到下列事實：第一次參加本書編寫工作的劉大杰教授已經病故，夏承燾、馬茂元教授也未能參加這次新編工作，然而他們對於本書的貢獻是不容遺忘的。

例言

我國文學理論遺產極爲豐富，它的形式是多種多樣的：有專書，有見於各種書籍中的單篇詩、文和筆記。這大量的資料，龐雜而又分散，過去還沒有做過系統的整理工作。爲了批判地繼承並發揚傳統，從中吸取有用的東西，建設我們自己的新文學理論，本書配合"中國文學批評史"的教學，選輯了有關這方面的資料，供大學中文系教學及文學理論工作者研究之用。編例如次：

(一) 選材和編次

一、本書所選，以理論性的著作爲限，形式不拘一格。入選各篇，取其能够闡明某一種文學思想和主張，在文學理論的發展歷史上具有一定的代表意義。其摭拾前言，陳陳相因，無眞知灼見，或評述某一作家，詮次某一作品，偏重於知識介紹，或漫談欣賞，無關宏旨者，概不選錄。另有一種情况，如徐陵的《玉臺新詠序》、歐陽炯的《花間集序》，從選集本身來看，都鮮明地表現了選者的文學主張，然而這類的序言却以絺章繪句爲工，並未闡明任何理論，凡此之類，也不入選。

一、我國古代，特別是魏、晉以前，文學和哲理、歷史著作之間並沒有一條明顯的界線。本書所選先秦諸子以及兩漢人的文章中，有一部份並不是論述文學或不是專論文學的，但它們在理論上可以和文學相通，曾經起過作用和影響。六朝以後，也還適當地選了一些這類的文章，如劉知幾的《史通》，即其一例。這因爲它是從文學語言的角度來談史傳文寫作的原理原則的。

一、本書四卷本分一、二、三、四册，第一册起先秦至南北朝，第二册隋、唐、宋、金、元，第三册明、清，第四册近代。

一、正文按照作者的時代編次。在不過分打亂時代順序的情況下，有時按問題的性質，以類相從，作適當的編排。附錄附於正文，不區分時代，但也盡可能依時代編次。

一、凡入選各篇，無論正文或附錄，另有選篇編目，按時代先後，以文繫人，附於全書之末。從全書的結構編次，可以約略窺見我國古代文學理論歷史發展的輪廓；從選篇的編目，又可以較全面地瞭解每一時代入選的理論家對文學各方面的主張。前者以理論爲主幹，後者以理論家爲中心，兩相參證，爲讀者進一步深入研究提供了線索。

一、入選各篇，其與文學理論無關的部份，在不過分損害原文完整性的情況下，採用節錄的辦法，於題下註明。節錄的文章，除在原書中自成獨立章節者（如《論語》某篇中的幾個章節）外，其節去一段或數段者，一律加删節號。

（二）校註和說明

一、入選各篇的文字，盡可能地採用各種版本加以校勘，正文迻錄時，以一本爲主，於篇末註明“某某本”。其有個別字句據他本改正或增補者，或有異文足資參考者，均於原文下加括號註明出處，或於篇末註明參用某本。有些選文的標點曾斟酌改動，未能一一說明。

一、正文各篇，一律加註；附錄僅將原文分段標點，不加註。

一、各篇註文，目的在於闡釋本篇的理論內容，凡用典、用事、運用成語或引用資料，其有關文學理論或文學知識範圍者，一一加以註釋。此外，擇要加註。

一、各篇的註釋，或註事，或釋義，或事義兼釋，繁簡詳略，視具體情況而定。詩歌、駢文以及較爲艱深的散體，估計一般讀者不易理解的個别句子，聯繫上下文作必要的串釋，釋述其大意。

一、註文盡可能採用可靠的原始資料，力求知識性的正確。引用資料中有個别艱深的字句難於理解者，也作了簡要的解釋，用括號括在原文的下面。原資料過於繁複不易刪節引用者，撮舉其大意，並註明出處。

一、註釋遇有歧義，一般的都以一説爲主；必要時，兩説並存，以供參考。凡刊訂舊註訛誤之處，不列舉舊説作辨正，以避繁冗。

一、各篇作者介紹，作爲註釋當中的一條，不另列作者小傳。是項註文，力求簡要，除生卒年、籍貫、略歷及主要著作外，其生平事蹟，不作介紹，僅註明有關資料的來源，以備查考檢閱。

一、前面見過的，一般的都不重註。但有時由於前後文取義不同，詳略各異，重見之處，也不可能完全避免。

一、爲了進一步幫助讀者理解原文，配合註釋，每篇正文之後，都附有一篇説明。註釋和説明互相結合，互爲補充。有些理論性的問題註釋已有解説者，説明中不再重複。

一、我國文學，有它自己的發展歷史和民族特色，古代文學理論中許多用語，都是前人從創作實踐經驗中概括出來的，也是我們應該批判地繼承的；對於這些用語，我們在註釋和説明中，一方面力求用科學的觀點把問題説得具體；另一方面，對現代術語的運用，採取審慎的態度，盡量避免生搬硬套。

一、本書從選材到註釋、説明，都是一種新的嘗試，錯誤之處，定所難免，殷切地期待讀者和專家們指正。

目　錄

兩　漢

魏晉南北朝

尙書·堯典〔節錄〕

帝[1]曰：夔[2]！命女典樂[3]，敎胄子[4]：直而溫[5]，寬而栗[6]，剛而無虐[7]，簡而無傲[8]。詩言志[9]，歌永言[10]，聲依永[11]，律和聲[12]，八音克諧[13]，無相奪倫[14]，神人以和[15]。夔曰：於[16]！予擊石拊石，百獸率舞[17]。

孫星衍《尙書今古文註疏》

【註釋】

［1］帝——指舜。

［2］夔——人名，相傳是堯舜時掌管音樂的人。

［3］女——汝，你。典樂——主管音樂。

［4］敎胄子——胄，長。這句謂敎育子弟，使其成長。一說，胄子指嫡長子。《史記·五帝本紀》作"敎穉子"。

［5］直而溫——正直而溫和。

［6］寬而栗——寬弘而莊嚴。栗，堅貌。

［7］剛而無虐——剛毅而不苛刻。無，不，下句同。

［8］簡而無傲——簡易而不傲慢。

［9］詩言志——詩是用來表達人的志意的。《史記·五帝本紀》作"詩言意"。

［10］歌永言——永，長。這句謂歌是延長詩的語言，徐徐詠唱，以突出詩的意義。

［11］聲依永——謂聲音的高低又和長言相配合。聲，五聲，宮、商、角、徵、羽。

［12］律和聲——謂律呂用來調和歌聲。律呂，六律六呂。六律指黃鐘、太簇、姑洗、蕤賓、夷則、無射。六呂指大呂、應鐘、南呂、林鐘、仲呂、夾鐘。

［13］八音——《周禮·春官·大師》：八音，金、石、土、革、絲、木、匏、竹。這裏金指銅鐘，石指石磬，木指木製的柷（音祝，形如漆桶）、敔（音語，形如伏虎），大抵都屬體鳴樂器；革指鼓，屬皮樂器；竹指簫，匏（葫蘆之屬，古代制笙的材料）指笙，屬氣樂器；土指塤（音勛，陶哨），兼涉於體鳴樂器和氣樂器。這是八音的原始

分類法。後來因樂器所用的材料逐漸複雜，分類也發生變化。八類樂器不同，所發的音也不同，所以稱爲八音。克諧——達到和諧。

[14] 無相奪倫——不要攪亂次序。無，毋。

[15] 神人以和——原書以爲神和人通過詩歌音樂可以交流思想感情而能協調和諧。

[16] 於——音烏，歎詞。

[17] 擊石拊石二句——石，磬。拊，小擊。二句舊註謂擊拊石磬，樂感百獸，使相率而舞。按：百獸率舞疑是原始社會的圖騰舞。百獸指各種化裝的動物圖騰。

【説明】

《尚書》是關於中國上古歷史和部分追述古代事迹著作的彙編。西漢初存二十八篇，相傳由伏生口授，用漢時通行文字隸書抄寫，是爲《今文尚書》。《堯典》爲其中的一篇。近人以爲由周代史官根據傳聞編著，又經春秋戰國時人補訂而成。僞《古文尚書》把下半篇分出，並加二十八字，作爲《舜典》。

這裏節錄的一段文字，記載了中國早期的文學理論。它包括兩個方面的内容。其中之一是"詩言志"。朱自清先生認爲這是中國歷代詩論的"開山的綱領"(《詩言志辨序》)，對後來的文學理論有着長久的影響。由於"詩言志"概括地説明了詩歌表現作家思想感情的特點，也就涉及到詩的認識作用。從馬克思主義觀點看來，詩人的"志"是一定社會歷史條件的產物，無不受階級地位的制約。人們通過言"志"的詩，也就能在不同程度上認識社會。古人對這一點沒有作出明確的闡述，但已意識到詩的這方面的作用。《禮記·王制》云："命大師陳詩以觀民風。"《漢書·藝文志》云："《書》曰：'詩言志，歌永言。'故哀樂之心感而歌詠之聲發。誦其言謂之詩，詠其聲謂之歌。故古有采詩之官，王者所以觀風俗，知得失，自考正也。"這説明，古人在"詩言志"的認識基礎上，已注意到"采詩觀志"，並曾經把"采詩"作爲一種制度，力圖充分發揮詩的認識作用，使之爲統治者的政治服務。

與“詩言志”這一特點相聯繫的另一方面，則是詩的敎育作用。“志”，既然是詩人的思想感情，言志的詩必須具有從思想感情上影響人和對人進行道德規範的力量。古代統治者把這種思想概括成詩能“持其性情”，並十分重視詩所言的“志”的性質。從孔子提倡詩“無邪”，到後來的主張“發乎情，止乎禮義”，以至提倡“溫柔敦厚”的儒家詩敎，一系列的努力都集中在詩之“志”必須符合其本階級的道德規範。另一些人則發表了不同的看法。所謂“饑者歌其食，勞者歌其事”，“介眇志之所惑兮，竊賦詩之所明”，“志憾恨而不逞兮，抒中情而屬詩”（莊忌：《哀時命》），說明另有不同傾向的詩歌。它們在現實生活中發揮着不同的敎育作用。在我國文學發展過程中，由於“志”長期被解釋成合乎禮敎規範的思想，“情”被視爲是與政敎對立的“私情”，因而在詩論中常常出現“言志”和“緣情”的對立。有時甚至產生激烈的爭辯。唐孔穎達早已看出，“志”與“情”是一個東西，“言志”與“緣情”並無本質的區別（原文見本篇附錄）。這種對立的理論主張之所以在文學批評史上出現，其實質則是要求詩歌發揮不同的敎育作用，是不同的政治思想要求在文學理論上的反映。

《堯典》這段文字也說明了在文學發展初期詩、樂、舞的緊密聯繫。從文學起源的情況看來，一般的是伴隨勞動節奏而產生音樂，因音樂而產生歌辭。在當時，樂和詩同樣起着“言志”和敎育人的作用。所以《荀子·樂論》說：“君子以鐘鼓道志。”《周禮·大司樂》說：“以樂語敎國子。”詩與樂到後來才發展成兩個獨立的部門，產生以“聲”爲用的樂，和以“義”爲用的詩。至於詩、樂、舞的緊密結合，《呂氏春秋·古樂》也有所記載：“昔葛天氏之樂，三人操牛尾，投足以歌八闋：一曰載民，二曰玄鳥，三曰遂草木，四曰奮五穀，五曰敬天常，六曰達帝功，七曰依地德，八曰總萬物之極。”《堯典》所述與此可以互相印證。它爲我們提供了關於文學起源的重要歷史資料。

《尚書》是我國現存的較早的古籍。“詩言志”是早期的詩歌理論。它在我國文學批評上的影響源遠流長。毛主席從無産階級立場出發，書寫“詩言志”三字贈給文藝工作者，給這一理論注進了新的内容。

附　錄

左傳·襄公二十九年（節錄）

吴公子札來聘……請觀於周樂。使工爲之歌周南、召南，曰：美哉！始基之矣，猶未也。然勤而不怨矣！爲之歌邶、鄘、衞，曰：美哉，淵乎！憂而不困者也。吾聞衞康叔、武公之德如是，是其衞風乎？爲之歌王，曰：美哉！思而不懼，其周之東乎？爲之歌鄭，曰：美哉！其細已甚，民弗堪也，是其先亡乎？爲之歌齊，曰：美哉，泱泱乎，大風也哉！表東海者，其大公乎！國未可量也。爲之歌豳，曰：美哉，蕩乎！樂而不淫，其周公之東乎？爲之歌秦，曰：此之謂夏聲。夫能夏則大，大之至也，其周之舊乎？爲之歌魏，曰：美哉，渢渢乎！大而婉，險而易行，以德輔此，則明主也！爲之歌唐，曰：思深哉！其有陶唐氏之遺民乎？不然，何憂之遠也。非令德之後，誰能若是？爲之歌陳，曰：國無主，其能久乎？自鄶以下，無譏焉。

爲之歌小雅，曰：美哉！思而不貳，怨而不言，其周德之衰乎？猶有先王之遺民焉。爲之歌大雅，曰：廣哉，熙熙乎！曲而有直體，其文王之德乎？爲之歌頌，曰：至矣哉！直而不倨，曲而不屈，邇而不偪，遠而不攜，遷而不淫，復而不厭，哀而不愁，樂而不荒，用而不匱，廣而不宣，施而不費，取而不貪，處而不底，行而不流，五聲和，八風平，節有度，守有序，盛德之所同也。

阮元刻《十三經註疏》本《春秋左傳正義》卷三十九

楚　辭(選錄)

道思作頌，聊以自救兮。(«抽思»)

介眇志之所惑兮，竊賦詩之所明。(«悲回風»)

«四部叢刊»影印明翻宋本«楚辭»卷四

淮南子·道應(節錄)

〔漢〕劉　安

今夫舉大木者，前呼“邪許”，後亦應之，此舉重勸力之歌也。

«四部叢刊»影印劉泖生影寫北宋本«淮南子»卷十二

漢書·藝文志(節錄)

〔後漢〕班　固

«書»曰:“詩言志，歌詠言。”故哀樂之心感，而歌詠之聲發。誦其言謂之詩，詠其聲謂之歌。故古有采詩之官，王者所以觀風俗，知得失，自考正也。

中華書局點校本«漢書»卷三十

春秋公羊傳·宣公十五年解詁(節錄)

〔後漢〕何　休

男女有所怨恨，相從而歌。飢者歌其食，勞者歌其事。

阮元刻«十三經註疏»本«春秋公羊傳註疏»卷十六

詩大序正義(節錄)

〔唐〕孔穎達

詩者，人志意之所之適也。雖有所適，猶未發口，藴藏在心，謂之爲志。發見於言，乃名爲詩。言作詩者，所以舒心志憤懣，而卒成於歌詠。故«虞書»謂之“詩言志”也。包管萬慮，其名曰心；感物而動，乃呼爲志。志之所適，外物感焉。言悦豫之志則和樂興而頌聲作，憂愁之志則哀傷起而怨刺生。《藝文志》云："哀樂之情感，歌詠之聲發"，此之謂也。

阮元刻《十三經註疏》本《毛詩正義》卷一

曾裘父詩集序(節錄)

〔宋〕陸　游

古之説詩曰言志。夫得志而形于言，如皋陶、周公、召公、吉甫，固所謂志也。若遭變遇讒，流離困悴，自道其不得志，是亦志也。然感激悲傷，憂時閔己，託情寓物，使人讀之，至于太息流涕，固難矣。至于安時處順，超然事外，不矜不挫，不誣不懟，發爲文辭，冲澹簡遠，讀之者遺聲利，冥得喪，如見東郭順子，悠然意消，豈不又難哉。

《四部叢刊》影印明華氏活字本《渭南文集》卷十五

再答李少鶴書(節錄)

〔清〕袁　枚

來札所講"詩言志"三字，歷舉李、杜、放翁之志，是矣。然亦不可太拘。詩人有終身之志，有一日之志，有詩外之志，有事外之志，有偶然興到，流連光景，即事成詩之志，志字不可看殺也。謝傅之游山，韓熙載之縱伎，此其本志哉？多識于鳥獸草木之名，亦夫子餘語及之，而夫子之志豈在是哉？

《小倉山房尺牘》卷十

詩　經〔選錄〕

糾糾葛屨[1]，可以履霜[2]。摻摻女手[3]，可以縫裳[4]。要之襋之，好人服之[5]。好人提提[6]，宛然左辟[7]。佩其象揥[8]。維是褊心，是以爲刺[9]。(«魏風・葛屨»)

……墓門有梅[10]，有鴞萃止[11]。夫也[12]不良，歌以訊之[13]。訊予不顧[14]，顚倒思予[15]。(«陳風・墓門»)

……家父作誦[16]，以究王訩[17]，式訛爾心[18]，以畜萬邦[19]。(«小雅・節南山»)

……爲鬼爲蜮，則不可得。有靦面目，視人罔極[20]。作此好歌，以極反側[21]。(«小雅・何人斯»)

……彼譖人[22]者，誰適與謀[23]？取彼譖人，投畀[24]豺虎。豺虎不食，投畀有北[25]。有北不受，投畀有昊[26]。楊園[27]之道，猗于畝丘[28]。寺人孟子[29]，作爲此詩。凡百君子，敬而聽之[30]。(«小雅・巷伯»)

……匪鶉匪鳶，翰飛戾天。匪鱣匪鮪，潛逃于淵[31]。山有蕨薇，隰有杞桋[32]。君子[33]作歌，維以告哀。(«小雅・四月»)

……君子之車，旣庶且多。君子之馬，旣閑且馳[34]。矢[35]

詩不多，維以遂歌[36]。(《大雅·卷阿》)

……民亦勞止，汔[37]可小安。惠此中國，國無有殘[38]。無縱詭隨[39]，以謹繾綣[40]。式遏寇虐[41]，無俾正反[42]。王欲玉女，是用大諫[43]。(《大雅·民勞》)

……民之未戾，職盜爲寇[44]。涼曰不可，覆背善詈[45]。雖曰匪予，旣作爾歌[46]。(《大雅·桑柔》)

……申伯番番[47]，旣入于謝[48]，徒御嘽嘽[49]。周邦咸喜：戎有良翰[50]。不顯[51]申伯，王之元舅，文武是憲[52]。申伯之德，柔惠且直。揉[53]此萬邦，聞于四國[54]。吉甫[55]作誦，其詩孔碩[56]，其風肆好[57]，以贈申伯。(《大雅·崧高》)

……四牡騤騤[58]，八鸞喈喈[59]。仲山甫徂齊，式遄其歸[60]。吉甫作誦，穆如淸風[61]。仲山甫永懷[62]，以慰其心。(《大雅·烝民》)

阮元刻《十三經註疏》本《毛詩正義》

【註釋】

[1] 糾糾葛屨——屨卽鞋。糾糾爲纏結繚繞的樣子，指葛屨上所纏結的帶子。

[2] 可以履霜——葛屨本是夏天所穿，這句是形容它做工精緻，可以不透寒氣。履，踐踏。

[3] 摻摻女手——摻摻一作攕攕，形容女子手指纖細。這裏的女手，也就是製葛屨者的手。這個女子似是婢妾。

[4] 裳——下裙。這裏以裳字與霜字叶韻，實包括上衣。

[5] 要之襋之二句——要，音腰，衣裳的襟；襋，音棘，衣領。這兩個字都用作動詞，

言一手提領，一手提襋。好人，美人，這裏是譏諷之詞，似指嫡妻。兩句是說縫裳女將做好的衣裳拿給嫡妻去穿。

[6] 好人提提——這句是描寫嫡妻故作滿不在乎的神氣。提提，《爾雅》註引作媞媞，安舒貌。

[7] 宛然左辟——謂扭轉腰身。宛然，迴轉貌。辟，同避。

[8] 象揥——象牙製的女子髮飾，兼作搔頭用。

[9] 維是褊心二句——褊心，心胸狹隘。刺，譏諷。二句是縫裳女自述作詩意圖，意謂：正因爲這個好人心地褊狹，所以作一首詩來諷刺諷刺她。

[10] 墓門——墓道的門。梅——《楚辭》王逸註引作棘。棘是酸棗樹，多刺，作者用來比喻他所憎恨的人。據《詩序》，本詩爲"刺陳佗"而作。陳佗是陳國公子，殺太子免，自立爲君，造成陳國大亂，國人分散。後爲蔡人所殺。見《春秋左傳》桓公五、六年。

[11] 鴞——鴟鴞，惡聲之鳥。作者似以此惡鳥比喻助人爲惡者。萃止——棲息。

[12] 夫也——猶言彼人，指作者所譏刺的人。

[13] 歌——謂作此詩歌。訊——告，警告。又作誶，二字互通。誶是數說責問的意思。

[14] 訊予不顧——警告了就不理我。

[15] 顛倒思予——栽了跟斗才會想起我。

[16] 家父——或作嘉父，又作嘉甫，人名，就是本篇的作者。誦——這裏指詩。

[17] 究——窮，極。這裏意指徹底揭露。王訩——指周王的罪惡。訩，通作凶，惡。

[18] 式訛爾心——希望你(周王)能改變心意。式，語助詞，無義。訛，化，改變的意思。

[19] 以畜萬邦——以便撫養萬國。

[20] 爲鬼爲蜮四句——蜮，傳說中的一種害人的怪物。朱熹《詩集傳》："蜮，短狐也。江淮水皆有之，能含沙以射水中人影，其人輒病，而不見其形也。"靦，音舔，人面貌。視人，受人注視，視同"示"。罔極，沒有終極。四句直斥所諷刺的小人，意謂：如果你是鬼蜮，那確實不可能看到你。但你也披着一張人皮，已被人們注視，而且是不會有盡期的。

[21] 以極反側——用來深究你的反覆顛倒。

[22] 譖人——讒害別人的人。

[23] 誰適與謀——是誰替他主謀。適，音的，專主。

[24] 畀——音幣，給與。

[25] 有北——北方極寒無人之境。

[26] 投畀有昊——鄭玄箋:“付與昊天,制其罪也。”意爲交給老天爺去處理。有昊,猶言彼蒼,天。

[27] 楊園——園名。

[28] 猗——加。畝丘——丘名。

[29] 寺人——奄官。詩題“巷伯”,也是寺人的意思。孟子——寺人的字。

[30] 凡百君子——指百官。以上六句,作者點明了作詩地點和自己的身份、名字,並表示作詩目的是要使人們對讒人引起警惕。

[31] 匪鶉匪鳶四句——匪,非。鶉(音團)、鳶,都是猛禽。翰,高。戾,至。鱣(音氈)、鮪(音委),同爲大魚。四句是作者以鳥飛魚潛爲喻,意謂自己不是猛禽可以飛到天上,不是大魚可以潛入深淵,隱喻生在亂世,遭受苦難,而無處可逃。

[32] 山有蕨薇二句——鄭玄箋:“此言草木生各得其所,人反不得其所,傷之也。”杞,枸杞。桋,楝,有赤、白色兩種。

[33] 君子——這裏是作者自稱。從全詩的內容看來,作者大概是個大夫。《詩序》說:“《四月》,大夫刺幽王也。在位貪殘,下國構禍,怨亂並興焉。”

[34] 君子之車四句——《詩序》說:“《卷阿》,召康公戒成王也,言求賢用吉士也。”君子,朱熹《詩集傳》以爲指周成王。庶,衆多。閑,有教養。以上四句,只說成王車馬極盛,但沒有寫成王用它來給賢人乘用(卽是使賢士做官),這含有諷的意思。

[35] 矢——陳。

[36] 維以遂歌——意謂希望馬上讓樂人歌唱此詩給成王聽。遂,就。

[37] 汔——音迄,庶幾。

[38] 惠此中國二句——惠,愛。中國,此處指京師。二句承上句而來,謂周厲王如能愛護京師的人民,那麼,全國諸侯君長也不至有殘害人民的暴政了。《詩序》以爲此詩是“召穆公刺厲王也”。

[39] 無縱詭隨——不要聽從那些詭詐欺騙、善於逢迎的小人。

[40] 以謹繾綣——以謹防他們的結黨包圍。繾綣,固結不解之意。

[41] 式遏寇虐——以遏止掠奪暴虐。

[42] 無俾正反——莫使政事顚覆敗壞。俾,使。正,通“政”。

[43] 王欲玉女二句——王呀,正因我要愛您,所以寫作此詩,對您進行規勸。玉,珍愛的意思。

[44] 民之未戾二句——戾,定。職,主、專。二句謂民衆的不得安定,專由於執政者的盜寇行爲。

[45] 涼曰不可二句——涼，涼薄。馬其昶《詩毛氏學》說："'涼曰不可'，即'曰不可涼'之倒文。"善，大。二句意謂：我告誡你說，不可以有涼薄行爲，你却翻臉大罵。

[46] 雖曰匪予二句——你雖然說這些事情非己所爲，我已爲你而作這首歌陳述你的過失了。《詩序》："《桑柔》，芮伯刺厲王也。"鄭玄箋："芮伯，畿內諸侯，王卿士也，字良夫。"

[47] 申伯——姜姓諸侯，周宣王之舅。番番——勇武貌。

[48] 謝——古地名，在今河南南陽市附近，申伯作邑於此。

[49] 嘽嘽——衆盛貌。

[50] 周邦咸喜二句——戎，你。翰，幹，指國家的支柱。朱熹《詩集傳》："申伯既入于謝，周人皆以爲喜，而相謂曰：汝今有良翰矣。"但這却反映了他們沒有惜别之情。

[51] 不顯——丕顯。不，通丕，大。一說：不，語詞，猶"豈不"，亦通。

[52] 文武是憲——謂文武之士皆以申伯爲榜樣。憲，法。

[53] 揉——安。

[54] 四國——四方。

[55] 吉甫——尹吉甫，周王朝的卿士。

[56] 其詩孔碩——謂詩意甚爲宏大。孔，甚。

[57] 其風肆好——謂聲調非常悅耳。風，聲調。肆，極。

[58] 騤騤——形容馬的健壯而有威儀。

[59] 鸞——鈴。喈喈——鏘鏘。

[60] 式遄其歸——謂周人都希望仲山甫早日歸來。這是對宣王派仲山甫遠至齊地，含蓄地表示不滿。遄，急。

[61] 穆如清風——穆，和美。以上二句，意謂尹吉甫作這首詩，和美得猶如化養萬物的清風，很能使人受到感染。

[62] 仲山甫永懷——永，長。這句的意思是希望仲山甫能長思吉甫作誦的用意。

【說明】

《詩經》是中國最早的詩歌總集。本只稱《詩》，或舉其整數稱《詩三百》。後來儒家學派把它奉爲經典，習慣上就稱爲《詩經》。編成于春秋時代，共三〇五篇，全部是周初至春秋中葉的合樂歌詞，產生于今陝西、山西、河南、河北、山東及湖北等地。全書根據樂調分爲風、雅、頌三個部分，作者既有人民羣衆，也有士大夫貴族。但其時尙無專門作家，作者的姓名基本上都已無法考定。形式以四言爲主，往往重章迭句，反復詠唱，其中有不少作品成功地運用了賦、比、興手法，富于藝術性。

在這三〇五篇詩歌裏，有少數作品已經談到了作詩的目的。在比較明確的十一條中，八例爲諷，三例爲頌。但不論是諷是頌，實際上都是“詩言志”的具體發展和運用。這些例證表明，在當時社會矛盾加劇的情況下，人們已經把詩歌創作和政治緊密聯繫起來，運用詩歌積極干預生活，或者諷刺醜惡的事物，或者贊頌美好的事物。

十一例中，諷占多數，决非偶然。這不僅反映了《詩經》的實際情況，而且有其深刻的社會根源。如把頌美的三例（《卷阿》、《崧高》、《烝民》）稍加分析，則還可以發現，這三例實際上也多少帶有諷的意味。總之，在階級社會裏，由于美好的事物常常受到損害，不合理的現象大量存在，諷乃是人們對於詩歌的社會作用的主要認識。

這個認識不但是《詩經》中的大量諷刺詩所由產生的思想基礎，而且也是當時社會上的一種帶有普遍性的認識。《國語·周語》記載召公諫厲王使衞巫監謗，就有這樣的話：“爲川者決之使導，爲民者宣之使言。故天子聽政，使公卿至於列士獻詩，瞽獻曲，史獻書，師箴、瞍賦，矇誦，百工諫，庶人傳語，近臣盡規，親戚補察，瞽史教誨，耆艾修之，而後王斟酌焉，是以事行而不悖。”類似的話在《晉語》和《左傳》襄公十四年也都有所記載。可見，當時社會上早就公認諷刺是詩歌的主要職能。正如清人程廷祚所說：“詩人自不諱刺，而詩之本敎，蓋在於是矣。胡可以不察耶？”（《詩論六》）

尤其值得注意的是，這個認識一直貫穿兩千多年的封建社會，影響歷代進步詩人，推動歷代進步詩論，促進了大量具有諷刺意義的作品產生。荀子就高呼："天下不治，請陳佹詩。"(《荀子·賦》)司馬遷說："《詩》三百篇，大抵賢聖發憤之所爲作也。"(《史記·太公自序》)劉勰說："風雅之興，志思蓄憤，而吟詠情性，以諷其上，此爲情而造文也。"(《文心雕龍·情采》)他們都認識到了諷產生于憤。至於白居易的諷諭詩和詩論，則顯然是這個傳統的發展。

在長期的古代社會裏，詩以諷爲主，這是社會生活的必然反映。至於頌詩，固然有不少諛媚權貴的作品，但其中也有一些篇章在扶植美好事物方面產生過積極影響。隨着時代的發展，按照生活的不同需要，詩的這兩方面的傳統必將具有新的內容，充分發揮其應有的作用。

附錄

詩論六 刺詩之由

〔清〕程廷祚

《漢志》云："民性有剛柔緩急，繫水土之風氣，謂之風；好惡取舍，隨君上之情欲，謂之俗。"《序》曰："上以風化下，下以風刺上。"又曰："一國之事繫一人之本，謂之風。"此皆論詩者之權衡也。自邶、鄘以下，國俗之美惡，具於詩矣；而其政事之得失，君臣之賢否，因有可得而言者。

夫淫風流行，其原未有不自上起而後及下者也。故刺淫之篇，於衞多在宣公，於齊多在襄公。此二君者，國亡身弑。而陳之靈公，蹈厥覆轍。國風之中，以女戎禍其國者，蓋莫甚於此矣。鄭俗之不美，則由於昭、厲之間，兵革不息，男女失時，而非在上者有以倡之，故鄭以淫聲見絕於聖人，而與詩無涉，亦其徵也。以四國觀之，豈非所謂一國之事繫一人之本者與!

若夫詩之有刺,非苟而已也。蓋先王之遺澤,尚存於人心,而賢人君子弗忍置君國於度外,故發爲吟詠,動有所關。自邶、鄘以至曹、檜,無國無之,可謂盛矣。豈若後世之爲詩者,於朝廷則功德祥瑞,於草野則月露風雲,而甘出於無用者哉。漢儒茫然不能發明刺詩之由,紫陽出而擬諸謗訕。然則上以風化下,而下卽以風刺上,古之人何相報之薄耶?且謗訕之事,漢、唐中主所不能容,刺詩之多,而諸國中不聞以詩獲罪者,其故安在?

或曰:風雅中之有變也,非以有刺詩之故耶?曰:風雅有變,以民風君德而言,可也。民風君德,變矣,而有刺詩,則變而不失其正。《葛屨》之詩曰:"維是褊心,是以爲刺。"然則詩人自不諱刺,而詩之本教,蓋在於是矣。胡可以不察耶?王、魏、唐、秦四國無刺淫之篇,魏與唐皆始之以儉嗇,其繼也,魏亡於虐政,晉亂於爭篡,是儉嗇之無害於人國也。秦有岐西,獲周之遺民遺俗,《駟鐵》《小戎》《終南》諸篇,駸駸乎由風而升於頌矣。季子曰:"此之謂夏聲。"能夏則大。至其盛衰之本,則君子於《小戎》《無衣》見秦之招八州而朝同列;於《黄鳥》《北林》見秦之二世而亡。詩可以觀,誠哉聖人之言與!

《金陵叢書》本《青溪集》卷一

詩論十三 再論刺詩(節錄)

〔清〕程廷祚

漢儒言詩,不過美刺二端。國風小雅爲刺者多,大雅則美多而刺少,豈其本原固有不同者與?夫先王之世,君臣上下有如一體。故君上有令德令譽,則臣下相與詩歌以美之。非貢諛也,實愛其君有是令德令譽而欣豫之情發於不容已也。或於頌美之中,時寓規諫,忠愛之至也。其流風遺韻,結於士君子之心,而形爲風俗,故遇昏主亂政,而欲救之,則一託之於詩。《序》曰:"主文而譎諫,言之者無罪,聞之者足以戒。"然則刺詩之作,亦何往而非忠愛之所流播乎?是故非有愛君之心,則天保既醉,祗爲奉上之諛詞。誠有愛君之心,則雖國風之刺奔刺亂,無所不刺,亦猶人子執諫父母而涕泣隨之也。

晦庵於刺詩尤惡《小序》之論國風,以爲使人疑其輕躁險薄,害於溫柔敦厚之教。此不揣其本而欲齊其末也。夫聖人以詩爲教，必曰三百，則必惟二雅方可爲溫柔敦厚也。以今考之，晦庵所爲嘻笑怨懟者，小雅已多有之。若《民勞》《板》《蕩》之篇，《瞻卬》《召旻》之作，其在大雅者，有犯無隱，初未遑問其君之可受也。至列國風土，厚薄緩急不齊，其詩固不能無純駁。然先王之澤未遠，賢人君子莫不懷忠君愛國之心。《序》曰："國史明乎得失之跡，傷人倫之廢，哀刑政之苛，吟詠性情，以風其上，達於事變而懷其舊俗者也。"其論不亦善乎！而何輕躁險薄之可疑。

且於此猶有說。夫天地之大，猶人之一身。一氣之周流也，或滯而不行，則爲癰爲疣。古者公卿至於列士獻詩，近臣進規，瞽史有獻，工執藝事以諫，庶人傳語，若是者豈盡欲聞吾之得失以布之政事哉？"川壅而潰，傷人必多"，召穆公之所以諫厲王也。"不如小決使道"，子產之所以不毀鄉校也。後世不明此義，故立誹謗之法，重妖言之誅，以至道路以目，而卒無救於亡。從晦庵之說，以國風之刺詩斥爲訕上，爲無禮於君，世之好事者，將援其說以及小雅，而並累夫大雅。其及小雅也，則有國者，前有讒而不見，後有賊而不知。其累大雅也，其學詩者不知其稱世德以垂訓，以頌美而進規，而聖人以詩立教之旨，於是乎隱矣。愚爲此懼。……

《金陵叢書》本《青溪集》卷二

論　語〔選錄〕

子貢[1]曰：貧而無諂[2]，富而無驕，何如？子曰：可也；未若貧而樂[3]，富而好禮者也。子貢曰：《詩》云："如切如磋，如琢如磨[4]"，其斯之謂與？子曰：賜也，始可與言《詩》已矣，告諸往而知來者。（《學而》）

子曰：《詩三百》[5]，一言以蔽之，曰：思無邪[6]。（《爲政》）

子夏[7]問曰："巧笑倩兮，美目盼兮，素以爲絢兮[8]。"何謂也？子曰：繪事後素。曰：禮後乎[9]？子曰：起[10]予者商也！始可與言《詩》已矣。（《八佾》）

子曰：《關雎》樂而不淫，哀而不傷[11]。（《八佾》）

子謂《韶》[12]，盡美矣，又盡善也[13]。謂《武》[14]，盡美矣，未盡善也。（《八佾》）

子曰：質勝文[15]則野，文勝質則史[16]。文質彬彬[17]，然後君子。（《雍也》）

子曰：興於詩[18]，立於禮[19]，成於樂[20]。（《泰伯》）

子曰：誦《詩》三百，授之以政，不達[21]；使於四方，不能專對[22]；雖多，亦奚以爲？（《子路》）

子曰：有德者必有言，有言者不必有德。（《憲問》）

顏淵[23]問爲邦，子曰：行夏之時[24]，乘殷之輅[25]，服周之冕[26]，樂則韶舞[27]，放鄭聲[28]，遠佞人。鄭聲淫，佞人殆[29]。（《衞靈公》）

子曰：辭達而已矣。（《衞靈公》）

……鯉[30]趨而過庭。曰：學詩乎？對曰：未也。曰（依皇本

高麗本補“曰”字)：不學詩，無以言。鯉退而學詩。(《季氏》)

子曰：小子何莫[31]學夫詩？詩可以興[32]，可以觀[33]，可以羣[34]，可以怨[35]。邇之事父，遠之事君[36]，多識於鳥獸草木之名[37]。(《陽貨》)

子謂伯魚曰：女爲《周南》、《召南》[38]矣乎？人而不爲《周南》、《召南》，其猶正牆面而立[39]也與？(《陽貨》)

子曰：惡紫之奪朱[40]也，惡鄭聲之亂雅樂也，惡利口之覆[41]邦家者。(《陽貨》)

阮元刻《十三經註疏》本《論語註疏》

【註釋】

[1] 子貢——孔子的學生，姓端木，名賜，字子貢。

[2] 諂——諂媚，奉承。

[3] 貧而樂——皇侃本“樂”下有“道”字。鄭玄注：“樂謂志於道，不以貧爲憂苦。”

[4] 如切如磋二句——見《詩·衞風·淇奥》。切磋指刻骨頭、牛角、象牙的工藝，琢磨指雕玉石的工藝。子貢用來比喻孔子所說的意思是精益求精。

[5] 詩三百——《詩經》最初並無經的稱號，只稱《詩》，或舉其作品約數，稱《詩三百》。《左傳》引《詩》二一九條，只說“《詩》曰”、“《詩》云”。《論語》上提到孔子說《詩》的有十八次，也只稱《詩》或《詩三百》。

[6] 思無邪——思，原作語助詞。(據陳奐《詩毛氏傳疏》說)此語見《魯頌·駉》末章。在這首詩裏，連用八個“思”字，句型相同，都是句首語氣詞，無實意。但後人多解作思想或意思之思。

[7] 子夏——孔子的學生，姓卜，名商，字子夏。

[8] 巧笑倩兮三句——上二句見《詩·衞風·碩人》。“素以爲絢兮”可能是散佚了的詩句。倩，面貌美好。盼，指眼的黑白分明。素，白底。絢，文采。

[9] 禮後乎——是不是禮在後呢？這裏沒有具體說出後於什麼。朱熹《集註》認爲是後於“忠信”。另說指“仁”。

[10] 起——啓發。

[11] 關雎二句——《關雎》是《詩·國風·周南》的首篇。淫，過分。《集解》引孔安國註:“樂不至淫,哀不至傷，言其和也。”朱熹《集註》:“淫者，樂之過而失其正者也;傷者,哀之過而害於和者也。”

[12] 韶——相傳爲虞舜時樂曲,據說是表現舜接受堯的“禪讓”繼承其統業的內容。

[13] 盡美矣二句——美指聲音動聽,善指內容妥善。

[14] 武——相傳爲周武王時樂曲,據說是表現武王伐紂建立新王朝的內容。

[15] 質——質樸。文——文采。

[16] 史——史官，這裏指浮華。朱熹《集註》:“史，掌文書，多聞習事，而誠或不足也。”

[17] 彬彬——質樸和文采搭配得很適當的樣子。

[18] 興於詩——《集解》引包咸註: “興,起也。言修身當先學詩。”

[19] 立於禮——《集解》引包咸注: “禮者所以立身。” 劉寶楠《論語正義》謂“學禮可以立身,立身卽修身也”。

[20] 成於樂——《集解》引包咸注: “樂所以成性。” 劉寶楠《論語正義》:“學詩之後,卽學禮,繼乃學樂。蓋詩卽樂章,而樂隨禮以行,禮立而後樂可用也。”“樂以治性,故能成性,成性亦修身也。”性,指品性。包、劉以爲音樂有助於品性的修養,所以說“成性”。

[21] 不達——此處謂不能通達於政事。

[22] 使於四方二句——春秋時代,列國大夫聘問,通行賦詩言志,或用以酬酢,或用爲媒介,辦外交上的交涉。

[23] 顏淵——孔子最得意的學生,名回,字子淵。

[24] 時——指曆法。相傳夏朝曆法以建寅之月(農曆正月)爲歲首。

[25] 輅——大車。

[26] 冕——禮帽。

[27] 韶舞——卽《韶》《武》。俞樾《羣經平議》:“舞,當讀爲武。”

[28] 放——朱熹《集注》:“謂禁絕之。”鄭聲,產生於鄭國地區的民間新樂。

[29] 殆——危險。

[30] 鯉——孔子的兒子,字伯魚。

[31] 何莫——何不。

[32] 興——啓發、鼓舞、感染的作用,卽所謂“感發志意”(朱熹註)。

[33] 觀——認識社會現實的作用，卽所謂“觀風俗之盛衰”(《集解》引鄭玄註)、“考見得失”(朱熹註)。

[34] 羣——互相感染和互相提高的作用，即所謂“羣居相切磋”（«集解»引孔安國註)。

[35] 怨——批評、諷刺不良政治的作用，即所謂“怨刺上政”(«集解»引孔安國註)。

[36] 邇之事父二句——邇，近。這二句用意在於以詩爲禮教服務，突出表明了儒家的文藝觀點與政治、倫理觀點是聯結在一起的。

[37] 多識於鳥獸草木之名——«詩經»中出現的動植各物之名，穀類有二十四種，蔬菜有三十八種，藥物有十七種，草有三十七種，花果有十五種，木有四十三種，鳥也有木名這樣多，獸有四十種，而馬的異名有二十七種，蟲有三十七種，魚有十六種(據顧棟高«毛詩類釋»的材料統計)。這是古代勞動人民長期在生產鬥爭中積累下來的廣博的知識。

[38] 周南召南——馬瑞辰«毛詩傳箋通釋»說：“周、召分陜，以今陜州之陜原(案：今之陜縣，在河南省。)爲斷，周公主陜東，召公主陜西。乃詩不繫以陜東陜西而各繫以南者，南蓋商世諸侯之國名也。«水經»江水注引«韓詩序»曰：‘二南其地在南郡、南陽之間。’是«韓詩»以二南爲古國名矣。……«逸周書・史記解»：‘昔南氏有二臣貴寵，力均勢敵，競進爭權，下爭朋黨，君弗能禁，南氏以分。’是爲古二南分國之由。周、召二公分陜，蓋分理古二南國之地，故周、召各繫以南。竊疑«樂記»四成而南國是疆，五成而分陜，周公左，召公右，文正相連。所謂南國，當卽二南之國。謂疆理南國，使二公分治之，其屬周公者爲周南，屬召公者爲召南，故下卽繼以左周而右召。周、召皆爲采邑，不得名爲國風，故編詩必繫以南國之舊名也。«呂氏春秋・音初篇»：‘塗山女歌曰：候人兮猗。實始作爲南音。周公、召公取風焉，以爲周南、召南。’高誘註：‘南音，南方南國之音。’蓋以南爲古國名，故於南方下更繫以南國也。……云周、召取風者，蓋二公分治南國之地，因取南國之音以爲風。”鄭玄«周南召南譜»說：“至紂又命文王典治南國江、漢、汝旁之諸侯。”“文王受命，作邑於豐，乃分岐邦周、召之地，爲周公旦、召公奭之采地，施先公之教於己所職之國。”解釋周南、召南，確言其地之所在(周南，在今洛陽以南，汝、漢、長江一帶，湖北、河南之間；召南，在周南之西，包括陜西南部和湖北一部分。這都是古代南國的地域)，較«毛詩序»僅言“南，言化自北而南也”爲踏實。就音樂上說，宋程大昌«考古編»認爲南是樂歌。近人郭沫若«甲骨文字研究・釋南»考證南原是一種樂器，孳乳爲曲調之名。這種樂器的使用，可能是南國音樂的特色。南國地區的民歌，結合了南國的樂器所奏出的樂調，就是«周南»、«召南»的特徵。

[39] 正牆面而立——面對着牆壁站着，被至近至狹的地方所限制，就會一物也看不

到，一步也不能前行。

［40］惡——憎恨。紫——這裏指雜色。奪——變革代替。朱——這裏指正色。

［41］利口——強嘴利舌之人。覆——顛覆。

【說明】

《論語》是用語錄體寫的最早一部儒家“經典”。書中記錄孔子和他周圍人物的言論和行動。撰寫的不止一人，成書可能在曾參逝世的公元前四三六年以後。

《論語》原有《魯論》《齊論》《古論》三種。現存《魯論》二十篇。這裏選錄的是有關文學方面的一些言論。

孔子被稱爲儒家的創始人。他論文特別強調文和道德的聯繫，提出“有德者必有言”的看法。《詩三百》是一部文學作品，但他在和子貢、子夏討論其中某些篇章時，卻把文藝作品道德倫理化了。他還進一步把《詩三百》歸結爲“無邪”，將全部作品說成爲都符合他所宣揚的“仁”“禮”的要求。他認爲詩和道德修養有不可分割的關係，後來《禮記·孔子閒居》進一步推演闡發爲“志之所至，詩亦至焉；詩之所至，禮亦至焉；禮之所至，樂亦至焉”。《詩三百》在儒家心目中，主要成了倫理道德修養的教科書。

孔子很重視文學的社會作用。他說：“詩可以興，可以觀，可以羣，可以怨。”文學作品有感染力量，能“感發意志”，這就是興。讀者從文學作品中可以“考見得失”，“觀風俗之盛衰”，這就是觀。羣是指“羣居相切磋”，互相啓發，互相砥礪。怨是指“怨刺上政”，以促使政治改善。這裏可以看出，孔子對文學的藝術特徵已有一定程度的認識，因而他對文學的社會作用論述比較全面。在孔子以前，人們對文學的社會作用儘管已經有了一些認識，然而講得比較零碎，孔子在概括前人成果的同時，對詩的社會作用作了較有系統的理論表述，在理論上比前人發展了一步。當然,孔子的興觀羣怨說有其具體的階級內容,歸根結底是爲了“事父”“事君”,爲統治者服務。結合他講的“興於詩,立於禮,成於樂”、“羣居終日,言不及義,好行小慧,難矣哉”等言論來看,他思想體系的主要內容——“仁”“義”“禮”等同樣滲透在興觀羣怨說中。

孔子論詩樂很重視中和之美,他說:“《關雎》樂而不淫,哀而不傷。”(《論語集解》引孔安國說:“樂不至淫,哀不至傷,言其和也。”)所謂中和之美,是他哲學理論上的中庸之道在文藝思想上的反映,這種思想直接導致了後來以“溫柔敦厚”爲基本內容的“詩教”的建立。崇尙中和之美的孔子,對不符合這一要求的民間樂曲採取輕視、排斥的態度,說“鄭聲淫”,主張“放鄭聲”。而對於《韶》、《武》古樂則崇尙之至,所謂“行夏之時,乘殷之輅,服周之冕,樂則韶舞”,反映出他復古、守舊的傾向。

在秦漢時期,人們所使用的“文學”這一概念,含義比較廣泛。孔子經常講到的“文”,是指包括文章在內的文化學術的總稱。他講的“詩”,是指《詩三百》,是文學作品。在上古時期詩樂舞三位一體,詩依附於樂而存在,而孔子在論述中往往詩樂並提,有時則專門論詩,這反映了當時人們對詩的重要意義的認識在逐步提高,詩也在逐步地取得相對獨立的地位。

在孔子的時代,中國古代文學理論處於始創階段,他在詩歌社會作用等問題上的論述,一定程度地反映了文學本身的特徵,對於後代文學理論的發展,提供了有益的思想資料,對後代產生了深遠的影響,如他的興觀羣怨說就是這樣。梁鍾嶸在《詩品序》中以具體的事例,突出說明了羣和怨,淸王夫之在《詩繹》中從自己的政治、哲學觀點出發,對興觀羣怨的相互關係作了精闢的闡發。又如,後代的一些文論家在論述文學的內容和形式問題時,都曾受到過孔子講的“文質彬彬”等有關論點的啓發。

附錄

禮　　記(選錄)

……溫柔敦厚，詩教也。疏通知遠，書教也。廣博易良，樂教也。絜靜精微，易教也。恭儉莊敬，禮教也。屬辭比事，春秋教也。故詩之失愚，書之失誣，樂之失奢，易之失賊，禮之失繁，春秋之失亂。

其爲人也，溫柔敦厚而不愚，則深於詩者也。……

阮元刻《十三經注疏》本《禮記正義》卷五十

歲寒堂詩話(選錄)

〔宋〕張　戒

孔子曰："詩三百，一言以蔽之，曰：思無邪。"世儒解釋，終不了。余嘗觀古今詩人，然後知斯言良有以也。《詩序》有云："詩者，志之所之也。在心爲志，發言爲詩。情動於中，而形於言。"其正少，其邪多；孔子删詩，取其思無邪者而已。自建安七子、六朝、有唐及近世諸人，思無邪者，惟陶淵明、杜子美耳，餘皆不免落邪思也。六朝顔、鮑、徐、庾，唐李義山，國朝黄魯直，乃邪思之尤者。魯直雖不多說婦人，然其韻度矜持，冶容太甚，讀之足以蕩人心魄，此正所謂邪思也。魯直專學子美，然子美詩，讀之使人凜然興起，肅然生敬，《詩序》所謂"經夫婦、成孝敬、厚人倫、美教化、移風俗"者也。豈可與魯直詩同年而語耶？

無錫丁氏校印本《歷代詩話續編·歲寒堂詩話》卷上

答孔文仲司戶書(節錄)

〔宋〕司馬光

……光昔也聞諸師友曰：學者貴於行之，而不貴於知之；貴於有用，而不貴於無用。故孔子曰："弟子入則孝，出則悌，謹而信，汎愛衆而親仁。行有餘力，則以學文。"子夏曰："事父母能竭其力；事君能致其身；與朋友交，言而有信；雖曰未學，吾必謂之學矣。”此德行之所以爲四科首者也。孔子又曰：“誦詩三百，授之以政，不達；使於四方，不能專對；雖多，亦奚以爲？”夫國有諸侯之事，而能端委束帶，與賓客言，以排難解紛，徇國家之急；或務農訓兵，以扞城其民，是亦學之有益於時者也。故言語政事次之。若夫習其容而未能盡其義，誦其數而未能行其道，雖敏而傳，君子所不愛，此文學之所以爲末者也。

然則古之所謂文者，乃詩書禮樂之文，升降進退之容，絃歌雅頌之聲，非今之所謂文也。今之所謂文者，古之辭也。孔子曰：“辭達而已矣。”明其足以通意，斯止矣，無事於華藻宏辯也。必也以華藻宏辯爲賢，則屈、宋、唐、景、莊、列、楊、墨、蘇、張、范、蔡，皆不在七十子之後也。顏子不違如愚，仲弓仁而不佞，夫豈尙辭哉！……

《四部叢刊》影宋本《溫國文正司馬公文集》卷六十

與舒君書（節錄）

〔明〕方孝孺

……道者，氣之君；氣者，文之帥也。道明則氣昌，氣昌則辭達。文者，辭達而已矣。然辭豈易達哉！六經、孔、孟，道明而辭達者也。自漢而來，二千年中，作者雖有之，求其辭達，蓋已少見，況知道乎！夫所謂達者，如決江河而注之海，不勞餘力，順流直趨，終焉萬里；勢之所觸，裂山轉石，襄陵盪壑，鼓之如雷霆，蒸之如煙雲，登之如太空，攢之如綺縠，迴旋曲折，抑揚噴伏，而不見艱難辛苦之態，必至於極而後止，此其所以爲達也，而豈易哉！漢之司馬遷、賈誼，其辭似可謂之達矣，若揚雄則未也。唐之韓愈、柳子厚，宋之歐陽修、蘇軾、曾鞏，其辭似可謂之達矣，若李觀、樊宗師、黃庭堅之徒則未也。於道則又難言也。嗟呼，此豈可與昧者語哉！……

《四部叢刊》影明本《遜志齋集》卷十一

汪扶晨詩序（節錄）

〔清〕黃宗羲

昔吾夫子以興、觀、羣、怨論詩。孔安國曰：“興，引譬連類。”凡景物相感，以彼言此，皆謂之興。後世詠懷、游覽、詠物之類是也。鄭康成曰："觀風俗之盛衰。"凡論世採風，皆謂之觀。後世弔古、詠史、行旅、祖德、郊廟之類是也。孔曰："羣居相切磋。"羣是人之相聚。後世公讌、贈答、送別之類皆是也。孔曰："怨刺上政。"怨亦不必專指上政。後世哀傷、輓歌、遣謫、諷諭皆是也。蓋古今事物之變雖紛若，而以此四者爲統宗。

自毛公之六義，以風、雅、頌爲經，以賦、比、興爲緯，後儒因之。比、興强分，賦有專屬。及其說之不通也，則又相兼。是使性情之所融結，有鴻溝南北之分裂矣。

古之以詩名者，未有能離此四者。然其情各有至處。其意句就境中宣出者，可以興也；言在耳目，贈寄八荒者，可以觀也；善於風人答贈者，可以羣也；悽戾爲騷之苗裔者，可以怨也。……

耕餘樓本《南雷文定》四集卷一

詩　繹(選錄)

〔清〕王夫之

詩可以興，可以觀，可以羣，可以怨，盡矣。辨漢、魏、唐、宋之雅俗得失以此，讀《三百篇》者必此也。可以云者，隨所以而皆可也。於所興而可觀，其興也深；於所觀而可興，其觀也審。以其羣者而怨，怨愈不忘；以其怨者而羣，羣乃益摯。出於四情之外，以生起四情；遊於四情之中，情無所窒。作者用一致之思，讀者各以其情而自得。故《關雎》，興也，康王晏朝而即爲冰鑑；"訏謨定命，遠猷辰告"，觀也，謝安欣賞而增其遐心。人情之遊也無涯，而各以其情遇，斯所貴於有詩。是故延年不如康樂，而宋、唐之所由升降也。謝疊山、虞道園之說詩，井畫而根掘之，惡足知此。

太平洋書店重校刊本《船山遺書》《詩繹》

讀詩說下

〔清〕劉　開

夫子告伯魚曰："不學詩無以言。"夫學詩所以能言者，豈非以理達氣和，故言之有序與？豈非以熟悉於列國之風土民情，故使於四方，有專對之才與？抑或有得清風肆好之旨，故論答之際，言之成文與？是三者皆所謂能言矣，而不盡是也。

夫古聖賢立言，未有不取資於詩者也。道德之精微，天人之相與，彝倫之所以昭，性情之所以著，顯而爲政事，幽而爲鬼神，於詩無不可證，故論學論治，皆莫能外焉。故《中庸》言理之無聲無臭，其義精且密矣，而必即詩言以推之。《孔子閒居》言五至三無，其辭美且盛矣，而必以近於詩者明之。其他如《孝經》之所述，《禮記》《大學》之所稱，《坊記》《表記》《緇衣》之所引，無不取徵於詩。何者，理無盡藏，非觸類旁通則無以見。夫詩者，觸類可通者也。觸類可通，故言無不盡，引而伸之，其義愈進焉。

古人之於言，有因事及詩者矣，子貢之悟切磋是也；有因詩及事者矣，子夏之悟禮後是也；有詩如此而意如彼者矣，孔子因“緡蠻黃鳥”而悟人之當止，因“執轡如組”而悟爲天下之道是也。若夫旨已暢而言已盡，復假詩以致其反復之意，以寄其詠歎之情，則自古立言之體皆然。此詩之所資者大，而不盡在乎辭令之善也。夫言其一端而已。用是知古人讀經，其求得於身而切於用也，有如此夫。

槃山草堂本《劉孟涂集》卷一

墨　子〔選錄〕

子墨子言曰：仁之事者[1]，必務求興天下之利，除天下之害，將以爲法乎天下，利人乎卽爲，不利人乎卽止。且夫仁者之爲天下度[2]也，非爲其目之所美，耳之所樂，口之所甘[3]，身體之所安；以此虧奪[4]民衣食之財，仁者弗爲也。是故子墨子之所以非樂者，非以大鍾、鳴鼓、琴瑟、竽笙之聲以爲不樂也；非以刻鏤華[5]文章之色以爲不美也；非以犓豢煎炙[6]之味以爲不甘也；非以高臺厚榭邃野[7]之居以爲不安也。雖身知其安也，口知其甘也，目知其美也，耳知其樂也；然上考之不中[8]聖王之事，下度之不中萬民之利。是故子墨子曰：爲樂非也。(«非樂上»)

子墨子言曰：必立儀[9]。言而毋儀，譬猶運鈞[10]之上，而立朝夕[11]者也；是非利害之辨，不可得而明知也。故言必有三表[12]。何謂三表？子墨子言曰：有本[13]之者，有原[14]之者，有用之者。於何本之？上本之於古者聖王之事；於何原之？下原察百姓耳目之實；於何用之？廢[15]以爲刑政，觀其中國家百姓人民之利。此所謂言有三表也。……(«非命上»)

……辟[16]也者，舉也物[17]而以明之也。侔也者，比辭而俱行也[18]。援[19]也者，曰：子然，我奚獨不可以然也。推[20]也者，以其所不取之，同於其所取者，予之也。是猶謂也[21]者同也，吾豈謂也者異也。(«小取»)

孫詒讓«墨子閒詁»

【註釋】

[1] 仁之事者——孫詒讓《墨子閒詁》："疑當云'仁者之事'，下文云'仁者之爲天下度也'，可證。"

[2] 度——謀畫。

[3] 甘——美味。

[4] 虧奪——減損、剝奪。

[5] 華——畢沅《墨子》校注："一本無此字。"

[6] 犓豢——孫詒讓《墨子閒詁》："犓，吳鈔本作芻。"食草動物稱芻，如牛羊之類；食穀動物稱豢，如犬豕之類。炙——烤肉。

[7] 厚榭——厚，大。榭，築於臺上之屋。邃野——邃，深。野，王引之云："野，即宇字也。古讀野如宇，故與宇通。"(見王念孫《讀書雜志》)

[8] 中——合。

[9] 子墨子言曰必立儀——孫詒讓《墨子閒詁》："疑當作'言必立儀'，今本'曰言'二字，涉上誤倒。"儀，表，標準，法則。

[10] 運——運轉。鈞——轉動陶器模型的輪子。

[11] 立——樹立。朝夕——這裏指測日影的表。

[12] 表——標志，標準。本文意指判斷事物的眞假是非的標準。

[13] 本——"謂考其本始。"(孫詒讓《墨子閒詁》)

[14] 原——"察度其事故。"(孫詒讓《墨子閒詁》)

[15] 廢——"廢讀爲發"(王念孫《讀書雜志》)，實施的意思。

[16] 辟——譬喻，"即借用具體的事或具體的物以說明一件事或某個道理，這是辯論中常用的方法。"(任繼愈說)

[17] 也物——即他物，王念孫《讀書雜志》："也與他同。"

[18] 侔也者二句——侔，齊等。"謂辭義齊等，比而同之。"(孫詒讓《墨子閒詁》)"即用同樣的東西直接說明論點，如從'白馬是馬'，推出'乘白馬是乘馬'。這種方法大體相當於直接推論。"(任繼愈說)

[19] 援——"援引前例或對方所說的話作爲類比推理的前提。"(任繼愈說)

[20] 推——推求，"即是由已知的事物推出未知的事物，具有歸納推理的意義。"(任繼愈說)

[21] 也——與"他"字通。下句中"也"同此。

【說明】

墨翟，魯國（一說宋國）人，墨家的始創者，生活於戰國初期。《漢書·藝文志》著錄《墨子》七十一篇，現存五十三篇。《墨子》一書，是墨子弟子們根據筆記整理而成，雖非墨子親手寫定，但其內容主要是墨子的思想，也包括有後期墨家學派的思想。這裏節錄的是《墨子》《非樂上》、《非命上》和《小取》中的一些斷片。

墨子所講的文學也是廣義的，主要是指一般的學術文、政論文。墨子文學思想的要點是"尚用"與"尚質"。他在《非命下》中說："今天下之君子之爲文學出言談也，非將勤勞其惟舌而利其脣呡也，中實將欲爲其國家邑里萬民利者也。"爲了使文學言談發揮對政治的作用，他主張"言有三表"："上本之於古者聖王之事"，是指言必有據，以古代聖王言行爲準則；"下原察百姓耳目之實"，是說立言要從實際出發，以百姓的實際體驗爲依據；"廢（發）以爲刑政，觀其中國家百姓人民之利"，強調立言著文要考慮客觀上對於政治的實際效果。三表是墨翟提出的立言、著文的原則和標準，具有一定的科學性。

墨子強調作品的實用價值，認爲應該"先質而後文"（見孫詒讓《墨子閒詁》附錄引《說苑》《墨子》佚文），並提出反對"以文害用"（見《韓非子·外儲說左上》）的見解。墨子從"尚用"、"尚質"的觀點出發，提出"非樂"的主張。他在《非樂上》中說明統治者的音樂享受，從樂器設備到音樂演奏，都是從剝奪民財民力而來，對人民的生活和生產都很不利。他還進一步指出，音樂藝術的享樂，無論是對於從事政治活動的統治者，或者是對於從事勞動生產的被統治者，都沒有任何益處，只能帶來損失。他的結論是："今天下士君子，請將欲求興天下之利，除天下之害，當在樂之爲物，將不可不禁而止也。"在當時人民生活極端困苦的情況下，墨子反對儒家大力提倡音樂以助長貴族奢侈享樂的生活，斥責統治者欣賞音樂就是“虧奪民衣食之財”，這些都是具有進步意義的看法。墨子反對統治階級把精神享受建立在對人民進行剝削掠奪的基礎上。同時又指出，他並非不知道那些大鐘鳴鼓琴瑟竽笙之聲能給人以美的享受。他之所以主張“非樂”，是因爲它們“不中聖王之事”“不中萬民之利”。這就透露了他的非樂，是小生產者的觀點的一種反映。

附　　錄

韓非子·外儲說左上(節錄)

楚王謂田鳩曰：墨子者，顯學也，其身體則可，其言多不辯，何也？曰：昔秦伯嫁其女於晉公子，令晉爲之飾裝(王先愼曰：《御覽》引無“令晉”二字)，從衣文之媵七十人。至晉，晉人愛其妾而賤公女。此可謂善嫁妾而未可謂善嫁女也。楚人有賣其珠於鄭者，爲木蘭之櫃，薰以桂椒，綴以珠玉，飾以玫瑰，輯以羽翠，鄭人買其櫝而還其珠。此可謂善賣櫝矣，未可謂善鬻珠也。今世之談也，皆道辯說文辭之言，人主覽其文而忘其用。墨子之說，傳先王之道，論聖人之言以宣告人。若辯其辭，則恐人懷其文，忘其直，以文害用也。此與楚人鬻珠、秦伯嫁女同類，故其言多不辯。

王先愼《韓非子集解》

呂 氏 春 秋(選錄)

樂所由來者尙也，必不可廢。有節有侈，有正有淫矣。賢者以昌，不肖者以亡。昔古朱襄氏之治天下也，多風而陽氣畜積，萬物散解，果實不成。故士達作爲五弦瑟，以來陰氣，以定羣生。昔葛天氏之樂，三人操牛尾，投足以歌八闋：一曰載民，二曰玄鳥，三曰遂草木，四曰奮五穀，五曰敬天常，六曰達帝功，七曰依地德，八曰總萬物之極。(《古樂》)

凡音者，產乎人心者也。感於心則蕩乎音，音成於外而化乎內。是故聞其聲而知其風，察其風而知其志，觀其志而知其德。盛、衰、賢、不肖、君子、小人，皆形於樂，不可隱匿。故曰：樂之爲觀也深矣。（«音初»）

«四部叢刊»影明刊本«呂氏春秋»

孟　　子〔選錄〕

……敢問夫子惡乎長？曰：我知言[1]；我善養吾浩然之氣。敢問何謂浩然之氣？曰：難言也。其爲氣也，至大至剛，以直養而無害[2]，則塞于天地之間。其爲氣也，配義與道；無是，餒也。是集義[3]所生者，非義襲而取之也[4]。行有不慊[5]於心，則餒矣。……何謂知言？曰：詖辭知其所蔽[6]，淫辭知其所陷[7]，邪辭知其所離[8]，遁辭知其所窮[9]。……（《公孫丑》上）

……咸丘蒙曰[10]：舜之不臣堯[11]，則吾既得聞命矣。詩云："普天之下，莫非王土，率土之濱，莫非王臣[12]。"而舜既爲天子矣，敢問瞽瞍[13]之非臣，如何？曰：是詩也，非是之謂也；勞於王事而不得養父母也。曰：此莫非王事，我獨賢勞也[14]。故說詩者，不以文害辭[15]，不以辭害志[16]；以意逆志[17]，是爲得之。如以辭而已矣，《雲漢》[18]之詩曰："周餘黎民，靡有孑遺[19]。"信斯言也，是周無遺民也。……（《萬章》上）

孟子謂萬章[20]曰：一鄉之善士，斯友一鄉之善士；一國之善士，斯友一國之善士；天下之善士，斯友天下之善士。以友天下之善士爲未足，又尙論古之人[21]。頌[22]其詩，讀其書，不知其人，可乎？是以論其世也，是尙友[23]也。（《萬章》下）

公孫丑[24]問曰：高子[25]曰：《小弁》[26]，小人之詩也。孟子曰：何以言之？曰：怨。曰：固哉，高叟之爲詩也[27]！有人於此，越人關弓[28]而射之，則己談笑而道之[29]；無他，疏之也。其兄關弓而射之，則己垂涕泣而道之[30]；無他，戚[31]之也。《小弁》之怨，親親也[32]。親親，仁也。固矣夫，高叟之爲詩也！曰《凱風》[33]

何以不怨？曰：《凱風》，親之過小者也；《小弁》，親之過大者也。親之過大而不怨，是愈疏也；親之過小而怨，是不可磯[34]也。愈疏，不孝也；不可磯，亦不孝也。孔子曰：舜其至孝矣，五十而慕[35]。(《告子》下)

阮元刻《十三經注疏》本《孟子注疏》

【註釋】

[1] 知言——善於分析別人的言辭。

[2] 直養——趙岐注云："養之以義。"無害——不以非義的事去損害它。

[3] 集義——朱熹《孟子集注》："集義，猶言積善。"

[4] 非義襲而取之——不是正義從外強加到內心。襲，突擊。

[5] 慊——滿足。

[6] 詖辭——片面的言辭。蔽——朱熹《孟子集注》："蔽，遮隔也。"

[7] 淫辭——過分的言辭。陷——朱熹《孟子集注》："陷，沈溺也。"

[8] 邪辭——違背正道的言辭。離——叛背，謂違反於正道。

[9] 遁辭——躲躲閃閃的言辭。窮——理窮。

[10] 咸丘蒙——孟子弟子。

[11] 舜之不臣堯——此句是承上文孟子回答咸丘蒙的話而來。孟子謂堯老，舜代理執行天子事，並不曾以堯爲臣，自爲天子。

[12] 詩云以下各句——見《詩·小雅·北山》。普——遍。率——循。

[13] 瞽瞍——舜的父親。

[14] 賢——"勞也"(《詩毛傳》)。賢勞即劬勞。《小雅·北山》："大夫不均，我從事獨賢。"孟子此語是直接根據詩語作解釋。

[15] 以文害辭——謂斷章取義地割裂個別字眼以曲解其辭句。

[16] 以辭害志——就辭句的表面作解釋，因而歪曲了作品的原意。

[17] 以意逆志——《說文》："逆，迎也。"《周禮·地官鄉師》鄭玄注："逆，猶鉤考也。"這句是說"以己之意'迎受'詩人之志而加以'鉤考'。"(朱自清《詩言志辨·比興》)

[18] 雲漢——《詩·大雅》篇名。周宣王時大旱，詩人憂慮而作是詩。

[19] 周餘黎民二句——黎民，衆民。靡有孑遺，沒有一個存留。這是誇張之辭。

[20] 萬章——孟子的學生，齊國人。

[21] 尙論古之人——追論古代的人物。尙，通上。

[22] 頌——同“誦”。《周禮·大司樂》鄭玄注：“倍(同背)文曰諷，以聲節之曰誦。”

[23] 尙友——上與古人爲友。

[24] 公孫丑——孟子的學生，齊國人。

[25] 高子——卽下文的高叟，齊國人。

[26] 小弁——《詩·小雅》中的篇名，《詩序》認爲是“太子之傅作”，刺幽王信褒姒之讒放逐太子宜臼之事。

[27] 固——固執，機械地看問題。爲——解說。

[28] 關弓——彎弓，張弓也。

[29] 則己談笑而道之——道，忠告，勸戒。因爲和越人的關係疏遠，所以勸告時語言和緩，以談笑出之。

[30] 則己垂涕泣而道之——因爲跟兄的關係親近，所以言之迫切，出之以號泣，欲其兄之必聽。

[31] 戚——親。

[32] 小弁之怨親親也——前一親字，動詞。《小弁》：“何辜於天！我罪伊何！”都是怨詞。

[33] 凱風——《詩·邶風》中的篇名，《毛詩序》：“衞之淫風流行，雖有七子之母，猶不能安其室，故美七子能盡其孝道，以慰其母心，而成其志爾。”鄭玄箋：“不安其室，欲去嫁也。成其志者，成言孝子自責之意。”

[34] 磯——趙岐注：“磯，激也。過小耳，而孝子感激輒怨其親，亦不孝也。”朱熹《集注》：“不可磯，言微激之而遽怒也。”

[35] 慕——怨慕。這句連同上句“言舜猶怨慕，《小弁》之怨，不爲不孝也。”(朱熹《集注》)

【説明】

《孟子》七篇是孟子本人和弟子萬章們共同寫定的。書中記錄了孟子和當時一些人的爭辯以及他平時的言論，也近似語錄體，但比《論語》要詳贍得多。書中有一些言論是孟子對於文學的看法；有一些言論雖與文學無直接關係，但間接地影響到後來的文學理論批評。這裏節錄了關於這方面言論的主要部分。

孟子提出了“知言”、“養氣”說，並認爲這是他自己的長處。他講的知言，是指對於“詖”“淫”“邪”“遁”等言辭，能看出它“所蔽”“所陷”“所離”“所窮”之處。他講的養氣，是強調人的內心修養。他認爲只要“配義與道”，即加強儒家的倫理道德的思想修養，就是養“浩然之氣”。關於養氣的問題，在孟子之前的宋鈃、尹文即已提出，孟子這一思想直接出於宋、尹（見郭沫若《青銅時代·宋鈃尹文遺著考》）。孟子是一個唯心主義的哲學家，他的養氣說並非直接談對文學的看法，而是他整個哲學體系中的重要組成部分。至於氣和言的關係，孟子並沒有作直接論述。後來劉勰《文心雕龍·風骨》篇說“務盈守氣”、韓愈說“氣盛言宜”、蘇轍說“文者氣之所形”等，則對孟子“知言”“養氣”說作進一步的發揮，他們把兩個方面聯繫起來，並把養氣作爲立言、知言的修養基礎。

“以意逆志”是孟子提出的理解作品的方法。他主張，分析詩的人不能因爲個別的辭和句去曲解整篇的意義，而應該根據作品探索原來的創作意圖，分析作品的內容。孟子解釋《小雅·北山》《大雅·雲漢》的詩句，就是運用“不以文害辭，不以辭害志，以意逆志”這一方法的。春秋以來，賦詩之風盛行，賦詩者在外交、政治等場合以及著書立說時，往往借取詩中的部分章句來表述自己的意見。孟子自己也常用這種方法。這本是當時表達思想的一種方式，可是咸丘蒙却用這樣的方法去理解作品，這當然十分荒謬。孟子反對這樣做，主張採取以意逆志的方法，這一點應予肯定。但是，具體的方法離不開世界觀的制約，它總要受到一定的指導思想的支配並服務於這一指導思想的。在公孫丑問《小弁》章中，高子因《小弁》怨親，以爲是“小人之詩”，公孫丑又舉出《凱風》詩的不怨親作反問。孟子根據以意逆志的方法作了具體分析，認爲作詩可以怨親，也可以不怨親，關鍵在於是否違背“親親”“仁”“孝”等原則。這裏可以看出，孟子以儒家倫理道德原則爲分析作品的根本標準，同樣不能正確分析詩的意義。他運用以意逆志方法的目的是爲了更好地宣揚那一套倫理道德教條。這表明，學術思想師承孔子的孟子，其文藝思想也與孔子一脈相承。此外，孟子還提出“知人論世”的主張，但這“並不是說詩的方法，而是修身的方法；‘頌詩’‘讀書’與‘知人論世’原來三件事平列都是成人的道理，也就是‘尙友’的道理”(見朱自清《詩言志辨》)。至於後代人把知人論世也看成理解詩的方法，並將之與以意逆志的方法結合起來加以探討，那只能視爲是後人的發揮，而非孟子的原意。

以意逆志、高叟論詩等章節，都是用短小的篇幅，闡述對於詩的意見，所談的是幾首具體的詩，可以看作後代詩話的萌芽。

附　錄

孟　子　說(節錄)

〔宋〕張　栻

傳曰：“仁人不過乎物，孝子不過乎物。”物者，實然之理也。不以此心事其親者，不得爲孝子。《小弁》之作，本於幽王惑褒姒而黜申后，於是廢太子宜臼，太子之傅作是詩述太子之意云耳。家國之念深，故其憂苦；父子之情切，故其辭哀。曰：“何辜於天，我罪伊何？”此與大舜號泣於旻天同意。故曰：“《小弁》之怨，親親也，親親，仁也”，其怨慕乃所以爲親親。親親，仁之道也，故引關弓之疎戚爲喩，以見其爲親親者焉。

若夫《凱風》之作，則以母氏不安於室而已。七子引罪自責，以爲使母之不安，則己之故。其曰：“母氏聖善，我無令人。”又曰：“有子七人，母氏勞苦。”又曰：“有子七人，莫慰母心。”辭氣不迫，蓋與《小弁》異也。其事異，故其情異；其情異，故其辭異。當《小弁》之事而怨慕不形，則其漠然而不知者也；當《凱風》之事而遽形於怨，則是激於情而莫遏也。此則皆爲失親親之義而賊夫仁矣。故曰："親之過大而不怨，是愈疏也；親之過小而怨，是不可磯也。"而皆以不孝斷之，蓋皆爲過乎物，非所以事乎親者也。

於是舉舜之孝以爲法焉。舜以此事親者也，終身安乎天理而無一毫之間。人樂之好色富貴皆不足以解憂，惟親之慕而已。曰："五十而慕"，以見其至誠不息，終身於此。此萬世之準的也。

高子徒見《小弁》之怨，遂以爲小人之詩，不卽其事而體其親親之心，亦可謂固矣。雖然，怨一也，由《小弁》之所存，則爲天理；由高子之所見，則爲人欲，不可以不察也。《詩三百篇》，夫子所取，以其本於情性之正而已，所謂"思無邪"也。學者讀詩，平心易氣，諷詠反復，則將有所興起焉。不然，幾何其不爲高叟之固也。

《宋張宣公詩文論孟解合刻》《孟子說》卷六

攻媿樓宣獻公文集序（節錄）

〔宋〕魏了翁

今之文，古所謂辭也。古者卽辭以知心，故卽其或慙、或枝、或游、或屈，而知其疑叛、知其誣善與失守也；卽其或詖、或淫、或邪、或遁，而知其蔽陷、知其離且窮也。蓋辭根於氣，氣命於志，志立於學。氣之薄厚，志之小大，學之粹駁，則辭之險易正邪從之，如聲音之通政，如蓍蔡之受命，積中而形外，斷斷乎不可揜也。……

《四部叢刊》影宋本《鶴山先生大全文集》卷五十六

六朝選詩定論緣起（節錄）

〔清〕吳　淇

以意逆志節

詩有內有外。顯於外者曰文曰辭，蘊於內者曰志曰意。此意字與"思無邪"思字皆出於志，然有辨。思就其慘澹經營言之，意就其淋漓盡興言之，則志古人之志而意古人之意，故選詩中每每以古意命題是也。漢、宋諸儒以一志字屬古人，而意爲自已之意。夫我非古人，而以己意說之，其賢於蒙之見也幾何矣。不知志者古人之心事，以意爲輿，載志而遊，或有方，或無方，意之所到，卽志之所在，故以古人之意求古人之志，乃就詩論詩，猶之以人治人也。卽以此詩論之，不得養父母，其志也；普天云云，文辭也。"莫非王事，我獨賢勞"，其意也。其辭有害，其意無害，故用此意以逆之，而得其志在養親而已。……〇"不以文害辭"，此爲說詩者言，非爲作詩者解也。一字之文，足害一句之辭，於此得鍊字之法。〇"不以辭害意"，亦爲說詩者言。一句之辭，足害一篇之意，可見琢句須工。然却不外鍊字之法。字鍊得警則句自健耳。

知人論世節

世字見於文有二義：從言之，曰世運，積時而成古；橫言之，曰世界，積人而成天下。故天下者，我之世，其世者，古人之天下也。我與古人不相及者，積時使然；然有相及者，古人之詩書在焉。古人有詩書，是古人懸以其人待知於我；我有誦讀，是我遙以其知逆於古人。是不得徒誦其詩，當尙論其人。然論其人，必先論其世者，何也？使生乎天之下，或無多人，或多人而皆善士，固無有同異也，偏黨何由而生；亦無愛憎也，讒譏何由而起。無奈天下之共我而生者，林林爾，總總爾，攻取不得不繁，於是黨同伐異，相傾相軋，遂成一牢不可破之局。君子生當此世，欲爭之而不得，欲不爭而又不獲已，不能直達其性，則慮不得不深，心不得不危，故人必與世相關也。然未可以我之世例之，蓋古人自有古人之世也。"不殄厥慍"，文王之世也；"慍於羣小"，孔子之世也；苟不論其世爲何世，安知其人爲何如人乎？余之論選詩，義取諸此，其六朝詩人列傳，倣知人而作，六朝詩人紀年，又因論世而起云。

《六朝選詩定論》卷一

與紉之論文書(節錄)

〔清〕惲　敬

……夫後世之言文者，未有如退之之爲正者也；退之之言文，則告尉遲生、李生爲最。吾少之時，蓋嘗讀而樂之。若柳子厚、李習之與韋中立、王載所言，視退之相出入者也，紱之求之乎是焉足矣。雖然，退之、子厚、習之各言其所歷者也，一家之所得也；於天下之文，其本末條貫，有未備者焉。敬請合三子者之言爲紱之申言之。其是耶，其未是耶，紱之擇之可也。

孔子曰："辭達而已矣。"孟子曰："詖辭知其所蔽，淫辭知其所陷，邪辭知其所離，遁辭知其所窮。"古之辭具在也，其無所蔽、所陷、所離、所窮四者，皆達者也；有所蔽、所陷、所離、所窮四者，皆不達者也。然而是四者有有之而於達無害者焉，列禦寇、莊周之言是也，非聖人之所謂達也。有時有之，時無之，而於達亦無害者焉，管仲、荀卿之書是也，亦非聖人之所謂達也。聖人之所謂達者何哉？其心嚴而愼者其辭端，其神暇而愉者其辭和，其氣灝然而行者其辭大，其知通於微者其辭無不至。言理之辭，如火之明，上下無不灼然，而跡不可求也；言情之辭，如水之曲行旁至，灌渠入穴，遠來而不知所往也；言事之辭，如土之墳壤鹹瀉而無不可用也。此其本也，蓋猶有末焉，其機如弓弩之張在乎手，而志則的也。其行如挈壺之遞下而微至也，其體如宗廟圭琮之不可雜置也，如毛髮肌膚骨肉之皆備而運於脈也，如觀於崇岡深岩進退俯仰而橫側喬墮無定也。如是，其可以爲能於文者乎？若其從入之塗，則有要焉，曰：其氣澄而無滓也，積之則無滓而能厚也；其質整而無裂也，馴之則無裂而能變也。退之、子厚、習之能之而言之者也，敬未能之而言之者也。天下有能之而言不能盡者矣，未有未能之而言能盡者也，紱之益申之可也。

《四部叢刊》影同治刊本《大雲山房文稿》卷三

玉谿生詩年譜會箋序(節錄)

〔清〕王國維

善哉，孟子之言詩也，曰："說詩者不以文害辭，不以辭害志；以意逆志，是爲得之。"顧意逆在我，志在古人，果何修而能使我之所意，不失古人之志乎？此其術，孟子亦言之曰："誦其詩，讀其書，不知其人可乎？是以論其世也。"是故由其世以知其人，由其人以逆其志，則古詩雖有不能解者寡矣。漢人傳詩，皆用此法，故四家詩皆有序。序者，序所以爲作者之意也。《毛序》今存，魯詩說之見於劉向所述者，於詩事尤爲詳盡。及北海鄭君出，乃專用孟子之法以治詩。其於詩也，有譜有箋。譜也者，所以論古人之世也；箋也者，所以逆古人之志也。故其書雖宗毛公，而亦兼採三家，則以論世所得者然也。又《毛詩序》以小雅《十月之交》《雨無正》《小旻》《小宛》四篇爲刺幽王作，鄭君獨據《國語》及緯候以爲刺厲王之詩，於譜及箋，並加釐正。爾後王基、王肅、孫毓之徒，申難相承。洎於近世，迄無定論。逮同治間，函皇父敦出於關中，而毛、鄭是非，乃決於百世之下。（原註略。）信乎論世之不可以已也。故鄭君序《詩譜》曰："欲知源流清濁之所處，則循其上下而省之；欲知風化芳臭氣澤之所及，則旁行而觀之。"治古詩如是，治後世詩亦何獨不然？……

密雲樓校刊本《觀堂集林》卷十九

商　君　書〔選錄〕

〔戰國〕商　鞅

農戰之民千人，而有《詩》、《書》辯慧[1]者一人焉，千人者皆怠於農戰矣。(《農戰》)

《詩》、《書》、禮、樂、善、修[2]、仁、廉、辯、慧，國有十者，上[3]無使守戰。國以十者治，敵至必削[4]，不至必貧；國去此十者，敵不敢至，雖至必卻[5]。興兵而伐，必取；按兵不伐，必富。(《農戰》)

國以功授官予爵，則治省言寡，此謂以法去法[6]，以言去言。國以六虱授官予爵，則治煩言生，此謂以治致治，以言致言。(《靳令》)

六虱：曰禮、樂，曰《詩》、《書》，曰修善、曰孝弟，曰誠信、曰貞廉，曰仁、義，曰非兵、曰羞戰[7]。國有十二者，上無使農戰，必貧至削。(《靳令》)

民之欲富貴也，共闔棺而後止[8]。而富貴之門必出於兵[9]。是故民聞戰而相賀也，起居飲食所歌謠者，戰也。(《賞刑》)

浙江書局刻嚴萬里校本《商君書》

【註釋】

[1] 辯慧——這裏指巧言善辯、玩弄聰明。

[2] 修——與賢同義。

[3] 上——指君主。

[4] 削——被侵削、削弱。

[5] 卻——敗退、退卻。

[6] 以法去法——高亨《商君書注譯》："此句當作'以治去治'，治法形似而誤。"治，

政治。

[7] 六虱七句——高亨《商君書注譯》："此文當作'六虱：曰禮、樂，曰詩、書，曰修善、孝悌，曰誠信、貞廉，曰仁、義，曰非兵、羞戰。'今本衍三個曰字。"非兵，反對戰爭。羞戰，以參加戰爭爲可恥。

[8] 闔棺而後止——謂到死才肯罷休。

[9] 兵——指戰爭。

【説明】

商鞅，本名衛鞅或公孫鞅，衛國人，生活於戰國中期，是先秦早期法家代表人物。《漢書·藝文志》著錄《商君》二十九篇，現存二十四篇。多數是商鞅所作，有一些是商鞅以後的其他法家的作品。書的主要內容是闡述、記載商鞅的政治思想和政治活動。這裏節錄的是《商君書》《農戰》、《靳令》和《賞刑》中的斷片。

他特别强調包括文藝在內的整個文化應該爲他所提出的耕戰政策和法治主張服務。一方面，他把包括《詩》、樂在內的儒家所極力鼓吹的種種意識形態，稱之爲"六虱"，認爲這些東西在政治上危害極大：不僅會使人們"皆怠於農戰"，而且要導致國家走上"必貧至削"的道路。從耕戰的利益出發，他提出"燔詩、書而明法令"（見《韓非子·和氏》）的主張。另一方面，他强調"以言去言"，也就是要以歌頌耕戰政策爲內容的文藝，去代替儒家的詩書禮樂，所謂"起居飲食所歌謠者，戰也"，就反映了他這方面的要求。

商鞅對文化遺產不是採取批判繼承而是一概否定，這種片面主張導致了對古代文化資料的破壞，在後來產生了不良的影響。

附　錄

韓　非　子(選錄)

〔戰國〕韓　非

喜淫刑而不周於法，好辯說而不求其用，濫於文麗而不顧其功者，可亡也。(«亡徵»)

……夫恃貌而論情者，其情惡也；須飾而論質者，其質衰也。何以論之？和氏之璧不飾以五采，隋侯之珠不飾以銀黃，其質至美，物不足以飾之。夫物之待飾而後行者，其質不美也。……(«解老»)

……亂世則不然：主上有令，而民以文學非之，官府有法，而(原無"而"字，據王先愼說增)民以私行矯之，人主顧漸其法令而尊學者之智行，此世之所以多文學也。夫言行者，以功用爲之的彀者也。夫砥礪殺矢而以妄發，其端未嘗不中秋毫也；然而不可謂善射者，無常儀的也。設五寸之的，引十步之遠，非羿、逢蒙不能必中者，有常也。故有常則羿、逢蒙以五寸的爲巧，無常則以妄發之中秋毫爲拙。今聽言觀行，不以功用爲之的彀，言雖至察，行雖至堅，則妄發之說也。是以亂世之聽言也，以難知爲察，以博文爲辯；其觀行也，以離羣爲賢，以犯上爲抗。人主者說辯察之言，尊賢抗之行，故夫作法術之人立取舍之行，別辭爭之論，而莫爲之正。是以儒服帶劍者衆而耕戰之士寡，堅白無厚之詞章而憲令之法息。故曰：上不明則辯生焉。(«問辯»)

……學道立方，離法之民也，而世尊之曰文學之士；……語曲牟知，僞詐之民也，而世尊之曰辯智之士；……言不用而自文以爲辯，身不任而自飾以爲高，世主眩其辯，濫其高而尊貴之，是不須視而定明也，不待對而定辯也，喑盲者不得矣。明主聽其言必責其用，觀其行必求其功，然則虛舊之學不談，矜誣之行不飾矣。(«六反»)

書約而弟子辯，法省而民訟簡。是以聖人之書必著論，明主之法必詳事。(«八說»)

儒以文亂法，俠以武犯禁，而人主兼禮之，此所以亂也。夫離法者罪，而諸先生以文學取；犯禁者誅，而羣俠以私劍養。故法之所非，君之所取；吏之所誅，上之所養也。法趣上下，四相反也，而無所定，雖有十黃帝不能治也。故行仁義者非所譽，譽之則害功，工文學者非所用，用之則亂法。(«五蠹»)

今人主之於言也，說其辯而不求其當焉；其用於行也，美其聲而不責其功焉。是以天下之衆，其談言者務爲辯而不周於用，故舉先王言仁義者盈廷，而政不免於亂；行身者競於爲高而不合於功，故智士退處巖穴，歸祿不受，而兵不免於弱。(«五蠹»)

王先慎«韓非子集解»

上宋舍人書(節錄)

〔宋〕李　覯

修撰舍人執事：覯不肖，竊謂文之於化人也深矣。雖五聲八音，或雅或鄭，納諸聽聞而淪入心竅，不是過也。嘗試從事於簡策間，其讀虛無之書，則心頽然而厭於世；觀軍陣之法，則心奮起而輕其生；味縱横之說，則思譎詭而忘忠信；熟刑名之學，則意苛刻而泥廉隅；誦隱遁之篇，則意先馳於水石；詠宮體之辭，則志不出於奩匣。文見於外，心動於內，百變而百從之矣。諒非淳氣素具，通識旁照，則謂其所敗壞如覆手耳。韓子有言曰："儒以文亂德"，豈謂是乎？然則聖君賢輔，將以使民遷善而遠罪，得不謹於文哉！……近年以來，新進之士，……不求經術，而摭小說以爲新；不思理道，而專雕鎪以爲麗。句千言萬，莫辨首尾。覽之若游於都市，但見其晨而合，夜而散，紛紛藉藉，不知其何氏也！遠近傳習，四方一體。有司以備官之故，故用汎取，瑣辭謬舉，無如之何，聖人之門，將復榛蕪矣。……

«四部叢刊»影明刊本«直講李先生文集»卷二十七

莊　子〔選錄〕

物固有所然，物固有所可[1]；無物不然，無物不可[2]。故爲是舉莛與楹[3]，厲[4]與西施，恢恑憰怪[5]，道通爲一[6]。其分也，成也[7]；其成也，毁也[8]。凡物無成與毁，復通爲一[9]。(《齊物論》)

故絶聖棄知，大盜乃止……擢亂六律[10]，鑠絶竽瑟[11]，塞瞽曠[12]之耳，而天下始人含其聰[13]矣。滅文章[14]，散五采[15]，膠離朱[16]之目，而天下始人含其明矣。(《胠篋》)

世之所貴道者，書也[17]。書不過語[18]，語有貴也；語之所貴者，意也[19]。意有所隨[20]；意之所隨者，不可以言傳也[21]。而世因貴言傳書[22]，世雖貴之，我(原文爲"世雖貴之哉，猶不足貴也。"從王先謙校改。)猶不足貴也[23]。爲其貴非其貴也。故視而可見者，形與色也；聽而可聞者，名與聲也。悲夫！世人以形色名聲，爲足以得彼之情[24]。夫形色名聲，果[25]不足以得彼之情，則知者不言，言者不知[26]，而世豈識之哉？

桓公[27]讀書於堂上。輪扁[28]斲輪於堂下，釋椎鑿[29]而上，問桓公曰：敢問公之所讀爲何言邪？公曰：聖人之言也。曰：聖人在乎？公曰：已死矣。曰：然則君之所讀者，古人之糟魄已夫！桓公曰：寡人讀書，輪人安得議乎？有説則可[30]，無説則死！輪扁曰：臣也，以臣之事觀之[31]：斲輪，徐則甘而不固[32]，疾則苦而不入[33]；不徐不疾，得之於手而應於心，口不能言，有數[34]存焉於其間；臣不能以喻[35]臣之子，臣之子亦不能受之於臣，是以行年七十而老斲輪。古之人與其不可傳者(原爲“也”字,從《太平御覽》引文校改)死矣[36],然則君之所讀者,古人之糟魄已夫!(《天道》)

寓言十九[37],重言十七[38],卮言日出[39],和以天倪[40]。(《寓言》)

古之道術有在於是者,莊周聞其風而悅之。以謬悠[41]之說,荒唐[42]之言,無端崖之辭[43],時恣縱而不儻[44],不以觭見之也[45]。以天下爲沈濁,不可與莊語[46],以卮言爲曼衍[47],以重言爲眞[48],以寓言爲廣[49],獨與天地精神往來[50],而不敖倪[51]於萬物,不譴是非以與世俗處[52]。其書雖瓌瑋[53],而連犿無傷也[54];其辭雖參差[55],而諔詭[56]可觀。彼其充實[57],不可以已[58]。(《天下》)

《四部叢刊》影明世德堂本《南華眞經》

【註釋】

[1] 物固有所然二句——什麼東西都有所以然的地方,什麼東西都有可人意的地方。

[2] 無物不然二句——沒有什麼東西不然其所然,沒有什麼東西不可其所可。

[3] 莛——草莖,形容其小。楹——屋柱,形容其大。

[4] 厲——癩病。此處指醜陋的癩女人。

[5] 恢恑憰怪——指各種各樣詭幻怪異的現象。恢,寬大之名;恑,奇變之稱;憰,矯詐之心;怪,妖異之物。

[6] 道通爲一——道,首的假借詞。此句謂開始是相通而一致的。

[7] 其分也成也——萬物區分的過程,就是生成的過程。

[8] 其成也毁也——萬物生成的過程,就是毁滅的過程。

[9] 凡物無成與毁復通爲一——所有的東西都無所謂生成與毁滅,實際上一切都是相通而一致的。

[10] 擢——攪之假借字。六律——見《尙書·堯典》註[12]。

[11] 鑠絕——銷毁。竽瑟——竽爲管樂,瑟爲弦樂,此處泛指一切樂器。

[12] 瞽曠——即師曠,春秋時代晉國的著名樂師。因他是盲人名曠,故稱瞽曠。

[13] 含——懷藏,此處作保全解。聰——高度的聽覺。

[14] 文章——此處是繪畫名詞,泛指文采。古代以青與赤相配合謂之文,以赤與白相配合謂之章。

[15] 散五采——使五色各自分離,恢復其原來的單純本色,而不錯雜成爲文采。五采,五色。

[16] 膠——黏合。離朱——即離婁,古代傳說中的明目人,據說他的視力極強,能見百步之外的秋毫。

[17] 世之所貴道者書也——這二句謂世人之所貴重言說的,是書本上的東西。

[18] 書不過語——謂書本上的東西,不過是語言文字。

[19] 語之所貴者意也——謂語言文字之所以可貴,在於它表達的意。

[20] 隨——在。

[21] 意之所隨者二句——意之所在者是道,不可以言語去傳說。因爲莊子認爲道是無迹象可尋的。

[22] 而世因貴言傳書——世人因貴重表意的語言文字,從而傳誦其書,不能忘言以悟道。

[23] 不足貴——《莊子》認爲書是糟粕,所以說不是可貴之物。

[24] 彼——指道;事物的規律。情——實。

[25] 果——終。

[26] 知者不言二句——二語見《老子》,謂知道的人不談道,談道的人不知道。

[27] 桓公——齊桓公。

[28] 輪——車輪匠。扁——車輪匠之名。

[29] 椎鑿——椎子和鑿子,都是打車的工具。

[30] 有說則可——能說出個道理,那才可以免罪。

[31] 以臣之事觀之——謂根據我斲輪的經驗來看這問題。

[32] 徐則甘而不固——徐,緩;引申爲寬。甘,鬆滑。句謂寬則鬆滑不堅固。

[33] 疾則苦而不入——疾,急;引申爲緊。苦,有滯澀意。句謂緊則滯澀而難入。林西仲《莊子因》謂此二句"指斲輪笋而言"。

[34] 數——術。

[35] 喻——曉。

[36] 古之人與其不可傳者死矣——謂古代的聖人和他的不可言傳的道，都已變滅不存在了。

[37] 寓言——寄託之言。指借此喩彼，借遠喩近，借古喩今，借小喩大等小故事。十九——謂十言而九見信。

[38] 重言——所尊重的人的話。一說，重覆的話。十七——謂十言而七見信。

[39] 巵言——模稜兩可、沒有定見的滑頭話。日出——日新。

[40] 和以天倪——用自然之分來調和一切。«齊物論»："何謂和之以天倪？曰：是不是，然不然。"天倪，自然之分，指事物本來的差別。

[41] 謬悠——荒誕無稽。

[42] 荒唐——大而空。

[43] 無端崖之辭——謂其辭無頭緒可尋，無邊際可見。

[44] 時恣縱而不儻——高亨«諸子新箋»："謂時放縱厥辭，而不直言也。"儻，借爲讜，直言。

[45] 不以觭見之也——謂其辭不以一端自見。

[46] 莊語——一本正經地說話。

[47] 曼衍——卽«秋水»之"反衍"。此處意爲隨機應變。

[48] 以重言爲眞——引用古人的話，使人聽了相信。

[49] 以寓言爲廣——用寄寓之言以廣人之意。

[50] 獨與天地精神往來——謂其言通至理。

[51] 敖倪——卽傲睨，驕傲卑視。

[52] 不譴是非以與世俗處——不責人之是非，以與世俗混處。

[53] 瓌瑋——奇偉。

[54] 而連犿無傷也——謂與物相從不違，故無傷也。連犿，宛轉貌。

[55] 參差——謂其辭或虛或實，不一其言。

[56] 諔詭——奇譎。

[57] 彼其充實——言其辭理充實。

[58] 不可以已——沒有止極，卽不可窮盡之意。已，止。

【說明】

«莊子»也稱«南華經»，被歷代道家尊爲重要經典，«漢書·藝文志»著錄五十二篇，現存三十三篇。其中內篇七篇，一般認爲是莊子自己的作品；外篇十五篇和雜篇十一篇，可能摻雜有他的門人和後來道家的著作。

莊子（約公元前三六九——二八六年），名周，宋國蒙人。家貧，曾做過當地的漆園吏。後來厭惡政治生活，終身不仕。

在《莊子》中，很少直接談到文學問題，却對後來的文學有着較深的影響。這首先是因爲其中一些談藝的寓言，用具體的藝，說明抽象的道，與文學理論間接相通，而爲後來的文人以不同的方式加以採用。如節錄中的輪扁斲輪的故事，莊子本是用來說明：語言文字只能表達"形色名聲"等迹象，而不可能表達"意之所隨"的"道"。事物的精微之處，只能意會，不可言詮。這種神秘主義的說法，對後代文學評論頗有影響。陸機《文賦》、劉勰《文心雕龍・神思》、蕭子顯《南齊書・文學傳論》、劉知幾《史通・敍事》等都用過這一典實來說明文心精微不易曲折表達。然而，如果人們認眞分析這則故事的眞正涵義，就不難發現，輪扁之所以能有"不疾不徐，得之於手而應於心"的斲輪技術，乃是在長期實踐中，深切體驗了"斲輪徐則甘而不固，疾則苦而不入"的結果。工夫要長期鍛煉，方法是可以說明的。宋人呂本中說詩，曾稱"悟入必自工夫中來"（見《呂氏童蒙訓》），淸人鄧繹也指出，輪扁斲輪之喻，即是"能與人規矩不能使人巧之說"（見《藻川堂譚藝》）。

其次，莊子思想對後世文學也有着極爲複雜的影響。一方面，它繼續被統治階級用來作爲麻痹人們意志的精神鴉片。另一方面，它又成爲某些不滿現實的知識分子對統治者進行消極反抗的精神支柱，引起對當時現存秩序的懷疑，對封建禮敎的蔑視，以及對某種理想的嚮往和追求。從嵇康、阮籍、陶淵明到李白、蘇軾等人的作品中，都能找到莊子思想影響的這兩個方面的反映。只不過每個作家根據其不同情況而對莊子思想有着不同的擇取和不同的發揮罷了。

莊子所提倡的"謬悠之説，荒唐之言，無端崖之辭"等手法，雖然是爲他追求所謂"絶對自由"服務的，却也爲形象地反映生活的文學提供了一定的經驗，對後來的文學尤其是浪漫主義作家有較深的影響。

附　　錄

莊　　子(選錄)

庖丁爲文惠君解牛，手之所觸("觸"原作"解"，據郭慶藩本校改)，肩之所倚，足之所履，膝之所踦，砉然嚮然，奏刀騞然，莫不中音：合於«桑林»之舞，乃中«經首»之會。

文惠君曰："譆，善哉！技蓋至此乎？"

庖丁釋刀對曰："臣之所好者道也，進乎技矣。始臣之解牛之時，所見無非全(全字據郭慶藩本補)牛者；三年之後，未嘗見全牛也。方今之時，臣以神遇而不以目視，官知止而神欲行。依乎天理，批大郤，導大窾，因其固然；技經肯綮之未嘗，而況大軱乎！良庖歲更刀，割也；族庖月更刀，折也。今臣之刀十九年矣，所解數千牛矣，而刀刃若新發於硎。彼節者有間，而刀刃者無厚；以無厚入有間，恢恢乎其於遊刃必有餘地矣！是以十九年而刀刃若新發於硎。雖然，每至於族，吾見其難爲，怵然爲戒，視爲止，行爲遲。動刀甚微，謋然已解，如土委地。提刀而立，爲之四顧，爲之躊躇滿志，善刀而藏之。"

文惠君曰："善哉！吾聞庖丁之言，得養生焉。"(«養生主»)

孔子觀於吕梁，縣水三十仞，流沫四十里，黿鼉魚鼈之所不能游也。見一丈夫游之，以爲有苦而欲死也，使弟子並流而拯之。數百步而出，被髮行歌而游於塘下。

孔子從而問焉，曰："吾以子爲鬼，察子則人也。請問，蹈水有道乎？"

曰："亡，吾無道。吾始乎故，長乎性，成乎命。與齊俱入，與汩偕出，從水之道而不爲私焉。此吾所以蹈之也。”

孔子曰:“何謂始乎故,長乎性,成乎命?”

曰:“吾生於陵而安於陵,故也;長於水而安於水,性也;不知吾所以然而然,命也。”(«達生»)

«四部叢刊»影明世德堂本«南華眞經»

日喻說

〔宋〕蘇軾

生而眇者不識日,問之有目者,或告之曰:“日之狀如銅槃。”扣槃而得其聲,他日聞鐘,以爲日也。或告之曰:“日之光如燭。”捫燭而得其形,他日揣籥,以爲日也。日之與鐘、籥亦遠矣,而眇者不知其異,以其未嘗見而求之人也。道之難見也甚於日,而人之未達也,無以異於眇,達者告之,雖有巧譬善導,亦無以過於槃與燭也。自槃而之鐘,自燭而之籥,轉而相之,豈有旣乎?故世之言道者,或即其所見而名之,或莫之見而意之,皆求道之過也。

然則道卒不可求歟?蘇子曰:道可致而不可求。何謂致?孫武曰:“善戰者致人,不致於人。”子夏曰:“百工居肆以成其事,君子學以致其道。”莫之求而自至,斯以爲致也歟!

南方多沒人,日與水居也,七歲而能涉,十歲而能浮,十五而能沒矣。夫沒者豈苟然哉?必將有得於水之道者。日與水居,則十五而得其道。生不識水,則雖壯,見舟而畏之。故北方之勇者,問於沒人,而求其所以沒,以其言試之河,未有不溺者也。故凡不學而務求道,皆北方之學沒者也。

昔者以聲律取士,士雜學而不志於道;今也以經術取士,士知求道而不務學。渤海吳君彥律,有志於學者也,方求舉於禮部,作日喻以告之。

文學古籍刊行社«經進東坡文集事略»卷五十七

荀　　子〔選錄〕

〔戰國〕荀　况

學惡[1]乎始？惡乎終？曰：其數則始乎誦經，終乎讀禮[2]；其義[3]則始乎爲士，終乎爲聖人。……《禮》之敬文[4]也，《樂》之中和也，《詩》、《書》之博[5]也，《春秋》之微[6]也，在天地之間者畢[7]矣。(《勸學》)

凡言不合先王，不順禮義，謂之姦言；雖辯[8]，君子不聽。……故君子之於言也，志好之，行安之，樂言之。故君子必辯。凡人莫不好言其所善[9]，而君子爲甚。故贈人以言，重於金石珠玉；觀人以言[10]，美於黼黻文章[11]；聽人以言，樂於鍾鼓琴瑟。故君子之於言無厭。鄙夫反是，好其實，不恤其文[12]，是以終身不免埤汚傭俗。(《非相》)

有小人之辯者，有士君子之辯者，有聖人之辯者。不先慮，不早謀，發之而當，成文而類[13]，居錯遷徙，應變不窮[14]，是聖人之辯者也。先慮之，早謀之，斯須[15]之言而足聽，文而致實[16]，博而黨正[17]，是士君子之辯者也。聽其言則辭辯而無統[18]，用其身則多詐而無功，上不足以順明王，下不足以和齊百姓；然而口舌之均[19]，噡唯則節[20]，足以爲奇偉偃卻[21]之屬：夫是之謂姦人之雄。聖王起，所以先誅也，然後盜賊次之。盜賊得變[22]，此不得變也。(《非相》)

假今之世[23]，飾邪說，文姦言，以梟[24]亂天下，矞宇嵬瑣[25]，使天下混然不知是非治亂之所存者有人矣。(《非十二子》)

言必當理，事必當務。……若夫充虛之相施易[26]也，堅白同異[27]之分隔也，是聰耳之所不能聽也，明目之所不能見也，辯士之所不能言也，雖有聖人之知，未能僂指[28]也。不知無害爲君子，知之無損爲小人。工匠不知，無害爲巧；君子不知，無害爲治。王公好之則亂法，百姓好之則亂事。而狂惑戇陋之人，乃始率其羣徒，辯其談說，明其辟稱[29]，老身長子[30]，不知惡也。夫是之謂上愚[31]，曾不如相雞狗之可以爲名也。(《儒效》)

聖人也者，道之管[32]也。天下之道管是[33]矣，百王之道一是矣，故《詩》、《書》、《禮》、《樂》之歸是矣[34]。《詩》言是，其志也；《書》言是，其事也；《禮》言是，其行也；《樂》言是，其和也；《春秋》言是，其微也。故《風》之所以爲不逐者，取是以節之也[35]；《小雅》之所以爲《小雅》者，取是而文[36]之也；《大雅》之所以爲《大雅》者，取是而光[37]之也；《頌》之所以爲至[38]者，取是而通之也。(《儒效》)

故凡言議期命[39]，是非以聖王爲師。(《正論》)

夫樂[40]者，樂[41]也，人情之所必不免也。故人不能無樂，樂則必發於聲音，形[42]於動靜；而人之道，聲音動靜，性術之變盡是矣[43]。故人不能不樂，樂則不能無形，形而不爲道[44]，則不能無亂。先王惡其亂也，故制雅頌之聲以道之，使其聲足以樂而不流[45]，使其文足以辨而不諰[46]，使其曲直繁省、廉肉節奏[47]足以感動人之善心，使夫邪汙之氣無由得接焉；是先王立樂之方[48]也。……夫聲樂之入人也深，其化人也速，故先王謹爲之文。……樂者，聖人之所樂也，而可以善民心，其感人深，其移風易俗[49]，故先王導之以禮樂而民和睦。夫民有好惡之情而無喜怒之應，則亂。先王惡其亂也，故修其行，正其樂，而天下順焉。故齊衰之服[50]，哭泣之聲，使人之心悲；帶甲嬰軸[51]，歌於行伍，使人之心傷[52]；姚冶之容，鄭衛之音，使人之心淫；紳、端、章甫[53]，舞《韶》歌《武》，使人之心莊。故君子耳不聽淫聲，目不視女色[54]，口不出惡言，此三者，君子愼之。凡姦聲感人而逆氣應之，逆氣成象[55]而亂生焉。正聲感人而順氣應之，順氣成象而治生焉。唱和有應，善惡相象[56]，故君子愼其所去就也。……亂世之徵，其服組[57]，其容婦[58]，其俗淫，其志利[59]，其行雜[60]，其聲樂險[61]，其文章匿而采[62]，其養生無度，其送死瘠墨[63]，賤禮義而貴勇力，貧則爲盜，富則爲賊，治世反是也。(《樂論》)

……今聖王沒，天下亂，姦言起，君子無埶[64]以臨之，無刑以禁之，故辨說也。實不喻然後命，命不喻然後期，期不喻然後說，說不喻然後辨[65]。故期命辨說也者，用之大文也，而王業之始也。名聞而實喻，名之用也[66]。累而成文，名之麗[67]也。用麗俱得，謂之知名。名也者，所以期累實也[68]。辭也者，兼異實之名以諭(原作"論"字，從王念孫說改。)一意也[69]。辨說也者，不異實名以喻動靜之道[70]也。期命也者，辨說之用也[71]。辨說也者，心之象道[72]也。心也者，道之工宰[73]也。道也者，治之經理也。心合於道，說合於心，辭合於說，正明而期，質請而喻[74]，辨異而不過[75]，推類而不悖；聽則合文[76]，辨則盡故[77]。以正道而辨姦，猶引繩以持曲直；是故邪說不能亂，百家無所竄。有兼聽之明，而無奮矜[78]之容；有兼覆[79]之厚，而無伐[80]德之色。說行則天下正，說不行則白道而冥窮[81]，是聖人之辨說也。《詩》曰："顒顒卬卬，如珪如璋，令聞令望，豈弟君子，四方爲綱[82]。"此之謂也。(《正名》)

君子之言，涉然[83]而精，俛然而類[84]，差差然而齊[85]。彼正其名，當[86]其辭，以務白[87]其志義者也。彼名辭也者，志義之使也，足以相通則舍之矣[88]；苟之[89]，姦[90]也。故名足以指實，辭足以見極[91]，則舍之矣；外是者謂之訒[92]，是君子之所棄，而愚者拾以爲己寶。故愚者之言，芴然而粗[93]，嘖然[94]而不類，誻誻然而沸[95]。彼誘其名，眩其辭，而無深於其志義者也。故窮藉而無極[96]，甚勞而無功，貪而無名。故知者[97]之言也，慮之易知也，行之易安也，持之易立也；成則必得其所好而不遇其所惡焉。而愚者反是。《詩》曰："爲鬼爲蜮，則不可得；有靦面目，視人罔極[98]。作此好歌，以極反側。"此之謂也。(《正名》)

古籍出版社本梁啓雄《荀子簡釋》

【註釋】

[1] 惡——何，哪裏。

[2] 數——程序。經——六經。禮——禮經。統言之。禮包括在六經之中。荀子的意思，是以禮爲重點，所以歸結到讀禮。

[3] 義——意義。

[4] 敬文——敬，指周旋揖讓的儀式；文，指車服等級的標誌。

[5] 博——梁啓雄《荀子簡釋》："《詩》《書》博記歷史、地理、風俗及鳥獸草木之名，故內容極博。"

[6] 微——深微，奧妙。《左傳》成公十四年："君子曰：《春秋》之稱，微而顯，志而晦……"杜預注："辭微而義顯。""晦亦微也，謂約言以記事，事敍而文微。"

[7] 畢——完備。

[8] 辯——善於談說。

[9] 所善——"謂己所好尚也。"(楊倞注)

[10] 觀人以言——觀，示。據鍾泰說，觀人以言，謂以言告人。

[11] 黼黻文章——古代禮服上繪繡的文采。楊倞注："皆色之美者：白與黑謂之黼，黑與青謂之黻，青與赤謂之文，赤與白謂之章。"

[12] 不恤——不顧。

[13] 類——法。揚雄《方言》："齊謂法爲類。"

[14] 居錯遷徙二句——錯，置。王念孫說："居讀爲舉，古字通。言或舉或錯或遷徙，皆隨變應之而不窮也。"

[15] 斯須——須臾，俄頃。

[16] 致實——王念孫說："致讀爲質。質，信也，謂信實也。"

[17] 黨——同讜，直言。

[18] 無統——無綱紀。

[19] 口舌之均——均，調均。口舌之均，謂辯說流暢。

[20] 噡唯則節——噡，多言。唯，少言的意思。噡唯則節，謂或多言或少言都能

有節度。

［21］奇偉——誇大的意思。偃卻——偃蹇，高傲的意思。

［22］變——轉變，敎之使自新的意思。

［23］假——借。今之世——指戰國時代。

［24］梟——梁啓雄說：“梟借爲撓。《說文》：撓，擾也。”

［25］矞宇——猶言譎詭。嵬瑣——王先謙說：“嵬瑣，猶委瑣也。嵬委聲近，故相通借。”指邪僻瑣細的言論。

［26］充虛之相施易——充，實。施，通“移”。此句謂使實和虛相互轉變。

［27］堅白——古代名家的一種名辯論題。《公孫龍子》有堅白論。其主要論點是離堅白。認爲堅、白、石三者，堅、白是分離的。只有堅石或白石，沒有堅白石。同異——《莊子·天下篇》引惠施說：“大同而與小同異，此之謂小同異。萬物畢同畢異，此之謂大同異。”這是“合同異”的說法。謂事物之間的一般的同異，相互比較起來，只能說是“小同”、“小異”。例如馬和牛都是走獸，是“小同”；但馬、牛又有不同的一面，是“小異”。這類同異的關係，惠施稱之爲“小同異”。推論到萬物，各物都有自己的特點，卽自相，萬物之間都有差異，卽是“畢異”；但萬物又都有相同之處，卽共相，因而說它是“畢同”。這種同異的關係，惠施稱之爲“大同”、“大異”。“大同”、“大異”和“小同”、“小異”的性質是有差別的。“小同”、“小異”並不重要，重要的在於萬物的“畢同”“畢異”。按照“畢同”的理論，相同性質的和不相同性質的事物，都可以抽象地統一起來，這就是所謂“合同異”。（以上採用任繼愈說。）

［28］僂指——《荀子簡釋》引劉師培說：“僂字訓爲曲，僂指猶言曲陳。”

［29］辟稱——辟，借作譬。稱，稱引。

［30］老身長子——身已衰老而子已長大。

［31］上愚——極愚。

［32］管——樞要。

［33］是——此，指儒家學說。

［34］故詩書禮樂之歸是矣——劉台拱說：“之下當有道字，與上兩‘之道’對文。”

［35］風之所以爲不逐者二句——《風》，指《詩》中的十五《國風》，與下文的《小雅》、《大雅》、《頌》，都是《詩》中分類的名稱。逐，流蕩。節，節制。楊倞注：“《國風》所以不隨荒暴之君而流蕩者，取聖人之儒道以節之也。《詩序》曰：‘變風發乎情，止乎禮義。發乎情，人之性也；止乎禮義，先王之澤也。’”

[36] 文——修飾。

[37] 光——通"廣"。

[38] 至——極,"謂盛德之極"。(楊倞注)

[39] 期命——命,名。指概念。期,謂用幾個名聯貫起來以期會其意,指判斷。

[40] 樂——音樂,樂舞。

[41] 樂——喜樂。

[42] 形——表現。

[43] 而人之道三句——梁啓雄說:"人之道,謂人之所以爲人。這是說:人之所以爲人,外的聲音動靜,內的性術之變,都表現在這音樂上了。"性術之變,指人內在的思想感情的變化。

[44] 道——通"導"。

[45] 流——淫濫放蕩。

[46] 使其文足以辨而不諰——梁啓雄說:"《樂記》注:'文,篇辭也。'《易繫辭上釋文》引京注:'辨,明也。'謂通其辭,達其意。諰,當作偲,《廣雅·釋言》:'偲,佞也。'《鹽鐵論·刺議》:'以邪導人謂之佞。'是佞有邪義,則偲亦有邪義了。此謂:使樂之文辭足以明瞭而不邪。"

[47] 曲直——聲音的迴曲與放直。繁省——聲音的複雜與簡單。廉肉——指聲音的清濁。

[48] 方——道,原則。

[49] 其移風易俗——梁啓雄說:"我以爲俗下脫一'易'字。《漢書·禮樂志》正作'其移風易俗易'。"易俗之"易",義爲變易。後"易"字義爲容易。

[50] 齊衰之服——喪服。齊衰音資摧。

[51] 嬰——戴。軸——同胄。

[52] 傷——讀爲壯,義爲悲壯。

[53] 紳——古代士大夫束在衣外的大腰帶。端——禮服。章甫——禮帽。

[54] 女——物茂卿說:"女,當作姦。"

[55] 成象——物茂卿說:"成象,謂形於歌舞。"

[56] 唱和有應二句——王懋竑說:"聲感人,倡也;氣應之,和也。善倡則善和,惡倡則惡和,是倡和有應,善惡相象也。"

[57] 組——華麗。

[53] 其容婦——模倣婦女打扮。

[59] 利——唯利是圖。

[60] 雜——卑汚。

[61] 險——《廣雅·釋詁》:"險,邪也。"

[62] 匿而采——梁啓雄説:"匿,讀爲慝,邪也。言文章邪慝而多采飾。"

[63] 瘠墨——苟簡儉薄。郝懿行説:"送死不忠厚,不敬文,謂之瘠。刻死而附生,謂之墨。"

[64] 埶——權勢。

[65] 實不喻四句——實,具體事物,是第一性的。喻,表達。名、期,見注[39]。名,是代表一種具體事物的概念,是第二性的。這四句説:不能表明物的實體,則用名來表達;仍不能表明,則告之以該物的形狀大小,使會其意而作出判斷;仍不能表明,則更詳細地加以説明;仍不能表明,則當與之反覆辯論。

[66] 名聞而實喻二句——意謂概念的作用是説明具體事物。

[67] 麗——同儷,配合。

[68] 名也者二句——謂有了名才可能把實積累起來而成文,累名正是代表了累實。

[69] 辭也者二句——具體事物有千差萬别,代表它的名也是千差萬别。這二句指出判斷是聯合概念表述一個意思。

[70] 辨説也者二句——不異實名,不使名實相亂的意思。因爲有名實相亂之辭發生,所以君子才必需辯説。動静之道,指各種事物的運動變化的情況及其關係。

[71] 期命二句——説明人在辯説的時候,就是運用判斷和概念進行推理。

[72] 心之象道也——梁啓雄《荀子簡釋》:"象借爲像。《淮南·覽冥》注:'像,猶隨也。'《説文》:'隨,從也。'心從道才詆訾非道,所以有了辨説。"按:從道,對正道的認識。

[73] 工宰——王懋竑説:"工乃主字之訛。"

[74] 質請而喻——王念孫説:"質,本也。請,讀爲情。情,實也。言本其實而曉喻之也。"這句謂根據具體事物而能表達出來。

[75] 辨異而不過——謂辨説足以明是非同異,沒有錯誤。

[76] 聽則合文——梁啓雄説:"《國語·周語》注:'文,禮法也。'謂凡聽别人辨説時,必須平心靜氣地聽他説,務必合於辨論的禮法。"

[77] 辨則盡故——謂辨别他人的辨説爲是爲非之時,務須窮究他所依據的事理。

[78] 奮矜——傲慢自是。

[79] 彙覆——無所不包。

[80] 伐——自己矜誇的意思。

[81] 白道而冥窮——俞樾説:“窮,當讀爲躬。白道而冥窮者,明白其道而幽隱其身也。”

[82] 顒顒卬卬五句——《詩·大雅·卷阿》篇文。顒,音容,體貌謙恭的樣子。卬,音昂,卬卬,志氣高昂的樣子。令望,好名聲。豈,音凱,豈弟,和樂。綱,典範。

[83] 涉然——淺顯的意思。“涉然而精”,和下文“俛然而類”、“差差然而齊”,都是以相反成義。

[84] 俛然而類——俛然,平易近人的意思。類謂合乎條理規律。

[85] 差差然而齊——差差然,不齊的樣子。齊謂終歸于齊一。

[86] 當——運用。

[87] 白——表明,説明。志義——指思想。

[88] 通——溝通。舍——止。

[89] 苟之——不合理地故意加以曲説。

[90] 姦——邪説。

[91] 極——至,主要的意思。

[92] 外是——超過這個界限。訒——難,謂故作艱難之辭。

[93] 芴然而粗——芴音忽,言其隱約。粗,疏略。隱約而粗疏,正和上文“涉然而精”相反。

[94] 嘖然——爭吵的樣子。

[95] 誻誻然而沸——誻,音踏。誻誻,多言的樣子。沸,讀如拂。拂義爲悖,悖和上文“差差然而齊”的“齊”相反。

[96] 窮藉而無極——藉,借,窮藉,多方面地使用假名虚辭。極,終止,無極,不止,沒有限制。

[97] 知者——智者。

[98] 爲鬼爲蜮四句——見《詩經》註[20]。

【説明】

《荀子》二十卷三十二篇,著作者荀況,字卿,趙國人,生活年代後於孟子。他吸取、改造並進一步發展了儒家學説,也吸取了戰國其它學派的思想,成了戰國後期重要的思想家。《荀子》

書中直接談到文學的不多，這裏節錄的是《荀子》的《勸學》《非相》《非十二子》《儒效》《正論》《樂論》《正名》等篇中的斷片。

節錄的文字中，討論的主要問題有三個：一是“言”，一是“名”，一是“樂”。

荀子論“言”，有如下幾個主要論點：

一、特別強調道，認爲“辯說也者，心之象道也。心也者，道之工宰也。道也者，治之經理也。心合於道，說合於心，辭合於說”。這是一種文以明道的主張。道的實際內容，就是所謂禮義。“凡言不合先王，不順禮義，謂之姦言。”他認爲一切言論，凡是合乎道、宣揚道，就是好的；凡是離開道、違反道，就是壞的。

二、由於人對道有不同的態度，所以言有聖人之“言”、君子之“言”、小人之“言”的區別。聖人之言，最爲完美，“如珪如璋，……四方爲綱”，是崇敬的對象，效法的標準。而小人的姦言，“雖辯，君子不聽”。

三、“言”和政治有密切的關係，不同的“言”對政治起不同的作用。聖人之辯，“說行則天下正，說不行則白道而冥窮。”小人之辯，“用其身則多詐而無功，上不足以順明王，下不足以和齊百姓”。

先秦時代，文學批評還處在發生、發展的初期階段。文學思想包含在整個學術思想之中。荀子對於“言”的論點，也就是對於文學的看法。“明道”是荀子文學觀的核心；關於聖人之“言”的理論，反映在文學觀點上就是“徵聖”的主張。荀子本人是儒學經典主要的傳授者，據淸人汪中《荀卿子通論》的攷據，《易》、《詩》、《禮》、《春秋》都是荀子所傳。這裏節錄的斷片中，就有兩處徵引了《詩》，這是荀子文學思想中“宗經”主張的實踐。明道、徵聖、宗經，三位一體，明道是三者的中心，這就是荀子文學思想的基本內容，它奠定了後世明道、徵聖、宗經三位一體的文學觀。

荀子論"名"，分析非常精密。這本是邏輯思想史上一個重要的命題，荀子的這個論述有重要的歷史地位。這個問題，與文章的用詞命意有密切聯系。"文而致實，博而黨正"，"正名而期，質請而喻，辯異而不過，推類而不悖"。這是荀子對"名"的要求，也是對於文章用詞命意的要求。詞的概念明確，那麼句所表達的意也自然明確，雖似樸質，却很精當。假使玩弄概念，或"用名以亂名"，或"用實以亂名"，或"用名以亂實"，那就成爲當時的"邪說辟言"。這是他所極端反對的。

荀子論"樂"，在深度和廣度上都比他的前人大大前進了一步，有名的《樂論》是他論樂的專文。先秦時代，詩樂緊密配合，荀子關於音樂的見解中有不少地方和文學批評有關。這方面值得注意的論點是：他認爲音樂的產生和人們對於音樂的需要，是"人情所必不免"的事情；人們內在的"性術之變"，即內在的思想感情的變化，可以通過音樂表現出來；反映人們各種各樣思想感情變化的不同音樂，能使人產生"心悲"、"心傷"、"心淫"、"心莊"等不同的心理反應。他還進一步指出，因爲音樂表現了人們的思想感情，所以從中可以看到時代的面貌："亂世之徵，……其聲樂險，其文章匿而采"；因爲音樂有"入人也深"、"化人也速"的巨大教育、感染作用，所以它能對整個社會的民情風俗以至國家的安危治亂發生直接影響。在比較深入地論述音樂的藝術特徵和社會作用的基礎上，荀子反覆批評了"非樂"的墨子，特別强調統治者應該"正其樂"，並利用音樂教化人民，從而達到"治生焉"即鞏固統治的目的。荀子重視樂教的主張，是他明道、徵聖、宗經的文學觀在音樂領域的體現。

附　錄

禮記·樂記(節錄)

凡音之起,由人心生也。人心之動,物使之然也。感於物而動,故形於聲;聲相應,故生變;變成方,謂之音;比音而樂之,及干戚羽旄,謂之樂。樂者,音之所由生也,其本在人心之感於物也。是故其哀心感者,其聲噍以殺;其樂心感者,其聲嘽以緩;其喜心感者,其聲發以散;其怒心感者,其聲粗以厲;其敬心感者,其聲直以廉;其愛心感者,其聲和以柔。六者非性也,感於物而後動,是故先王愼所以感之者。故禮以道其志,樂以和其聲,政以一其行,刑以防其姦。禮樂刑政,其極一也。所以同民心而出治道也。

凡音者,生人心者也。情動於中,故形於聲,聲成文,謂之音。是故治世之音安以樂,其政和;亂世之音怨以怒,其政乖;亡國之音哀以思,其民困。聲音之道,與政通矣。……鄭、衞之音,亂世之音也,比於慢矣。桑間濮上之音,亡國之音也,其政散,其民流,誣上行私,而不可止也。

凡音者,生於人心者也;樂者,通倫理者也。是故知聲而不知音者,禽獸是也;知音而不知樂者,衆庶是也。唯君子爲能知樂。是故審聲以知音,審音以知樂,審樂以知政,而治道備矣。是故不知聲者不可與言音,不知音者不可與言樂。知樂,則幾於禮矣。禮樂皆得,謂之有德。

…………

樂也者,聖人之所樂也,而可以善民心。其感人深,其移風易俗,故先王著其教焉。

夫民有血氣心知之性,而無哀樂喜怒之常,應感起物而動,然後心術形焉。是故志微噍殺之音作,而民思憂;嘽諧慢易繁文簡節之音作,而民康樂;粗厲猛起奮末廣賁之音作,而民剛毅;廉直勁正莊誠之音作,而民肅敬;寬裕肉好順成和動之音作,而民慈愛;流辟邪散狄成滌濫之音作,而民淫亂。

是故先王本之情性,稽之度數,制之禮義,合生氣之和,道五常之行,使之陽而不散，陰而不密，剛氣不怒，柔氣不懾，四暢交於中，而發作於外，皆安其位而不相奪也。然後立之學等，廣其節奏，省其文采，以繩德厚。律小大之稱，比終始之序，以象事行，使親疏貴賤長幼男女之理，皆形見於樂。故曰：樂觀其深矣。

阮元刻《十三經注疏》本《禮記正義》卷三十七、三十八

世要論·序作篇

〔魏〕桓　範

夫著作書論者，乃欲闡弘大道，述明聖教，推演事義，盡極情類，記是貶非，以爲法式，當時可行，後世可修。且古者富貴而名賤(原校："賤"疑"姓")廢滅，不可勝記，唯篇(原校："篇"疑"篤")論俶儻之人，爲不朽耳。夫奮名於百代之前，而流譽於千載之後，以其覽之者益，聞之者有覺故也。豈徒轉相放效名作書論，浮辭談説而無損益哉？而世俗之人，不解作體，而務汎溢之言，不存有益之義，非也。故作者不尙其辭麗，而貴其存道也；不好其巧慧，而惡其傷義也。故夫小辯破道，狂簡之徒，斐然成文，皆聖人之所疾矣。

《連筠簃叢書》本《羣書治要》卷四十七

毛 詩 序[1]

《關雎》[2]，后妃之德也[3]，風之始也[4]，所以風[5]天下而正夫婦也。故用之鄉人焉[6]，用之邦國焉[7]。風，風也，敎也；風以動[8]之，敎以化[9]之。

詩者，志之所之也[10]，在心爲志，發言爲詩。情動於中而形[11]於言，言之不足故嗟嘆之，嗟嘆之不足故永歌之[12]，永歌之不足，不知手之舞之，足之蹈之也。

情發於聲，聲成文[13]謂之音。治世之音安以樂，其政和；亂世之音怨以怒，其政乖[14]；亡國之音哀以思，其民困。故正得失，動天地，感鬼神，莫近於詩[15]。先王以是經夫婦[16]，成孝敬，厚人倫，美敎化，移風俗[17]。

故詩有六義焉：一曰風[18]，二曰賦[19]，三曰比[20]，四曰興[21]，五曰雅[22]，六曰頌[23]。上以風化下，下以風刺上，主文而譎諫[24]，言之者無罪，聞之者足以戒，故曰風。至於王道衰，禮義廢，政敎失，國異政，家殊俗，而變風、變雅[25]作矣。國史[26]明乎得失之迹，傷人倫之廢，哀刑政之苛，吟詠情性，以風其上，達於事變而懷其舊俗者也。故變風發乎情，止乎禮義。發乎情，民之性也；止乎禮義，先王之澤也。是以一國之事，繫一人之本，謂之風；言天下之事，形四方之風，謂之雅[27]。雅者，正也，言王政之所由廢興也。政有小大，故有小雅焉，有大雅焉。頌者，美盛德之形容，以其成功告於神明者也。是謂四始[28]，詩之至也[29]。

然則《關雎》《麟趾》之化[30]，王者之風，故繫之周公。南，言化自北而南也[31]。《鵲巢》《騶虞》之德[32]，諸侯之風也，先王之所以教，故繫之召公。《周南》《召南》[33]，正始之道，王化之基[34]。是以《關雎》樂得淑女，以配君子，憂(原文作"愛"，依《四部叢刊》本及《文選》校改。)在進賢，不淫其色；哀窈窕，思賢才，而無傷善之心焉[35]。是《關雎》之義也。

阮元刻《十三經注疏》本《毛詩正義》卷一

【註釋】

[1] 毛詩序——漢人傳詩有魯(申公所傳)、齊(轅固生所傳)、韓(韓嬰所傳)三家詩說，都立於學官。趙人毛萇傳詩，稱爲毛詩，終漢之世，未立學官。詩有今古文之分，魯、齊、韓三家爲今文，毛詩爲古文。三家詩都有序(據魏源《齊魯韓毛異同論》說)，亡佚已久，而毛詩序獨存。這裏選錄的是《詩毛氏傳》在國風首篇《關雎》題下的一篇序言。《經典釋文》引舊說："起此至'用之邦國焉'，名《關雎序》，謂之《小序》；自'風，風也'訖末，名爲《大序》。"又引沈重說："案鄭(玄)《詩譜》意《大序》是子夏(卜商)作，《小序》是子夏、毛公合作。卜商意有未盡，毛更足成之。"又引或云："小序是東海衞敬仲(宏)所作。"但現存孔穎達《毛詩正義》所載《詩譜》，不言序爲誰作。范曄《後漢書·儒林傳》載："初，九江謝曼卿善《毛詩》，乃爲其訓。(衞)宏從曼卿受學，因作《毛詩序》。"有關《毛詩序》作者問題的異說尚多，可參考《四庫全書總目提要》卷十五經部十五詩類一《詩序》提要及崔述《通論詩序》。本序究屬何人所作，目前尚無定論。

[2] 關雎——《詩·國風·周南》首篇的篇名。

[3] 后妃之德也——后妃，天子之妻。舊說《關雎》詩寫后妃事，指周文王妃太姒。孔穎達《毛詩正義》說："言后妃性行和諧，貞專化下，寤寐求賢，供奉職事，是后妃之德也。二南之風，實文王之化。而美后妃之德者，以夫婦之性人倫之重。……"案：《正義》是釋《詩序》意，此說是對詩義的曲解。後面註[4]、[34]所引《正義》文字，也是曲解。

[4] 風之始也——風，指《詩三百篇》中的十五國風。這句說《關雎》是十五國風中的第一篇。孔穎達《毛詩正義》解釋爲："言后妃之有美德，文王風化之始也。言文王行化始於其妻，故用此爲風教之始。"

[5] 風——讀去聲，教化的意思。

[6] 用之鄉人焉——一萬二千五百家爲一鄉。"鄉人"指老百姓。"用之鄉人焉"，

《正義》解釋爲“令鄉大夫以之教其民也。”案:《儀禮·鄉飲酒禮》,鄉大夫行鄉飲酒禮時,以《關雎》合樂。

[7] 用之邦國焉——《正義》解釋爲“令天下諸侯以之教其臣也。”案:《儀禮·燕禮》,諸侯行燕禮飲燕其臣子及賓客時,歌鄉樂《關雎》。

[8] 動——感動。

[9] 化——感化。

[10] 志——志意、懷抱。所之——《說文》:“之,出也。”言詩乃志所生出。引申解作所往、所向。

[11] 形——表現。

[12] 言之不足二句——指發言之後,意猶未足,否嗟歎息以延續它。嗟嘆猶嫌未足,那就要引聲長歌。永,長。

[13] 聲成文——文,指宮、商、角、徵、羽五聲之調。

[14] 乖——乖戾、反常。

[15] 莫近於詩——孔穎達:《毛詩正義》:“何休云:莫近,猶莫過之也。”

[16] 以——用。經——常道,這裏作動詞用。經夫婦,謂使夫婦之道入於正常。

[17] 美教化移風俗——《禮記·樂記》:“樂也者,聖人之所樂也,而可以善民心,其感人深,其移風易俗。故先王著其教焉。”與此文可互證。詩與樂是合一的東西。

[18] 風——據下文的解釋是指風化、諷刺。《詩三百篇》十五國風,比較廣泛地反映了人民的生活、感情和願望,基本上是人民的詩歌,具有地域的特徵。它跟雅、頌有地方樂歌和朝廷樂歌的區別。

[19] 賦——用作動詞,含有鋪陳直敍之意。鄭玄注《周禮·大師》說:“賦之言鋪,直鋪陳今之政教善惡。”劉熙《釋名》:“敷布(佈)其義謂之賦。”劉勰、鍾嶸以至朱熹都一致認爲“直書其事”,“體物寫志”是賦的特徵。

[20] 比——比喻。鄭玄《周禮·大師》條引鄭衆注:“比者,比方於物也。”《藝文類聚》卷五十六引晉摯虞《文章流別論》說:“比者,喻類之言也。”朱熹《詩經集傳》說:“比者,以彼物比此物也。”

[21] 興——起的意思。兼有發端和比喻的雙重作用。鄭玄《周禮·大師》注:“興,見今之美,嫌於媚諛,取善事以喻勸之。”何晏《論語集解》引孔安國說,“興,引譬連類”。朱熹《詩經集傳》說興是“先言他物以引起所詠之辭也”。但興亦有僅具發端而無比喻的作用的;也有喻意由於時代久遠,已難明瞭的;也有僅具音律上的聯系作用的。因此,興的界說,比較紛歧。

[22] 雅——據下文的解釋，雅是正的意思，談王政的興廢。據梁啓超《釋四詩名義》的考證，“大小雅所合的音樂，當時謂之正聲。……‘雅’與‘夏’古字相通，……雅音卽夏音，猶言中原正聲云爾。”而此序下文“雅者正也”的說法，也可能是從雅是正聲這一意義引申而來。周王朝公卿士大夫的詩歌，都歸入雅詩之內。

[23] 頌——周王朝和魯、宋二國在祭祀時用以贊神的舞歌，它的本義是形容，也就是借着舞蹈表現詩歌的情態。清阮元《釋頌》認爲頌是舞詩。王國維《說周頌》認爲頌比風、雅的樂曲的速度要徐緩些。

[24] 主文而譎諫——朱熹解爲“主於文辭而託之以諫”（見《呂氏家塾讀詩記》卷三）。譎諫，用隱約的言詞諫勸而不直言過失。

[25] 變風變雅——變的意義卽下文“達於事變”的變，指的是時世由盛變衰，政教綱紀大壞。鄭玄《詩譜序》說：“故孔子錄懿王、夷王時詩訖於陳靈公淫亂之事，謂之變風、變雅。”在國風中，邶風以下十三國風爲變風，但豳風有描寫西周初期周公東征的事；大雅中《民勞》以後的詩，小雅中《六月》以後的詩爲變雅，但其中也有贊揚美政的。馬瑞辰以爲正變以政教得失而分，而不以時間爲界。

[26] 國史——王室的史官。《正義》引鄭玄答張逸云：“國史采衆詩時，明其好惡，令瞽矇歌之。其無作主，皆國史主之，令可歌。”

[27] 是以一國之事以下六句——孔穎達《正義》說：“……言風雅之别，其大意如此也。一人者，作詩之人。其作詩者，道己一人之心耳，要所言一人心，乃是一國之心。詩人覽一國之意以爲己心，故一國之事繫此一人使言之也。但所言者，直是諸侯之政，行風化於一國，故謂之風，以其狹故也。言天下之事，亦謂一人言之。詩人總天下之心，四方風俗，以爲己意，而詠歌王政，故作詩道說天下之事，發見四方之風，所言者乃是天子之政，施齊正於天下，故謂之雅，以其廣故也。”

[28] 四始——《正義》引鄭玄答張逸云：“風也，小雅也，大雅也，頌也，此四者，人君行之則爲興，廢之則爲衰。”又引《鄭箋》：“始者，王道興衰之所由。”陳奐《詩毛氏傳疏》認爲這裏是總論全詩，風、大、小雅、頌，皆以文王詩爲始：“《關雎》風始，《鹿鳴》小雅始，《文王》大雅始，《清廟》頌始。”案：“《關雎》之亂，以爲風始，《鹿鳴》爲小雅始，《文王》爲大雅始，《清廟》爲頌始。”見《史記·孔子世家》。司馬遷習魯詩，其說如此。《毛詩序》一開頭說《關雎》是“風之始也”，實襲《史記》。

[29] 詩之至也——這句的意思是指詩理至極，盡於此。

[30] 麟趾——《麟之趾》是《詩·國風·周南》中最後的詩篇。《小序》以爲“《麟之趾》，《關雎》之應也。《關雎》之化行，則天下無犯非禮，雖衰世之公子皆信厚如

麟趾之時也。”

[31] 南言化自北而南也——《毛傳》:“謂其化從岐周被江、漢之域也。”

[32] 鵲巢騶虞——《鵲巢》是《詩·國風·召南》中的首篇。寫諸侯之女出嫁於諸侯事。《小序》以爲:“《鵲巢》,夫人之德也。”《騶虞》是《詩·國風·召南》中最後的詩篇。寫諸侯打獵事。《小序》以爲:“《騶虞》,《鵲巢》之應也。《鵲巢》之化行,人倫既正,朝廷既治,天下純被文王之化,則庶類蕃殖,蒐田以時,仁如騶虞(義獸名),則王道成也。”騶(音鄒)虞,獸名。

[33] 周南召南——見本書《論語》(選錄)注[38]。

[34] 正始之道二句——《正義》:“《周南》《召南》二十五篇之詩,皆是正其初始之大道,王業風化之基本也。”

[35] 不淫其色四句——窈窕,善良美好的意思。《關雎》:“窈窕淑女,君子好逑。”案:《論語·八佾》:子曰:《關雎》樂而不淫,哀而不傷。”是本文用意所本。

【説明】

《詩大序》吸取了傳詩經生的意見,闡説了詩歌的特徵、內容、分類、表現方法和社會作用等,可以看作是先秦儒家詩論的總結。

首先,它進一步闡明了詩歌的言志抒情的特徵和詩歌與音樂、舞蹈的相互關係。序中所謂“詩者志之所之也”的志和“情動於中而形於言”的情,是二而一的東西。正如孔穎達《左傳》昭公二十五年《正義》所説:“在己爲情,情動爲志,情、志一也。”提出這一論點,不始於《大序》,先秦的《禮記·樂記》已有相同的論述;《書·堯典》也有類似的説法;《荀子·儒效》也説過:“詩言是其志也。”言志之説一脈相承的情況極爲明顯。而《大序》把志與情結合起來談,則更清楚地説明了詩歌的特徵。詩、樂、舞在產生和發展過程中緊密相聯,《書·堯典》、《禮記·樂記》也有所闡明。《詩大序》對此作了更詳細的敍述。顯示出“以聲爲用的詩的傳統,比以義爲用的詩的傳統古久得多。”(朱自清:《詩言志辨》)

其次,《詩大序》指出了詩歌音樂和時代政治的密切關係,説明不同的時代有不同的作品，政治情况往往在音樂和詩的内容裏反映出來。這顯然是受《左傳》襄公二十九年季札觀樂一段議論的啓示，進一步指出了政治、道德、風俗與音樂詩歌有不可分割的聯繫。後來劉勰《文心雕龍》的《時序》篇，正是根據這一理論，闡述了“時運交移，質文代變”，“文變染乎世情，興廢繫乎時序”的道理。

其三，在詩歌的分類與表現手法方面，《詩大序》提出了“六義”説，這是根據《周禮》“大師……敎六詩：曰風，曰賦，曰比，曰興，曰雅，曰頌”的舊説而來。孔穎達《毛詩正義》卷一認爲“風、雅、頌者，《詩》篇之異體；賦、比、興者，《詩》文之異辭耳。……賦、比、興是《詩》之所用，風、雅、頌是《詩》之成形。用彼三事，成此三事，是故同稱爲義。”宋朱熹説風、雅、頌是“三經”，是“做詩的骨子”；賦、比、興“却是裏面横串的”，是“三緯”（説見《朱子語類》）。都是闡明了風、雅、頌是詩的種類，而賦、比、興是作詩的方法。關於賦、比、興，朱熹分别作了説明：“賦，敷陳其事而直言之者也”；“比者，以彼物比此物也”；“興者，先言他物以引起所詠之詞也”。它説明在創作過程中，作者感情的激發、聯想和對事物的描寫都是結合具體形象進行的。賦、比、興的方法實質上是形象思維的方法。這一方法，《周禮》與《詩大序》對它作了最初的概括。之後，劉勰《文心雕龍·比興》、鍾嶸《詩品序》又作了進一步的闡明。特别是其中的比興説，陳子昂、李白、白居易等根據他們的理解也作了不同的闡發。

《詩大序》對詩歌的特徵、詩歌與政治的關係、詩的分類和表現手法的論述，貫穿着一個中心思想：詩歌必須爲統治階級的政治服務。因此，在談到詩歌的言情特點時，又提倡“發乎情，止乎禮義。”説到詩的政治作用時，又强調“先王以是經夫婦，成孝敬，厚人倫，美敎化，移風俗”。它把這種思想集中突出地表現在關於詩歌的社會作用的論述裏:“上以風化下,下以風刺上”,“故正得失,動天地,感鬼神,莫近於詩”。這種理論在政治上表達了統治階級對詩歌的要求,在思想上則是«論語»的“思無邪”,興、觀、羣、怨,事父事君說的進一步發展。在我國長期封建社會裏,不少人以此作爲詩歌創作和批評的準則,對詩歌的創作有着長遠的影響。

附　　錄

漢書·禮樂志(節錄)

〔後漢〕班　固

«六經»之道同歸,而«禮»«樂»之用爲急。治身者斯須忘禮,則暴嫚入之矣;爲國者一朝失禮,則荒亂及之矣。人函天地陰陽之氣,有喜怒哀樂之情。天稟其性而不能節也,聖人能爲之節而不能絕也,故象天地而制禮樂,所以通神明,立人倫,正情性,節萬事者也。

…………

樂者,聖人之所樂也,而可以善民心。其感人深,其移風易俗易,故先王著其教焉。

夫民有血氣心知之性,而無哀樂喜怒之常,應感而動,然後心術形焉。是以纖微癄瘁之音作,而民思憂;闡諧嫚易之音作,而民康樂;麤厲猛奮之音作,而民剛毅;廉直正誠之音作,而民肅敬;寬裕和順之音作,而民慈愛;流辟邪散之音作,而民淫亂。先王恥其亂也,故制雅頌之聲,本之情性,稽之度數,制之禮儀,合生氣之和,導五常之行,使之陽而不散,陰而不集,剛氣不怒,柔氣不懾,四暢交於中,而發作於外,皆安其位而不相奪,足以感動人之善心,不使邪氣得接焉,是先王立樂之方也。

…………

周道始缺,怨刺之詩起。王澤既竭,而詩不能作。王官失業,«雅»«頌»相錯,孔子論而定之,故曰:“吾自衞反魯,然後樂正,«雅»«頌»各得其所。”

是時，周室大壞，諸侯恣行，設兩觀，乘大路。陪臣管仲、季氏之屬，三歸《雍》徹，八佾舞廷。制度遂壞，陵夷而不反，桑間、濮上，鄭、衞、宋、趙之聲並出，內則致疾損壽，外則亂政傷民。巧僞因而飾之，以營亂富貴之耳目。庶人以求利，列國以相間。故秦穆遺戎而由余去，齊人餽魯而孔子行。至於六國，魏文侯最爲好古，而謂子夏曰："寡人聽古樂則欲寐，及聞鄭、衞，余不知倦焉。"子夏辭而辨之，終不見納，自此禮樂喪矣。

…………

中華書局本二十四史《漢書》卷二十二

詩譜序

〔後漢〕鄭　玄

詩之興也，諒不於上皇之世。大庭、軒轅，逮於高辛，其時有亡，載籍亦蔑云焉。《虞書》曰："詩言志，歌永言，聲依永，律和聲。"然則詩之道，放於此乎？

有夏承之，篇章泯棄，靡有孑遺。邇及商王，不風不雅。何者？論功頌德，所以將順其美；刺過譏失，所以匡救其惡。各於其黨，則爲法者彰顯，爲戒者著明。

周自后稷播種百穀，黎民阻飢，茲時乃粒，自傳於此名也。陶唐之末中葉，公劉亦世修其業，以明民共財。至於大王、王季，克堪顧天。文、武之德，光熙前緒，以集大命於厥身，遂爲天下父母，使民有政有居。其時詩：風有《周南》、《召南》，雅有《鹿鳴》、《文王》之屬。及成王，周公致大平，制禮作樂，而有頌聲興焉，盛之至也。本之由此風雅而來，故皆錄之，謂之詩之正經。

後王稍更陵遲，懿王始受譖亨齊哀公，夷身失禮之後，邶不尊賢。自是而下，厲也，幽也，政教尤衰，周室大壞。《十月之交》《民勞》《板》《蕩》，勃爾俱作，衆國紛然，刺怨相尋。五霸之末，上無天子，下無方伯，善者誰賞，惡者誰罰，紀綱絕矣！故孔子錄懿王、夷王時詩，訖於陳靈公淫亂之事，謂之變風變雅。以爲勤民恤功，昭事上帝，則受頌聲，弘福如彼；若違而弗用，則被劫殺，大禍如此。吉凶之所由，憂娛之萌漸，昭昭在斯，足作後王之鑒，於是止矣。

夷、厲已上，歲數不明，太史《年表》，自"共和"始。歷宣、幽、平王，而得《春秋》次第，以立斯譜。欲知源流清濁之所處，則循其上下而省之；欲知風化芳臭氣澤之所及，則傍行而觀之。此詩之大綱也。舉一綱而萬目張，解一卷而衆篇明，於力則鮮，於思則寡。其諸君子，亦有樂於是與？

阮元刻《十三經注疏》本《毛詩正義》卷首

文心雕龍·比興

〔梁〕劉 勰

詩文弘奥，包韞六義，毛公述傳，獨標興體，豈不以風通（一作異）而賦同，比顯而興隱哉！故比者，附也；興者，起也。附理者切類以指事，起情者依微以擬議。起情故興體以立，附理故比例以生。比則畜憤以斥言，興則環譬以記（一作託）諷。蓋隨時之義不一，故詩人之志有二也。

觀夫興之託諭，婉而成章，稱名也小，取類也大。關雎有別，故后妃方德；尸鳩貞一，故夫人象義。義取其貞，無從於夷禽；德貴其別，不嫌於鷙鳥；明而未融，故發注而後見也。且何謂爲比？蓋寫物以附意，颺言以切事者也。故"金錫"以喻明德，"珪璋"以譬秀民，"螟蛉"以類教誨，"蜩螗"以寫號呼，"澣衣"以擬心憂，"席卷"以方志固，凡斯切象，皆比義也。至如"麻衣如雪"，"兩驂如舞"，若斯之類，皆比類者也。楚襄信讒，而三閭忠烈，依詩製騷，諷兼比興。炎漢雖盛，而辭人夸毗，詩刺道喪，故興義銷亡。於是賦頌先鳴，故比體雲構，紛紜雜遝，信（信當作倍）舊章矣。

夫比之爲義，取類不常：或喻於聲，或方於貌，或擬於心，或譬於事。宋玉《高唐》云："纖條悲鳴，聲似竽籟"，此比聲之類也；枚乘《菟園》云："猋猋紛紛，若塵埃之間白雲"，此則比貌之類也；賈生《鵩賦》云："禍之與福，何異糾纆"，此以物比理者也；王褒《洞簫》云："優柔溫潤，如慈父之畜子也"，此以聲比心者也；馬融《長笛》云："繁縟絡繹，范、蔡之說也"，此以響比辯者也；張衡《南都》云："起鄭舞，蠒曳緒"，此以容比物者也。若斯之類，辭賦所先，日用乎比，月忘乎興，習小而棄大，所以文謝於周人也。至於揚、班之倫，曹、劉以下，圖狀山川，影寫雲物，莫不織綜比義，以敷其華，驚聽回視，資此效績。又安仁《螢賦》云"流金在沙"，季鷹《雜詩》云"青條若總翠"，皆其義者也。故比類雖繁，以切至爲貴，若刻鵠類鶩，則無所取焉。

贊曰：詩人比興，觸物圓覽。物雖胡、越，合則肝膽。擬容取心，斷辭必敢。攢雜詠歌，如川之渙。

范文瀾注《文心雕龍》卷八

詩集傳序

〔宋〕朱　熹

或有問於余曰：詩何謂而作也？

余應之曰：人生而靜，天之性也；感於物而動，性之欲也。夫既有欲矣，則不能無思；既有思矣，則不能無言；既有言矣，則言之所不能盡而發於咨嗟詠歎之餘者，必有自然之音響節奏，而不能已焉。此詩之所以作也。

曰：然則其所以教者，何也？

曰：詩者，人心之感物而形於言之餘也。心之所感有邪正，故言之所形有是非。惟聖人在上，則其所感者無不正，而其言皆足以爲教。其或感之之雜，而所發不能無可擇者，則上之人必思所以自反，而因有以勸懲之，是亦所以爲教也。昔周盛時，上自郊廟朝廷，而下達於鄉黨閭巷，其言粹然無不出於正者。聖人固已協之聲律，而用之鄉人，用之邦國，以化天下。至於列國之詩，則天子巡守，亦必陳而觀之，以行黜陟之典。降自昭、穆而後，寖以陵夷，至於東遷，而遂廢不講矣。孔子生於其時，既不得位，無以行帝王勸懲黜陟之政，於是特舉其籍而討論之，去其重複，正其紛亂；而其善之不足以爲法，惡之不足以爲戒者，則亦刊而去之；以從簡約，示久遠，使夫學者即是而有以考其得失，善者師之，而惡者改焉。是以其政雖不足行於一時，而其教實被於萬世，是則詩之所以爲教者然也。

曰：然則國風、雅、頌之體，其不同若是，何也？

曰：吾聞之，凡詩之所謂風者，多出於里巷歌謠之作。所謂男女相與詠歌，各言其情者也。惟《周南》《召南》，親被文王之化以成德，而人皆有以得其性情之正，故其發於言者，樂而不過於淫，哀而不及於傷，是以二篇獨爲風詩之正經。自《邶》而下，則其國之治亂不同，人之賢否亦異，其所感而發者，有邪正是非之不齊，而所謂先王之風者，於此焉變矣。若夫雅、頌之篇，則皆成周之世，朝廷郊廟樂歌之詞，其語和而莊，其義寬而密；其作者往往聖人之徒，固所以爲萬世法程而不可易者也。至於雅之變者，亦皆一時賢人君子，閔時病俗之所爲；而聖人取之。其忠厚惻怛之心，陳善閉邪之意，猶非後世能言之士所能及之。此《詩》之爲經，所以人事浹於下，天道備於上，而無一理之不具也。

曰：然則其學之也，當奈何？

曰：本之二《南》以求其端，參之列國以盡其變，正之於雅以大其規，和之於頌以要其止，此學詩之大旨也。於是乎章句以綱之，訓詁以紀之，諷詠以昌之，涵濡以體之；察之情性隱微之間，審之言行樞機之始；則修身及家，平均天下之道，其亦不待他求而得之於此矣。

問者唯唯而退，余時方輯《詩傳》，因悉次是語以冠其篇云。淳熙四年丁酉冬十月戊子新安朱熹書。

《四部備要》本《朱子大全集》卷七十六

通論詩序(節錄)

〔清〕崔 述

《詩序》乃後漢衞宏作。唐人舊說以爲子夏、毛公所作。沈重云："案鄭《詩譜》意《大序》是子夏作，《小序》是子夏、毛公合作；卜商意有不盡，毛公足成之。"此說非也。何者？《史記》作時，《毛詩》未出。《漢書》始稱《毛詩》，然無作序之文。惟《後漢書·儒林傳》稱"謝曼卿善《毛詩》，乃爲其訓。宏從曼卿受學，因作《毛詩序》，善得風雅之旨；於今傳於世"。則《序》爲宏所作顯然無疑。其稱子夏、毛公作者，特後人猜度言之，非果有所據也。《記》曰："無徵不信，不信民弗從。"今衞宏作《詩序》，現有《後漢書》明文可據。如謂爲子夏、毛公所作，則《史》《漢》傳記從無一言及之。不知說者何以不從其有徵者而惟無徵之言之是從也？

…………

舊說以《詩序》"風，風也"以下至"關雎之義也"止，都通論全詩，因目之爲《大序》，爲子夏所作。及朱子作傳，從程子，以爲孔子所作；而以"樂得淑女"以下數言析哀樂淫傷爲四事，且以"傷"爲"傷善"，大失《論語》之旨，遂割屬之《小序》；而斷自"詩者志之所之"至"詩之至也"爲《大序》。余按：《詩序》自"《關雎》后妃之德也"以下，句相承，字相接，豈得於中割取數百言，而以爲別出一手！蓋《關雎》乃風詩之首，故論《關雎》而因及全詩，而章末復由全詩歸於二《南》，而仍結以《關雎》，章法井然，首尾完密，此固不容別分爲一篇也。至"《關雎》《麟趾》之化繫之周公"，"《鵲巢》《騶虞》之德繫之召公"，明明承上文"一國之事繫一人之本"而言，故用"然則"字爲轉語。若於"詩之至也"畫斷，則此文上無所承，而"然則"云云者，於文義不可通矣。由是言之，《序》不但非孔子、子夏所作，而亦原無大小之分，皆後人自以意推度之耳。

…………

《叢書集成》本《讀風偶識》卷一

詩論十五

〔清〕程廷祚

詩之切於學者二：義理也，聲歌也。而樂不與焉。非樂可得而略也，有四代之禮，必有四代之樂，詩之爲樂，特周人之樂耳，詩之可以爲樂，特二南二雅之首與周頌耳。且樂與詩之相爲用者其一端，樂與詩之不相爲用者其大體也。孔子以詩教而不先樂，非是故與！

然則孔子之以詩教也，將何先？曰：義理而已矣。鄭氏樵云："仲尼編詩爲燕享祭祀之歌，而非用以說義也。不幸腐儒齊、魯、韓、毛各爲序訓，而以說相高，漢朝立之學官，以義理相授，義理之說日勝，則聲歌之學日微。"又云："詩在於聲，不在於義。"又云："三百篇之詩，盡在聲歌，自漢以來，學者不聞一篇之詩。"噫！孟子有言：邪說誣民，充塞仁義。吾以爲鄭氏當之矣。

夫詩，物之有聲韻者也。有聲韻則可歌，豈惟《三百篇》者哉。自皇古至今，盈天地之間皆然也。惟是三代以下，儒者留心於聲律者鮮，而獨傳於伶工賤技，有心者追而復之。今樂未始於古樂異也，鄭氏或於聲律微有知識，遂自私爲不傳之祕，以爲古人之詩盡在聲歌，而其義不必問矣，豈不謬哉！《虞書》論樂，首曰"詩言志"。推本於言志，以此知自上世之說詩，未有不先義理者也。《論語》所載聖人之以詩爲教者，無非治心治身，事父事君之道，曰不學於此，則無以從政，無以能言，其猶面牆而立。若是者，豈聲歌之說乎？抑義理之說乎？鄭氏知樂之當歌詩耳，若夫詩之重夫歌者，則彼烏足以知之。

古者之於詩也，有誦有歌，誦可以盡人而學，歌不可以盡人而能也。故誦則曰誦詩三百；歌則各有所宜，師乙之答子貢是已。歌者或歌風頌，或歌二雅，或歌商，或歌齊，準其性質之所宜，擇於詩而執之，以裁其過，補其不及。夫子所謂成於樂者，其指蓋在於此。此學詩之大用也。故師乙曰：夫歌者直己而陳德也，動己而天地應焉，四時和焉，星辰理焉，萬物育焉。其用之大如此，而鄭氏謂瞽史之徒，例能歌詩，遂足以盡之乎？何所見之陋也。且燕享祭祀之樂歌，見於《儀禮》與羣書者，由來尙矣，豈自孔子始編詩以爲之。以義理說詩者，實莫盛於孔子，而歸咎於齊、魯、韓、毛。設彼四家者不甘獨受腐儒之誚，而反唇以相稽，則鄭氏將置孔子於何地耶？其無忌憚甚矣。詩書禮樂，古樂正之四術四教也。今曰詩在聲而不在義，則詩入於樂，而術與教惟有三矣。"興於詩成於樂"者，夫子之所以教也。今徒以詩爲樂之用，則詩與樂皆失其本體，將興與成之謂何？歌詩必若師乙所稱，在古猶難，況其法久已失傳，而今又以失傳說義謂無當，曰聲歌既廢，後之學者不聞一篇之詩。苟信其說，則暴秦之禍不烈於此矣。鄭氏樵以剛愎之性，逞謬妄之說，爲禍於聖經甚大。而其言足以惑高明之士，故附論之於此云。

《金陵叢書》本《青溪集》卷二

詩比興箋序

〔清〕魏　源

《詩比興箋》何爲而作也？蘄水陳太初修撰以箋古詩《三百篇》之法箋漢、魏之詩，使讀者知比、興之所起即知志之所之也。

昔夫子去魯，回望龜山，有"斧柯奈何"之歌，又有"違山十里，蟪蛄在耳"之歌，又作《猗蘭》之《操》，甚至聞孺子滄浪濯纓起興，與賜、商言詩，切磋繪事，告往知來，皆見許可，是則魚躍鳶飛，天地間形形色色，莫非詩也。

由漢以降，變爲五言，《古詩十九章》多枚叔之詞，《樂府鼓吹曲》十餘章，皆《騷》、《雅》之旨，張衡《四愁》，陳思《七哀》，曹公蒼莽對酒當歌，有風雲之氣。嗣後阮籍、傅〔休〕奕、陶淵明、鮑明遠、江文通、陳子昂、李太白、韓昌黎，皆以比興爲樂府琴操，上規正始，視中唐以下純乎賦體者，固古今升降之殊哉！

自《昭明文選》專取藻翰，李善《選注》專詁名象，不問詩人所言何志，而詩教一敝；自鍾嶸、司空圖、嚴滄浪有《詩品》、《詩話》之學，專揣於音節風調，不問詩人所言何志，而詩教再敝；而欲其興會蕭瑟嵯峨，有古詩之意，其可得哉！

詞不可以徑也，則有曲而達焉；情不可以激也，則有譬而喻焉。《離騷》之文，依詩取興，善鳥、香草以配忠貞，惡禽、臭物以比讒佞，靈修、美人以媲君王，宓妃、佚女以譬賢臣，虬龍、鸞凰以託君子，飄風、雷電以爲小人，以珍寶爲仁義，以水深雪雰爲讒構。荀卿賦蠶非賦蠶也，賦雲非賦雲也。誦詩論世，知人闡幽，以意逆志，始知《三百篇》皆仁聖賢人發憤之所作焉，豈第藻繪虛車已哉！

蘄水太初修撰，蘭蕙其心，泉月其性，即其比興一端，能使漢、魏、六朝、初唐騷人墨客，勃鬱幽芬于情文繚繞之間，古今詩境之奧阼，固有深微于可解不可解者乎！至于因比興而論世知人，如古詩九首爲枚乘諷吳，漢《樂府》皆漢初朝政所係，以及阮公、陶令、郭景純、傅（修、休）奕、鮑明遠、庾子山、江文通及杜、韓之憂世，而陳伯玉、李太白、儲光羲之大節被誣，此箋皆表章出之，如浴日星出滄海而懸之中天之際。

時予所治《詩古微》方成，於齊、魯、韓之比興，旁推曲鬯，復從君長子小舫太史獲讀此箋，以漢、魏、六朝、三唐之比興，補余所未及，蓋不期而相會焉。我思古人，實獲我心，質之小舫，以爲何如也？

中華書局本《魏源集》上册

史記·太史公自序〔節錄〕

〔漢〕司馬遷[1]

太史公曰：先人有言，自周公卒五百歲而有孔子。孔子卒後至於今五百歲，有能紹明世，正《易傳》，繼《春秋》，本《詩》、《書》、《禮》、《樂》之際，意在斯乎，意在斯乎，小子何敢讓焉[2]？

上大夫壺遂[3]曰：昔孔子何爲而作《春秋》哉？

太史公曰：余聞董生[4]曰，"周道衰廢，孔子爲魯司寇，諸侯害之，大夫壅之，孔子知言之不用，道之不行也，是非二百四十二年之中[5]，以爲天下儀表，貶天子，退諸侯，討大夫，以達王事而已矣。"子曰："我欲載之空言，不如見之於行事之深切著明也[6]。"夫《春秋》，上明三王之道，下辨人事之紀，別嫌疑，明是非，定猶豫，善善惡惡，賢賢賤不肖，存亡國，繼絶世，補敝起廢，王道之大者也。《易》著天地陰陽四時五行，故長於變；《禮》經紀人倫，故長於行；《書》記先王之事，故長於政；《詩》記山川谿谷禽獸草木牝牡雌雄，故長於風；《樂》樂所以立，故長於和；《春秋》辯是非，故長於治人。是故《禮》以節人，《樂》以發和，《書》以道事，《詩》以達意，《易》以道化[7]，《春秋》以道義。撥亂世，反之正，莫近於《春秋》。《春秋》文成數萬，其指數千[8]，萬物之散聚[9]，皆在《春秋》。《春秋》之中，弑君三十六，亡國五十二，諸侯奔走不得保其社稷者，不可勝數。察其所以，皆失其本已。故《易》曰："失之毫釐，差以千里[10]。"故曰：臣弑君，子弑父，非一旦一夕之故也，其漸久矣[11]。故有國者，不可以不知《春秋》，前有讒而弗見，後有賊而不知。爲人臣者，不可以不知《春秋》，守經事而不知其宜，遭變事而不知其權[12]。爲人君父而不通於《春秋》之義者，必蒙首惡之名；爲人臣子而不通於《春秋》之義者，必陷簒弒之誅，死罪之名。其實皆以爲善，爲之不知其義，被之空言而不敢辭[13]。夫不通禮義之旨，至於君不君，臣不臣，父不父，子不子。夫君不君則犯，臣不臣則誅，父不父則無道，子不子則不孝。此四行者，天下之大過也。以天下之大過予之，則受而弗敢辭。故《春秋》者，禮義之大宗也。夫禮禁未然之前，法施已然之後，法之所爲用者易見，而禮之所爲禁者難知[14]。

壺遂曰：孔子之時，上無明君，下不得任用，故作《春秋》，垂空文以斷禮義，當一王之法[15]。今夫子上遇明天子，下得守職，萬事既具，咸各序其宜，夫子所論，欲以何明？

太史公曰：唯唯，否否[16]，不然。余聞之先人曰：伏羲至純厚，作《易》《八卦》，堯、舜之盛，《尚書》載之，禮樂作焉；湯、武之隆，詩人歌之；《春秋》采善貶惡，推三代之德，褒周室，非獨刺譏而已也。漢興以來，至明天子獲符瑞，封禪[17]，改正朔[18]，易服色[19]，受命於穆清[20]，澤流罔極，海外殊俗，重譯款塞[21]，請來獻見者，不可勝道。臣下百官，力誦聖德，猶不能宣盡其意。且士賢能而不用，有國者之恥；主上明聖而德不布聞，有司之過也。且余嘗掌其官，廢明聖盛德不載，滅功臣世家賢大夫之業不述，墮先人所言，罪莫大焉。余所謂述故事，整齊其世傳，非所謂作也；而君比之於《春秋》，謬矣。

於是論次其文。七年[22]，而太史公遭李陵之禍，幽於縲紲[23]，乃喟然而嘆曰：是余之罪也夫！是余之罪也夫！身毁不用矣！退而深惟[24]曰：夫《詩》《書》隱約者，欲遂其志之思也[25]。昔西伯拘羑里，演《周易》[26]；孔子尼陳、蔡，作《春秋》[27]；屈原放逐，著《離騷》；左丘失明，厥有《國語》[28]；孫子臏脚，而論兵法[29]；不韋遷蜀，世傳《呂覽》[30]；韓非囚秦，《説難》《孤憤》[31]；《詩》三百篇，大抵賢聖發憤之所爲作也。此人皆意有所鬱結，不得通其道也，故述往事，思來者。於是卒述陶唐以來，至於麟止，自黃帝始[32]。

中華書局本二十四史《史記》卷一百三十

【註釋】

［1］司馬遷(公元前一四五年——?)——字子長，左馮翊夏陽人。西漢史學家兼文學家。武帝時，先後官太史令與中書令。著《史記》一百三十篇，舊有劉宋裴駰《集解》、唐司馬貞《索隱》、張守節《正義》三種注本，近代日本人瀧川資言有《史記會注考證》。《全漢文》收其文入卷二十六。《漢書》卷六十二有傳。

［2］小子句——意謂當完成父親司馬談的志願，繼孔子而作史。

［3］壺遂——天文學家，漢武帝時，官詹事。上大夫是他的官階。太初元年(公元前一〇四年)，司馬遷和壺遂共同制定新曆(即太初曆)，這段談話，即在其時。

［4］董生——即董仲舒(公元前一七八年——前一〇四年)，廣川人。西漢經學家。著有《春秋繁露》。司馬遷曾從他受學。《史記》卷一百二十一、《漢書》卷五十六都有傳。生，先生的簡稱。

［5］是非句——指孔子作《春秋》。是非，褒貶的意思。《春秋》起魯隱公元年(公元前七二二年)，迄魯哀公十四年(公元前四八一年)，凡二百四十二年。

［6］子曰二句——據司馬貞《史記索隱》說，見《春秋緯》，但緯書出於西漢末年，引文當別有所本，詳不可考。相傳孔子作《春秋》，是借着整理改寫魯國史來表現自己的政治觀點的。孔子不用於時，著書以垂後。這裏意思是說，與其發爲議論，就不如採用《春秋》這種褒貶是非，因事見義的方式，更爲深切而著明。

［7］道化——闡發陰陽四時五行變化之理。道，論述，上下文並同。

［8］文成數萬二句——董仲舒是經今文學家，習《公羊春秋》。《公羊春秋》合經傳凡四萬四千餘字，故云"文成數萬"。傳釋經義，條例極繁，如三科、九旨、五始、七等、六輔、二類、七闕等，故云"其指數千"。

［9］萬物之散聚——郭嵩燾曰："物，猶事也。萬物之散聚，謂會盟侵伐，散見各國，合而聚之，其事皆可觀，而其義皆有可尋。下云弒君亡國，舉其重者。"

［10］失之毫釐二句——今本《周易》無此文，見《易緯·通卦驗》。《禮記·經解》也引有此文，文字略有出入。

［11］臣弒君四句——見《易·坤文言》，語稍有節略。漸，由來的意思。

［12］守經事二句——上句的"宜"和下句的"權"爲對文，宜，指正常的道理，權，指應變的方法。

[13] 其實皆以爲善三句——意謂有些人主觀上認爲是本着善心去做的，但由於不明義理，往往陷於罪惡，於是，不免在《春秋》留下一筆不好的紀錄。

[14] 夫禮禁未然之前四句——瀧川資言《史記會注考證》："《漢書·賈誼傳》誼陳政事疏云：'夫禮者禁於將然之前，而法者禁於已然之後。是故法之所用易見。而禮之所爲生難知也。'《大戴禮·禮察篇》同。蓋古有此語，而史公用之也。"

[15] 當一王之法——《春秋》用口誅筆伐，來代替王者的政令，故云。

[16] 唯唯否否——應諾而又表示懷疑的語氣。

[17] 封禪——封，祭天；禪，祭地。古代帝王在名山上舉行隆重的祀典，告成功於天地，稱爲封禪。

[18] 改正朔——指改訂曆法。正朔是正月一日。古時朝代改換，有改正朔之舉，表示改換了新的政權。夏以建寅月爲正，殷改爲丑月，周改爲子月，漢武帝重訂曆法，改從夏正。

[19] 易服色——服色，古代每一王朝所定的車馬祭牲的顏色。服，乘，指所乘車馬。每一王朝，各用它所尚的正色。漢初，服色用黑。到文帝時，服色改用黃。武帝時仍用黃。《東觀漢記》卷一《世祖光武皇帝紀》："自漢草創德運，正朔服色，未有所定。高祖以十月爲正，以漢水德，立北畤而祠黑帝，至孝文，賈誼公孫臣以爲秦水德，漢當爲土德，至孝武，兒寬司馬遷猶從土德。"

[20] 穆清——本義是天空清穆之氣，這裏用作天的代稱。

[21] 重譯款塞——重譯，經過翻譯，張守節《史記正義》："重譯，更譯其言也。"款塞，裴駰《史記集解》引應劭注："款，叩也，皆叩塞門來服從也。"

[22] 七年句——李陵之禍，事見司馬遷《報任安書》，載《漢書·司馬遷傳》。李陵事件，在天漢二年(公元前九九年)，次年，司馬遷仍在獄中，上溯太初元年爲七年。

[23] 縲紲——拘繫犯人的繩索，引申爲囚禁。

[24] 深惟——深思。

[25] 詩書隱約二句——張守節《史記正義》："《詩》《書》隱約而微者，還深維欲依其隱約而成其志意也。"一説，詩書泛指下文所舉各書。意思是説古人著書，詞意隱約，都是有感而發，表達自己的意志的。

[26] 西伯句——西伯，即周文王姬昌。據説文王曾被殷紂拘禁於羑里，重《易》之八卦爲六十四卦。見《史記·周本紀》。

[27] 孔子句——《史記·孔子世家》説孔子作《春秋》在魯哀公西狩獲麟的一年，和這裏説的有出入。這裏所舉各例，總的是説發憤著書之義，至成書的時間地

點，其細節未必一一盡符事實。

[28] 左丘二句——《國語》二十二卷，記載春秋列國時事，舊說爲左丘明所作，與《左傳》相表裏，故又稱《春秋外傳》。《論衡·案書篇》："《國語》，左氏之外傳也。左氏傳經，辭語尙略，故復選錄《國語》之辭以實。"但此說並不可信。《報任安書》也說"左丘失明，厥有《國語》"。失明著書事，詳不可考。今傳《國語》敍及魯悼公及周貞定王時所發生的事，在《魯語》下公父文伯之母一節中，引用子夏語，成書可能在戰國初期。

[29] 孫子二句——孫子卽孫臏，戰國時齊人，名字都不可考。與龐涓同學兵法，龐涓爲魏將，妒嫉他的才能，刖其足。刖足爲臏，所以後人稱爲孫臏。《漢書·藝文志》兵權謀家著錄"齊《孫子》八十九篇"，注："圖四卷。師古曰：孫臏。"此書失傳了一千數百年，一九七二年四月，在山東臨沂銀雀山一座西漢前期墓葬中，《孫臏兵法》同其他先秦兵書竹簡一起發現，經初步整理，《孫臏兵法》有四百四十餘簡，一萬一千餘字，分上下兩編。下編或以爲是先秦的其它兵書。

[30] 不韋二句——呂不韋，秦莊襄王、秦始皇時爲丞相，後被罷免，不韋與家屬都被遷徙於蜀，不韋服毒自殺。《史記·呂不韋傳》："呂不韋乃使其客人人著所聞，集論以爲八覽、六論、十二紀，二十餘萬言。……號曰《呂氏春秋》。"案：《呂氏春秋》成書在不韋遷蜀之前。

[31] 韓非二句——《說難》《孤憤》，《韓非子》中篇名。韓非寫二文時，在入秦之前，見《史記·老莊申韓傳》。

[32] 卒述陶唐三句——意謂《史記》所紀述的內容，上起陶唐，下迄漢武帝時代。公元前一二二年，武帝至雍，獲一類似鹿的角獸，把它說成麒麟，鑄金作麟趾形，改元元狩。孔子作《春秋》，絕筆於獲麟，這裏借用"麟止"的字面，以見著述之意。止，同趾，是雙關語。陶唐，指帝堯。堯初居陶丘，後徙於唐，號陶唐氏。《史記索隱》引服虔曰："《史記》以黃帝爲首，而云述陶唐者，案《五帝本紀贊》云：'五帝尙矣，然《尙書》載堯以來。百家言黃帝，其文不雅馴。'故述黃帝爲本紀之首；而以《尙書》雅正，故稱起於陶唐。"

【說明】

司馬遷是我國古代偉大的歷史家、文學家。本文是《史記·太史公自序》中的一段，自述著作《史記》的動機，說明了自己的歷史觀，以及《史記》一書的創作精神。

篇中借和壺遂的一段談話，揭示著書大旨。他本出身於史官的世家，幼時耕牧河山之陽，早年遍遊名山大川，有廣博的文化知識和豐富的生活體驗。雖然漢王朝相對穩定的封建大一統局面給予他一些樂觀的幻想，然而他對隱藏在當時社會中的各種矛盾，是有所理解的。借古鑑今，目的在於“究天人之際，通古今之變，成一家之言”(見《報任安書》)，而不是爲了粉飾現實，這就是他作《史記》的動機；同時，也就是《史記》一書文學思想的基礎。

《史記》草創於太初年間，司馬遷因李陵事件下獄，由於切身體驗，他對封建統治者有了進一步的認識。於是從創作的實踐中，更加體會到古人發憤著書的心情，他把問題歸結到“意有鬱結，不得通其道”。他所謂“述往事，思來者”，正是針對現實，有感而發的。

司馬遷從不滿當時現實出發，在《史記》裏，揭露和抨擊周圍黑暗現象，同情被壓迫的人民。進步的歷史觀點和批判現實的文學精神相結合，使得《史記》成爲“無韻之《離騷》”。但是正由於此，招來了不少的非議，一般效忠封建統治的文人說他“是非頗謬於聖人”，甚至稱之爲“謗書”。

“發憤著書”，是封建社會裏某些進步文人的一種想法。他們認爲，作者對當時黑暗現實的義憤愈加強烈，則作品的思想性也就愈爲深刻。司馬遷在本文裏就闡述這種觀點。後來韓愈在《送孟東野序》裏強調“凡物不得其平則鳴”，也是這個意思。

附　　錄

報任安書(節錄)

〔漢〕司馬遷

……夫人情莫不貪生惡死，念親戚，顧妻子，至激於義理者不然，乃有不得已也。今僕不幸，蚤失二親，無兄弟之親，獨身孤立，少卿視僕於妻子何如哉？且勇者不必死節，怯夫慕義，何處不勉焉！僕雖怯耎欲苟活，亦頗識去就之分矣，何至自湛溺累紲之辱哉！且夫臧獲婢妾猶能引決，況若僕之不得已乎！所以隱忍苟活，函糞土之中而不辭者，恨私心有所不盡，鄙沒世而文采不表於後也。

古者富貴而名摩滅，不可勝記，唯俶儻非常之人稱焉。蓋西伯拘而演《周易》；仲尼戹而作《春秋》；屈原放逐，乃賦《離騷》；左丘失明，厥有《國語》；孫子髕脚，《兵法》修列；不韋遷蜀，世傳《呂覽》；韓非囚秦，《說難》《孤憤》。《詩》三百篇，大氐賢聖發憤之所爲作也。此人皆意有所鬱結，不得通其道，故述往事，思來者。及如左丘明無目，孫子斷足，終不可用，退論書策以舒其憤，思垂空文以自見。僕竊不遜，近自託於無能之辭，網羅天下放失舊聞，考之行事，稽其成敗興壞之理，凡百三十篇，亦欲以究天人之際，通古今之變，成一家之言。草創未就，適會此禍，惜其不成，是以就極刑而無慍色。僕誠已著此書，藏之名山，傳之其人通邑大都，則僕償前辱之責，雖萬被戮，豈有悔哉！然此可爲智者道，難爲俗人言也。

…………

中華書局本二十四史《漢書》卷六十二

漢書·司馬遷傳贊

〔後漢〕班　固

贊曰：自古書契之作而有史官，其載籍博矣。至孔氏籑之，上繼唐堯，下訖秦繆。唐、虞以前，雖有遺文，其語不經，故言黃帝、顓頊之事，未可明也。及孔子因魯史記而作《春秋》，而左丘明論輯其本事以爲之傳，又籑異同爲《國語》。又有《世本》，錄黃帝以來至春秋時帝王公侯卿大夫祖世所出。春秋之後，七國並爭，秦兼諸侯，有《戰國策》。漢興伐秦定天下，有《楚漢春秋》。

故司馬遷據《左氏》《國語》採《世本》《戰國策》，述《楚漢春秋》，接其後事，訖於大漢。其言秦、漢，詳矣。至於採經摭傳，分散數家之事，甚多疏略，或有抵梧。亦其涉獵者廣博，貫穿經傳，馳騁古今，上下數千載間，斯以勤矣。又其是非頗繆於聖人，論大道則先黃、老而後六經，序游俠則退處士而進姦雄，述貨殖則崇勢利而羞賤貧，此其所蔽也。然自劉向、揚雄博極羣書，皆稱遷有良史之才，服其善序事理，辨而不華，質而不俚，其文直，其事核，不虛美，不隱惡，故謂之實錄。

嗚呼！以遷之博物洽聞，而不能以知自全。旣陷極刑，幽而發憤，書亦信矣。跡其所以自傷悼，《小雅》巷伯之倫。夫唯《大雅》，"旣明且哲，能保其身"，難矣哉！

中華書局本二十四史《漢書》卷六十二

夢溪筆談(選錄)

〔宋〕沈　括

班固論司馬遷爲《史記》"是非頗謬於聖人，論大道則先黃、老而後六經，序《游俠》則退處士而進姦雄，述《貨殖》則崇勢利而羞貧賤，此其所蔽也。"予按：後漢王允曰："武帝不殺司馬遷，使作謗書，流于後世。"班固所論，乃所謂"謗"也。此正是遷之微意。凡《史記》次序說論，皆有所指，不徒爲之。班固乃譏遷"是非頗謬于聖賢"，論甚不慊。

上海出版公司《夢溪筆談校證》《補筆談》卷一

澹齋居士詩序(節錄)

〔宋〕陸　游

詩首國風，無非變者，雖周公之《豳》亦變也。蓋人之情，悲憤積於中而無言，始發爲詩。不然，無詩矣。蘇武、李陵、陶潛、謝靈運、杜甫、李白，激於不能自已，故其詩爲百代法。國朝林逋、魏野以布衣死，梅堯臣、石延年棄不用，蘇舜欽、黃庭堅以廢絀死。近時，江西名家者，例以黨籍禁錮，乃有才名，蓋詩之興本如是。

紹興間，秦丞相檜用事，動以語言罪士大夫。士氣抑而不伸，大抵竊寓于詩，亦多不免。

四部叢刊影明華氏活字本《渭南文集》卷十五

史記·屈原傳〔節錄〕

〔漢〕司馬遷

屈原[1]者，名平，楚之同姓也[2]。爲楚懷王左徒[3]。博聞彊志，明於治亂，嫻於辭令。入則與王圖議國事，以出號令；出則接遇賓客，應對諸侯。王甚任之。上官大夫[4]與之同列，爭寵，而心害其能。懷王使屈原造爲憲令，屈平屬草藁未定。上官大夫見而欲奪之，屈平不與，因讒之曰："王使屈平爲令，衆莫不知，每一令出，平伐其功[5]，曰以爲'非我莫能爲'也。"王怒而疏屈平。

屈平疾王聽之不聰也，讒諂之蔽明也，邪曲之害公也，方正之不容也，故憂愁幽思而作《離騷》[6]。

離騷者，猶離憂也。夫天者，人之始也；父母者，人之本也。人窮則反本，故勞苦倦極，未嘗不呼天也；疾痛慘怛，未嘗不呼父母也。屈平正道直行，竭忠盡智以事其君，讒人間之，可謂窮矣。信而見疑，忠而被謗，能無怨乎？屈平之作《離騷》，蓋自怨生也。《國風》[7]好色而不淫，《小雅》[8]怨誹而不亂。若《離騷》者，可謂兼之矣。上稱帝嚳[9]，下道齊桓[10]，中述湯武[11]，以刺世事。明道德之廣崇，治亂之條貫，靡不畢見。其文約，其辭微，其志絜，其行廉，其稱文小而其指極大，舉類邇而見義遠。其志絜，故其稱物芳。其行廉，故死而不容自疏。濯淖汙泥之中，蟬蛻於濁穢，以浮游塵埃之外，不獲世之滋垢，皭然泥而不滓者也[12]。推此志也，雖與日月爭光可也[13]。

…………

屈原既死之後，楚有宋玉、唐勒、景差之徒者，皆好辭而以賦見稱；然皆祖屈原之從容辭令，終莫敢直諫。……

中華書局本二十四史《史記》卷八十四

【註釋】

[1] 屈原——戰國時楚人(公元前三三九年?——前二七八年?)。名平，字原，又自云名正則，字靈均，曾輔楚懷王，做過左徒、三閭大夫。《漢書·藝文志》著錄"屈原賦二十五篇。"

[2] 楚之同姓也——王逸《離騷序》："三閭之職，掌王族三姓，曰昭、屈、景。"楚王族本姓芈，楚武王子瑕被封于屈，因以屈爲氏。屈原是瑕的後裔。

[3] 左徒——戰國時楚國官名，參與議論國事，發布號令，出則接待賓客，應對諸侯。其官階次於令尹。

[4] 上官大夫——王逸《離騷經序》："同列大夫上官靳尙，妬害其能。"舊說上官是姓，上官大夫即靳尙。一說上官與靳尙是兩人。

[5] 伐——《左傳》襄公十三年杜預註："自稱其能爲伐。"

[6] 離騷——屈原最重要的一篇作品。班固《離騷贊序》："離猶遭也，明己遭憂作辭也。"騷，卽是愁之轉語，楚音呼之如騷。

[7] 國風——《詩經》的組成部分。包括二南（周南、召南）和邶風、鄘風、衞風、王風、鄭風、齊風、魏風、唐風、秦風、陳風、檜風、曹風、豳風，稱十五國風，一百六十篇。大抵是周初至春秋中葉的"民俗歌謠之詩"。對當時社會生活作了廣闊的反映，多數風詩能體現出人民的思想感情，有的並直接揭露了統治階級的罪惡行爲。

[8] 小雅——《詩經》的組成部分，共七十四篇。大抵產生於西周後期和東周初期。作者多屬於統治階級，其中也有一些是民間作品。一部分是宴會的樂歌，但也有指斥朝政缺失，反映喪亂的政治詩，有的表現了周室與西北戎、狄部族以及東方諸侯各國之間的矛盾。

[9] 帝嚳——傳說中遠古部落領袖高辛氏之名。《離騷》有"鳳凰旣受詒兮，恐高辛之先我"，故本文云："上稱帝嚳。"

[10] 齊桓——齊桓公，春秋時諸侯五霸之首。《離騷》有"寧戚之謳歌兮，齊桓聞以該輔"之句。

[11] 湯武——謂成湯。《詩·商頌·長發》："武王載旆，有虔秉鉞。"毛傳："武王，湯也。"湯武指成湯一人，非指成湯與周武王二人。《離騷》有"湯、禹儼而祗敬兮。"

"湯、禹儼而求合兮。"兩語。湯均指成湯。

[12] 濯淖汚泥之中五句——言屈平之仕濁世，去其汚垢，在塵埃之外。見張守節《史記正義》。皭，白。滓，黑。

[13] 雖與日月爭光可也——自"國風好色而不淫"至此句，據班固《離騷序》、劉勰《文心雕龍·辨騷》，大致取材於劉安的《離騷傳》。

【說明】

戰國時期的偉大詩人屈原，思想上熱愛楚國，同情人民，追求進步的理想，反抗黑暗的現實；藝術上吸取民間傳說和民歌的傳統，創造獨特的騷體；在我國文學史上具有重要的地位。如何正確評價屈原和他的作品，也就牽涉到文學繼承什麼傳統，肯定什麼傾向的問題。對此，司馬遷的《史記·屈原傳》作了較好的回答。它是我國歷史上現存的第一篇較正確地評價屈原的文章。

活動在前漢時期的司馬遷，面對着先秦留下的兩種重要文學作品：《詩三百篇》和屈原的《楚辭》。早在春秋戰國時期，儒家根據自己的政治需要，已經定下了評詩的標準，並把《詩三百篇》解釋成道德教科書。而《楚辭》產生以後，也被詩人不斷模倣製作，給文學創作留下了深刻的影響。對於前者，《詩大序》的作者吸取傳詩經生們的意見，把以前的儒家詩論作了概括和發揮。對於屈原的《楚辭》，司馬遷則通過這篇文章對它的意義作了較深的闡發。他用劉安的話說："其文約，其辭微，其志絜，其行廉，其稱文小而其指極大，舉類邇而見義遠。"旣肯定作者的思想言行，又肯定作品的文辭藝術。因此，他引用劉安的話給予屈原及其作品以高度的評價："雖與日月爭光可也。"

對於屈原的寫作動機，司馬遷通過對作品的分析，結合自己受統治者殘酷迫害的體驗，把它歸結爲"怨"，認爲"屈平之作《離騷》，蓋自怨生也。"這種怨，在他看來，不是個人的"愁神苦思"，而是由於"正道直行"受到壓抑，不得不發出慘怛呼號。"屈平正道直行，竭忠盡智以事其君，讒人間之，可謂窮矣；信而見疑，忠而被謗，能無怨乎？”司馬遷在這裏揭示的由“窮”而“怨”，不僅概括了他自己“發憤著書”的經歷，也是封建社會裏進步作者從事創作的共同特點。後來李白提出“哀怨起騷人”，韓愈說“讙愉之辭難工，而窮苦之言易好”，歐陽修總結出詩“窮者而後工”，都是這個意思，應視爲司馬遷所揭示的屈原創作傳統的繼續。與此相反，稍後於司馬遷的班固，則指責屈原是狂狷之士，“露才揚己”；藝術上多“虛無之語”，“非法度之政，經義所載”。他力圖貶低屈原和他的作品，否定屈原揭露黑暗現實的精神，也就是要把文學引向與黑暗現實相妥協、爲統治者作辯護的死胡同。由此可見，如何評價屈原，實質上關係到當時兩種文藝思想的鬬爭。

司馬遷的《屈原傳》雖然是一篇史傳文，文中也存在着一定的偏見，但由於它對屈原的肯定評價和對他的作品意義的較深刻的闡述，無論在當時和後代都有着較深的影響，應該說，是我國批評史上一篇具有進步思想意義的重要作品。

附　錄

漢書·揚雄傳（節錄）

〔後漢〕班　固

先是時，蜀有司馬相如，作賦甚弘麗溫雅，雄心壯之，每作賦，常擬之以爲式。又怪屈原文過相如，至不容，作《離騷》，自投江而死，悲其文，讀之未嘗不流涕也。以爲君子得時則大行，不得時則龍蛇，遇不遇命也，何必湛身哉！乃作書，往往摭《離騷》文而反之，自峄山投諸江流以弔屈原，名曰《反離騷》；又旁《離騷》作重一篇，名曰《廣騷》；又旁《惜誦》以下至《懷沙》一卷，名曰《畔牢愁》。……

…………

雄以爲賦者，將以風也，必推類而言，極麗靡之辭，閎侈鉅衍，競於使人不能加也，旣乃歸之於正，然覽者已過矣。往時武帝好神仙，相如上《大人賦》欲以風，帝反縹縹有陵雲之志。繇是言之，賦勸而不止，明矣。又頗似俳優淳于髡、優孟之徒，非法度所存、賢人君子詩賦之正也，於是輟不復爲……

中華書局本二十四史《漢書》卷八十七

離騷序

〔後漢〕班　固

昔在孝武，博覽古文，淮南王安敍《離騷傳》，以國風好色而不淫，小雅怨悱而不亂，若《離騷》者，可謂兼之。蟬蛻濁穢之中，浮游塵埃之外，皭然泥而不滓。推此志，雖與日月爭光可也。斯論似過其眞。又說五子以失家巷，謂五子胥也。及至羿、澆、少康、二姚、有娀佚女，皆各以所識有所增損，然猶未得其正也。故博采經書、傳記、本文，以爲之解。

且君子道窮，命矣。故潛龍不見是而無悶，《關雎》哀周道而不傷，蘧瑗持可懷之智，寧武保如愚之性，咸以全命避害，不受世患。故大雅曰："旣明且哲，以保其身。"斯爲貴矣。

今若屈原，露才揚己，競乎危國羣小之閒，以離讒賊。然責數懷王，怨惡椒、蘭，愁神苦思，強非其人，忿懟不容，沈江而死，亦貶絜狂狷景行之士。多稱崑崙冥婚宓妃虛無之語，皆非法度之政、經義所載。謂之兼詩風雅而與日月爭光，過矣。

然其文弘博麗雅，爲辭賦宗，後世莫不斟酌其英華，則象其從容。自宋玉、唐勒、景差之徒，漢興，枚乘、司馬相如、劉向、揚雄，騁極文辭，好而悲之，自謂不能及也。雖非明智之器，可謂妙才者也。

《四部叢刊》影明翻宋本《楚辭》卷一

離騷贊序

〔後漢〕班　固

《離騷》者，屈原之所作也。屈原初事懷王，甚見信任，同列上官大夫妬害其寵，讒之王，王怒而疎屈原。

屈原以忠信見疑，憂愁幽思，而作《離騷》。離猶遭也，騷，憂也，明己遭憂作辭也。是時周室已滅，七國並爭。屈原痛君不明，信用羣小，國將危亡，忠誠之情，懷不能已，故作《離騷》。上陳堯舜、禹、湯、文王之法，下言羿、澆、桀、紂之失，以風懷王。終不覺寤，信反間之說，西朝於秦，秦人拘之，客死不還。至于襄王，復用讒言，逐屈原在野。又作《九章賦》以風諫，卒不見納，不忍濁世，自投汨羅。原死之後，秦果滅楚，其辭爲衆賢所悼悲，故傳于後。

《四部叢刊》影明翻宋本《楚辭》卷一

法言·吾子〔節錄〕

〔漢〕揚　雄[1]

或問：吾子少而好賦[2]？曰：然。童子雕蟲篆刻[3]。俄而曰：壯夫不爲也。

或曰：賦可以諷乎？曰：諷乎！諷則已；不已，吾恐不免於勸也[4]。

或曰：霧縠之組麗。曰：女工之蠹矣[5]。……

或問：景差、唐勒、宋玉、枚乘之賦[6]也益乎？曰：必也淫[7]。淫則奈何？曰：詩人之賦麗以則，辭人之賦麗以淫[8]。如孔氏之門用賦也，則賈誼[9]升堂，相如[10]入室矣；如其不用何？

或問：蒼蠅紅紫？曰：明視[11]。問：鄭衛之似？曰：聰聽[12]。

或曰：朱曠[13]不世，如之何？曰：亦精[14]之而已矣。

或問：交五聲十二律也[15]，或雅或鄭何也？曰：中正則雅，多哇[16]則鄭。請問本？曰：黃鍾以生之[17]，中正以平之，確乎鄭衛不能入也。

或曰：女有色，書亦有色乎？曰：有。女惡華丹[18]之亂窈窕也，書惡淫辭之淈[19]法度也。

或問：屈原智乎？曰：如玉如瑩[20]，爰變丹青[21]，如其智，如其智。

或問：君子尙辭乎？曰：君子事之爲尙[22]。事勝辭則伉[23]，辭勝事則賦，事（原重一字，作“事事”，依秦恩復《重刻治平監本揚子法言幷音義序》校刪）辭稱則經，足言足容，德之藻矣[24]。

或問：公孫龍[25]詭辭數萬以爲法，法與？曰：斷木爲棊，梡革爲鞹[26]，亦皆有法焉。不合乎先王之法者，君子不法也。觀書者，譬諸觀山及水，升東嶽而知衆山之峛崺[27]也，況介丘乎[28]？浮滄海而知江河之惡沱[29]也，況枯澤乎？舍舟航而濟乎瀆者，末[30]矣；舍五經而濟乎道者，末矣。棄常珍而嗜乎異饌者，惡覩其識味也？委[31]大聖而好乎諸子者，惡覩其識道也？山巠之蹊[32]，不可勝由[33]矣；向牆之戶，不可勝入矣。曰：惡由入？曰：孔氏。孔氏者，戶也。曰：子戶乎？曰：戶哉，戶哉，吾獨有不戶者矣？

…………

或曰：有人焉，自（原作"曰"，依秦《序》校改。）云姓孔而字仲尼，入其門，升其堂，伏其几，襲[34]其裳，則可謂仲尼乎？曰：其文是也，其質非也。敢問質？曰：羊質而虎皮，見草而說，見豺而戰[35]，忘其皮之虎矣。聖人虎別[36]，其文炳也；君子豹別，其文蔚也；辯人貍別，其文萃也。貍變則豹，豹變則虎。好書而不要諸仲尼，書肆也；好說而不要諸仲尼，說鈴[37]也。君子言也無擇[38]，聽也無淫。擇則亂，淫則辟[39]。述正道而稍邪哆[40]者有矣，未有述邪哆而稍正也。孔子之道，其較[41]且易也。

…………

或曰：人各是其所是，而非其所非，將誰使正之？曰：萬物紛錯，則懸諸天；衆言淆亂，則折諸聖[42]。或曰：惡覩乎聖而折諸？曰：在則人，亡則書，其統一也[43]。

《四部叢刊》影宋本《揚子法言》卷二

【註釋】

[1] 揚雄（公元前五三年——公元一八年）——字子雲，蜀郡成都人。西漢思想家兼辭賦家。漢成帝時爲郎，給事黄門，晚年仕王莽新朝爲大中大夫。《漢書》卷八十七有傳。他的哲學著作有模仿《易經》的《太玄經》，模仿《論語》的《法言》。文學著作主要是辭賦，《漢書·藝文志》著錄"揚雄賦十二篇"，著名的有《羽獵》

《長楊》《甘泉》等賦。《全漢文》收其文入卷五十一至五十四。另外著有語言學著作《方言》等。明張溥輯《漢魏六朝百三名家集》有《揚侍郎集》一卷。

[2] 吾子少而好賦——《漢書·揚雄傳》:“先是時，蜀有司馬相如，作賦甚弘麗溫雅,雄心壯之,每作賦,常擬之以爲式。”又揚雄《答劉歆書》:“雄爲郎之歲，自奏少不得學，而心好沈博絕麗之文。”(見《全漢文》卷五十一)

[3] 童子雕蟲篆刻——蟲，蟲書。刻，刻符。許慎《說文解字序》:“秦書有八體……三曰刻符，四曰蟲書。……漢興……學僮十七已上……又以八體試之。”蟲書刻符都是學僮所習，所以說童子雕蟲篆刻，以喻作賦乃是襞績奇字以成篇，也是少年人的玩意兒。

[4] 吾恐不免於勸也——《漢書·揚雄傳》:“雄以爲賦者，將以風之，必推類而言，極麗靡之辭，閎侈鉅衍，競於使人不能加也。既乃歸之於正，然覽者已過矣。往時武帝好神仙，相如上《大人賦》欲以風；帝反縹縹有陵雲之志。繇是言之，賦勸而不止，明矣。又頗似俳優淳于髡、優孟之徒，非法度所存、賢人君子詩賦之正也；於是輟不復爲。”又《漢書·藝文志》:“大儒孫卿及楚臣屈原，離讒憂國，皆作賦以風，咸有惻隱古詩之義。其後宋玉、唐勒，漢興，枚乘、司馬相如，下及揚子雲，競爲侈麗閎衍之詞，沒其風諭之義，是以揚子悔之。”

[5] 霧縠之組麗二句——《漢書·景帝紀》:“雕文刻鏤，傷農事者也；錦繡纂組，害女紅(工)者也。”霧縠，像雲霧一樣輕細的絲織品。這二句說霧縠雖麗，但蠹害女工，以喻詞賦雖巧，却惑亂“經典”。

[6] 景差唐勒宋玉枚乘之賦——《史記·屈原傳》:“屈原既死之後，楚有宋玉、唐勒、景差之徒者，皆好辭，而以賦見稱。然皆祖屈原之從容辭令，終莫敢直諫。”《漢書·藝文志》:“唐勒賦四篇，楚人。宋玉賦十六篇，楚人，與唐勒同時，在屈原後也。”“枚乘賦九篇。”今傳宋玉作品可靠者，有《九辯》(見《楚辭章句》卷八)《風賦》《高唐賦》《神女賦》《登徒子好色賦》(見《文選》卷十三及卷十九)。唐勒、景差賦無傳。《楚辭章句》說《大招》一篇或以爲是景差作。枚乘，字叔，漢景帝時辭賦家，《漢書》卷五十一有傳。他的《七發》是漢代大賦的開端，見《文選》卷三十四。

[7] 淫——煩濫放蕩的意思。

[8] 詩人之賦二句——詩人之賦，指屈原的騷賦。則，法則，法度。屈原曾稱自己的作品爲詩(《九章·悲回風》:“介眇志之所惑兮，竊賦詩之所明。”)，揚雄所以稱屈賦爲詩人之賦，正是指屈賦能符合《詩三百篇》的寫作精神，亦即劉安所謂“國風好色而不淫，小雅怨誹而不亂，若《離騷》者，可謂兼之”的意思。揚雄本

人也說它"體同詩雅"(語見《文心雕龍·辨騷》引)。同時劉歆《七略》也說:"大儒孫卿及楚臣屈原,離讒憂國,皆作賦以風,咸有惻隱古詩之義。"(語見《漢書·藝文志》)後漢王逸《楚辭章句序》也以爲屈原"獨依詩人之義,而作《離騷》,上以諷諫,下以自慰。"見解都與揚雄相同。辭人之賦,指的是上文所說"必也淫"的"景差、唐勒、宋玉、枚乘之賦"。劉歆《七略》也同樣指出:"其後,宋玉、唐勒,漢興,枚乘、司馬相如,下及揚子雲,競爲侈麗閎衍之詞,沒其風諭之義。"(語見《漢書·藝文志》)"麗",是賦體的共同特點;"則"與"淫",是區分詩人之賦與辭人之賦的界綫。

[9] 賈誼(公元前二〇〇年——前一六八年)——洛陽人。西漢政論家、辭賦家。文帝時官大中大夫,出爲長沙王太傅,復召入爲梁懷王太傅。《漢書·藝文志》著錄"賈誼賦七篇",今存者以《服鳥賦》《弔屈原賦》最有名。明張溥輯《漢魏六朝百三名家集》有《賈長沙集》一卷,《全漢文》收其文入卷十五、十六。另著有《新書》十卷。《史記》卷八十四、《漢書》卷四十八都有傳。

[10] 相如——司馬相如(公元前一七九年——前一一七年),字長卿,蜀郡成都人。西漢辭賦家。武帝時,官至孝文園令。《漢書·藝文志》著錄"司馬相如賦二十九篇",今存者以《子虛賦》《上林賦》《大人賦》最有名。《全漢文》收其文入卷二十一、二十二。《史記》卷一百十七、《漢書》卷五十七都有傳。

[11] 蒼蠅紅紫二句——古人以爲蒼蠅能毀汚黑白,紅紫是二種間色(青赤白黑黃是正色,綠紅碧紫緇是間色),都能淆亂正色,所以需要明白地加以識別。

[12] 鄭衞之似二句——似,似是而非之似。《禮記·樂記》:"鄭音好濫,淫志;……衞音趨數(讀作促速),煩志。"古人以爲鄭衞之音是一種淫聲,能亂雅樂,所以需要明察地加以辨析。

[13] 朱曠——朱,離朱,卽離婁。《孟子·離婁上》趙岐注:"離婁者,古之明目者,蓋以爲黃帝之時人也。黃帝亡其玄珠,使離朱索之;離朱卽離婁也。能視於百步之外,見秋毫之末。"曠,師曠,春秋時晉平公的樂太師。他善聽的故事見《左傳·襄公十八年》及《呂氏春秋·長見》。

[14] 精——精思。

[15] 交——配合。五聲十二律——五聲,卽宮、商、角、徵、羽,指音;十二律,指黃鍾、太蔟、姑洗、蕤賓、夷則、無射、林鍾、南呂、應鍾、大呂、夾鍾、仲呂等十二律,指調。

[16] 哇——淫聲。

[17] 黃鍾以生之——《漢書》卷二十一《律曆志》:"五聲之本,生於黃鍾之律。"

[18] 華丹——華，鉛華，女子搽臉的粉。丹，口脂。

[19] 溷——混亂。

[20] 如玉如瑩——瑩，玉色。《法言·音義》引《逸論語》："如玉之瑩。"

[21] 爰變丹青——汪榮寶《法言疏證》："爰當爲奚，形近而誤。""奚變丹青？言久而不變也。後文《君子篇》（《法言》第十二篇）云：'或問聖人之言炳若丹青，有諸？'曰：'吁，是何言與（歟）！丹青初則炳，久則渝。'彼言渝與此言變同詁。玉色久而不變，丹青則否，故云'如玉如瑩，奚變丹青。'"

[22] 君子事之爲尚——這是説君子貴事實而賤虛辭。

[23] 伉——伉直。事勝於辭，不免有率直之病。

[24] 足言足容二句——容，猶用。謂作文既能足以言之，又能足以用之，這樣就不是空言而是道德的藻飾了。

[25] 公孫龍——戰國時名家，趙人。著有《公孫龍子》。《漢書·藝文志》列於《諸子略》名家類，共十四篇，今存六篇。

[26] 梡革爲鞠——梡，義同刳。鞠，蹴鞠，類似現在的皮球。梡革爲鞠，就是刳皮爲球。

[27] 岃崺——或作邐迤，山勢綿延不絕的樣子。

[28] 介丘——小丘。

[29] 惡沱——多泥混濁的樣子。

[30] 末——無。

[31] 委——同棄。

[32] 山輕之蹊——兩山間的陋道。

[33] 由——通過。

[34] 鬩——穿。

[35] 戰——戰慄，嚇得發抖。

[36] 別——類別。

[37] 説鈴——鈴的聲音輕小。説鈴是以小聲喻小説，以爲不合於大道。

[38] 言也無擇——擇，讀作殬，敗也。《孝經·卿大夫章》："口無擇言。"

[39] 辟——邪僻。

[40] 哆——同邪。

[41] 較——與皎通，明白。

[42] 折諸聖——折，折中。《史記·孔子世家贊》："言六藝者，折中於夫子，可謂至聖矣。"這裏揚雄從儒家立場出發，要用儒家所謂聖人之道爲標準。

[43] 在則人三句——謂求之於書與求之於人作用相等。

【説明】

漢朝是辭賦發達的時代，同時又是經學昌盛的時代。爲了鞏固漢王朝中央集權的封建專制主義的統治，漢武帝罷黜百家，獨崇儒術。於是儒家的政治哲學思想，被確定爲正統思想；而儒家傳統的文學觀在這種條件下也有進一步的發展。西漢末年的揚雄是儒學思想家，又是著名的辭賦家，他早年曾熱心於辭賦的創作，後來思想有很大的轉變，用儒家的眼光批判了自己，批判了當時流行的辭賦，並且把儒家的文學觀在理論上加以系統化。這裏選錄《法言·吾子》中的幾則，可以看出揚雄文學理論的大概。

本篇是從漢賦內容與形式之間的矛盾提出問題的。舖陳事物，雕繪辭采，是漢賦的藝術特徵。正因爲此，所以作者雖有諷諭之義，而讀者則往往買櫝還珠，所欣賞的只是它侈麗閎衍的詞藻。王充《論衡·譴告》說："孝成皇帝好廣宮室，揚子雲上《甘泉頌》(案卽指《甘泉賦》)，妙稱神怪，若曰非人力所能爲，鬼神力乃可成。皇帝不覺，爲之不止。"可見欲諷反諛。揚雄同樣走過司馬相如等所走的路，對此有深切的體會，所以操戈反擊，立中要害，指出了賦在發展中所形成的一個根本缺點，而得出"詩人之賦麗以則、辭人之賦麗以淫"的結論。所謂"則"，指合乎儒家的標準；所謂"淫"，指過多的藻繪。依據這樣的標準，他把屈原和景差、唐勒以下的作家加以區別，給以不同的評價。揚雄是文學家，並不廢辭采之美，他不反對"女有色，書亦有色"，問題在於不"以華丹亂窈窕"，不"以淫辭淈法度"。揚雄看出賦的"辭勝事"，所以把它比作"雕蟲篆刻"的文字遊戲，棄而不爲。

從對賦的批判，揚雄進一步提出了他的文學主張。"事辭稱則經”，要想達到“麗以則”，經書是最高的典範；這是就內容和形式的關係說的。“好書而不要諸仲尼，書肆也；好說而不要諸仲尼，說鈴也。”要想明辨是非，分清“雅”與“鄭”、“則”與“淫”，則“衆言淆亂，必折諸聖”；這又是就衡量事義的標準說的。“在則人，亡則書，其統一也”，就是主張宗經與徵聖。

揚雄提出文學的宗經與徵聖的問題，後來劉勰、韓愈等均有所推衍。

此外，在本篇裏，揚雄提到“……足言足容，德之藻矣”。《君子》篇也說：“……君子言則成文，動則成德，……以其弸中而彪外也。”都是發揮孔子“有德者必有言”（見《論語·憲問》）的意思，又開後來文以載道、文道合一的先聲。

附　錄

法言·問神(節錄)

〔漢〕揚　雄

……君子之言，幽必有驗乎明，遠必有驗乎近，大必有驗乎小，微必有驗乎著。無驗而言之謂妄。君子妄乎？不妄。言不能達其心，書不能達其言，難矣哉！……故言，心聲也；書，心畫也；聲畫形，君子小人見矣。聲畫者，君子小人之所以動情乎。……

…………

或曰：淮南、太史公者，其多知與？曷其雜也？曰：雜乎雜。人病以多知爲雜，惟聖人爲不雜。書不經，非書也；言不經，非言也；言書不經，多多贅矣。

《四部叢刊》影宋本《揚子法言》卷五

法言·寡見(節錄)

〔漢〕揚 雄

或問: 五經有辯乎? 曰: 惟五經爲辯: 說天者莫辯乎《易》, 說事者莫辯乎《書》, 說體者莫辯乎《禮》, 說志者莫辯乎《詩》, 說理者莫辯乎《春秋》。捨斯, 辯亦小矣。……

或曰: 良玉不彫, 美言不文, 何謂也? 曰: 玉不彫, 璵璠不作器; 言不文, 典謨不作經。

《四部叢刊》影宋本《揚子法言》卷七

法言·君子(節錄)

〔漢〕揚 雄

或問: 君子言則成文, 動則成德, 何以也? 曰: 以其弸中而彪外也。般之揮斤, 羿之激矢, 君子不言, 言必有中也, 不行, 行必有稱也。

…………

……文麗用寡, 長卿也; 多愛不忍, 子長也。仲尼多愛, 愛義也; 子長多愛, 愛奇也。

或問: 聖人之言, 炳若丹青, 有諸? 曰: 吁! 是何言與! 丹青初則炳, 久則渝, 渝乎哉?

《四部叢刊》影宋本《揚子法言》卷十二

論衡·藝增[1]〔節錄〕

〔後漢〕王　充[2]

世俗所患，患言事增其實。著文垂辭，辭出溢其眞，稱美過其善，進惡沒其罪[3]。何則？俗人好奇。不奇，言不用也。故譽人不增其美，則聞者不快其意；毁人不益其惡，則聽者不愜於心[4]。聞一增以爲十，見百益以爲千。使夫純樸之事，十剖百判[5]；審然之語，千反萬畔[6]。墨子哭於練絲，揚子哭於歧道[7]，蓋傷失本，悲離其實也。

蜚流之言，百傳之語[8]，出小人之口，馳閭巷之間，其猶是也。諸子之文，筆墨之疏，人賢[9]所著，妙思所集，宜如其實，猶或增之；倘經藝之言如其實乎？言審莫過聖人，經藝萬世不易，猶或出溢增過其實；增過其實，皆有事爲，不妄亂誤以少爲多也。然而必論之者，方言經藝之增與傳語異也[10]。

經增非一，略舉較著，令恍惑[11]之人觀覽採擇，得以開心通意，曉解覺悟。

…………

《詩》云："鶴鳴九皋，聲聞于天。"[12]言鶴鳴九折之澤，聲猶聞於天，以喻君子修德窮僻，名猶達朝廷也。其聞高遠，可矣。言其"聞於天"，增之也。

彼言聲聞於天，見鶴鳴於雲中，從地聽之，度其聲鳴於地，當復聞於天也。夫鶴鳴雲中，人聞聲仰而視之，目見其形；耳目同力，耳聞其聲，則目見其形矣。然則耳目所聞見，不過十里。使參天之鳴，人不能聞也。何則？天之去人，以萬數遠，則目不能見，耳不能聞。今鶴鳴從下聞之，鶴鳴近也。以從下聞其聲，則謂其鳴於地，當復聞于天，失其實矣。其鶴鳴于雲中，人從下聞之，如鳴于九皐。人無在天上者，何以知其聞於天上也？無以知，意從准況[13]之也。詩人或時不知，至誠以爲然；或時知，而欲以喻事，故增而甚之。

《詩》曰："維周黎民，靡有孑遺[14]。"是謂周宣王之時遭大旱之災也。詩人傷旱之甚，民被其害，言無有孑遺一人不愁痛者。夫旱甚，則有之矣；言無孑遺一人，增之也。

夫周之民，猶今之民也。使今之民也，遭大旱之災，貧羸無蓄積，扣心思雨[15]。若其富人穀食饒足者，廪囷不空，口腹不飢，何愁之有。天之旱也，山林之間不枯，猶地之水，丘陵之上不湛也[16]。山林之間，富貴之人，必有遺脱者矣。而言"靡有孑遺"，增益其文，欲言旱甚也。

…………

《尚書》曰："祖伊諫紂曰：'今我民罔不欲喪[17]。'"罔，無也。我天下民無不欲王亡者。夫言欲王之亡，可也。言"無不"，增之也。

紂雖惡，民臣蒙恩者非一。而祖伊增語，欲以懼紂也。故曰："語不益，心不惕；心不惕，行不易。"增其語欲以懼之，冀其警悟也。蘇秦説齊王曰："臨菑之中，車轂擊，人肩磨，舉袖成幕，連衽成帷，揮汗成雨[18]。"齊雖熾盛，不能如此。蘇秦增語，激齊王也。祖伊之諫紂，猶蘇秦之説齊王也。

賢聖增文，外有所爲，内未必然。何以明之？夫《武成》之篇，言"武王伐紂，血流浮杵[19]。"助戰者多，故至血流如此。皆欲紂之亡也，土崩瓦解，安肯戰乎？然祖伊之言"民無不欲"，如蘇秦增語。《武成》言"血流浮杵"，亦太過焉。死者血流，安能浮杵？案武王伐紂於牧之野[20]。河北地高，壤靡不乾燥。兵頓[21]血流，輒燥入土。安得杵浮？且周殷士卒，皆齎盛糧(此處原有“或作乾糧”四字，據劉盼遂引孫詒讓說改)，無杵臼之事。安得杵而浮之？言血流杵，欲言誅紂，惟兵頓士傷，故至浮杵。

…………

光武皇帝之時，郎中汝南賁光（《北堂書鈔》六三引作“王賁”)上書言：“孝文皇帝時居明光宮，天下斷獄三人。”頌美文帝，陳其效實[22]。光武皇帝曰：“孝文時不居明光宮，斷獄不三人[23]。”積善修德，美名流之，是以君子惡居下流[24]。

夫賁光上書於漢，漢爲今世，增益功美，猶過其實。况上古帝王久遠，賢人從後褒述，失實離本，獨已多矣。不遭光武論，千世之後，孝文之事載在經藝之上，人不知其增。“居明光宮，斷獄三人”，而遂爲實事也。

劉盼遂《論衡集解》卷八

【註釋】

[1] 藝增——古代稱六經爲六藝；王充稱“言增其實”謂之增。藝增卽經藝之增，論經書中的“誇張”。

[2] 王充(公元二七年——九七年?)——字仲任，會稽上虞人。後漢時太學生，曾爲本縣本郡的小官，官至揚州治中。是漢代唯物主義的學者，著有《譏俗節義》、《政務》、《養性書》等，都已佚。著《論衡》八十五篇，現存八十四篇。近人黄暉撰《論衡校釋》，劉盼遂撰《論衡集解》。《後漢書》卷四十九有傳。

[3] 進惡沒其罪——沒，過。誇大他的惡行以致超過了他的罪責。

[4] 不愜於心——愜，滿足的意思。不愜於心謂不滿意。

[5] 十剖百判——謂將事實一再分割，遂失其眞。

[6] 千反萬畔——畔，違背。意爲背離原話，越來越遠。

[7] 墨子哭於練絲二句——《淮南子·說林訓》：“墨子見練絲而泣之，爲其可以黃，可以黑。”高誘注：“練，白也，憫其化也。”“揚子見逵路而哭之，爲其可以南可以北。”高誘注：“道九達曰逵，憫其别也。”逵路，意同《列子·說符》所云“歧路”。

[8] 蜚流之言二句——蜚，同飛。蜚流之言，卽蜚語流言。百傳之語，經過千百人

輾轉傳說的話。

［9］人賢——據劉盼遂《論衡集解》說當作賢人。吳承仕說疑當作"大賢"。

［10］方言經藝之增句——王充認爲經書中的"增"和傳語中的"增"是有區別的，並傾向於肯定經書中的"增"，否定"蜚流之言"與"百傳之語"的"增"。

［11］恍惑——亦作恍惑，迷惑的意思。

［12］鶴鳴九皐二句——《毛詩小雅·鴻雁·鶴鳴》："鶴鳴於九皐，聲聞于天。"毛傳："皐，澤也。"陸德明《釋文》："《韓詩》云：'九皐，九折之澤。'"

［13］准況——推測、猜想的意思。

［14］維周黎民二句——見《毛詩大雅·蕩·雲漢》。"維周"原句作"周餘"。

［15］扣心思雨——扣同叩，義爲擊。《後漢書·張奐傳》："凡人之情，寃則呼天，窮則叩心。"正與《論衡》語同義。

［16］猶地之水二句——地之水，水災。湛，淹沒。二句謂丘陵之上不被水災所淹沒。

［17］祖伊諫紂二句——見《尙書·西伯勘黎》。"不"，今《尙書》作"弗"。祖伊，商臣。僞孔安國傳解釋此句義爲"民無不欲王之亡"。

［18］蘇秦說齊王七句——蘇秦說齊王語，見《戰國策·齊策》。臨菑，齊國都，今山東臨淄。轂擊，車多擁擠，轂與轂相擊。衽，衣襟。

［19］武成之篇三句——《武成》，《尙書》篇名。依《尙書正義》引鄭玄說：《武成》到建武（東漢光武帝年號）之際已經亡失。今《尙書·武成》是僞古文，敍"前徒倒戈，攻于後以北，血流漂杵。"與王充引文不同，疑王充早年還看到未亡失前的《武成》（建武最後一年，王充已三十歲）。杵，舊日舂米的木棒。

［20］牧之野——即牧野，古地名。周武王打敗紂軍於此。

［21］兵頓——兵，原訓爲兵器，引伸爲兵士（《詩·擊鼓》序、《左傳》哀公九年文中都有此例）。頓，壞。兵頓，兵士傷壞。

［22］效實——效，功。實，事迹。

［23］孝文時不居明光宮斷獄不三人——《風俗通·正失篇》："文帝平常聽政宣室，不居明光宮；前世斷獄皆以萬數，不三百人。"其說與此近似。

［24］是以君子惡居下流——見《論語·子張》："是以君子惡居下流，天下之惡皆歸焉。"

【說明】

王充，是中國哲學史上唯物主義傾向比較突出的思想家。他的生活年代，正當農民運動進入低潮、封建統治重又相對穩定的東漢前期。在這時期內，統治階級僞造讖緯，宣揚迷信神權，以圖鞏固統治，曾引起許多進步的思想家的反對。王充的《論衡》，就是當時思想界一部富於進步意義和戰鬥精神的重要著作。他的思想體系中的樸素唯物主義因素，有力地打擊了神權主義，批判了反科學的虛妄之言。在這種思想基礎上引伸出他的進步的文學觀點，反對"華而不實，僞而不眞"的文風，批判了"深覆典雅，指意難睹"的賦頌，也批判了當時散文崇尙駢偶的傾向。

由於作者反對"奇怪之語""虛妄之文"，批判"好談論者，增益實事，爲美盛之語；用筆墨者，造生空文，爲虛妄之傳。"（《論衡·對作》）也就接觸到如何對待書本和語言中的誇張問題。王充根據誇張的"言事增其實"的特點，把它叫做"增"，並寫下了"三增"，即《語增》《儒增》《藝增》這一組文章。在前兩篇文章裏，他本着"天下事不可增損"的思想，對"傳語""儒書"中的誇張進行了解剖和批判；唯獨在《藝增》中，却對《尙書》、《易經》、《詩經》、《論語》、《春秋》的經藝之增作了分析和肯定。

在《藝增》篇裏，作者提出"經藝之增與傳語異也"，明確表達了反對書傳俗語之增和肯定經藝之增的思想。這顯然是一種偏見。但是，他通過正反兩方面的論說表明，誇張的語言和描寫對喻事、頌美、刺惡具有積極作用；同時也定下了"增"不能"失其本""離其實"的原則。這裏觸及到一個重要問題：誇張是爲了使事物的本質方面更加突出更加鮮明（"增過其實，皆有事爲，不妄亂誤，以少爲多也。"《藝增》）；而不是歪曲事實，使之"失實離本"。王充雖然沒有從理論上徹底解決這一問題，却給以後解決這個問題提供了重要的基礎。後來劉勰論“夸飾”，提出“夸而有節，飾而不誣”的主張，則是王充這一思想的進一步發揮。

然而，王充並不曾把他的這一正確認識貫徹到底。他在《藝增》裏通過現象分析事物的本質，對誇張作出比較合理的解釋；在《儒增》《語增》裏由於採用形式類比的方法却徹底否定了誇張的作用。這種矛盾現象實質上是王充的唯物主義思想和他相信“經藝萬古不變”的形而上學思想方法的矛盾的反映。

《論衡》論“增”，其對象是廣義的文，但實例多是形象化的語言和描寫。因而對文藝理論的發展具有一定意義。

附　錄

論衡·語增(節錄)

〔後漢〕王　充

傳語曰：“秦始皇燔燒詩書，坑殺儒士。”言燔燒詩書，滅去《五經》文書也。坑殺儒士者，言其皆挾經傳文書之人也。燒其書，坑其人，詩書絕矣。言燒燔詩書坑殺儒士，實也；言其欲滅詩書，故坑殺其人，非其誠，又增之也。

秦始皇帝三十四年，置酒咸陽臺，儒士七十人前爲壽。僕射周青臣進頌始皇之德。齊淳于越進諫始皇，不封子弟功臣自爲挾輔，刺(劉盼遂案應作劾，後訛爲刺)周青臣以爲面諛。始皇下其議於丞相李斯。李斯非淳于越曰：“諸生不師今而學古，以非當世，惑亂黔首。臣請勑史官，非秦記皆燒之；非博士官所職，天下有敢藏詩書、百家語、諸刑書者，悉詣守尉集燒之；有敢偶語詩書，棄市；以古非今者，族滅。吏見知弗舉，與同罪。”始皇許儒(據通津草堂本校無“儒”字)之。明年，三十五年，諸生在咸陽者多爲妖言。始皇使御史案問諸生，諸生傳相告引者，自除犯禁者四百六十七人，皆坑之。燔詩書，起淳于越之諫；坑儒士，起自諸生爲妖言，見坑者四百六十七人。傳增言坑殺儒士，欲絶詩書，又言盡坑之。此非其實而又增之。

…………

劉盼遂《論衡集解》卷七

論衡·儒增(節錄)

〔後漢〕王　充

…………

書説孔子不能容于世，周流游説七十餘國，未嘗得安。夫言周流不遇，可也；言干七十國，增之也。

案《論語》之篇、諸子之書，孔子自衞反魯，在陳絶糧，削迹于衞，忘味于齊，伐樹於宋，并費與頓牟，至不能十國。傳言七十國，非其實也。或時干十數國也，七十之説，文書傳之，因言干七十國矣。

…………

儒書言董仲舒讀《春秋》，專精一思，志不在他，三年不窺園菜。夫言不窺園菜，實也；言三年，增之也。仲舒雖精，亦時解休，解休之間，猶宜游于門庭之側；則能至門庭，何嫌不窺園菜？聞用精者察物不見，存道以亡身；不聞不至門庭，坐思三年，不及窺園也。《尚書毋佚》曰："君子所其毋逸，先知稼穡之艱難，乃佚者也。"人之筋骨，非木非石，不能不解。故張而不弛，文王不爲；弛而不張，文王不行；一弛一張，文王以爲常。聖人材優，尚有弛張之時。仲舒材力劣于聖，安能用精三年不休。

…………

劉盼遂《論衡集解》卷八

三都賦序

〔晉〕左　思

蓋詩有六義焉，其二曰賦。揚雄曰："詩人之賦麗以則。"班固曰："賦者，古詩之流也"，先王采焉以觀土風。見"綠竹猗猗"，則知衞地淇澳之産；見"在其版屋"，則知秦野西戎之宅。故能居然而辨八方。然相如賦《上林》，而引"盧橘夏熟"；揚雄賦《甘泉》，而陳"玉樹青葱"；班固賦《西都》，而歎以

"出比目";張衡賦《西京》,而述以"遊海若"。假稱珍怪,以爲潤色。若斯之類,匪啻於玆。考之果木,則生非其壤;校之神物,則出非其所。於辭則易爲藻飾,於義則虛而無徵。且夫玉卮無當,雖寶非用;侈言無驗,雖麗非經。而論者莫不詆訐其研精,作者大氐舉爲憲章,積習生常,有自來矣。

余既思摹《二京》而賦《三都》,其山川城邑,則稽之地圖;鳥獸草木,則驗之方志;風謡歌舞,各附其俗;魁梧長者,莫非其舊。何則?發言爲詩者,詠其所志也;升高能賦者,頌其所見也;美物者,貴依其本;讚事者,宜本其實。匪本匪實,覽者奚信!且夫任土作貢,《虞書》所著;辨物居方,《周易》所慎。聊舉其一隅,攝其體統,歸諸詁訓焉。

《四部叢刊》影宋本六臣注《文選》卷四

文心雕龍·夸飾

〔梁〕劉　勰

夫形而上者謂之道,形而下者謂之器。神道難摹,精言不能追其極;形器易寫,壯辭可得喻其眞;才非短長,理自難易耳。故自天地以降,豫入聲貌,文辭所被,夸飾恆存。雖《詩》《書》雅言,風格(范校:顧校作俗)訓世,事必宜廣,文亦過焉。是以言峻則嵩高極天,論狹則河不容舠,說多則子孫千億,稱少則民靡孑遺,襄陵舉滔天之目,倒戈立漂杵之論,辭雖已甚,其義無害也。且夫鴞音之醜,豈有泮林而變好;荼味之苦,寧以周原而成飴;並意深褒讚,故義成矯飾。大聖所錄,以垂憲章。孟軻所云:"說詩者不以文害辭,不以辭害意"也。

自宋玉、景差,夸飾始盛,相如憑風,詭濫愈甚。故上林之館,奔星與宛虹入軒;從禽之盛,飛廉與鷦鷯俱獲。及揚雄《甘泉》,酌其餘波,語瓌奇,則假珍於玉樹,言峻極,則顛墜於鬼神。至《東都》之比目,《西京》之海若,驗理則理無不驗,窮飾則飾猶未窮矣。又子雲《羽獵》,鞭宓妃以饟屈原;張衡《羽獵》,困玄冥於朔野。孌彼洛神,既非罔兩;惟此水師,亦非魑魅;而虛用濫形,不其疎乎!此欲夸其威而飾(范校:元脫)其(范校:下有闕字)事義暌剌也。至如氣貌山海,體勢宮殿,嵯峨揭業,熠燿焜煌之狀,光采煒煒而欲然,聲貌岌岌其將動矣。莫不因夸以成狀,沿飾而得奇也。於是後進之才,奨氣挾聲，軒翥而欲奮飛，騰擲而羞跼步，辭入煒燁，春藻不能程其豔；言在萎絕，寒谷未足成其凋；談歡則字與笑並，論感則聲共泣偕，信可以發蘊而飛滯，披瞽而駭聾矣。

然飾窮其要，則心聲鋒起，夸過其理，則名實兩乖。若能酌《詩》《書》之曠旨，翦揚、馬之甚泰，使夸而有節，飾而不誣，亦可謂之懿也。

贊曰：夸飾在用，文豈循檢。言必鵬運，氣靡鴻漸。倒海探珠，傾崐取琰。曠而不溢，奓而無玷。

范文瀾注《文心雕龍》卷八

論美術與徵實之學不同(節錄)

〔清〕劉師培

古人之於物也，貴眞而賤美；後世之於物也，貴美而賤眞。貴眞者近於徵實，貴美者近於飾觀。至於徒尙飾觀，不求徵實，而美術之學遂與徵實之學相違。何則？美術者，以飾觀爲主者也。旣以飾觀爲主，不得不遷就以成其美。今以中國之美術考之，其與徵實之旨相背者，一曰書法，二曰詞章。……(以下一段從"古人之書"到"此美術背於徵實之學者一也"，內容論書法，兹略去。)

古人詞章，導源小學，記事貴實，不尙虛詞；後世文人，漸乖此例，研句鍊詞，鮮明字義，所用之字，多與本義相違。如瓊爲赤玉，而詞章之士，則以白花爲瓊花。略舉一端，則知文人所用之字，名與實違。是爲用字之訛。又或假設名詞，獨標奇語，名詞而外，別以隱語爲代詞。以天淵二字喩善惡之懸殊，以萍水一言喩友朋之聚首，言得志則曰靑雲，言誓詞則曰白水。略舉數端，則知文人之作，以詞害義。是爲造語之訛。又或好奇之士，顚倒其詞，以誇巧慧。如江淹賦云："孤臣危涕，孽子墜心"，易墜涕爲危涕，卽易危心爲墜心；杜甫詩云"香稻啄餘鸚鵡粟，碧梧棲老鳳凰枝"，又名詞互易，以逞句法之奇。律以言貴有序之例，則江、杜之作，均與文律相違。是爲造句之訛。又或出語不經，借物寓意，文人沿襲，以僞爲眞，如夔僅一足，堯有八眉是也。是爲用事之訛。

四者而外，文人之失猶有數端：或用事不考其源，如海客乘槎，誤爲博望；姮娥竊藥，指爲羿妻是也。或記事詞過其實，如民靡孑遺，見於《雲漢》，孟子斥爲害詞；血流漂杵，載於《武成》，孟子指爲難信是也。或序事之文，以詞害義，如言兵敗則曰睢水不流；言納降則曰甲高熊耳是也。或隸事之文，考證多疏，如杜甫之詩，誤伏勝爲服虔；陸游之文，誤許渾爲許遠是也。

或謂後世之文，隸事失眞，事因文晦，以斥文章爲小道。不知文言質言，自古分軌，文言之用在於表象，表象之詞愈衆，則文病亦愈多；然盡删表象之詞，則去文存質，而其文必不工。故有以寓言爲文者，如《莊》《列》《楚辭》是也，而其文最美。有寓言與事實相參者，如《戰國策》之文是，而其文亦工。後世史書，事資虛飾。而觀者因以忘倦；漢、魏詞賦，曲意形容，而誦者稱爲絕作。又如庾信《枯樹賦》以桓溫與仲文同時，此立詞之爽實者也，而後世不聞廢其詞。又唐人之詩有所謂"白髮三千丈"者，有所謂"白頭搔更短"者，此出語之無稽者也，而後世不聞議其短。則以詞章之文，不以憑虛爲戒，此美術背於徵實之學者二也。

二端而外，若畫繪一端，有白描山水者，又有圖列鬼魅者；小說一端，有虛構事實者，亦有踵事增華者；皆美術與實學不同之證。蓋美術以性靈爲主，而實學則以考覈爲憑。若於美術之微，而必欲責其徵實，則於美術之學，反去之遠矣。

寧武南氏校印本《劉申叔先生遺書·左盦外集》卷十三

論衡·超奇

〔後漢〕王　充

通書千篇以上，萬卷以下，弘暢雅閑，審定文讀[1]，而以教授爲人師者，通人也。杼[2]其義旨，損益其文句，而以上書奏記，或興論立説，結連篇章者，文人鴻儒也。好學勤力，博聞强識，世間多有；著書表文，論説古今，萬不耐一[3]。然則著書表文，博通所能用之者也。入山見木，長短無所不知；入野見草，大小無所不識；然而不能伐木以作室屋，採草以和方藥，此知草木所不能用也。夫通人覽見廣博，不能掇[4]以論説，此爲匿生書主人[5]，孔子所謂"誦詩三百，授之以政，不達"者也；與彼草木不能伐採，一實也。孔子得《史記》[6]以作《春秋》；及其立義創意，褒貶賞誅，不復因《史記》者，眇思[7]自出於胸中也。凡貴通者，貴其能用之也。即徒誦讀，讀詩諷術，雖千篇以上，鸚鵡能言之類也[8]。衍傳書之意，出膏腴之辭[9]，非俶儻之才[10]，不能任也。夫通覽者，世間比有；著文者，歷世希然。近世劉子政父子、揚子雲、桓君山[11]，其猶文、武、周公，並出一時也。其餘直有，往往而然。譬珠玉不可多得，以其珍也。

故夫能説一經者爲儒生；博覽古今者爲通人；采掇傳書，以上書奏記者爲文人；能精思著文，連結篇章者爲鴻儒。故儒生過俗人，通人勝儒生，文人踰通人，鴻儒超文人。故夫鴻儒，所謂超而又超者也。以超之奇，退與諸生相料[12]，文軒[13]之比於敝車，錦繡之方於緼袍[14]也。其相過，遠矣。如與俗人相料，太山之巔墆，長狄之項跖[15]，不足以喻。故夫丘山以土石爲體，其有銅鐵，山之奇也。銅鐵既奇，或出金玉。然鴻儒，世之金玉也，奇而又奇矣。奇而又奇，才相超乘，皆有品差。

儒生説名於儒門，過俗人遠也，或不能説一經，教誨後生。或帶徒聚衆，説論洞溢，稱爲經明[16]。或不能成牘治一説，或能陳得失，奏便宜，言應經傳，文如星月，其高第若谷子雲、唐子高者[17]，説書於牘奏之上，不能連結篇章。或抽列[18]古今，紀著行事，若司馬子長、劉子政之徒，累積篇第，文以萬數，其過子雲、子高遠矣，然而因成紀前，無胸中之造，若夫陸賈、董仲舒論説世事，由意而出，不假取於外，然而淺露易見，觀讀之者，猶曰傳記。陽城子長[19]作《樂經》，揚子雲作《太玄經》，造於助思[20]，極窅冥[21]之深，非庶幾之才[22]，不能成也。孔子作《春秋》，二子作兩經，所謂卓爾蹈孔子之跡[23]，鴻茂參貳聖之才者也。

王公子問於桓君山以揚子雲。君山對曰："漢興以來，未有此人[24]。"君子差才[25]，可謂得高下之實矣。采玉者心羨於玉，鑽龜者（者，原作能，據黄暉《校釋》改。）知神於龜[26]。能差衆儒之才，累其高下，賢於所累[27]。又作《新論》，論世間事，辯照然否，虚妄之言，僞飾之辭，莫不證定。彼子長、子雲説論之徒，君山爲甲。自君山以來，皆爲鴻眇之才，故有嘉令之文。筆能著文，則心能謀論。文由胸中而出，心以文爲表，觀見其文，奇偉俶儻，可謂得論也。由此言之，繁文之人[28]，人之傑也。

有根株於下，有榮葉[29]於上，有實核於內，有皮殼於外。文墨辭説，士之榮葉皮殼也。實誠在胸臆，文墨著竹帛，外內表裏，自相副稱，意奮而筆縱，故文見而實露也。人之有文也，猶禽之有毛也。毛有五色，皆生於體，苟有文無實，是則五色之禽毛妄生也。選士以射，心平體正，執弓矢審固[30]，然後射中。論説之出，猶弓矢之發也。論之應理，猶矢之中的。夫射以矢中效巧，論以文墨驗奇。奇巧俱發於心，其實一也。

文有深指巨略，君臣治術，身不得行，口不能紲[31]，表著情心，以明己之必能爲之也。孔子作《春秋》以示王意，然則孔子之《春秋》，素王之業也[32]。諸子之傳書，素相之事也[33]。觀《春秋》以見王意，讀諸子以睹相指。故曰：陳平割肉，丞相之端見；孫叔敖決期思，令尹(原作君，據孫詒讓《札迻》說改)之兆著[34]。觀讀傳書之文，治道政務，非徒割肉決水之占也。足不彊，則跡不遠；鋒不銛[35]，則割不深。連結篇章，必大才智鴻懿之俊也。

或曰：著書之人，博覽多聞，學問習熟，則能推類興文。文由外而興，未必實才學文相副也[36]。且淺意于華葉之言，無根核之深，不見大道體要，故立功者希。安危之際，文人不與，無能建功之驗，徒能筆說之效也。

曰：此不然。周世著書之人，皆權謀之臣；漢世直言之士，皆通覽之吏。豈謂文非華葉之生，根核推之也。心思爲謀，集札爲文，情見於辭，意驗於言。商鞅相秦，致功於霸，作《耕戰》之書[37]。虞卿爲趙，決計定說行退作春秋之思[38]。《春秋》之思(四字據孫詒讓《札迻》說增)，趙(原作“起”，劉盼遂引孫詒讓曰：“元本作趙，是。當據正”據改。)城中之議[39]，耕戰之書，秦堂上之計也[40]。陸賈消呂氏之謀，與《新語》同一意[41]，桓君山易鼂錯之策，與《新論》共一思[42]。觀谷永之陳說，唐林之宜言(黃暉《校釋》：“‘宜’元本作‘直’，朱校同。作‘直言’疑是。”)，劉向之切議，以知爲本，筆墨之文，將[43]而送之；豈徒雕文飾辭，苟爲華葉之言哉？精誠由中，故其文語感動人深。是故魯連飛書，燕將自殺[44]；鄒陽上疏，梁孝開牢[45]。書疏文義，奪於肝心，非徒博覽者所能造，習熟者所能爲也。

夫鴻儒希有，而文人比然。將相長吏，安可不貴？豈徒用其才力游文於牒牘哉？州郡有憂，能治章上奏，解理結煩，使州郡連事(劉盼遂《集解》：“連事疑爲從事之誤。古從字作从。”)有如唐子高、谷子雲之吏，出身盡思，竭筆牘之力，煩憂適[46]有不解者哉？古昔之遠，四方辟匿，文墨之士，難得紀錄。且近自以會稽言之，周長生者[47]，文士之雄也，在州爲刺史任安舉奏，在郡爲太守孟觀上書，事解憂除，州郡無事，二將[48]以全，長生之身不尊顯，非其才知少、功力薄也。二將懷俗人之節，不能貴也。使遭前世燕昭，則長生已蒙鄒衍[49]之寵矣。長生死後，州郡遭憂，無舉奏之吏，以故事結不解，徵詣相屬[50]，文軌不尊[51]，筆疏不續也。豈無憂上之吏哉？乃其中文筆不足類也[52]。

長生之才，非徒鋭於牒牘也，作《洞歷》十篇，上自黄帝，下至漢朝，鋒芒毛髮之事，莫不紀載，與太史公表紀相似類也。上通下達，故曰《洞歷》[53]。然則長生非徒文人，所謂鴻儒者也。

前世有嚴夫子，後有吳君商[54]，末有周長生。白雉貢於越，暢草獻於宛，雍州出玉，荆、揚生金[55]；珍物產於四遠幽遼之地，未可言無奇人也。孔子曰："文王既沒，文不在兹乎！"文王之文在孔子，孔子之文在仲舒，仲舒既死，豈在長生之徒與？何言之卓殊，文之美麗也！唐勒、宋玉[56]，亦楚文人也。竹帛不紀者，屈原在其上也。會稽文才，豈獨周長生哉？所以未論列者，長生尤踰出也。九州多山，而華、岱爲嶽；四方多川，而江、河爲瀆者，華、岱高而江、河大也。長生，州郡高大者也。同姓之伯賢，舍而譽他族之孟，未爲得也；長生說文辭之伯，文人之所共宗，獨紀錄之，《春秋》記元於魯之義也[57]。

俗好高古而稱所聞。前人之業，菜果甘甜；後人新造，蜜酪辛苦。長生家在會稽，生在今世，文章雖奇，論者猶謂稺於前人[58]。天稟元氣，人受元精，豈爲古今者差殺哉？優者爲高，明者爲上，實事之人，見然否之分者。睹非却前，退置於後；見是推今，進置於古。心明知昭，不惑於俗也。班叔皮續太史公書[59]百篇以上，記事詳悉，義淺理備。觀讀之者以爲甲，而太史公乙。

子男孟堅[60]爲尙書郎，文比叔皮非徒五百里也，乃夫周召魯衞之謂也[61]。苟可高古，而班氏父子不足紀也[62]。

周有郁郁之文者，在百世之末也[63]。漢在百世之後，文論辭說，安得不茂？喻大以小。推民家事，以睹王廷之義。廬宅始成，桑麻纔有。居之歷歲，子孫相續，桃李梅杏，菴[64]丘蔽野。根莖衆多，則華葉繁茂。漢氏治定久矣，土廣民衆，義興事起，華葉之言，安得不繁？夫華與實俱成者也；無華生實，物希有之。山之禿也，孰其茂也？地之瀉[65]也，孰其滋也？文章之人，滋茂漢朝者，乃夫漢家熾盛之瑞也。天晏，列宿煥炳[66]；陰雨，日月蔽匿，方今文人並出見者，乃夫漢朝明明之驗也。

高祖讀陸賈之書，歎稱萬歲[67]；徐樂、主父偃上疏，徵拜郎中[68]，方今未聞[69]。膳無苦酸之肴，口所不甘味，手不舉以啖人[70]。詔書每下，文義經傳四科；詔書斐然，郁郁好文之明驗也。上書不實核，著書無義指，"萬歲"之聲，"徵拜"之恩，何從發哉？飾面者皆欲爲好，而運目者希；文音者皆欲爲悲，而驚耳者寡。陸賈之書未奏，徐樂、主父之策未聞。羣諸瞽言之徒，言事麤醜，文不美潤，不指所謂，文辭淫滑[71]，不被濤沙之譴，幸矣！焉蒙徵拜爲郎中之寵乎？

劉盼遂《論衡集解》卷十三

【註釋】

[1] 弘暢雅閑二句——弘，大。暢，通達。閑，熟習。讀，句讀。文讀——《太平御覽》引作文義。此二句意謂博大通達，熟習各種典籍，能够透徹瞭解文義。

[2] 杼——借作"抒"。揚雄《方言》："抒，解也。"

[3] 萬不耐一——耐通能。此句謂萬人之中難得一人。

[4] 掇——音多，拾取，這裏作選取解。

[5] 匿生書主人——此句疑有誤。

[6] 史記——此處指魯國史。

[7] 眇思——卽妙思。眇通妙。

[8] 鸚鵡能言之類——《禮記》:"鸚鵡能言,不離飛鳥。"意爲只能學舌,沒有用處。

[9] 膏腴之辭——文彩豐富的文辭。

[10] 俶儻——同"倜儻",卓異之貌。

[11] 劉子政父子揚子雲桓君山——劉向、劉歆父子,揚雄、桓譚。

[12] 料——衡量的意思。

[13] 文軒——華美的車子。

[14] 緼袍——以新棉合舊絮做的袍子。

[15] 太山之巔墆二句——巔墆,絕頂。長狄,古傳說中的巨人。項,頭的後部。跖,足。太山的絕頂,長狄的全身,用以形容其高大。

[16] 經明——見《漢書·王吉傳》:"左曹陳成薦駿賢父子,經明行修,宜顯以厲俗。"經明,精通經書。

[17] 谷子雲、唐子高——谷子雲,卽谷永,《漢書》卷八十五有傳。唐子高,卽唐林,《漢書》卷七十一有傳。

[18] 抽——通籀,諷誦書。許愼《說文敍》:"諷籀書九千字。"段玉裁說:"諷籀連文,謂諷誦而抽繹之。"列——誄列。《禮記·曾子問》鄭注:"誄,累也。累列生時行迹讀之以作謚。"

[19] 陽城子長——《論衡·對作》作陽城子張,卽補《史記》的陽城衡。

[20] 助思——孫詒讓《札迻》:"'助'當爲'眇',形近而誤。上文'眇思自出於胸中也'。"

[21] 窅冥——深遠難見之貌。

[22] 庶幾之才——《易·繫辭下》:"顏氏之子,其殆庶幾乎?"因顏回是儒家所稱近於聖人的大賢,故後人用庶幾爲賢者之稱。此句意謂賢才。

[23] 卓爾句——《論語·子罕》記載顏回自說受了孔子教育以後,"如有所立(好像有所建立)卓爾(高大的樣子)。"《莊子·田子方》載顏回對孔子說:"夫子步亦步也,夫子言亦言也,夫子趨亦趨也,夫子辯亦辯也,夫子馳亦馳也,夫子言道,回亦言道也。"《揚子法言·學行》說:"顏淵習孔子者也。"都是本篇說"孔子之跡"之所本。

[24] 王公子問於桓君山以揚子雲四句——孫詒讓《札迻》:"案此王公卽王莽也。'子'字衍。此文出桓譚《新論》。《御覽》四百三十二引《新論》云:'揚子雲何人邪?答曰才知開通,能入聖道,漢興以來,未有此人也。'卽仲任所本。譚嘗仕王莽,故《新論》多稱莽爲王翁(見《意林》)。此王公,猶云王翁也。《御覽》引《新

論»不著所問之人，此可以補其闕。”案：孫說是。

［25］差才——評論人才的差別。

［26］鑽龜者知神於龜——鑽龜，古代卜者，灼龜取兆，以卜吉凶。

［27］累其高下二句——累，序。二句謂：序次衆儒之才的高下，而自己則高出於所序次的衆儒之上。

［28］繁文之人——這裏指作品豐富的人。

［29］榮葉——花葉。

［30］審固——審指準確地辨別目標。固，指牢固有力地彎弓。

［31］口不能紲——孫詒讓«札迻»：“案‘紲’當爲‘泄’，形聲相近而誤。”口不能泄，就是口不能言之。

［32］然則孔子之春秋二句——«論衡·定賢»也說：“孔子不王，素王之業，在於«春秋»。”此本於西漢今文家說法。«漢書·董仲舒傳»載仲舒«賢良策對»二：“孔子作«春秋»，先正王而繫萬事，見素王之文焉。”«北堂書鈔»引«論語讖»：“子夏曰：仲尼爲素王。”素，空。素王，言有王者之道而無王者之位。

［33］諸子之傳書二句——素相，無相之位而有相之業者。杜預«春秋左氏傳序»：“或曰：說者以仲尼自衞反魯，修«春秋»，立素王，丘明爲素臣。”«正義»：“其言丘明爲素臣，未知誰所說也。”素相義同素臣。王充云“諸子之傳書”，包括左丘明在內。丘明是儒家之徒，而儒家爲九流十家之一。傳是經傳之傳。«春秋»爲經，«左傳»爲傳。

［34］陳平割肉四句——陳平割肉事見«史記·陳丞相世家»：“里中社，平爲宰，分肉食甚均。父老曰：‘善，陳孺子之爲宰。’平曰：‘嗟乎！使平得宰天下，亦如是肉也。’”孫叔敖決期思事見«淮南子·人間»：“孫叔敖決期思之水，而灌雩婁之野，莊王知其可以爲令尹也。”期思陂，一名芍陂，古代淮水流域最著名的水利工程，在今安徽壽縣南。雩婁，今安徽廬江。

［35］銛——鋒利。

［36］未必實才學文相副也——«太平御覽»五八五引作“未必實才與文相副也”。按：作“與”字，義較勝。副，相稱。

［37］耕戰之書——«史記·商鞅傳贊»：“余嘗讀商君«開塞»、«耕戰»書。”«開塞»，«商君書»篇名。按：«耕戰»，當指«商君書»的«農戰第三»，文云：“國之所以興者，農戰也。”耕戰政策，是商君的治國綱要。

［38］虞卿爲趙二句——虞卿爲趙決計定說事見«史記»卷七十六«平原君虞卿列傳»。虞卿後來離開趙國，“不得意，乃著書，上採«春秋»，下觀近世，……以譏刺

國家得失，世傳之曰《虞氏春秋》。”

[3] 春秋之思二句——意爲虞卿著《虞氏春秋》的觀點，跟他諫趙王不要以六城送秦國的言論是一致的。

[40] 耕戰之書二句——謂商鞅《農戰》篇的主張，就是他與秦孝公在朝堂上晤談中定下的耕戰政策。

[41] 陸賈消呂氏之謀二句——陸賈曾爲陳平畫策誅諸呂。漢高祖劉邦時，陸賈奉命述秦亡漢興之故，成《新語》十二篇。事見《史記》卷九十七《酈生陸賈列傳》。

[42] 桓君山易鼂錯之策二句——桓君山，即桓譚，曾上疏漢光武帝劉秀言鼂錯事，著書言當世行事二十九篇，號曰《新論》。《新論》全書已佚，書中與“易鼂錯之策”相符的內容已無從考核。

[43] 將——助。

[44] 魯連飛書二句——事見《史記》卷八十三《魯仲連傳》：“燕將攻下聊城，聊城人或讒之燕，燕將懼誅，因保守聊城，不敢歸。齊田單攻聊城歲餘，士卒多死而聊城不下。魯連乃爲書，約之矢以射城中，遺燕將。……燕將見魯連書，泣三日，……乃自殺。”

[45] 鄒陽上疏二句——事見《史記》卷八十三《鄒陽列傳》：“鄒陽者，齊人也。游於梁，……(羊)勝等嫉鄒陽，惡之梁孝王。孝王怒，下之吏，將欲殺之。……鄒陽……乃從獄中上書……。書奏梁孝王，孝王使人出之，卒爲上客。”

[46] 適——疑當作“豈”。

[47] 周長生——孫詒讓《札迻》：“案長生名樹。《北堂書鈔》七十三引謝承《後漢書》有《周樹傳》(范書無)。”范書，指范曄《後漢書》。

[48] 二將——即任安、孟觀。漢時刺史、太守亦稱將，故稱二將。

[49] 鄒衍——戰國時人。燕昭王愛賢，士爭趨燕。鄒衍自齊往，爲昭王所重用。事見《史記》卷三十四《燕召公世家》。

[50] 事結不解二句——州郡發生了事故，問題久不解决。漢王朝徵召州郡首長往京師接受詢問的連續不絕。

[51] 文軌句——猶言對文學不尊重。軌，道。文軌，文學之道。

[52] 不足類——謂不及周長生。

[53] 洞歷——孫詒讓《札迻》：“《洞歷》隋唐志不著錄。惟范成大《吳郡志·人物門》角里先生引《史記正義》周樹《洞歷》……則其書唐時尚存也。”

[54] 前世有嚴夫子二句——嚴夫子，指莊忌，稱“嚴”，避漢明帝諱改。《漢書·藝文志》有莊夫子賦二十四篇。吳君商，應作吳君高，名平，會稽人，著有《越紐錄》。

見《論衡·案書》。

[55] 白雉貢於越四句——周成王時，越裳氏來獻白雉。見《尙書大傳》。暢草，孫詒讓認爲卽鬯草，香草。雍州出玉，荆、揚生金，均見《禹貢》。

[56] 唐勒宋玉——見《史記·屈原傳》。

[57] 春秋記元於魯之義也——這是根據《公羊傳》的說法。《公羊傳》隱公元年："元年。春。王正月。元年者何，君之始年也。"何休解詁："《公羊》之義，唯天子乃得稱元年，諸侯不得稱元年。此魯隱公，諸侯也，而得稱元年者，《春秋》託王於魯。"《春秋》記元於魯，是尊魯突出於諸侯之上，王充以爲周長生是會稽人才之突出者，故用《春秋》尊魯之義爲比。

[58] 稺於前人——謂不及前人。稺同稚。

[59] 班叔皮句——班叔皮，班彪。作《史記後傳》數十篇。事見《後漢書·班彪傳》。太史公書，卽《史記》。《漢書·藝文志》著錄："《太史公》百三十篇(十篇有錄無書)。"

[60] 孟堅——班固字。

[61] 周召魯衞——卽周公、召公、魯國、衞國。周公、召公，分陝而治。魯國，武王弟周公旦封域；衞國，武王同母弟康叔封域。孔子說："魯衞之政，兄弟也。"意爲相差不遠。

[62] 苟可高古二句——如果以古爲高，那麼班氏父子不足論了。而，猶則。

[63] 周有郁郁之文者二句——《論語·八佾》："子曰：周監於二代，郁郁乎文哉。"此言周繼夏商之後，能根據二代的制度加以損益之，所以豐富完備之。監，借鑒。郁郁，豐盛。文，指禮儀制度。百世，言其多。《論語·爲政》："其或繼周者，雖百世可知也。"

[64] 菴——孫人和說：菴當作奄。《說文》：奄，覆蓋也。

[65] 瀉——瀉應作潟。潟，地鹹鹵不生殖。《論衡·書解》云："地無毛則爲瀉土。"都是誤潟爲瀉。

[66] 天晏二句——晏，天上無雲。二句意謂天上無雲，衆星明亮。

[67] 高祖讀陸賈之書二句——《史記·酈生陸賈列傳》：陸賈作《新語》十二篇，"每奏一篇，高帝未嘗不稱善，左右呼萬歲。"

[68] 徐樂主父偃上疏二句——《史記·平津侯主父列傳》：齊人主父偃上書言九事，趙人徐樂、齊人嚴安俱上書言世務，各一事。書奏天子。天子召見三人，謂曰："公等皆安在，何相見之晚也！"於是拜主父偃、徐樂、嚴安爲郎中。

[69] 方今未聞——方今，現時。此句指章帝時還沒有聽到像陸賈、徐樂、主父偃那

樣被重視的事。

[70] 膳無苦酸之肴三句——劉盼遂引吳承仕曰:"膳無苦酸以下數語,疑有誤。"按:不誤。苦酸,《楚辭·招魂》:"大苦鹹酸,辛甘行些。"古人作肴,苦酸和辛甘,都用以和味。這裏以苦酸概括諸味而言。這三句意爲,沒有苦酸調味的菜肴,是不適口味的,手也不拿(指手持筷子)它來請人吃。啖,食。

[71] 言事麤醜四句——劉盼遂《論衡集解》原斷爲"言事麤醜,文不美,潤不指,所謂文辭淫滑"。按:這裏都應爲四字斷句。文不美潤,指文詞不美好,沒有經過加工。不指所謂,指不能說明該文所說的意義何在。

【説明】

《超奇》是《論衡》第三十九篇。內容主要是對作家的品評。在王充以前,雖然有人對具體個別作家進行過評價,像司馬遷的《史記·屈原傳》等等,然而,像這樣關於作者的通論,《超奇》實開先河,因而可認爲是文學批評中"作家論"的濫觴。王充認爲在文人中間,鴻儒屬於"超而又超""奇而又奇"之列,因而把這篇文章名之爲《超奇》。

這篇文章把一般文人分爲幾種:儒生、通人、文人、鴻儒等。通過對鴻儒的贊揚,王充提出了品評作者的標準、論及作者的修養以及反對崇古非今的問題。

首先,王充認爲,品評作者的高下不能以讀書多少作標準而應看他是否"博通能用"。當漢代"皓首窮經"成爲一種風氣,不少人一輩子在書堆裏鑽牛角尖,以"明經"作標榜的時候,王充一反流俗,提出"貴其能用"的主張。他指斥那些儒生讀書千卷無以致用,不過是"鸚鵡能言之類",有如"入山見木,長短無所不知;入野見草,大小無所不識;然而不能伐木以作室屋,採草以和方藥;此知草木所不能用也。"王充認爲鴻儒則不然,他觀讀書傳之文是爲了"抽列古今""紀著行事",有益於"治道政務"。王充這種崇實尚用的觀點雖然是針對論說文、史傳文而發的,但他把屈原這樣的辭賦家也包括在超奇之士中，給予高度評價，這就表明他的這一觀點也適用於文學。這不僅對於漢代一度出現的浮誇虛誕的文風、“勸百諷一”的辭賦具有針砭作用；對於後來的文學發展，也有其積極意義。

其次，怎樣才能成爲鴻儒，也就是關係到作者的修養問題，王充對此作了明確的回答：不能光從外在的“文”下功夫，而更需要從內在的“實”作努力。“實誠在胸臆，文墨著竹帛，外內表裏，自相副稱。”什麼是內在的“實”？王充認爲即“才智”與“實誠”。“才智”，不只是“博覽多聞，學問習熟”，而是像商鞅耕戰政策、陸賈消呂氏之謀那樣具有解決實際問題的本領。“實誠”，“非徒博覽者所能造，習熟者所能爲”，而是作者的眞實感情。這二者都是不可缺少的。值得注意的是，重視論說文的王充也十分強調作者的感情對創作的作用：“精誠由中，故其文語感動人深”，才能“奪於肝心”。這種看法對於文學創作和理論有着較大的影響。後來劉勰主張“爲情而造文”，反對“爲文而造情”，就是這一觀點的進一步發揮。

再者，在評價作者問題上，王充反對崇古非今的傾向。批判那種“好高古而稱所聞”，以爲“前人之業，菜果香甜；後人新造，蜜酪辛苦”的風氣。提出不以時代作區分，而以“優者爲高，明者爲上”。他不僅批判崇古非今，而且把後世超過前代，看成理所當然。“廬宅始成，桑麻纔有。居之歷歲，子孫相續。桃李梅杏，奄丘蔽野。根莖衆多，則華葉繁茂。”王充用這樣生動的例子說明，經驗需要時間積累，文章應該今勝於昔。他雖然沒有看到政治經濟對文學的決定影響，却在一定程度上指出了文章創作的歷史繼承關係，爲較準確地評價當代作家提供了一定的理論根據。

附　錄

論衡·齊世(節錄)

〔後漢〕王　充

……述事者好高古而下今，貴所聞而賤所見。辨士則談其久者，文人則著其遠者。近有奇而辨不稱，今有異而筆不記。……比喻之證，上則求虞、夏，下則索殷、周。秦、漢之際，功奇行殊，猶以爲後。又况當今在百代下，言事者目親見之乎？

畫工好畫上代之人，秦、漢之士，功行譎奇，不肯圖今世之士者，尊古卑今也。貴鵠賤鷄，鵠遠而鷄近也。使當今說道深於孔、墨，名不得與之同；立行崇於曾、顔，聲不得與之鈞，何則？世俗之性，賤所見，貴所聞也。有人於此，立義建節，實核其操，古無以過，爲文書者肯載於篇籍，表以爲行事乎？作奇論，造新文，不損於前人，好事者肯舍久遠之書而垂意觀讀之乎？揚子雲作《太玄》，造《法言》，張伯松不肯一觀，與之併肩，故賤其言。使子雲在伯松前，伯松以爲金匱矣。

……世俗之性，好褒古而毁今，少所見而多所聞。又見經傳增賢聖之美，孔子尤大堯、舜之功。又聞堯、舜禪而相讓，湯、武伐而相奪。則謂古聖優於今，功化遲于後矣。夫經有褒增之文，世有空加之言，讀經覽書者所共見也。……

劉盼遂《論衡集解》卷十八

論衡·須頌(節錄)

〔後漢〕王　充

古之帝王建鴻德者，須鴻筆之臣。褒頌紀載，鴻德乃彰。萬世乃聞。……虞氏天下太平，夔歌舜德。宣王惠周，《詩》頌其行。召伯述職，周歌棠樹。是故《周頌》三十一，《殷頌》五，《魯頌》四，凡頌四十篇，詩人所以嘉上也。由此言之，臣子當頌，明矣。

儒者謂漢無聖帝，治化未太平。《宣漢》之篇，論漢已有聖帝，治已太平。《恢國》之篇，極論漢德非常，實然乃在百代之上。表德頌功，宣褒主上，詩之頌言，右臣之典也。舍其家而觀他人之室，忽其父而稱異人之翁，未爲德也。……

船車載人，孰與其徒多也？素車朴船，孰與加漆采畫也？然則鴻筆之人，國之船車采畫也。農無彊夫，穀粟不登；國無彊文，德闇不彰。……

龍無雲雨不能參天。鴻筆之人，國之雲雨也。載國德于傳書之上，宣昭名于萬世之後，厥高非徒參天也。城牆之土，平地之壤也，人加築蹈之力，樹立臨池。國之功德崇于城牆，文人之筆勁于築蹈。聖主德盛功立，若不褒頌紀載，奚得傳馳流去無疆乎？……

……國德溢熾，莫有宣褒，使聖國大漢有庸庸之名，咎在俗儒不實論也。

……俗儒好長古而短今，言瑞則渥前而薄後。是應實而定之，漢不爲少。漢有實事，儒者不稱；古有虛美，誠心然之。信久遠之僞，忽近今之實。斯蓋三增九虛，所以成也；能聖實聖，所以興也。儒者稱聖過實，稽合于漢，漢不能及。非不能及，儒者之說使難及也。……

劉盼遂《論衡集解》卷二十

論衡·書解(節錄)

〔後漢〕王　充

或曰：士之論高，何必以文？

答曰：夫人有文，質乃成；物有華而不實，有實而不華者。《易》曰："聖人之情見乎辭。"出口爲言，集札爲文。文辭施設，實情敷烈。夫文德，世服也。空書爲文，實行爲德，著之於衣爲服。故曰：德彌盛者文彌縟，德彌彰者人彌明。大人德擴，其文炳；小人德熾，其文斑。官尊而文繁，德高而文積。華而睆者，大夫之簀，曾子寢疾，命元起易。由此言之，衣服以品賢，賢以文爲差，愚傑不别，須文以立折。非唯於人，物亦咸然：龍鱗有文，於蛇爲神；鳳羽五色，於鳥爲君；虎猛，毛蚡蜦；龜知，背負文；四者體不質，於物爲聖賢。且夫山無林，則爲土山；地無毛，則爲瀉土；人無文，則爲僕人。土山無麋鹿，瀉土無五穀，人無文德，不爲聖賢。上天多文，而后土多理；二氣協和，聖賢稟受，法象本類，故多文彩。瑞應符命，莫非文者。晉唐叔虞、魯成季友、惠公夫人號曰仲子，生而怪奇，文在其手。張良當貴，出與神會，老父授書，卒封留侯。河神故出圖；洛靈故出書。竹帛所記怪奇之物，不出潢洿。物以文爲表，人以文爲基。棘子成欲彌文，子貢譏之。謂文不足奇者，子成之徒也。

著作者爲文儒，說經者爲世儒，二儒在世，未知何者爲優？或曰：文儒不若世儒。世儒說聖人之經，解賢者之傳，義理廣博，無不實見，故在官常位，位最尊者爲博士，門徒聚衆，招會千里，身雖死亡，學傳於後。文儒爲華淫之說，於世無補，故無常官，弟子門徒，不見一人，身死之後，莫有紹傳，此其所以不如世儒者也。

答曰：不然。夫世儒說聖情，共起並驗，俱追聖人，事殊而務同，言異而義鈞，何以謂之文儒之說無補於世？世儒業易爲，故世人學之多；非事可析第，故官廷設其位。文儒之業，卓絕不循，人寡其書；業雖不講，門雖無人，書文奇偉，世人亦傳。彼虛說，此實篇，折累二者，孰者爲賢？案古俊乂著作辭說，自用其業，自明於世；世儒當時雖尊，不遭文儒之書，其跡不傳。周公制禮樂，名垂而不滅；孔子作《春秋》，聞傳而不絕。周公、孔子難以論言。漢世文章之徒，陸賈、司馬遷、劉子政、揚子雲，其材能若奇，其稱不由人。世傳《詩》家魯申公，《書》家千乘、歐陽、公孫，不遭太史公，世人不聞。夫以業自顯，孰與須人乃顯？夫能紀百人，孰與廑能顯其名？……

劉盼遂《論衡集解》卷二十八

論衡·案書（節錄）

〔後漢〕王　充

……夫俗好珍古不貴今，謂今之文不如古書。夫古今一也，才有高下，言有是非，不論善惡而徒貴古，是謂古人賢今人也。案東番鄒伯奇，臨淮袁太伯、袁文術，會稽吳君高、周長生之輩，位雖不至公卿，誠能知之囊橐，文雅之英雄也。觀伯奇之《元思》，太伯之《易章句》，文術之《咸銘》，君高之《越紐錄》，長生之《洞歷》，劉子政、揚子雲不能過也。蓋才有淺深，無有古今；文有僞眞，無有故新。廣陵陳子迴、顏方，今尙書郎班固，蘭臺令楊終、傅毅之徒，雖無篇章，賦頌記奏，文辭斐炳，賦象屈原、賈生，奏象唐林、谷永，並比以觀好，其美一也。當今未顯，使在百世之後，則子政、子雲之黨也。韓非著書，李斯采以言事，揚子雲作《太玄》，侯鋪子隨而宣之，非、斯同門，雲、鋪共朝，覩奇見益，不爲古今變心易意，實事貪善，不遠爲術併肩以跡相輕。好奇無已，故奇名無窮。揚子雲《反離騷》之經，非能盡反，一篇文往往見非，反而奪之。《六略》之錄萬三千篇，雖不盡見，指趣可知，略借不合義者，案而論之。

劉盼遂《論衡集解》卷二十九

論衡·自紀〔節錄〕

〔後漢〕王　充

……充既疾俗情，作《譏俗》之書[1]。又閔人君之政，徒欲治人，不得其宜，不曉其務，愁精苦思，不睹所趨，故作《政務》之書[2]。又傷僞書俗文，多不實誠，故爲《論衡》之書。夫賢聖歿而大義分，蹉跎殊趨[3]，各自開門。通人觀覽，不能釘銓[4]，遥聞傳授，筆寫耳取，在百歲之前，歷日彌久，以爲昔古之事，所言近是，信之入骨，不可自解，故作實論[5]。其文盛，其辯爭，浮華虚僞之語，莫不澄定[6]。没華虚之文，存敦厖之樸[7]；撥流失之風[8]，反宓戲之俗[9]。

充書形[10]露易觀。或曰：口辯者其言深，筆敏者其文沉[11]。案經藝[12]之文，賢聖之言，鴻重優雅[13]，難卒曉睹[14]；世讀之者，訓古乃下[15]。蓋賢聖之材鴻，故其文語與俗不通。玉隱石間，珠匿魚腹，非玉工珠師，莫能採得。寶物以隱閉不見，實語亦宜深沉難測。《譏俗》之書，欲悟俗人，故形露其指[16]，爲分别之文[17]；《論衡》之書，何爲復然？豈材有淺極，不能爲深(原脱深字，據《集解》説增)覆[18]，何文之察，與彼經藝殊軌轍也？

答曰：玉隱石間，珠匿魚腹，故爲深覆；及玉色剖於石心，珠光出於魚腹，其猶(猶字原在乎字下，依《集解》説改乙)隱乎？吾文未集於簡札之上，藏於胸臆之中，猶玉隱珠匿也；及出荴露[19]，猶玉剖珠出乎！爛若天文之照，順若地理之曉，嫌疑隱微，盡可名處[20]。且名白，事自定也[21]。《論衡》者，論之平也[22]。口則務在明言，筆則務在露文。高士之文雅，言無不可曉，指無不可睹。觀讀之者，曉然若盲之開目，聆然若聾之通耳。三年盲子，卒[23]見父母，不察察相識，安肯說[24]喜？道畔巨樹，塹邊長溝，所居昭察[25]，人莫不知；使樹不巨而隱，溝不長而匿，以斯示人，堯舜猶惑。人面色部七十有餘，頰肌明潔，五色分别，隱微憂喜，皆可得察[26]，占射之者，十不失一；使面黝而黑醜，垢重襲而覆部[27]，占射之者，十而失九。夫文由[28]語也，或淺露分别，或深迂優雅，孰爲辯者[29]？故口言以明志；言恐滅遺，故著之文字。文字與言同趨，何爲猶當隱閉指意？獄當嫌辜[30]，卿決疑事，渾沌難曉[31]，與彼分明可知，孰爲良吏？夫口論以分明爲公，筆辯以荴露爲通，吏文以昭察爲良。深覆典雅[32]，指意難睹，唯賦頌耳。經傳之文，賢聖之語，古今言殊，四方談異也[33]；當言事時，非務難知，使指閉隱也[34]。後人不曉，世相離遠，此名曰語異，不名曰材鴻。淺文讀之難曉，名曰不巧[35]，不名曰知明[36]。秦始皇讀韓非之書，嘆曰："猶(《校釋》：猶疑涉獨字譌衍)獨不得此人同時！"其文可曉，故其事可思。如深鴻優雅，須師乃學，投之於地，何嘆之有？夫筆著[37]者，欲其易曉而難爲，不貴難知而易造；口論務解分[38]而可聽，不務深迂而難睹。孟子相賢，以眸子明瞭者[39]；察文，以義可曉[40]。

充書違詭[41]於俗。或難曰：文貴夫順合衆心，不違人意；百人讀之莫譴[42]，千人聞之莫怪。故管子曰："言室滿室，言堂滿堂[43]。"今殆說不與世同，故文刺[44]於俗，不合於衆。

答曰：論貴是而不務華，事尚然而不高合[45]。論說辯然否，安得不譎[46]常心、逆俗耳？衆心非而不從，故喪黜其僞，而存定其眞[47]。如當從衆順人心者，循舊守雅[48]，諷習而已，何辯之有？孔子侍坐於魯哀公；公賜桃與黍，孔子先食黍而啖桃[49]，可謂得食序矣[50]；然左右皆掩口而笑。貫俗之日久也[51]。今吾實猶孔子之序食也；俗人違之，猶左右之掩口也。善雅歌，於鄭爲人悲[52]；禮舞，於趙爲不好。堯、舜之典，伍伯不肯觀[53]；孔、墨之籍，季孟不肯讀[54]。寧危之計[55]，黜於閭巷；撥世之言[56]，訾於品俗[57]。有美味於斯，俗人不嗜，狄牙[58]甘食。有寶玉於是，俗人投之，卞和佩服[59]。孰是孰非？可信者誰？禮俗相背，何世不然？魯文逆祀，畔者五人[60]，蓋猶是（猶字據《集解》說當作獨）[61]之語，高士不舍[62]，俗夫不好；惑衆之書，賢者欣頌，愚者逃頓[63]。

充書不能純美。或曰：口無擇言，筆無擇文[64]。文必麗以好，言必辯以巧。言瞭於耳，則事味[65]於心；文察於目，則篇留於手。故辯言無不聽，麗文無不寫。今新書既在論譬，說俗爲戾[66]，又不美好，於觀不快。蓋師曠調音，由無不悲；狄牙和膳，肴無澹味；然則通人造書，文無瑕穢。《呂氏》《淮南》懸於市門，觀讀之者，無訾一言[67]。今無二書之美，文雖衆盛，猶多譴毀。

答曰：夫養實者不育華，調行者不飾辭；豐草多華英[68]，茂林多枯枝。爲文欲顯白其爲[69]，安能令文而無譴毀？救火拯溺，義不得好；辯論是非，言不得巧。入澤隨龜，不暇調足；深淵捕蛟，不暇定手。言姦辭簡，指趨妙遠[70]；語甘文峭，務意淺小[71]。稻穀千鍾，糠皮太半[72]；閱錢滿億，穿決出萬[73]。大羹必有澹味[74]，至寶必有瑕穢，大簡必有大好[75]，良工必有不巧。然則辯言必有所屈，通文猶有所黜。言金[76]由貴家起，文糞[77]自賤室出。《淮南》《呂氏》之無累害，所由出者，家富官貴也。夫貴，故得懸於市；富，故有千金副[78]。觀讀之者，惶恐畏忌，雖見乖不合，焉敢譴一字？

充書既成，或稽合於古[79]，不類前人。或曰：謂之飾文偶辭，或徑或迂，或屈或舒[80]；謂之論道，實事委瑣，文給甘酸[81]。諧於經不驗[82]，集於傳不合[83]，稽之子長不當[84]，內之子雲不入[85]。文不與前相似，安得名佳好，稱工巧？

答曰：飾貌以強類者失形[86]，調辭以務似者失情[87]。百夫之子,不同父母;殊類而生,不必相似;各以所稟[88],自爲佳好。文必有與合然後稱善,是則代匠斲不傷手[89]然後稱工巧也。文士之務,各有所從,或調辭以巧文[90],或辯僞以實事[91]。必謀慮有合,文辭相襲,是則五帝不異事,三王不殊業也。美色不同面,皆佳於目;悲音不共聲,皆快於耳。酒醴異氣,飲之皆醉;百穀殊味,食之皆飽。謂文當與前合,是謂舜眉當復八采,禹目當復重瞳[92]。

充書文重[93]。或曰:文貴約而指通,言尚省而趨明[94]。辯士之言要而達[95],文人之辭寡而章[96]。今所作新書,出萬言,繁不省,則讀者不能盡;篇非一,則傳者不能領[97]。被躁人之名[98],以多爲不善。語約易言,文重難得。玉少石多,多者不爲珍;龍少魚衆,少者固爲神。

答曰:有是言也。蓋寡言無多[99],而華文無寡。爲世用者,百篇無害;不爲用者,一章無補。如皆爲用,則多者爲上,少者爲下。累積千金,比於一百,孰爲富者?蓋文多勝寡,財富(原作寡,據《集解》說改)愈貧[100]。世無一卷,吾有百篇;人無一字,吾有萬言;孰者爲賢?今不曰所言非,而云泰多;不曰世不好善,而云不能領。斯蓋吾書所以不得省也。夫宅舍多,土地不得小;戶口衆,簿籍不得少。今失實之事多,華虛之語衆,指實定宜,辯爭之言,安得約徑[101]?韓非之書,一條無異,篇以十第[102],文以萬數。夫形大,衣不得褊[103];事衆,文不得褊。事衆文饒,水大魚多。帝都穀多,王市肩磨[104]。書雖文重,所論百種。按古太公望,近董仲舒,傳作書篇百有餘[105],吾書亦纔出百,而云泰多[106],蓋謂所以出者微[107],觀讀之者,不能不譴呵也。河水沛沛,比夫衆川,孰者爲大?蟲繭重厚,稱其出絲,孰爲多者(據《校釋》說,應作孰者爲多)?

劉盼遂《論衡集解》卷三十

【註釋】

［1］譏俗之書——本文前段說："充升擢在位之時，衆人蟻附；廢退窮居，舊故叛去。志俗人之寡恩，故閑居作《譏俗節義》十二篇。"書已佚。

［2］政務之書——書已佚。

［3］蹉跎殊趨——跎，同跎。蹉跎，失足之意。這句說各家迷失道路，朝着不同的方向走。

［4］釘銓——孫詒讓《札迻》："釘銓當作訂詮。"案，即是訂正衡量之意。

［5］故作實論——實論，謂崇實之論，即是指《論衡》一書。

［6］澄定——據《論衡集解》引孫人和說："澄當作證。"

［7］敦厖之樸——敦厖，敦厚。樸，樸素之俗。

［8］撥流失之風——扭轉流蕩失實的學風與文風。

［9］宓戲——即伏羲氏。反宓戲之俗，謂回返到原始時代的純樸風俗。

［10］形——指文章的語言形式。

［11］筆敏者其文沉——敏，敏銳。沉，沉着。

［12］經藝——即六經，或稱六藝。《論衡》中以經藝連稱，或單稱藝。

［13］鴻重優雅——鴻，大。鴻重，即重大，指經書的內容。優雅，古奧典雅，指經書的語言。

［14］難卒曉睹——卒，盡。此句謂難於完全看懂其文義。

［15］訓古乃下——古，即詁。古語難懂，需要疏通解釋，由今以通古，所以叫訓詁，又稱詁訓。單詞則爲詁，重言則爲訓詁。這句謂讀古書必須依賴注釋，才能讀得下去。

［16］指——同旨。

［17］分別之文——指分析事理的文章。

［18］深覆——謂文義深晦隱蔽。

［19］技露——劉盼遂《論衡集解》說："技字不見於字書，疑爲核字之誤。核露者顯著之義。下文筆辯以技露爲通，亦與此同。"

［20］嫌疑隱微盡可名處——嫌疑，謂兩相接近，容易混淆的事理。隱微，隱晦細小。黃暉《論衡校釋》謂名當作明，下句名白之名，亦當作明。案：名字不必改。名，謂正其名。處，謂辯定之。

［21］且名白事自定也——名從事而得。白，清楚、明白。名既顯白，事實的眞相自然確定無疑了。

[22] 論之平也——平，平衡之意，權衡之意。亦卽是估量，卽是評判。

[23] 卒——同猝，急遽之意。

[24] 說——同悅。

[25] 昭察——明白顯著。

[26] 人面色部七十有餘五旬——《論衡校釋》：“《潛夫論・相列篇》：‘骨法爲主，氣色爲候，五色之見，王廢有時。’《史記・淮陰侯傳》：‘蒯通曰：僕嘗受相人之術，貴賤在於骨法，憂喜在於容色。’《長短經・察相篇》注引《相經》曰：‘五色並以四時判之，春三月，青色王，赤色相，白色囚，黃黑二色皆死。夏三月，赤色王，白色黃色皆相，青色死，黑色囚。秋三月，白色王，黑色相，赤色死，青黃二色皆囚。冬三月，黑色王，青色相，白色死，黃與赤二色囚。若得其時，色王相者吉；不得其時，色王相若囚死者凶。’”

[27] 垢重襲而覆部——重襲，層層積聚。《集解》引章士釗說：“覆部聯詞。部古通作蔀。《易・豐卦》：‘豐其蔀。’王弼注：‘蔀覆，障礙光明之物也。’此覆部與《易》注同義。”

[28] 由——通猶。

[29] 孰爲辯者——謂淺露的和深晦的兩種語言，哪一種可算是“辯者”。

[30] 獄當嫌辜——當，判決。嫌，嫌疑。辜，罪。

[31] 渾沌難曉——模糊不清，令人難以瞭解。

[32] 深覆典雅——深奧隱晦，用古事，不通俗。

[33] 古今言殊四方談異也——謂古代經書的文字，讀來不易懂，是由於古今的口語已有距離，各地的方言不統一所使然。

[34] 使指閉隱也——《集解》引孫人和說：“指下疑脫意字。”

[35] 不巧——巧，美好的意思。不巧，謂不美好。

[36] 知明——知道得明白透徹。

[37] 筆著——著作。

[38] 解分——解剖分析。

[39] 孟子相賢以眸子明瞭者——《孟子・離婁上》載孟子說：“存乎人者莫良於眸子（目瞳子），眸子不能掩其惡。胸中正，則眸子瞭（精明）焉；胸中不正，則眸子眊（目無精光）焉。聽其言也，觀其眸子，人焉廋（逃）哉？”

[40] 察文以義可曉——考察文章的好壞，要以文義的明白可曉與否爲前提。

[41] 違詭——違反。

[42] 譴——責備。

[43] 故管子曰言室滿室言堂滿堂——見《管子·牧民篇》。《韓非子·難三》亦引《管子》此文。案:言堂室事而滿堂滿室的人都感到滿意。即是滿恰於人心之意。

[44] 剌——音辣,違反。

[45] 事倘然而不高合——然,與上句的"是"同義。這句謂事理以是爲貴而不以適合於俗爲高。

[46] 譎——違反。

[47] 衆心非而不從三句——衆人的意見有錯誤,不能盲從其後,要廢除其虛僞而不眞實的,保存審定其眞實的。

[48] 守雅——雅,指古書所載不通俗的東西。守雅也就是守舊。

[49] 孔子先食黍而啖桃——《校釋》《集解》俱引孫人和說,據《韓非子·外儲說左》和《孔子家語·子路初見》,啖桃上脫一後字。

[50] 食序——謂孔子先食黍而後啖桃,這樣的順序是合乎禮義的。古禮祭先王以黍爲上品,因爲它是五穀之長;桃爲六種果食之最下者,不得用之於廟祭。哀公賜孔子食是先桃而後黍,而孔子則以爲有妨於義,故先食黍而後啖桃。

[51] 貫俗之日久也——貫,同慣。這句謂世俗習慣於此已久。

[52] 於鄭爲人悲——《論衡校釋》:"'爲人悲'無義,當作'爲不悲'。'人'爲'不'之壞字。古人以音悲爲善。雅歌於鄭爲不悲,鄭聲淫,故不以雅歌爲善也。"

[53] 伍伯不肯觀——孫詒讓校元本以伍爲五。案:五伯(霸)不必不肯觀堯舜之典。以作伍伯爲是。漢時五人爲伍,伯是五人之長。本文之伍伯與下文季孟、閭巷、品俗並舉,都是指流俗之人而言。

[54] 季孟不肯讀——《論衡集解》:"季孟猶俗言張三李四,不知誰何之人也,故與伍伯閭巷俗人並列。黃暉釋爲魯季孫、孟孫,失之固矣。《孟子·告子篇下》,趙孟能貴之,趙孟能賤之,昔人固嘗以趙大、趙某釋之。不以爲晉卿也。"

[55] 寧危之計——即安危之計,指有關國家安危的大計。

[56] 撥世之言——撥世,治世。此句謂統治國家的言論。

[57] 訾於品俗——訾,詆毀。品,羣衆。

[58] 狄牙——卽易牙,春秋時齊國廚師。

[59] 卞和佩服——卞和,卽和氏,楚人。《韓非子》有《和氏》,敍和氏在楚山中得玉璞,卽後世所謂和氏璧。《藝文類聚》卷七、《白孔六帖》卷五、《事類賦》卷九皆引作卞和。服,佩帶。

[60] 魯文逆祀畔者五人——《校釋》《集解》俱引孫人和說,五當作三。案:《論衡·定賢》引《管子》"君子言堂滿堂,言室滿室",後也說:"魯文公逆祀(祭祖先近後

遠),去者三人;定公順祀(祭祖先遠後近),畔(叛)者五人。貫(慣)於俗者,則謂禮爲非;曉禮者寡,則知是者稀,君子言之(之言),堂室安能滿?”較此詳盡,更易明瞭。“文公逆祀,去者三人;定公順祀,叛者五人”,見《公羊傳》定公八年。

[61] 猶是——當作獨是,謂少數人認識它是正確。

[62] 不舍——舍,同捨。

[63] 惑衆之書三句——《集解》:“盼遂案:惑衆之惑疑誤。惑衆,則愚者不逃頓,賢者不欣頌矣。不審是何字之誤?又案:當係賢愚二字互倒致誤。”又引章士釗說:“逃鈍即逃頓,本書遯字鈍字均以頓爲之。”

[64] 口無擇言二句——見《法言·吾子》注[38]。

[65] 味——體味。

[66] 說俗爲戾——《集解》謂爲字是譌或僞之形殘。案:爲字不誤。說,通悅。戾,相反。這句謂要取得衆人喜悅是不可能的。這是或人就《論衡》之客觀效果而言。與下文之“於觀不快”同一意思。

[67] 呂氏淮南三句——事詳《史記·呂不韋傳》、高誘《呂氏春秋序》、《文選》楊德祖《答臨淄侯牋》注引桓譚《新論》。

[68] 豐草多華英——《校釋》說:“華英當作落英。豐草落英,正反成義。與‘茂林多枯枝’句法一律,以喩華實不能相兼也。若作‘華英’,則失其旨矣。”

[69] 爲文欲顯白其爲——爲文要闡明它寫作的目的。

[70] 言姦辭簡指趨妙遠——姦,作質實解。《論衡·對作》“文露而旨直,辭姦而情實”句下劉盼遂說:“姦與露直實同列,則姦非惡詞。下文‘被棺斂者不省,奉送藏者不約,爲明器者不姦’,又以姦與約省同用。《自紀篇》‘言姦辭簡,指趣妙遠’,又以姦與簡同用。然則姦殆卽簡約質實、言無華澤之意矣。又按姦疑閑之簡寫。閑相傳與姸同字。則此辭姦而情實,謂遣辭雖姸妙,而抒情却眞實也。”這二句謂《論衡》的文章,看來好像詞語質實簡約,但意旨却是高妙深遠的。

[71] 語甘文峭務意淺小——《校釋》說:“以上文例之,當作‘意務淺小’。”案:這二句謂另一種文章看來好像詞語美妙,文筆峭拔,但它的意思,却用在淺薄細小方面的。這與前二句正反成義。

[72] 稻穀千鍾糠皮太半——《校釋》《集解》引孫人和說:稻“字當作舀,《說文》:‘舀,抒臼也。’‘舀穀千鍾’,與‘閱錢滿億’對文。”案:舀穀,猶言舂穀。鍾,量器名,六斛四斗。

[73] 閱錢滿億穿決出萬——《廣雅·釋詁》:"閱,數也。"數錢到億,其中破缺的錢就要超出萬數。以上四句說文章寫得多了,不可避免地其中會存在一些糟粕。

[74] 大羹必有澹味——大,同太。太羹,不和五味之羹。澹味,至淡之味,等於無味。

[75] 大簡必有大好——《校釋》說:"大好當作不好。"

[76] 言金——一字千金的文章,如上文及下文所舉之《呂氏春秋》、《淮南子》。

[77] 文糞——其言等於糞土的作品。

[78] 千金副——副,相稱。千金副,猶言一字值千金。

[79] 或稽合於古——《校釋》引孫人和說:"此文不當有'或'字,疑即'成'字之譌衍。"稽合於古,即考合於古。

[80] 謂之飾文偶辭三句——《超奇》有"調辭"語,"偶辭"當是"調辭"之譌。調辭,與飾文義同。這三句或人就《論衡》的語言形式提出批評,認爲或有率直(徑)的,或有迂折的,或有拳屈不自然的,或有言盡句中(舒,謂發舒盡淨)的。

[81] 謂之論道三句——這三句或人就《論衡》的內容作指摘,認爲這如果是論道之書,那麼所論述的事實都是細小(委瑣)的。文給甘酸竇解,恐字有誤。

[82] 譜於經不驗——證之於五經,不相合。

[83] 集於傳不合——集,止。謂以傳注(五經的傳注,如《春秋》三傳、《詩》三家傳等)的規格相要求也不合。

[84] 稽之子長不當——子長,司馬遷字。謂考之於《史記》也不相當。

[85] 內之子雲不入——內,同納。謂納之於揚雄的《法言》等著作裏,也顯得格格不入。

[86] 飾貌以強類者失形——修飾面貌勉強學像了古人,但失去了自己的眞相。

[87] 調辭以務似者失情——調,調整,引伸作矯揉造作解釋。矯飾情感一味追求像古人,就失去了自己的眞情實感。

[88] 稟——承受於先天。

[89] 代匠斲不傷手——《老子》:"夫代大匠斲者,希有不傷其手矣。"

[90] 或調辭以巧文——指專從事於雕琢文詞的辭賦家的作品。

[91] 或辯僞以實事——指根據事實,辯正虛妄的著作,如桓譚《新論》及王充自己的作品。

[92] 舜眉當復八采二句——《論衡·骨相篇》:"堯眉八采,舜目重瞳。"這二句是反詰語,意謂爲文要求復古,那就無異於要使舜的眉像堯一樣有八采,禹的目像舜一樣有重瞳。

［93］文重——重，繁重。

［94］趨明——意趣明白。

［95］要而達——簡要而達意。

［96］文人之辭寡而章——«佚文篇»稱"孔子，周之文人也。"«超奇篇»："采掇傳書以上書奏記者爲文人。"寡，指文章精要不繁瑣。章，文采鮮明。

［97］不能領——領，領會。以篇章太多，所以傳者不能一一領會。

［98］被躁人之名——«論衡»作者，鬥爭性強，對虛妄的末俗，排斥不遺餘力，所以被人加上"躁人"的惡名。躁人，輕狂浮躁的人。

［99］寡言無多——這句與下句"華文無寡"正反成義。寡言«校釋»以爲當作"實言"，«集解»以爲當作"要言"，都與下文的"多者爲上"，"文多勝寡"的意思相矛盾。這裏不當改字。寡言，是缺乏充實內容的作品；華文，謂內容充實因而詞采外溢的好文章。缺乏內容的作品，它往往不可能千變萬化地寫得很多。有充實內容的文章，它也不會枯窘得三言兩語就說完了。

［100］財富愈貧——謂錢多的勝於錢少的。

［101］約徑——簡單。

［102］韓非之書三句——一條無異，謂韓非之書，所講的都是法家學說。全書五十五篇，所以說是"篇以十第"。

［103］褊——衣小。

［104］王市肩磨——王都的市上，人多擁擠，肩與肩相摩。

［105］按古太公望三句——«集解»："«漢書·藝文志»道家«太公»二百三十七篇，儒家«董仲舒»一百二十三篇。"

［106］吾書亦纔出百而云泰多——«集解»說："«論衡»今存八十五篇，«招致»一篇有錄無書。今云'吾書出百'，而«佚文篇»亦云'«論衡»以百數'。百今本訛爲十，絕不合於情實，縱不計佚篇，«論衡»亦將九十矣。此其佚篇，最少亦應在十五以上矣。今考«論衡»佚篇見於本書中者，有«覺佞»，有«能聖»，有«實聖»，有«時旱»，有«禍湛»，有«盛褒»，馬總«意林»卷三引«論衡»……又«酉陽雜俎»卷十……又陸佃«埤雅»卷四引«論衡»……則«論衡»佚篇，其多可見。仲任所云吾書數纔出百，及云篇以百數，蓋皆信史，非妄語也。"蔣祖怡«論衡篇數考»謂："'吾書亦才出百'的'書'，是指上文的«譏俗»«政務»和«論衡»而言的。上文所稱'«譏俗»之書''«政務»之書''«論衡»之書'，都在'吾書'的範圍之內。«政務»一書的篇數不詳，«譏俗»«節義»共十二篇，見«自紀篇»；他晚年還有«養性書»十六篇，亦見«自紀»。這些書的總篇數，加在一起，正是他自己所說的'出百'

之數。……《論衡·佚文篇》:‘《論衡》篇以十數,……’正因爲《論衡》一書,共八十五篇,不及百篇,所以說‘《論衡》篇以十數’。前者指他總的著述的總篇數,這裏是指他《論衡》一書的總篇數,兩者完全一致。”又蔣氏以爲《覺佞》等篇不能斷定是《論衡》中的佚篇而不是《政務之書》中的篇名,很難據此得出《論衡》中有佚篇,而且佚篇不少的結論。

[107] 蓋謂所以出者微——王充家世寒微,《自紀》說是“以農桑爲業”,祖父“以賈販爲事”。

【說明】

《自紀》是《論衡》最後一篇。古代學者著書,序言往往放在全書之末,如《史記》的《太史公自序》、《漢書》的《敍傳》都是。內容一般包括個人自傳、著書目的和全書綱要。本篇體例亦然。

這裏選錄了全篇中間一部分。作者根據反對盲目信古、反對僞書俗文、反對虛妄不實的精神,提出了寫作的四個問題:一是主張書面語言與口頭語的統一;二是主張黜僞存眞,不求悅衆;三是主張創新,反對模擬;四是主張評價作品當以有用與否爲准則,不當以數量多寡爲高下。在四個問題中,這裏要着重說明的是一、三兩個問題。

關於書面語言與口頭語統一的問題,作者認爲“文猶語也”。語言的目的在於“明志”。“言恐滅遺,故著之文字”。又語言貴明白通俗,“務解分而可聽,不務深迂而難睹”,因此必須“文字與言同趨”,文章要“形露易觀”,“欲其易曉而難爲,不貴難知而易造”。只有這樣,才能使作品發揮“欲悟俗人”的功能。作者從歷史上駁斥了“賢聖之材鴻,故其文語與俗不通”的謬論,他認爲言文本來合一,“經傳之文,賢聖之語,古今言殊,四方談異也;當言事時,非務難知,使指閉隱也。後人不曉,世相離遠,此名曰語異,不名曰材鴻。”這一論點,爲後來《史通·言語篇》所發展。從言、文統一的觀點出發,作者堅決反對風靡一世的辭賦。因爲漢代的辭賦，堆砌古文奇字，崇尚對偶，離開自然語言越來越遠，所以作者認爲它是“深覆典雅，指意難睹”。而自己在寫作實踐上，則是“直露其文，集以俗言”(亦《自紀篇》語)，作出了光輝的範例。

關於創新的問題，作者在語言問題上，反對以古代今，主張言文合一，用俗語入文。這本身就表現了重視創新、反對模擬的精神。而作者反對模擬，還不僅限於語言形式，更重要的在於思想內容。從內容到形式，他都主張要有創新，反對脫離現實，缺乏創造性的傾向。他以爲“飾貌以彊類者失形，調辭以務似者失情。百夫之子，不同父母；殊類而生，不必相似；各以所稟，自爲佳好”。“必謀慮有合，文辭相襲，則是五帝不異事，三王不殊業也”。“謂文當與前合，是謂舜眉當復八采，禹目當復重瞳”。這種從發展的觀點來反對模擬反對倒退的主張，顯然具有一定的進步性。後來《史通·模擬》的論點，正是繼承並發展了它。

喜用古語代今語和千篇一律的模擬因襲，是文學領域內的一種復古思潮。漢朝人在董仲舒的“天不變，道亦不變”的理論影響下，學術著作和文學作品都或多或少帶些學古的傾向。揚雄寫《法言》《太玄》語言故作艱深，內容和形式都是模仿《論語》與《周易》的。他的《甘泉》《長楊》等賦模仿司馬相如的《子虛賦》《上林賦》，《劇秦美新》模仿司馬相如《封禪文》，《解嘲》《解難》模仿東方朔《答客難》。從王褒、劉向到王逸的騷體作品又大量模仿了屈原的《九章》，班固、張衡又模仿司馬相如、揚雄寫作了京都大賦和《答賓戲》《典引》等作品，至於模仿枚乘《七發》的人更是多不勝舉。橫流所激，使王充不能不提出重視創新的主張來反對模擬的文風。重視口語與重視創新這兩點，是王充文藝理論中值得重視的見解。

附錄

論衡·佚文(節錄)

〔後漢〕王充

…………

孝武之時，詔百官對策，董仲舒策文最善。王莽時，使郎吏上奏，劉子駿章尤美。美善不空，才高知深之驗也。《易》曰："聖人之情見於辭。"文辭美惡，足以觀才。永平中，神雀羣集，孝明詔上《神(神字據《北堂書鈔》卷一百二引文補)爵頌》。百官頌上，文皆比瓦石，唯班固、賈逵、傅毅、楊終、侯諷五頌金玉，孝明覽焉。夫以百官之衆，郎吏非一，唯五人文善，非奇而何？孝武善《子虛》之賦，徵司馬長卿。孝成玩弄衆書之多，善揚子雲，出入遊獵，子雲乘從。使長卿、桓君山、子雲作吏，書所不能盈牘，文所不能成句，則武帝何貪？成帝何欲？故曰：玩揚子雲之篇，樂於居千石之官；挾桓君山之書，富於積猗頓之財。韓非之書，傳在秦庭，始皇歎曰：獨不得與此人同時！陸賈《新語》，每奏一篇，高祖左右，稱曰萬歲。夫嘆思其人與喜稱萬歲，豈可空爲哉？誠見其美，懽氣發於內也。

…………

文人宜遵五經六藝爲文，諸子傳書爲文，造論著說爲文，上書奏記爲文，文德之操爲文。立五文在世，皆當賢也。造論著說之文，尤宜勞焉。何則？發胸中之思，論世俗之事，非徒諷古經，續故文也；論發胸臆，文成手中，非說經藝之人所能爲也。周秦之際，諸子並作，皆論他事，不頌主上，無益於國，無補於化。造論之人，頌上恢國，國業傳在千載，主德參貳日月，非適諸子書傳所能並(黃暉《校釋》引朱校元本並作立)也。上書陳便宜，奏記薦吏士，一則爲身，二則爲人；繁文麗辭，無上書文德之操，治身完行，徇利爲私，無爲主者。夫如是，五文之中，論者(《校釋》：論者疑當作論著)之文多矣，則可尊明矣。

…………

天文人文(《校釋》：宋本朱校本作夫文人文章)，豈徒調墨弄筆，爲美麗之觀哉？載人之行，傳人之名也。善人願載，思勉爲善；邪人惡載，力自禁裁。然則文人之筆，勸善懲惡也。謚法所以章善，即以著惡也。加一字之謚，人猶勸懲，聞知之者，莫不自勉。况極筆墨之力，定善惡之實，言行畢載，文以千數，傳流於世，成爲丹青，故可尊也。

揚子雲作《法言》，蜀富（《初學記》十八、《御覽》四百七十二引文富下有賈字）人賫錢千（《初學記》十八、《御覽》四百七十二引文千作十）萬，願載於書。子雲不聽（《初學記》十八、《御覽》四百七十二引文聽下有曰字），夫富無仁義之行（《御覽》八百三十六引文之行下有猶字），圈中之鹿，欄中之牛也，安得妄載？班叔皮續《太史公書》，載鄉里人以爲惡戒。邪人枉道繩墨所彈，安得避諱？是故子雲不爲財勸，叔皮不爲恩撓。文人之筆，獨已公矣？賢聖定意於筆，筆集成文，文具情顯，後人觀之，見以（《集解》見以二字宜互倒）正邪，安宜妄記？足蹈於地，跡有好醜；文集於札（札，原作禮，依《集解》引吳承仕說校改），志有善惡。故夫占跡以睹足，觀文以知情。詩三百，一言以蔽之，曰：思無邪。《論衡》篇以十數，亦一言也，曰：疾虚妄。

劉盼遂《論衡集解》卷二十

論衡·對作（節錄）

〔後漢〕王　充

或問曰：賢聖不空生，必有以用其心。上自孔、墨之黨，下至荀、孟之徒，教訓必作垂文，何也？

對曰：聖人作經藝者傳記，匡濟薄俗，驅民使之歸實誠也。案《六略》之書，萬三千篇，增善消惡，割截横拓，驅役遊慢，期便道善，歸正道焉。孔子作《春秋》，周民弊也。故采求（《集解》：求字涉采字形近而衍）毫毛之善，貶纖介之惡，撥亂世，反諸正，人道浹，王道備，所以檢押靡薄之俗者，悉具密致。夫防决不備，有水溢之害；網解不結，有獸失之患。是故周道不弊，則民不文薄，民不文薄，《春秋》不作。楊、墨之學不亂儒義，則孟子之傳不造；韓國不小弱，法度不壞廢，則韓非之書不爲；高祖不辨得天下，馬上之計未轉，則陸賈之語不奏；衆事不失實，凡論不壞亂，則桓譚之論不起。故夫賢聖之興文也，起事不空爲，因因不妄作；作有益於化，化有補於正。

故漢立蘭臺之官，校審其書，以考其言。董仲舒作道術之書，頗言災異政治所失；書成文具，表在漢室。主父偃嫉之，誣奏其書。天子下仲舒於吏，當謂之下愚，仲舒當死，天子赦之。夫仲舒言災異之事，孝武猶不罪而尊其身，況所論無觸忌之言，核道實之事，收故實之語乎？故夫賢人之在世也，進則盡忠宣化，以明朝廷；退則稱論貶說，以覺失俗。俗也不知還，則立道輕爲非；論者不追救，則迷亂不覺悟。

是故《論衡》之造也，起衆書並失實，虛妄之言勝眞美也。故虛妄之語不黜，則華文不見息；華文放流，則實事不見用。故《論衡》者，所以銓輕重之言，立眞僞之平；非苟調文飾辭，爲奇偉之觀也。其本皆起人間有非，故盡思極心，以譏世俗。世俗之性，好奇怪之語，說虛妄之文。何則？實事不能快意，而華虛驚耳動心也。是故才能之士，好談論者，增益實事，爲美盛(一作盛溢)之語；用筆墨者，造生空文，爲虛妄之傳。聽者以爲眞然，說而不舍；覽者以爲實事，傳而不絕。不絕則文載竹帛之上；不舍則誤入賢者之耳。至或南面稱師，賦姦僞之說；典城佩紫，讀虛妄之書。明辨然否，疾心傷之，安能不論？孟子傷楊、墨之議大奪儒家之論，引平直之說，褒是抑非，世人以爲好辯。孟子曰："予豈好辯哉？予不得已！"今吾不得已也。虛妄顯於眞，實誠亂於僞，世人不悟，是非不定，紫朱雜廁，瓦玉集糅，以情言之，豈吾心所能忍哉！衞驂乘者，越職而呼車，惻怛發心，恐上(原作土，據《集解》說校改)之危也。夫論說者，閔世憂俗，與衞驂乘者同一心矣。愁精神而幽魂魄，動胸中之靜氣，賊年損壽，無益於性，禍重於顏回，違負黃、老之教，非人所貪，不得已。故爲《論衡》，文露而旨直，辭姦而情實。其《政務》言治民之道。《論衡》諸篇，實俗間之凡人所能見，與彼作者無以異也。若夫九虛、三增、《論死》、《訂鬼》，世俗所久惑，人所不能覺也。人君遭弊，改教於上；人臣遇惑，作論於下。實得則上教從矣。冀悟迷惑之心，使知虛實之分，實虛之分定，而(一有後字)華僞之文滅；華僞之文滅，則純誠(一作純厚)之化日以孳矣。……

劉盼遂《論衡集解》卷二十九

明文案序上(節録)

〔清〕黄宗羲

……今古之情無盡，而一人之情有至有不至。凡情之至者，其文未有不至者也。則天地間街談、巷語、邪許呻吟，無一非文。而遊女、田夫、波臣、戍客，無一非文人也。……

四部叢刊《南雷文案》卷一

鄭禹梅刻稿序

〔清〕黄宗羲

東坡以黄茅白葦比王氏之文，余以爲不獨王氏也。濂洛崛起之後，諸儒寄身儲胥虎落之內者，余讀其文集，不出道德性命，然所言皆土梗耳，高張凡近，爭匹游、夏，如此者十之八九，可不謂之黄茅白葦乎？其時永嘉之經制，永康之事功，龍泉之文章，落落峥嶸於天壤之間，寧爲雷同者所排，必不肯自處於淺末。蓋自有宇宙以來，凡事無不可假，唯文爲學力才稟所成，筆纔點牘，則底裹上露，不能以口舌貴賤，不可以時代束縛，故六朝脂粉之世而有徐、庾，西崐驅染之世而有楊、劉，即在黄茅白葦之中，未嘗掩其本色也。近時文章家，共推歸震川爲第一，已非定論，不過以其當王、李之波洪瀾倒，爲中流之一壺耳。然震川之所以見重於世者，以其得史遷之神也，其神之所寓，一往情深，而紆迴曲折次之。顧今之學震川者，不得其神，而求之於枯淡，夫春光之被於草木也，在其風烟縹緲之中，翠豔欲流，無迹可尋，而乃執陳根枯幹，以覓春光，不亦悖乎？

宋景濂言文有九病，其一種臭腐闒茸，厭厭不振者，非此之謂歟？

吾友鄭禹梅，深於經術，而取材於諸子百家，仁義之言，質而不枯，博而不雜，如水之舒爲淪漣折爲波濤，皆有自然之妙，其於震川，有不期合而合者矣。嗟夫！文章之在古今，亦有一治一亂，當王、李充塞之日，非荆川、道思與震川起而治之，則古文之道幾絕。逮啓、禎之際，艾千子雅慕震川，於是取其文而規之而矩之，以昔之摹倣於王、李者摹倣於震川，蓋千子於經術甚疎，其所謂經術，蒙存淺達，乃舉子之經術，非學者之經術也，今日時文之士，主於先入，改頭換面而爲古文，競爲摹倣之學，而震川一派，遂爲黄茅白葦矣，古文之道，不又絕哉？使禹梅之文大行於世，吾知又爲一治，故余敍禹梅之文，不僅爲禹梅言也。

中華書局《黄梨洲文集》

漢書·藝文志〔詩賦略論〕

〔後漢〕班　固[1]

傳曰："不歌而誦謂之賦，登高能賦，可以爲大夫[2]。"言感物造耑[3]，材知深美，可與圖事，故可以爲列大夫也。古者諸侯卿大夫交接鄰國，以微言[4]相感，當揖讓之時，必稱詩以諭其志，蓋以別賢不肖而觀盛衰焉。故孔子曰："不學詩，無以言"也[5]。

春秋之後，周道寖[6]壞，聘問歌詠，不行於列國，學詩之士，逸在布衣，而賢人失志之賦作矣。大儒孫卿[7]及楚臣屈原，離讒憂國，皆作賦以風，咸有惻隱古詩之義。

其後，宋玉、唐勒[8]；漢興，枚乘、司馬相如[9]，下及揚子雲[10]，競爲侈麗閎衍之詞，沒其風諭之義[11]。是以揚子悔之曰："詩人之賦麗以則，辭人之賦麗以淫，如孔氏之門(原有"人"字，從王先謙補注引王念孫說删)用賦也，則賈誼登堂，相如入室矣；如其不用何[12]？"

自孝武立樂府而采歌謠，於是有代、趙之謳，秦、楚之風，皆感於哀樂，緣事而發，亦可以觀風俗，知薄厚云。序詩賦爲五種[13]。

中華書局本二十四史《漢書》卷三十

【註釋】

[1] 班固(公元三二年——九二年)——字孟堅，右扶風安陵人。東漢史學家兼文學家。由蘭臺令史官至中護軍，著《漢書》一百卷，或云，其中八表及《天文志》未完成。明張溥輯《漢魏六朝百三名家集》有《班蘭臺集》一卷，《全後漢文》收其文入卷二十四至二十六。《後漢書》卷七十有傳。

[2] 傳曰四句——《詩·鄘風·定之方中》傳:"升高能賦,……可以爲大夫。"案"不歌而誦"句,不見毛傳,劉勰以爲劉向所言。章炳麟《國故論衡中·辨詩》:"登高孰謂?謂壇堂之上,揖讓之時。賦者孰謂?謂微言相感,歌詩必類。"

[3] 耑——"端"字的古寫,這裏指思緒。這句說因感於物而造文。

[4] 微言——春秋以前,列國大夫在外交場合上,賦詩以表示意見,比較曲折隱微,所以說是微言。

[5] 不學詩無以言——見《論語·季氏》。

[6] 寖——漸。

[7] 孫卿——即荀卿。

[8] 宋玉唐勒——見《法言·吾子》注[6]。

[9] 枚乘司馬相如——見《法言·吾子》注[6]、[10]。

[10] 揚子雲——見《法言·吾子》注[1]。

[11] 競爲侈麗閎衍之詞二句——按班固在《漢書·司馬相如傳贊》中引述司馬遷的話,"相如雖多虛辭濫説,然要其歸,引之於節儉。此亦《詩》之風諫何異?"(原見《史記·司馬相如傳贊》)持論各有側重。《司馬相如傳贊》中的話,強調其風諫作用。本文則強調其"侈麗閎衍之辭",把"風諭之義"淹沒了,與《漢書·司馬相如傳贊》所說:"揚雄以爲靡麗之賦,勸百而風一"的看法,是一致的。

[12] 詩人之賦麗以則以下六句——見《法言·吾子》注[8]。

[13] 五種——"屈原賦"、"陸賈賦"、"孫卿賦"、"雜賦"、"歌詩"五種。

【說明】

由於文學的發展,特别是辭賦的發展,到漢朝,文學作品和學術性著作在人們的概念中才初步劃分出一條界線。西漢末,劉向、劉歆父子校理祕閣典籍,劉歆總羣書而奏《七略》,分類編目,其中"詩賦略"可說是最早的文學書目。東漢時,班固撰《漢書·藝文志》,以《七略》爲藍本而"刪其要"(見《藝文志總敍》)。每類書目後面的論述,大概也是依據劉歆原文,不一定是班固自己的意見。本文是專論詩賦的一段。其中關於屈原、司馬相如的評價,就和他的《離騷序》《離騷贊序》《漢書·司馬相如傳贊》顯然不同。

本文所着重闡明的，是文學的社會作用；所涉及的問題，一是賦的來源及其發展，二是樂府民歌的性質。

文中認爲辭賦源出於古詩，“賢人失志”，於是《詩三百篇》一變而爲賦。他這樣論述詩和賦之間的關係，是爲了強調辭賦的諷諭精神。所以他肯定孫（荀）卿、屈原“皆作賦以風（諷），咸有惻隱古詩之義”；同時批評了漢賦發展中的不良傾向，“競爲侈麗閎衍之詞，沒其風諭之義”。對於諷諭，古人各有不同的理解，班固論詩而重諷諭，則是“主文而譎諫”的儒家傳統思想，與“窮極而怨”是不同的。班固在這裏肯定屈賦的諷諭精神，只是把它解釋成符合儒家思想的規範。

《藝文志》著錄漢興以來歌詩二十八家，三百一十四篇，其中包括有宗廟樂歌和貴族文人的作品，但論述時，一切略去，而把重點放在樂府所採集的各地民間歌謠，指出這些歌謠“皆感於哀樂，緣事而發，亦可以觀風俗，知薄厚”。它一方面說明了我國古代民歌的基本特點；同時也指出了漢樂府與《詩三百篇》中國風之間繼承和發展的關係。

附　　錄

漢書·司馬相如傳贊

〔後漢〕班　固

司馬遷稱“《春秋》推見至隱；《易》本隱以之顯；《大雅》言王公大人，而德逮黎庶；《小雅》譏小己之得失，其流及上。所言雖殊，其合德一也。相如雖多虛辭濫說，然要其歸，引之於節儉。此亦《詩》之風諫何異？”揚雄以爲靡麗之賦，勸百而風一，猶騁鄭、衛之聲，曲終而奏雅，不已戲乎！

中華書局本二十四史《漢書》卷五十七下

兩都賦序

〔後漢〕班　固

或曰:“賦者,古詩之流也。”昔成、康沒而頌聲寢,王澤竭而詩不作。大漢初定,日不暇給。至於武、宣之世,乃崇禮官,考文章,內設金馬石渠之署,外興樂府協律之事,以興廢繼絕,潤色鴻業。是以衆庶悅豫,福應尤盛。《白麟》《赤鴈》《芝房》《寶鼎》之歌,薦於郊廟;神雀、五鳳、甘露、黄龍之瑞,以爲年紀。故言語侍從之臣,若司馬相如、虞丘壽王、東方朔、枚皋、王褒、劉向之屬,朝夕論思,日月獻納。而公卿大臣御史大夫倪寬、太常孔臧、太中大夫董仲舒、宗正劉德、太子太傅蕭望之等,時時間作。或以抒下情而通諷諭,或以宣上德而盡忠孝,雍容揄揚,著於後嗣,抑亦雅頌之亞也。故孝成之世,論而錄之,蓋奏御者千有餘篇,而後大漢之文章,炳焉與三代同風。

且夫道有夷隆,學有麤密,因時而建德者,不以遠近易則。故皋陶歌虞,奚斯頌魯,同見采於孔氏,列於《詩》《書》,其義一也。稽之上古則如彼,考之漢室又如此,斯事雖細,然先臣之舊式,國家之遺美,不可闕也。臣竊見海內清平,朝廷無事,京師脩宫室,浚城隍,而起苑囿,以備制度。西土耆老,咸懷怨思,冀上之睠顧,而盛稱長安舊制,有陋洛邑之議。故臣作《兩都賦》,以極衆人之所眩曜,折以今之法度。

《四部叢刊》影宋本六臣注《文選》卷一

騷賦論上

〔清〕程廷祚

聲韻之文,詩最先作,至周而體分六義焉。其二曰賦。戰國之季,屈原作《離騷》,傳稱爲賢人失志之賦。班孟堅云:“賦者,古詩之流也。”然則詩也,騷也,賦也,其名異也,義豈同乎?古之爲詩也,風行於邦國,雅頌施於朝廷。情動於中而形於言,其用則有賦與比興之分。總其大要,有陳情與志者焉,有體事與物者焉。屈子之作,稱堯、舜之耿介,譏桀、紂之昌披,以寓其規諷;誓九死而不悔,嗟黄昏之改期,以致其忠怨;近於詩之陳情與志者矣。若夫體事與物，風之《駟鐵》，雅之《車攻》《吉日》，畋獵之祖也，《斯干》《靈臺》，宮殿苑囿之始也；《公劉》之“豳居允荒”，《綿》之“至於岐下”，京都之所由來也。至於鳥獸草木之詠，其流寖以廣矣。故詩者，騷賦之大原也。

既知詩與騷賦之所以同，又當知騷與賦之所以異。詩之體大而該，其用博而能通，是以兼六義而被管絃。騷則長於言幽怨之情，而不可以登清廟。賦能體萬物之情狀，而比興之義缺焉。蓋風、雅、頌之再變而後有《離騷》，騷之體流而成賦。賦也者，體類於騷而義取乎詩者也。故有謂《離騷》爲屈原之賦者，彼非卽以賦命之也，明其不得爲詩云爾。騷之出於詩，猶王者之支庶封建爲列侯也。賦之出於騷，猶陳完之育於姜，而因代有其國也。騷之於詩遠而近，賦之於騷近而遠，騷主於幽深，賦宜於瀏亮。

昔屈原以經物之才，遭遇懷王昏惑，流離放逐，願進忠而不得，哀悼惻怛，發而爲文。故其文也，有若星月之晦於雲霧者焉，有若金玉之雜於泥沙者焉，有若奔流急湍之阻礙而不得其性者焉。此《離騷》之作，其人與其時爲之也。後之擬騷者，王褒、劉向無論矣，以宋玉之親受業於屈原也，其《九辯》能肖之乎？何則？非其人與時，固不可得而強也。

若夫賦之立體造端則異是，二十五篇之中，《遠游》《橘頌》，似賦而實騷，漢之《長門》自悼，似騷而實賦。門庭流品，於是判矣。傳曰：“登高能賦，可以爲大夫。”鄭康成云：“賦者，鋪也，鋪陳今之政教美惡。”賦家之用，自朝廷郊廟以及山川草木，靡不攄寫。故作之者，必若長卿，所謂包括宇宙，總覽人物，有得之於內，不可得而傳者，故其難與詩與騷並。或曰：騷作於屈原矣，賦何始乎？曰：宋玉。

《金陵叢書》本《青溪集》卷三

騷賦論中

〔清〕程廷祚

荀卿《禮》《知》二篇，純用隱語，雖始搆賦名，君子略之。宋玉以瑰偉之才，崛起騷人之後，奮其雄夸，迺與雅頌抗衡，而分裂其土壤，由是詞人之賦興焉。漢《藝文志》稱其所著十六篇，今雖不盡傳，觀其《高唐》《神女》《風賦》等作，可謂窮造化之精神，盡萬類之變態，瑰麗窈冥，無可端倪，其賦家之聖乎？後之視此，猶后夔之不能舍六律而正五音，公輸之不能捐規矩而成方圓矣。

於是綴詞之士，響應景從。漢興，陸賈導之於前，賈誼振之於後。文、景以還，則有淮南王安、枚乘、莊忌、司馬相如、吾丘壽王、嚴助、枚皋，並以文詞見知於時。遭遇太平，揚其鴻藻。宣、成之世，則有劉向、王褒、揚雄之倫。蓋賦之盛，於斯爲極。賈生以命世之器，不竟其用，故其見於文也，聲多類騷，有屈氏之遺風。若其雄偉卓犖，冠於一代矣。長卿天縱綺麗，質有其文；心跡之論，賦家之準繩也。《子虛》《上林》，總衆類而不厭其繁，會羣采而不流於靡，高文絕豔，其宋玉之流亞乎？其次則揚雄也，王褒又其次也。子雲之《長楊》《羽獵》，家法乎《上林》，而有迅發之氣；《甘泉》深偉，廟堂之鴻章也。大抵漢人之賦，首長卿而翼子雲，至是而賦家之能事畢矣。後有作者，弗可尚已。

東京作者，體卑於昔賢，而風弱於往代。其時則有馮衍、杜篤、班彪、班固、崔駰、傅毅、張衡、馬融、蔡邕、王延壽、邊讓、禰衡之流。就而論之，二班、張、王，其最著乎？平子宏富，風度卓然。《二京》之方《兩都》，猶青之於藍也。賦至東京，長卿、子雲之風未泯，雖神妙不足，而雅贍有餘，其猶有中古之遺音乎？

降及魏、晉，非其儔矣。魏之王、曹，晉之潘、陸、左、郭，後先爭驅，咸爲一時之選。然賦至是，則規制分明，而古人之行無轍跡者，於是乎泯矣。其氣不足以發，其神不足以藏，而古人之崢嶸幽渺萬變不測者，弗能爲之矣。其賦道之衰乎？然而猶賢於六朝。

若夫宋、齊以下，義取其纖，詞尚其巧，奏新聲於士女雜坐之列，演角觝於椎髻左衽之場，雖世俗喜其忘倦，而君子鄙之，揚子譏其類俳，今則信矣。

是故以賦譬之山水，岳瀆其楚、漢乎，東京則山之麗於岳，水之附於瀆者也。又其山之旁出，水之支流，則爲魏、晉。至於指丘垤以爲山，畫洐沚以爲水者，六朝之謂耳。此其升降之大凡也。蓋自雅頌息而賦興，盛於西京。東漢以後，始有今五言之詩。五言之詩，大行於魏、晉而賦亡。此又其與詩相代謝之故也。唐以後無賦。其所謂賦者，非賦也。君子於賦，祖楚而宗漢，盡變於東京，沿流於魏、晉，六朝以下無譏焉。

《金陵叢書》本《青溪集》卷三

騷賦論下

〔清〕程廷祚

或曰：賦與騷異，則吾旣得聞教矣。然則賦不可以宗騷乎哉？曰：不然也。賦與騷雖異體，而皆原於詩。騷出於變風雅而兼有賦比興之義，故於詩也爲最近。其聲宜於衰晚之世，宜於寂寞之野，宜於放臣棄子之願悟其君父者。至於賦之爲用，固有大焉，以其作於騷之後，故體似之，而義則又裁乎詩人之一義也。昔商、周之作者，以聖賢之才，作爲篇詠，盛則宣其平和之響，變則發其哀憤之音，下起於閨門之私，而上薦於郊廟，千古以來，有能五"四始"而七"六義"者乎？不能也。騷由乎是，賦亦由乎是，又何疑乎賦之不可以宗騷也。

且騷之近於詩者，能具惻隱，含風諭。故觀其述讒邪之害，則庸主爲之動色；敍流離之苦，則悍夫爲之改容；傷公正之陵遲，則義士莫不於邑。至於賦家，則專於侈麗閎衍之詞，不必裁以正道，有助於淫靡之思，無益於勸戒之旨，此其所短也。

善乎！揚子雲曰："詩人之賦麗以則，詞人之賦麗以淫。"以理勝者，雖則弗麗；以詞勝者，雖麗弗則；不則不麗，作者不爲也。長卿《上林》終以頹牆塡塹，子雲《甘泉》稱屛玉女而却宓妃，雖云曲終雅奏，猶有諷諫之遺意焉。後之君子，詳其分合之由，察其升降之故，辨其邪正之歸，上祖風雅，中述《離騷》，下盡乎宋玉、相如、揚雄之美，先以理而後以詞，取其則而戒其淫，則可以繼詩人之末，而列於作者之林矣。

《金陵叢書》本《青溪集》卷三

漢志詩賦第十五(節錄)

〔清〕章學誠

《漢志》分藝文爲六略，每略又各别爲數種，每種始敍，列爲諸家，猶如《太玄》之經，方州部家，大綱細目，互相維繫，法至善也。每略各有總敍，論辨流别，義至詳也。惟詩賦一略區爲五種，而每種之後，更無敍論，不知劉、班之所遺邪，抑流傳之脱簡耶？今觀屈原賦二十五篇以下共二十家爲一種，陸賈賦三篇以下共二十一家爲一種，孫卿賦十篇以下共二十五家爲一種，名類相同，而區種有别，當日必有其義例。今諸家之賦，十逸八九，而敍論之説，闕焉無聞，非著録之遺憾與！若雜賦與雜歌詩二種，則署名既異，觀者猶可辨别，第不如五略之有敍録，更得詳其源委耳。

古之賦家者流，原本詩騷，出入戰國諸子。假設問對，《莊》《列》寓言之遺也。恢廓聲勢，蘇、張縱横之體也。排比諧隱，韓非《儲説》之屬也。徵材聚事，《吕覽》類輯之義也。雖其文逐聲韻，旨存比興，而深探本原，實能自成一子之學。與夫專門之書，初無差别。故其敍列諸家之所撰述，多或數十，少僅一篇，列於文林，義不多讓，爲此志也。然則三種之賦，亦如諸子之各别爲家，而當時不能盡歸一例者耳。豈若後世詩賦之家，裒然成集，使人無從辨别者哉？

賦者，古詩之流，劉勰所謂"六義附庸，蔚成大國"者是也。義當列詩於前，而敍賦於後，乃得文章承變之次第。劉、班顧以賦居詩前，則標略之稱詩賦，豈非顛倒與？每怪蕭梁《文選》，賦冠詩前，絶無義理，而後人競效法之，爲不可解。今知劉、班著録已啓之矣。又詩賦本《詩經》支系，説已見前，不復置議。

詩賦前三種之分家，不可考矣；其與後二種之别類，甚曉然也。三種之賦，人自爲篇，後世别集之體也。雜賦一種不列專名，而類敍爲篇，後世總集之體也。歌詩一種，則詩之與賦固當分體者也。就其例而論之，則第一種之淮南王羣臣賦四十四篇，及第三種之秦時雜賦九篇，當隸雜賦條下，而猥厠專門之家，何所取耶？揆其所以附麗之故，則以淮南王賦列第一種，而以羣臣之作附於其下，所謂以人次也。秦時雜賦列於荀卿賦後（原注：志作孫卿），孝景皇帝頌前；所謂以時次也。夫著録之例，先明家學，同列一家之中，或從人次，或從時次可也。豈有類例不通，源流迥異，概以意爲出入者哉？

嘉業堂本《章氏遺書·校讐通義》卷三

楚辭章句序

〔後漢〕王　逸[1]

昔者孔子叡聖明哲，天生不羣，定經術，删《詩》《書》，正《禮》《樂》，制作《春秋》，以爲後王法。門人三千，罔不昭達[2]。臨終之日，則大義乖而微言絕[3]。

其後周室衰微，戰國並爭，道德陵遲，譎詐萌生，於是楊、墨、鄒、孟、孫、韓之徒[4]，各以所知著造傳記，或以述古，或以明世。而屈原履忠被譖，憂悲愁思，獨依詩人之義，而作《離騷》，上以諷諫[5]，下以自慰。遭時闇亂，不見省納[6]，不勝憤懣，遂復作《九歌》以下凡二十五篇[7]。楚人高其行義，瑋其文采，以相教傳。

至於孝武帝，恢廓道訓，使淮南王安作《離騷經章句》[8]，則大義粲然。後世雄俊，莫不瞻慕，舒肆妙慮，纘述其詞[9]。逮至劉向典校經書，分爲十六卷[10]。孝章即位，深弘道藝，而班固、賈逵[11]復以所見改易前疑，各作《離騷經章句》。其餘十五卷，闕而不說。又以壯爲狀[12]，義多乖異，事不要括。今臣復以所識所知，稽之舊章，合之經傳，作十六卷章句[13]。雖未能究其微妙，然大指之趣略可見矣。

且人臣之義，以忠正爲高，以伏節爲賢。故有危言以存國，殺身以成仁。是以伍子胥不恨於浮江，比干不悔於剖心，然後忠立而行成，榮顯而名著。若夫懷道以迷國[14]，詳愚[15]而不言，顛則不能扶，危則不能安[16]，婉娩以順上，逡巡以避患，雖保黃耇，終壽百年，蓋志士之所恥，愚夫之所賤也。

今若屈原，膺忠貞之質，體清潔之性，直若砥矢[17]，言若丹青，進不隱其謀，退不顧其命，此誠絕世之行，俊彥之英也。而班固謂之露才揚己，競於羣小之中，怨恨懷王，譏刺椒、蘭，苟欲求進，強非其人，不見容納，忿恚自沈[18]，是虧其高明，而損其淸潔者也。昔伯夷、叔齊讓國守分，不食周粟，遂餓而死，豈可復謂有求於世而怨望哉[19]？且詩人怨主刺上曰："嗚呼小子，未知臧否。匪面（原誤作而）命之，言提其耳[20]。"風諫之語，於斯為切。然仲尼論之，以為大雅[21]。引此比彼，屈原之詞，優游婉順，寧以其君不智之故，欲提攜其耳乎？而論者以為露才揚己，怨刺其上，強非其人，殆失厥中矣。

夫《離騷》之文，依託五經以立義焉。"帝高陽之苗裔"[22]，則"厥初生民，時惟姜嫄[23]"也。"紉秋蘭以為佩"[24]，則"將翺將翔，佩玉瓊琚[25]"也。"夕攬洲之宿莽"[26]，則《易》"潛龍勿用[27]"也。"駟玉虬而乘鷖"[28]，則"時乘六龍以御天[29]"也。"就重華而陳詞"[30]，則《尚書》《咎繇》之謀謨[31]也。登崑崙而涉流沙[32]，則《禹貢》之敷土[33]也。故智彌盛者其言博，才益多者其識遠。屈原之詞，誠博遠矣。自終沒以來，名儒博達之士，著造詞賦，莫不擬則其儀表[34]，祖式其模範，取其要妙，竊其華藻。所謂金相玉質，百世無匹，名垂罔極[35]，永不刊滅[36]者矣。

《四部叢刊》影明翻宋本《楚辭》卷一

【註釋】

[1] 王逸（生卒年不詳）——字師叔，南郡宜城人。後漢安帝元初年間（公元一一四年——一一九年）舉上計吏，為校書郎，順帝時，官至侍中。事蹟見《後漢書》卷八十《文苑傳》。他的《楚辭章句》是現存最早的《楚辭》注本。明張溥輯《漢魏六朝百三名家集》有《王叔師集》一卷。

[2] 門人三千二句——意謂孔門三千弟子，親承指受，都能瞭解孔子論述六經的微言大義。昭達，明白通曉的意思。

[3] 臨終之日二句——語本劉歆《移讓太常博士書》："及夫子歿而微言絕，七十子

終而大義乖。”但語意略異。乖，違異。

［4］楊墨鄒孟孫韓——指楊朱、墨翟、鄒衍、孟軻、孫(荀)卿、韓非。

［5］獨依詩人之義三句——語本司馬遷《史記·屈原傳》：“國風好色而不淫，小雅怨誹而不亂，若《離騷》者，可謂兼之矣。”(據班固《離騷序》，係引劉安《離騷傳敘》語。)詩人之義，指抒寫怨悱之情，用以諷諫。

［6］遭時闇亂二句——闇亂，謂君主昏庸，朝政紊亂。屈原進諫楚懷王不見省納事，詳載《史記·屈原傳》及劉向《新序》。

［7］九歌以下凡二十五篇——《九歌》，包括《東皇太一》《雲中君》《湘君》《湘夫人》《大司命》《少司命》《東君》《河伯》《山鬼》《國殤》《禮魂》。班固《漢書·藝文志》著錄屈原賦二十五篇。王逸《章句》於《離騷》《九歌》《天問》《九章》外，列有《遠遊》《卜居》《漁父》三篇，又《大招》一篇題作屈原或景差。

［8］淮南王安作離騷經章句——《漢書·淮南王安傳》：“(武帝)使(安)爲《離騷傳》。”顏師古注：“傳，謂解說之，若《毛詩傳》。”《離騷經章句》即指此。此書今已佚。

［9］舒肆妙慮二句——指西漢時出現了很多的擬《騷》之作，如東方朔《七諫》、嚴忌《哀時命》、王褒《九懷》之類。舒肆妙慮，猶言抒寫情懷。纘述其詞，謂繼承《離騷》的體製。

［10］劉向典校經書二句——劉向第一次把《楚辭》輯錄成書，分十六卷，就是王逸《章句》所依據的底本，王本增己所作《九思》及班固《離騷敘》《離騷贊序》二篇，爲十七卷。

［11］賈逵(公元三〇年——一〇一年)——字景伯，東漢經學家。

［12］以壯爲狀——班固、賈逵註文今逸，《離騷》本文有“壯”字者，如“不撫壯而棄穢兮”，“及余飾之方壯兮”等處。

［13］作十六卷章句——王本《楚辭》十七卷，這裏說作章句十六卷，其第十七卷(即王逸自己所作的《九思》)的註文，據洪興祖說，可能是他的兒子王延壽所作。

［14］懷道以迷國——《論語·陽貨》：“懷其寶而迷其邦，可謂仁乎？”懷寶迷邦，是說有才能而不貢獻於國家。懷道迷國，意同。

［15］詳愚——詳，同佯。佯愚，猶言裝呆。

［16］顚則不能扶二句——語本《論語·季氏》：“危而不持，顚而不扶，則將焉用彼相矣！”

［17］直若砥矢——語本《詩·小雅·大東》：“周道如砥，其直如矢。”

［18］而班固八句——班固《離騷序》：“今若屈原，露才揚己，競乎危國羣小之間，以

離讒賊。然責數懷王,怨惡椒、蘭,愁神苦思,強非其人,忿懟不容,沈江而死,亦貶絜狂狷景仁之士。"

[19] 伯夷四句——參看《史記·伯夷傳》。

[20] 嗚呼小子四句——見《詩·大雅·抑》。此詩據《毛序》說是衞武公刺周厲王所作。小子,指厲王。臧,善。詩意謂敎導厲王。原文"未知臧否"句下有"匪手攜之,言示之事"二句。

[21] 仲尼論之二句——古有孔子删定詩三百篇之說,故本文說孔子論列此篇於大雅。

[22] 帝高陽之苗裔——帝高陽,傳說中遠古帝王顓頊的稱號。苗裔,後代子孫。高陽氏是楚族的遠祖,屈氏是楚王室的分支,所以屈原自稱是高陽氏後代。

[23] 厥初生民二句——見《詩·大雅·生民》。厥,其。初,始。時,是。姜嫄,高辛氏之妃,后稷之母。詩意謂周族的先代是姜嫄所生。

[24] 紉秋蘭以爲佩——紉,貫串。佩,佩帶在身上的飾物。

[25] 將翺將翔二句——見《詩·鄭風·有女同車》。將,且。瓊琚,佩玉名。詩意謂將翺將翔之時,所佩的玉是瓊琚之玉。

[26] 夕攬洲之宿莽——攬,采。宿莽,經冬不死的香草。

[27] 潛龍勿用——見《易·乾》初九。潛,隱伏。初是《易》卦爻第一位,陽爻稱九。陽氣潛伏在地下,故稱潛龍,龍是陽的象徵。《易》意謂聖人雖有龍德,但這時只應潛伏,勿可用世。

[28] 駟玉虬而乘鷖——駟,四匹馬駕的車,這裏作動詞用。玉,代表白色。虬,無角的龍。鷖,五采的鳳鳥。這句猶言以虬爲馬而以鳳爲車。

[29] 時乘六龍以御天——見《易·乾》彖辭。六,《易》卦爻凡六位,六爻都是九(參看註[27]),故稱六龍。六位不失其時,隨時而用,處則爲潛龍,出則爲飛龍,故云時乘六龍。御天,猶言登天。

[30] 就重華而陳詞——重華,舜名。陳,述。

[31] 咎繇之謀謨——指《書·皋陶謨》。咎繇,即皋陶。謨,謀。帝舜時,禹、伯夷、皋陶都在舜前議論,皋陶陳述其謀。

[32] 登崑崙句——案《離騷》中有"邅吾道夫崑崙兮"及"忽吾行此流沙兮"二句,這裏概括其意,與上舉諸例引原文者各異。

[33] 禹貢之敷土——《書·禹貢》:"禹敷土,隨山刊木,奠高山大川。"敷,分布,分治九州水土。

[34] 擬則——效法。儀表——形式。

[35] 罔極——無盡。

[36] 刊滅——磨滅。

【說明】

文學思想的論爭，有時發生在對某些具有代表性的作家的評價問題上。這種論爭，往往是由於雙方在理論上有着原則性的分歧而引起。通過論爭，就推動了文學理論的發展。漢朝人之於屈原，即其一例。

賦是漢代一種新興的文學體裁，《楚辭》開漢賦之先河，從藝術形式的繼承關係來說，屈原爲辭賦家不祧之宗，這是大家都承認的。然而關於屈原作品所表現的政治思想，却成爲論爭的焦點。

早在西漢武帝時，劉安作《離騷傳》，首先從思想內容方面肯定了《離騷》，認爲義兼國風小雅，可與日月爭光。司馬遷同意他的論點，把它寫入了《屈原列傳》。但到東漢時，班固却提出了不同的看法。王逸這篇《楚辭章句敍》，推衍劉安之說，是針對班固而發的。

文中着重論述屈原的高尚品質，"進不隱其謀，退不顧其命"地對待現實的積極態度，揭穿班固所強調的"明哲保身"，實質上是"婉娩以順上，逡巡以避患"苟合取容的思想。這一切都環繞着一個問題，即如何評價屈原作品的思想性的問題。在王逸看來，產生在黑暗時代的文學，其社會意義和教育作用就在於怨和刺。《詩三百篇》，"怨主刺上"，較之屈原，態度更爲激烈，而"仲尼論之，以爲大雅"。屈原"依詩人之義而作《離騷》，上以諷諫，下以自慰"。《離騷》所抒寫的"憤懣"之情，正表現了屈原的忠貞、清潔，是無可非議的。

西漢中葉以後，儒家思想處於統治地位，經書成爲衡量一切的最高準則。班固依託經義來貶低屈原，王逸也就引經據典以反擊；至於他稱《騷》爲“經”（也可能是根據劉向舊本所題），更是對《騷》的尊崇。洪興祖說：“古人引《離騷》未有言經者，蓋後世之士祖述其詞，尊之爲經耳。”（見《楚辭補註》）這話深得王氏的原意。重視屈原作品的思想意義，是正確的；然而作爲長篇抒情詩的《離騷》，其性質並不和五經、特別是不和《尚書》《周易》相同，一定要說它片詞隻語都是“依經立義”，那就膠柱鼓瑟，窒礙難通，反而流於牽強附會了。後來劉勰在《文心雕龍·辨騷篇》裏表示懷疑。經過一番審核，修正了王逸的論點，認爲“屈原雖取熔經義，亦自鑄偉辭”；指出研究《楚辭》，應該“酌奇而不失其貞，翫華而不墜其實”。這樣，就揭示出《楚辭》的特點，在理論上推進了一步。

附　錄

離 騷 經 序

〔後漢〕王　逸

《離騷經》者，屈原之所作也。

屈原與楚同姓，仕於懷王，爲三閭大夫。三閭之職，掌王族三姓，曰昭、屈、景。屈原序其譜屬，率其賢良，以厲國士。入則與王圖議政事，決定嫌疑；出則監察羣下，應對諸侯。謀行職脩，王甚珍之。同列大夫上官靳尚，妬害其能，共譖毀之，王乃疏屈原。

屈原執履忠貞，而被讒邪，憂心煩亂，不知所愬，乃作《離騷經》。離，別也；騷，愁也；經，徑也；言己放逐離別，中心愁思，猶依道徑以風諫君也。故上述唐、虞三后之制，下序桀、紂、羿、澆之敗，冀君覺悟，反於正道而還己也。

是時，秦昭王使張儀譎詐懷王，令絕齊交；又使誘楚，請與俱會武關，遂脅與俱歸，拘留不遣，卒客死於秦。其子襄王，復用讒言，遷屈原於江南。

屈原放在草野，復作《九章》，援天引聖，以自證明，終不見省。不忍以清白久居濁世，遂赴汨淵自沈而死。

《離騷》之文，依詩取興，引類譬諭。故善鳥香草，以配忠貞；惡禽臭物，以比讒佞；靈脩美人，以媲於君；宓妃佚女，以譬賢臣；虬龍鸞鳳，以託君子；飄風雲霓，以爲小人。其詞溫而雅，其義皎而朗，凡百君子，莫不慕其清高，嘉其文采，哀其不遇，而愍其志焉。

《四部叢刊》影明翻宋本《楚辭》卷一

九歌序

〔後漢〕王逸

《九歌》者，屈原之所作也。昔楚國南郢之邑，沅湘之間，其俗信鬼而好祠。其祠必作歌樂鼓舞以樂諸神。屈原放逐，竄伏其域，懷憂苦毒，愁思沸鬱；出見俗人祭祀之禮，歌舞之樂，其詞鄙陋，因爲作《九歌》之曲。上陳事神之敬，下見已之冤結，託之以風諫，故其文意不同，章句雜錯，而廣異義焉。

《四部叢刊》影明翻宋本《楚辭》卷二

天問序

〔後漢〕王逸

《天問》者，屈原之所作也。何不言問天？天尊不可問，故曰天問也。屈原放逐，憂心愁悴，彷徨山澤，經歷陵陸，嗟號昊旻，仰天歎息。見楚有先王之廟，及公卿祠堂，圖畫天地山川神靈，琦瑋僪佹，及古賢聖怪物行事，周流罷倦，休息其下，仰見圖畫，因書其壁，呵而問之，以渫憤懣，舒寫愁思。楚人哀惜屈原，因共論述，故其文義不次序云爾。

《四部叢刊》影明翻宋本《楚辭》卷三

九章序

〔後漢〕王逸

《九章》者，屈原之所作也。屈原放於江南之野，思君念國，憂心罔極，故復作《九章》。章者，著也，明也。言已所陳忠信之道甚著明也。卒不見納，委命自沉，楚人惜而哀之，世論其詞，以相傳焉。

《四部叢刊》影明翻宋本《楚辭》卷四

遠遊序

〔後漢〕王逸

《遠遊》者，屈原之所作也。屈原履方直之行，不容於世。上爲讒佞所譖毁，下爲俗人所困極，章皇山澤，無所告訴。乃深惟元一，修執恬漠，思欲濟世，則意中憤然，文采秀發；遂叙妙思，託配仙人，與俱遊戲，周歷天地，無所不到，然猶懷念楚國，思慕舊故，忠信之篤，仁義之厚也。是以君子珍重其志而瑋其辭焉。

《四部叢刊》影明翻宋本《楚辭》卷五

文心雕龍·辨騷

〔梁〕劉勰

自風雅寢聲，莫或抽緒，奇文鬱起，其《離騷》哉！固已軒翥詩人之後，奮飛辭家之前，豈去聖之未遠，而楚人之多才乎！昔漢武愛騷，而淮南作傳，以爲國風好色而不淫，小雅怨誹而不亂。若《離騷》者，可謂兼之。蟬蛻穢濁之中，浮游塵埃之外，皭然涅而不緇，雖與日月爭光可也。班固以爲露才揚己，忿懟沉江；羿、澆、二姚，與左氏不合；崐崙、懸圃，非經義所載；然其文辭麗雅，爲詞賦之宗，雖非明哲，可謂妙才。王逸以爲詩人提耳，屈原婉順，《離騷》之文，依經立義，駟虬乘鷖（原作"翳"，從范校引鈴木虎雄說改），則時乘六龍，崐崙、流沙，則《禹貢》敷土，名儒辭賦，莫不擬其儀表，所謂金相玉質，百世無匹者也。及漢宣嗟歎，以爲皆合經術；揚雄諷味，亦言體同詩雅。四家舉以方經，而孟堅謂不合傳，褒貶任聲，抑揚過實，可謂鑒而弗精，翫而未覈者也。

將覈其論，必徵言焉。故其陳堯、舜之耿介，稱湯、武之祗敬，典誥之體也；譏桀、紂之猖披，傷羿、澆之顛隕，規諷之旨也；虬龍以喻君子，雲蜺以譬讒邪，比興之義也；每一顧而掩涕，歎君門之九重，忠怨之辭也；觀茲四事，同於風雅者也。至於託雲龍，說迂怪，豐（范校：孫云唐寫本豐上有駕字）隆求宓妃，鴆（范校：孫云唐寫本鴆上有憑字）鳥媒娀女，詭異之辭也；康回傾地，夷羿彃日，木夫九首，土伯三目，譎怪之談也；依彭咸之遺則，從子胥以自適，狷狹之志也；士女雜坐，亂而不分，指以爲樂，娛酒不廢，沉湎日夜，舉以爲懽，荒淫之意也；摘此四事，異乎經典者也。故論其典誥則如彼，語其夸誕則如此，固知《楚辭》者，體慢於三代，而風雅於戰國，乃雅頌之博徒，而詞賦之英傑也。觀其骨鯁所樹，肌膚所附，雖取鎔經意，亦自鑄偉辭。故《騷經》《九章》，朗麗以哀志；《九歌》《九辯》，綺靡以傷情；《遠遊》《天問》，瑰詭而惠巧；《招魂》《招隱》，耀豔而深華；《卜居》標放言之致；《漁父》寄獨往之才。故能氣往轢古，辭來切今，驚采絕豔，難與並能矣。

自《九懷》以下，遽躡其跡，而屈、宋逸步，莫之能追。故其敍情怨，則鬱伊而易感；述離居，則愴怏而難懷；論山水，則循聲而得貌；言節候，則披文而見時。是以枚、賈追風以入麗，馬、揚沿波而得奇，其衣被詞人，非一代也。故才高者菀其鴻裁，中巧者獵其豔辭，吟諷者銜其山川，童蒙者拾其香草。若能憑軾以倚雅頌，懸轡以馭楚篇，酌奇而不失其眞，翫華而不墜其實，則顧盼可以驅辭力，欬唾可以窮文致，亦不復乞靈於長卿，假寵於子淵矣。

贊曰：不有屈原，豈見《離騷》。驚才風逸，壯志烟高。山川無極，情理實勞。金相玉式，豔溢錙毫。

范文瀾註《文心雕龍》卷一

典論·論文[1]

〔魏〕曹　丕[2]

文人相輕，自古而然[3]。傅毅[4]之於班固，伯仲之間耳，而固小之[5]，與弟超[6]書曰："武仲以能屬文爲蘭臺令史[7]，下筆不能自休[8]。"夫人善於自見，而文非一體，鮮能備善，是以各以所長，相輕所短。里語曰："家有弊帚，享之千金[9]。"斯不自見之患也。

今之文人，魯國孔融文舉，廣陵陳琳孔璋，山陽王粲仲宣，北海徐幹偉長，陳留阮瑀元瑜，汝南應瑒德璉，東平劉楨公幹。斯七子者[10]，於學無所遺[11]，於辭無所假[12]，咸以自騁驥騄[13]於千里，仰齊足而並馳[14]，以此相服，亦良難矣。蓋君子審己以度人，故能免於斯累而作論文[15]。

王粲長於辭賦，徐幹時有齊氣[16]，然粲之匹也。如粲之《初征》《登樓》《槐賦》《征思》[17]，幹之《玄猿》《漏卮》《圓扇》《橘賦》[18]，雖張、蔡[19]不過也。然於他文，未能稱是。琳、瑀之章表書記，今之雋也[20]。應瑒和而不壯，劉楨壯而不密。孔融體氣高妙，有過人者，然不能持論，理不勝辭[21]，以至乎雜以嘲戲[22]。及其所善，揚、班[23]儔也。

常人貴遠賤近，向聲背實[24]，又患闇於自見，謂己爲賢。

夫文本同而末異[25]，蓋奏議宜雅，書論宜理，銘誄尚實，詩賦欲麗[26]。此四科不同，故能之者偏也；唯通才能備其體。

文以氣爲主，氣之清濁有體[27]，不可力強而致。譬諸音樂，曲度雖均，節奏同檢[28]，至於引氣[29]不齊，巧拙有素，雖在父兄，不能以移子弟[30]。

蓋文章，經國[31]之大業，不朽之盛事[32]。年壽有時而盡，榮樂止乎其身，二者必至之常期，未若文章之無窮。是以古之作者，寄身於翰墨，見意於篇籍，不假良史之辭，不託飛馳之勢[33]，而聲名自傳於後。故西伯幽而演《易》[34]，周旦顯而制《禮》，不以隱約[35]而弗務，不以康樂而加思[36]。夫然則古人賤尺璧而重寸陰，懼乎時之過已[37]。而人多不強力，貧賤則懾於飢寒，富貴則流於逸樂，遂營目前之務，而遺千載之功，日月逝於上，體貌衰於下，忽然與萬物遷化[38]，斯志士之大痛也。

融等已逝，唯幹著論，成一家言[39]。

《四部叢刊》影宋本六臣注《文選》卷五十二

【註釋】

[1] 典論——《典論》一書，是曹丕精心結撰的著作。《三國志·魏志·文帝傳》："初帝好文學，以著述爲務，自所勒成垂百篇。"裴松之注引《魏書》載丕《與王朗書》自稱："生有七尺之形，死唯一棺之土，唯立德揚名，可以不朽，其次莫如篇籍。疫癘數起，士人彫落，余獨何人，能全其壽。故論撰所著《典論》詩賦，蓋百餘篇"。又引胡冲《吳歷》："帝以素書所著《典論》及詩賦餉孫權，又以紙寫一通與張昭。"據上所述，曹丕自己對這部著作的愛重，可想而知。《魏志》載明帝太和四年二月戊子，曾"以文帝《典論》刻石立於廟門之外"及太學。凡六碑。後魏孝文帝太和年代，猶存其四。《隋書·經籍志》著錄爲五卷。《宋史》以後，始不復著錄，全書大概在宋代亡佚了。清嚴可均輯其佚文入《全三國文》卷八。(孫馮翼先有輯本，刊入《問經堂叢書》。)據《藝文類聚》卷十六卞蘭《贊述太子表》，知道曹丕寫成本書，還是在做太子的時候。《與王朗書》作於建安二十二年冬，在這篇文字裏，也談到建安七子已逝，那應該是在建安的後期了。

[2] 曹丕(公元一八七年——二二六年)——字子桓，沛國譙人。即魏文帝。明張溥輯《漢魏六朝百三名家集》有《魏文帝集》二卷。《全三國文》收其文入卷四至卷八。《三國志·魏志》卷二有傳。

[3] 文人相輕二句——參閱清趙翼《陔餘叢考》卷四十"文人相輕"條。

[4] 傅毅(公元?——八九年)——字武仲，扶風茂陵人。東漢文學家。《後漢書》卷

八十上《文苑傳》有傳。

［5］小之——藐視他。

［6］超——班超，字令升，班彪的少子。

［7］以能屬文爲蘭臺令史——屬，綴輯。能屬文，就是能爲文。蘭臺，漢代宫中藏書之處，由御史中丞兼管。後復置蘭臺令史六人，典校圖籍，管理劾奏等文書檔案。

［8］下筆不能自休——休，止。元李冶《敬齋古今黈》："下筆不能自休者，正斥其文字汗漫無統耳。"駱鴻凱《文選學》："下筆不能自休，言其喜於得官，益奮於文，非譏其文之冗散也。"案《文心雕龍·知音》："至於班固、傅毅，文在伯仲，而固嗤毅云，下筆不能自休。"則是固書本意，自是譏毅爲文冗長不休，意義原很顯明，駱説非是。

［9］里語曰三句——《東觀漢記》卷一《光武帝紀》："帝聞之，下詔讓吴漢副將劉禹曰：城降，嬰兒老母，口以萬數，一旦放兵縱火，聞之可爲酸鼻。家有敝帚，享之千金。"駱鴻凱《文選學》引黄侃説："李善注作亨是，言敝帚之直，通於千金，極言重視己物耳。作享無義。然享亨古皆通作亯，特當訓爲通，而不當就享字立訓耳。"

［10］斯七子者——上舉七人，後世稱爲建安七子或鄴下七子。除孔融反對曹操，後來因此被殺外，其餘六人都爲曹氏效力，形成曹魏文學集團。孔融有傳見《後漢書》卷七十。王粲有傳見《三國志·魏志》卷二十一。徐幹等五人附見《王粲傳》。

［11］於學無所遺——猶云無所不學。遺，餘留。

［12］於辭無所假——意謂能自創新辭。

［13］騏騄——千里良馬。

［14］仰齊足而並馳——仰，恃。毛萇《詩傳》："田獵齊足，尚疾也。"這句是説七子之才並駕齊驅。案曹植《與楊德祖書》："今世作者，可略而言也。昔仲宣獨步於漢南，孔璋鷹揚於河朔，偉長擅名於青土，公幹振藻於海隅，德璉發跡於此魏，足下高視於上京；當此之時，人人自謂握靈蛇之珠，家家自謂抱荆山之玉。"可以互參。

［15］蓋君子審己以度人二句——君子，曹丕自謂。審察自己之才以量度别人，所以能免除"文人相輕"之累而平心地寫出這篇論文。駱鴻凱説："故能免於斯累而作論文爲一句，李注本誤於累字絶。"

［16］齊氣——黄叔琳評《文心雕龍·風骨》説："氣是風骨之本。"氣在於作家謂之

氣，形之文者謂之風骨。所以紀昀的評進一步指出："氣即風骨，更無本末"。李善注："言齊俗文體舒緩，而徐幹亦有斯累。"《文選學》引黃侃說："文帝《論文》主於遒健，故以齊氣爲嫌。"劉文典《三餘札記》："《三國志·魏志·王粲傳》注引作'幹時有逸氣，然非粲匹也'。典案《文心雕龍·風骨篇》作'時有齊氣'，與《文選》合。《藝文類聚》五十三引無非字，餘與《王粲傳》注引文同。李注翰（李周翰）注并以齊俗文體舒緩釋之，亦是望文生義，曲爲之解耳。魏文帝《與吳質書》：'公幹有逸氣，但未遒耳。'雖言逸氣，然謂劉楨，非謂徐幹也。"案：李注有根據，並非望文生義。《左傳》襄公二十九年載公子札來觀周樂，樂工"爲之歌齊，曰：美哉！泱泱乎大風也哉"！服虔注："泱泱，舒緩深遠，有太和之意。"這是說齊詩有舒緩的風格。《漢書·朱博傳》說：齊部舒緩養名。顏師古注："言齊人之俗，其性遲緩，多自高大以養名聲。"《論衡·率性》："楚越之人處莊嶽（齊街里名）之間，經歷歲月，變爲舒緩，風俗移也。故日齊舒緩。"這都是說舒緩是齊地特殊的風俗習慣。是齊氣爲舒緩的鐵證。由於齊俗舒緩的生活環境，影響到作家的個性和作品風格。所以說"徐幹時有齊氣"。逸氣是讚美之辭，齊氣乃是不足之稱。所以本文於"時有齊氣"一句之後，又來一轉筆，說"然粲之匹也"。《魏志》注引作逸氣，所以下一句轉筆作"然非粲匹也"。李善注符合文義。《文心雕龍·風骨》："故魏文……論徐幹，則云時有齊氣；論劉楨，則云有逸氣。"以齊氣與逸氣分別屬於徐、劉二人，則本文當依《文選》作齊氣爲是。

［17］如粲之初征句——《初征賦》《槐賦》并見嚴可均輯《全後漢文》卷九十。《登樓賦》見《文選》。《征思賦》已佚。

［18］幹之玄猿句——《圓扇賦》見嚴可均輯《全後漢文》卷九十三。《玄猿賦》《漏卮賦》《橘賦》已佚。

［19］張蔡——謂張衡、蔡邕。張衡有《西京賦》《東京賦》《南都賦》《述志賦》《思玄賦》。蔡邕有《述行賦》。

［20］琳瑀之章表書記二句——曹丕《與吳質書》："孔璋章表殊健，微爲繁富。""元瑜書記翩翩，致足樂也。"

［21］理不勝辭——即是辭過於理。

［22］雜以嘲戲——如孔融《與曹公書》言"武王伐紂，以妲己賜周公"，就是嘲戲的例子。

［23］揚班——謂揚雄、班固，揚雄有《解嘲》，班固有《答賓戲》，是"嘲戲"之作中的上品。

［24］向聲背實——崇尚虛名，不重實際。

[25] 本同而末異——本,指一切文章的共同性;末,指不同文體的特殊性。

[26] 奏議宜雅四句——陳衍《石遺室論文》:"其謂奏議宜雅,詩賦欲麗,則與漢京賈(誼)、董(仲舒)、蘇(武)、李(陵)、揚(雄)、馬(相如)之倫,相去已遠,蓋奏議不第宜雅,詩賦不徒欲麗也。"駱鴻凱《文選學》引黃侃說:"尚實可以補《文賦》'誄纏綿而悽愴'。"

[27] 氣之清濁有體——這是本文論氣的主要方面。清濁,意近於《文心雕龍·體性》所說的氣有剛柔,剛近於清,柔近於濁。《風骨》篇說:"翬翟備色,而翾翥可步,肌豐而力沉也。"是指氣的重濁柔弱。又說"鷹隼乏彩,而翰飛戾天,骨勁而氣猛也。"是指氣的清新剛健。本文所說的齊氣,就屬於柔濁的一種。所謂建安風骨,建安風力,則屬於清剛的一種。

[28] 節奏同檢——音調緩急的度數爲節,更端爲奏。檢,法度。

[29] 引氣——引,猶言運行,指吹奏時的引氣。

[30] 雖在父兄二句——李善注:"桓子《新論》曰:惟人心之所獨曉,父不能以禪子,兄不能以教弟也。"

[31] 經國——治國。

[32] 不朽之盛事——《左傳》:"太上有立德,其次有立功,其次有立言,雖久不廢,此之謂不朽。"文章屬於立言範圍以內,所以說是不朽之盛事。

[33] 飛馳之勢——處高位之人,出則高車駟馬,聲勢赫赫。

[34] 西伯幽而演易——幽,拘囚。《史記·太史公自序》:"昔西伯拘羑里,演《周易》。"

[35] 隱約——窮困。

[36] 加思——加,移。加思,謂轉移著述的念頭。

[37] 古人賤尺璧二句——《淮南子·原道》:"聖人不貴尺之璧,而重寸之陰,時難得而易失也。"

[38] 遷化——《古詩十九首》:"奄忽隨物化。"遷化,猶言死去。

[39] 唯幹著論二句——指徐幹的《中論》。曹丕《與吳質書》:"偉長獨懷文抱質,恬淡寡欲,有箕山之志,可謂彬彬君子者矣。著《中論》二十篇,成一家之言,辭義典雅,足傳於後,此子爲不朽矣。"

【說明】

《典論·論文》是我國文學批評史上較早的一篇專論。在中古文學史上關於文學批評的幾個問題:文學的價值問題,作家的個性與作品的風格問題,文體問題,文學的批評態度問題,本文已都涉及。曹丕批評了兩漢以來輕視文學的觀點,指出了文學的獨立地位,提出了自己的文學主張。雖然他對這些問題,僅僅是略引端緒,但對後代的影響很大。

首先,關於文學的價值,作者本着文以致用的精神,強調了文章(本文所說的文章,主要是指詩賦、散文等文學作品)是"經國之大業,不朽之盛事"(當然,他的所謂"經國大業",是封建階級統治人民的事業),把文學提到與事功並立的地位,並鼓勵作家們"不托飛馳之勢"而去努力從事文學活動。這對魏、晉以後文學的發展,是有推動作用的。

復次,關於文氣,作者認爲"文以氣爲主",而"氣之淸濁有體"。淸指才知之淸,濁也指才知之濁。但由於他不作才與氣的區别,所以也可以說淸是俊爽超邁的陽剛之氣,濁是凝重沉鬱的陰柔之氣。後來劉勰《文心雕龍·體性》稱"才有庸儁,氣有剛柔","風趣剛柔,寧或改其氣",沈約在《宋書·謝靈運傳論》稱"剛柔迭用,喜慍分情",多少是受了曹丕論文的啓發。曹丕認爲:作家的氣質、個性,形成各自的獨特的風格。因此,各有所長,難可兼擅。徐幹則"時有齊氣",應瑒則"和而不壯",劉楨則"壯而不密",孔融則"體氣高妙"。但過分強調作家的材性,而不懂得作家的風格是社會實踐和藝術修養的結果,觀點不够全面。

其三,對於文學體裁的區分。本文說:"夫文本同而末異",所謂本,大致是指基本的規則而言,這是一切文章共同的;所謂末,是各種不同文體的特點。奏議、書論,晉以後人所謂無韻之筆;銘誄、詩賦,晉以後人所謂有韻之文。因文章具體的功能有不同,而體裁和表現方法也就有所不同。雅、理、實、麗,各具特點。(盡管這裏所提到的各種文體特點,未必完全正確。)在曹丕以前，人們對文章的認識，限於本而不及末，本末結合起來的看法，在文學批評史上，是曹丕首先提出的，它推進了後來的文體研究。從桓範的《世要論》、陸機的《文賦》、摯虞的《文章流別論》、李充的《翰林論》到劉勰的《文心雕龍》，這些著作裏的文體論述，正是《典論・論文》的進一步發展。

其四，關於文學批評者的態度。指出了兩種錯誤態度：一是"貴遠賤近，向聲背實"；一是"闇於自見，謂己爲賢"、"文人相輕，自古而然"，"各以所長，相輕所短"。前者指斥了貴遠賤近，亦卽尊古卑今的觀點，這並不是作者的創見，早在西漢末東漢初的桓譚，在稱讚揚雄《太玄經》的時候，就已經這樣說："世咸尊古卑今，貴所聞賤所見也，故輕易之。"（《全後漢文》卷十五桓譚《新論・閔友》）東漢王充也說："述事者好高古而下今，貴所聞而賤所見。"（《論衡・齊世》）"俗儒好長古而短今，……信久遠之僞，忽近今之實。"（同上《須頌》）"夫俗好珍古不貴今，謂今之文不如古書。夫古今一也，才有高下，言有是非，不論善惡而徒貴古，是謂古人賢今人也。……善才有淺深，無有古今；文有僞眞，無有故新。"（同上《案書》）曹丕繼桓譚、王充之後，提出了這個問題。後者對"文人相輕"的指斥，則是作者的新論。作者根據對不同的文氣、文體的認識，說明各個作家作品各有短長。"闇於自見"的人，必然"各以所長，相輕所短"，不可能產生正確的文學批評。

附　錄

與吳質書

〔魏〕曹　丕

二月三日丕白：歲月易得，別來行復四年。三年不見，東山猶歎其遠，况乃過之，思何可支！雖書疏往返，未足解其勞結，昔年疾疫，親故多離其災。徐、陳、應、劉，一時俱逝，痛可言邪！昔日游處，行則連輿，止則接席，何曾須臾相失。每至觴酌流行，絲竹並奏，酒酣耳熱，仰而賦詩，當此之時，忽然不自知樂也。謂百年已分，可長共相保，何圖數年之間，零落略盡，言之傷心！頃撰其遺文，都爲一集，觀其姓名，已爲鬼錄，追思昔遊，猶在心目，而此諸子化爲糞壤，可復道哉！觀古今文人，類不護細行，鮮皆能以名節自立。而偉長獨懷文抱質，恬淡寡欲，有箕山之志，可謂彬彬君子者矣。著《中論》二十篇，成一家之言，辭義典雅，足傳於後，此子爲不朽矣。德璉常斐然有述作之意，其才學足以著書，美志不遂，良可痛惜。間者歷覽諸子之文，對之抆淚，既痛逝者，行自念也。孔璋章表殊健，微爲繁富。公幹有逸氣，但未遒耳。其五言詩之善者，妙絶時人。元瑜書記翩翩，致足樂也。仲宣獨自善於辭賦，惜其體弱，不足起其文，至於所善，古人無以遠過。昔伯牙絶絃於鍾期，仲尼覆醢於子路，痛知音之難遇，傷門人之莫逮。諸子但爲未及古人，自一時之儁也。今之存者，已不逮矣。後生可畏，來者難誣，恐吾與足下不及見也。行年已長大，所懷萬端，時有所慮，至乃通夜不瞑，志意何時復類昔日，已成老翁，但未白頭耳。光武有言年已三十餘，在兵中十歲，所更非一。吾德不及之，年與之齊矣。以犬羊之質，服虎豹之文；無衆星之明，假日月之光，動見瞻觀，何時易乎？恐永不復得爲昔日遊也。少壯眞當努力，年一過往，何可攀援，古人思秉燭夜遊，良有以也。頃何以自娛，頗復有所述造否？東望於邑，裁書敍心。丕白。

《四部叢刊》影宋本六臣注《文選》卷四十二

與楊德祖書

〔魏〕曹　植

植白：

數日不見，思子爲勞，想同之也。

僕少小好爲文章，迄至於今二十有五年矣。然今世作者，可略而言也。昔仲宣獨步於漢南，孔璋鷹揚於河朔，偉長擅名於青土，公幹振藻於海隅，德璉發跡於此魏，足下高視於上京。當此之時，人人自謂握靈蛇之珠，家家自謂抱荆山之玉。吾王於是設天網以該之，頓八紘以掩之，今悉集茲國矣。然此數子，猶復不能飛騫絕跡，一舉千里也。以孔璋之才，不閑於辭賦，而多自謂能與司馬長卿同風，譬畫虎不成反爲狗者也。前有書嘲之，反作論盛道僕讚其文。夫鍾期不失聽，於今稱之；吾亦不能妄歎者，畏後世之嗤余也。

世人著述，不能無病。僕常好人譏彈其文，有不善應時改定。昔丁敬禮嘗作小文，使僕潤飾之，僕自以才不過若人，辭不爲也。敬禮謂僕："卿何所疑難。文之佳惡，吾自得之，後世誰相知定吾文者邪？"吾常歎此達言，以爲美談。昔尼父之文辭，與人通流；至於制《春秋》，游、夏之徒乃不能措一辭。過此而言不病者，吾未之見也。

蓋有南威之容，乃可以論於淑媛；有龍淵之利，乃可以議於斷割。劉季緒才不能逮於作者，而好詆訶文章，掎摭利病。昔田巴毁五帝、罪三王、呰五霸於稷下，一旦而服千人；魯連一說，使終身杜口。劉生之辯，未若田氏；今之仲連，求之不難，可無歎息乎？人各有好尚：蘭茝蓀蕙之芳，衆人所好，而海畔有逐臭之夫；咸池六莖之發，衆人所共樂，而墨翟有非之之論；豈可同哉？

今往僕少小所著辭賦一通相與。

夫街談巷說，必有可采；擊轅之歌，有應風雅。匹夫之思，未易輕棄也。辭賦小道，固未足以揄揚大義，彰示來世也。

昔揚子雲先朝執戟之臣耳，猶稱壯夫不爲也；吾雖德薄，位爲蕃侯，猶庶幾戮力上國，流惠下民，建永世之業，流金石之功，豈徒以翰墨爲勳績，辭賦爲君子哉？若吾志未果，吾道不行，則將采庶官之實錄，辯時俗之得失，定仁義之衷，成一家之言。雖未能藏之於名山，將以傳之於同好。非要之皓首，豈今日之論乎？其言之不慚，恃惠子之知我也。

明早相迎，書不盡懷。曹植白。

《四部叢刊》影宋本六臣注《文選》卷四十二

文心雕龍·才略

〔梁〕劉　勰

九代之文，富矣盛矣；其辭令華采，可略而詳也。虞、夏文章，則有皐陶六德，夔序八音，益則有讚，五子作歌，辭義溫雅，萬代之儀表也。商、周之世，則仲虺垂誥，伊尹敷訓，吉甫之徒，並述詩頌，義固爲經，文亦師矣。及乎春秋大夫，則修辭聘會，磊落如琅玕之圃，焜燿似縟錦之肆，薳敖擇楚國之令典，隨會講晉國之禮法，趙衰以文勝從饗，國僑以修辭扞鄭，子太叔美秀而文，公孫揮善於辭令，皆文名之標者也。戰代任武，而文士不絕；諸子以道術取資，屈、宋以楚辭發采，樂毅報書辨以義，范雎上書密而至，蘇秦歷說壯而中，李斯自奏麗而動，若在文世，則揚、班儔矣。荀況學宗而象物名賦，文質相稱，固巨儒之情也。

漢室陸賈，首案奇采，賦孟春而選典誥，其辯之富矣。賈誼才穎，陵軼飛兔，議愜而賦清，豈虛至哉！枚乘之《七發》，鄒陽之上書，膏潤於筆，氣形於言矣。仲舒專儒，子長純史，而麗縟成文，亦詩人之告哀焉。相如好書，師範屈、宋，洞入誇豔，致名辭宗。然覆取精意，理不勝辭，故揚子以爲文麗用寡者長卿，誠哉是言也！王褒構采，以密巧爲致，附聲測貌，泠然可觀。子雲屬意，辭義最深，觀其涯度幽遠，搜選詭麗，而竭才以鑽思，故能理贍而辭堅矣。桓譚著論，富號猗頓，宋弘稱薦，爰比相如，而《集靈》諸賦，偏淺無才·故知長於諷論（范校：鈴木云疑當作論），不及麗文也。敬通雅好辭說，而坎壈盛世，《顯志》《自序》，亦蚌病成珠矣。二班、兩劉，奕葉繼采，舊說以爲固文優彪，歆學精向，然《王命》清辯，《新序》該練，璿璧產於崑岡，亦難得而踰本矣。傅毅、崔駰，光采比肩，瑗寔踵武，能世厥風者矣。杜篤、賈逵，亦有聲於文，跡其爲才，崔、傅之末流也。李尤賦銘，志慕鴻裁，而才力沈膇，垂翼不飛。馬融鴻儒，思洽識高，吐納經範，華實相扶。王逸博識有功，而絢采無力。延壽繼志，瓌穎獨標，其善圖物寫貌，豈枚乘之遺術歟！張衡通贍，蔡邕精雅，文史彬彬，隔世相望。是則竹柏異心而同貞，金玉殊質而皆寶也。劉向之奏議，旨切而調緩；趙壹之辭賦，意繁而體疎；孔融氣盛於爲筆，禰衡思銳於爲文，有偏美焉。潘勖憑經以騁才，故絕羣於錫命；王朗發憤以託志，亦致美於序銘。然自卿、淵已前，多俊才而不課學；雄、向以後，頗引書以助文；此取與之大際，其分不可亂者也。

魏文之才，洋洋清綺，舊談抑之，謂去植千里，然子建思捷而才儁，詩麗而表逸；子桓慮詳而力緩，故不競於先鳴。而樂府清越，《典論》辯要，迭用短長，亦無懵焉。但俗情抑揚，雷同一響，遂令文帝以位尊減才，思王以勢窘益價，未爲篤論也。仲宣溢才，捷而能密，文多兼善，辭少瑕累，摘其詩賦，則七子之冠冕乎！琳、瑀以符檄擅聲；徐幹以賦論標美；劉楨情高以會采；應瑒學優以得文；路粹、楊修，頗懷筆記之工；丁儀、邯鄲，亦含論述之美；有足算焉。劉劭《趙都》，能攀於前修；何晏《景福》，克光於後進；休璉風情，則《百壹》標其志；吉甫文理，則臨丹成其采；嵇康師心以遣（范校：鈴木云梅本校遣疑作造）論，阮籍使氣以命詩，殊聲而合響，異翮而同飛。

張華短章，弈弈（范校：鈴木云嘉靖本、梅本、岡本作奕奕）清暢，其《鷦鷯》寓意，即韓非之《說難》也。左思奇才，業深覃思，盡銳於《三都》，拔萃於《詠史》，無遺力矣。潘岳敏給，辭自（范校：疑作旨）和暢，鍾美於《西征》，賈餘於哀誄，非自外也。陸機才欲窺深，辭務索廣，故思能入巧，而不制繁。士龍朗練，以識檢亂，故能布采鮮淨，敏於短篇。孫楚綴思，每直置以疎通；摯虞述懷，必循規以溫雅；其品藻流別，有條理焉。傅玄篇章，義多規鏡；長虞筆奏，世執剛中；並楨幹之實才，非羣華之韡萼也。成公子安選（范校：鈴木云當作撰）賦而時美，夏侯孝若具體而皆微，曹攄清靡於長篇，季鷹辨切於短韻，各其善也。孟陽、景陽，才綺而相埒，可謂魯、衞之政，兄弟之文也。劉琨雅壯而多風，盧諶情發而理昭，亦遇之於時勢也。景純豔逸，足冠中興，郊賦既穆穆以大觀，仙詩亦飄飄而凌雲矣。庾元規之表奏，靡密以閑暢；溫太眞之筆記，循理而清通；亦筆端之良工也。孫盛、干寶，文勝爲史，準的所擬，志乎典訓，戶牖雖異，而筆彩略同。袁宏發軫以高驤，故卓出而多偏；孫綽規旋以矩步，故倫序而寡狀；殷仲文之孤（范校：疑作秋，顧校作秋）興，謝叔源之閑情，並解散辭體，縹渺浮音。雖滔滔風流，而大澆文意。

宋代逸才，辭翰鱗萃，世近易明，無勞甄序。觀夫後漢才林，可參西京；晉世文苑，足儷鄴都；然而魏時話言，必以元封爲稱首；宋來美談，亦以建安爲口實；何也？豈非崇文之盛世，招才之嘉會哉。嗟夫，此古人所以貴乎時也！

贊曰：才難然乎，性各異稟。一朝綜文，千年凝錦。餘采徘徊，遺風籍甚。無曰紛雜，皎然可品。

范文瀾註《文心雕龍》卷十

傅給事外制集序(節錄)

〔宋〕陸　游

……某聞文以氣爲主，出處無愧，氣乃不撓，韓柳之不敵，世所知也。公自政和訖紹興，閲世變多矣，白首一節，不少屈於權貴，不附時論以苟登用。每言虜，言畔臣，必憤然扼腕裂眦，有不與俱生之意。士大夫稍有退縮者，輒正色責之若仇。一時士氣，爲之振起。今觀其制告之詞，可概見也。……

《四部叢刊》影明華氏活字本《渭南文集》卷十五

書典論論文後

〔清〕尙　鎔

自古文人相輕，一由相尙殊，一由相習久，一由相越遠，一由相形切。相尙殊則王彝謂楊維楨爲文妖，相習久則杜審言謂文壓宋之問，相越遠則元稹謂張祜玷風教，相形切則楊畏謂蘇轍不知文體。而少陵、香山獨能去四者之弊，崇公允之風，易相輕而爲相推，斯千古所希矣。少陵於李白、元結、王、孟、高、岑，無不推重。香山於張籍之古淡，韓昌黎之雄奥，李義山之精麗，無不推重，若元稹與之同道，不足異也。夫才學兼衆人之長，斯賞識忘一己之美。然而洛、蜀尙有朋黨，朱、陸尙有異同，況文人乎？

我朝漁洋山人，其詩以風調爲主，而荔裳爽健，愚山溫醇，竹垞典雅，初白明暢，皆推之不遺餘力，亦近代所希者。故趙秋谷雖作《談龍錄》詆之，而亦推爲大家也。邇來學未半袁豹，而季緒詆呵者何多與？然而不足算矣。

《持雅堂文集》卷五

文　賦

〔晉〕陸　機[1]

余每觀才士之所作，竊有以得其用心[2]。夫其放言遣辭，良多變矣。妍蚩好惡，可得而言。每自屬文，尤見其情。恒患意不稱物，文不逮意[3]，蓋非知之難，能之難也。故作《文賦》以述先士之盛藻[4]，因論作文之利害所由，他日殆可謂曲盡其妙[5]。至於操斧伐柯[6]，雖取則不遠，若夫隨手之變，良難以辭逮(原作逐，據李善注本改)。蓋所能言者，具於此云爾。

佇中區以玄覽[7]，頤情志於典墳[8]。遵四時以嘆逝，瞻萬物而思紛[9]；悲落葉於勁秋，喜柔條於芳春[10]。心懍懍以懷霜，志眇眇而臨雲[11]；詠世德之駿烈[12]，誦先人之清芬[13]；游文章之林府，嘉麗藻之彬彬[14]。慨投篇而援筆，聊宣之乎斯文。

這一節言作文之由，不外兩途：一感於物，一本於學，故開端即以玄覽與典墳並起。"遵四時"四句就感物言，"詠世德"四句，又從頤情志於典墳生發，二者皆能引起文思，故中間用"心懍懍以懷霜"二句以貫串之。

其始也，皆收視反聽[15]，耽思傍訊[16]，精騖八極，心遊萬仞[17]。其致也[18]，情曈曨而彌鮮，物昭晰而互進[19]，傾羣言之瀝液[20]，漱六藝之芳潤[21]，浮天淵以安流[22]，濯下泉而潛浸[23]。於是沈辭怫悅[24]，若遊魚銜鉤，而出重淵之深，浮藻聯翩[25]，若翰鳥纓繳，而墜曾雲之峻。收百世之闕文，採千載之遺韻[26]，謝朝華於已披，啓夕秀於未振[27]，觀古今於須臾，撫四海於一瞬[28]。

這一節專講構思，構思開始只是意與物的關係，更進一步，才是意與文的關係。所以"其致也"以後云云，都兼指意與辭兩方面說。

然後選義按部，考辭就班[29]，抱景者咸叩，懷響者畢彈[30]。或因枝以振葉[31]，或沿波而討源[32]，或本隱以之顯，或求易而得難[33]，或虎變而獸擾，或龍見而鳥瀾[34]，或妥帖而易施，或岨峿而不安[35]。罄澄心以凝思，眇衆慮而爲言[36]，籠天地於形內，挫萬物於筆端[37]。始躑躅於燥吻[38]，終流離於濡翰[39]，理扶質以立幹[40]，文垂條而結繁[41]，信情貌之不差，故每變而在顏[42]；思涉樂其必笑，方言哀而已嘆[43]。或操觚以率爾[44]，或含毫而邈然[45]。

這一節論謀篇之始，部署意辭之狀，並說明經過構思後意和辭的主從關係。

伊茲事之可樂，固聖賢之所欽[46]，課虛無以責有，叩寂寞而求音[47]，函緜邈於尺素，吐滂沛乎寸心[48]。言恢之而彌廣，思按之而愈深，播芳蕤之馥馥，發青條之森森[49]，粲風飛而猋豎，鬱雲起乎翰林[50]。

這一節從意與辭兩方面說明行文樂趣。

體有萬殊，物無一量[51]，紛紜揮霍，形難爲狀[52]。辭程才以效伎，意司契而爲匠[53]，在有無而僶俛[54]，當淺深而不讓[55]。雖離方而遯員，期窮形而盡相[56]。故夫誇目者尚奢，愜心者貴當，言窮者無隘，論達者唯曠[57]。詩緣情而綺靡[58]。賦體物而瀏亮[59]。碑披文以相質[60]。誄纏緜而悽愴[61]。銘博約而溫潤[62]。箴頓挫而清壯[63]。頌優遊以彬蔚[64]。論精微而朗暢[65]。奏平徹以閑雅[66]。說煒曄（原作爗，據李善注本改）而譎誑[67]。雖區分之在茲，亦禁邪而制放[68]。要辭達而理舉[69]，故無取乎冗長。

這一節論文辭體式，先從"物無一量"講，說明風格之異；次從"體有萬殊"講，說明體製之別。《文心雕龍·定勢》云："括囊雜體，功在銓別，宮商朱紫，隨勢各配。章表奏議，則準的乎典雅；賦頌歌詩，則羽儀乎清麗；符檄書移，則楷式於明斷；史論序注，則師範於覈要；箴銘碑誄，則體製於弘深；連珠七辭，則從事於巧豔；此循體而成勢，隨變而立功者也。"即從此節闡發。

其爲物也多姿[70]，其爲體也屢遷[71]。其會意也尚巧，其遣言也貴妍[72]。暨音聲之迭代，若五色之相宣[73]。雖逝止之無常，固崎錡而難便[74]。苟達變而識次，猶開流以納泉[75]。如失機而後會，恆操末以續顛[76]，謬玄黃之秩序，故淟涊[77]而不鮮。

這一節以前重在述先士之盛藻；這一節以後重在講作文之利害所由。此節從上文意和辭的關係上，主張意巧辭妍，再涉及文章中聲氣的關係。並自聲律講到文氣，故偏重在達變識次，是總論作文利害的關鍵。

或仰偪於先條[78]，或俯侵於後章[79]。或辭害而理比，或言順而義妨[80]。離之則雙美，合之則兩傷。考殿最於錙銖，定去留於毫芒[81]。苟銓衡之所裁，固應繩其必當[82]。

這一節是分論作文利害關鍵的第一段。

或文繁理富，而意不指適[83]。極無兩致，盡不可益[84]。立片言而居要，乃一篇之警策[85]。雖衆辭之有條，必待茲而效績[86]。亮功多而累寡，故取足而不易[87]。

這一節承上文意與辭的去取發揮，言儘管文繁理富，波瀾層疊，只須片言居要突出主題，則綱舉目張，不致因理富成累，是分論作文利害關鍵的第二段。

或藻思綺合，清麗芊眠[88]。炳若縟繡，悽若繁絃[89]。必所擬之不殊，乃闇合於曩篇[90]。雖杼軸於予懷，怵他人之我先[91]。苟傷廉而愆義，亦雖愛而必捐[92]。

這一節言意與辭不可剿襲雷同，貴在獨創，是分論作文利害關鍵的第三段。

或苕發穎豎，離衆絶致[93]。形不可逐，響難爲係[94]。塊孤立而特峙，非常音之所緯[95]。心牢落而無偶[96]，意徘徊而不能揥[97]。石韞玉而山暉，水懷珠而川媚[98]。彼榛楛之勿翦，亦蒙榮於集翠[99]。綴《下里》於《白雪》，吾亦濟夫所偉[100]。

這一節是作文利害關鍵的第四段。

或託言於短韻，對窮跡而孤興[101]。俯寂寞而無友，仰寥廓而莫承[102]。譬偏絃之獨張[103]，含清唱而靡應[104]。

自這節起論文章之病，共分五節。此節言篇幅太小不足以成文。

或寄辭於瘁音，言徒靡而弗華[105]。混妍蚩而成體，累良質而爲瑕[106]。象下管之偏疾，故雖應而不和[107]。

此指文不調諧之病，是論文病的第二節。

或遺理以存異[108]，徒尋虚而逐微[109]。言寡情而鮮愛，辭浮漂而不歸[110]。猶絃么而徽急，故雖和而不悲[111]。

此論文病的第三節。

或奔放以諧合，務嘈囋而妖冶[112]。徒悅目而偶俗，故聲高而曲下[113]。寤《防露》與《桑間》，又雖悲而不雅[114]。

此論文病的第四節。

或清虛以婉約[115]，每除煩而去濫，闕大羹之遺味[116]，同朱絃之清氾[117]。雖一唱而三歎，固旣雅而不豔[118]。

此論文病的第五節。

若夫豐約之裁，俯仰之形，因宜適變，曲有微情[119]。或言拙而喻巧[120]。或理樸而辭輕[121]。或襲故而彌新。或沿濁而更清[122]。或覽之而必察。或研之而後精[123]。譬猶舞者赴節之投袂，歌者應絃而遣聲[124]。是蓋輪扁[125]所不得言，亦非華說[126]之所能精。

這一節說明各人構思不同，表現方法不妨互異。同時運用之妙又有才情工力的關係，眞話很難用文字說明，此申言序中"隨手之變，良難以辭逮"之意。

普辭條與文律，良余膺之所服[127]。練世情之常尤，識前修之所淑[128]。雖濬發於巧心，或受欰於拙目[129]。彼瓊敷與玉藻，若中原之有菽[130]。同橐籥之罔窮，與天地乎並育[131]。雖紛藹於此世，嗟不盈於予掬[132]。患挈缾之屢空，病昌言之難屬[133]。故踸踔於短韻，放庸音以足曲[134]。恆遺恨以終篇，豈懷盈而自足。懼蒙塵於叩缶，顧取笑乎鳴玉[135]。

這一節申言序文"非知之難，能之難"之意。自謙不足。

若夫應感之會，通塞之紀[136]，來不可遏，去不可止。藏若景滅，行猶響起。方天機之駿利，夫何紛而不理[137]。思風發於胸臆，言泉流於脣齒[138]。紛葳蕤以馺遝，唯毫素之所擬[139]。文徽徽以溢目，音泠泠而盈耳[140]。及其六情底滯，志往神留[141]，兀若枯木，豁若涸流[142]，覽營魂以探賾，頓精爽而自求[143]。理翳翳而愈伏，思軋軋其若抽[144]。是故或竭情而多悔[145]，或率意而寡尤[146]。雖茲物之在我，非余力之所勠[147]。故時撫空懷而自惋，吾未識夫開塞之所由也[148]。

這一節論感興，亦申言序文"每自屬文，尤見其情"之意。

伊玆文之爲用，固衆理之所因[149]。恢萬里而無閡，通億載而爲津[150]。俯貽則於來葉，仰觀象乎古人[151]。濟文武於將墜，宣風聲於不泯[152]。塗無遠而不彌，理無微而不綸[153]。配霑潤於雲雨，象變化乎鬼神[154]。被金石而德廣，流管絃而日新[155]。

這一節論文用，與《文心雕龍·原道》篇相近，即申言序文"余每觀才士之所作，竊有以得其用心"之意。

《四部叢刊》影宋本六臣注《文選》卷十七

【註釋】

[1] 陸機(公元二六一年——三〇三年)——字士衡，吳郡人。吳大司馬陸抗之子。吳亡入晉，官至平原內史。有集四十七卷。嚴可均收其文入《全晉文》卷九十六至九十九。丁福保收其詩入《全晉詩》卷三。《晉書》卷五十四有傳。

[2] 得其用心——指窺見作品中用心之所在，與心之如何用，全文主旨重在討論構思。

[3] 意不稱物文不逮意——意不稱物，謂構思之意，不能正確地反映事物，即蘇軾所謂觀物之妙，不能了然於心。文不逮意，謂寫出之文，與構思之意尙有距離，即蘇軾所謂了然於心，不能了然於口與手。唐大圓《文賦注》云："所構之意，不能與物相稱，則患在心粗；或意雖善構，苦無詞藻以達之，則又患在學儉(學問貧乏)。欲救此二患，則一在養心，使由粗以細；一在勤學，使由儉而博。"

[4] 先士之盛藻——指古代才士之所作。

[5] 可謂曲盡其妙——黃侃謂"謂"字衍；兪正燮謂"可謂"當作"謂可"，兪說較勝。又案："可謂"亦可解作"可以"。《左傳》昭公十五年"今王樂憂，若卒以憂，不可謂終"。《大戴禮·曾子立孝》"君子一孝一弟，可謂知終矣"。"可謂"均作"可以"解。連同上句意謂今日雖知作文之利害所由，但未必能之，他日或可能委曲盡其妙道，仍申"非知之難""能之難"之意。

[6] 操斧伐柯——《詩·豳風·伐柯》："伐柯伐柯，其則不遠。"《傳》："柯，斧柄也。"《正義》："執柯以伐柯，比而視之，舊柯短則如其短，舊柯長則如其長，其法不在

遠也。”此處謂取鑒前人，研究寫作的規律。

[7] 佇中區以玄覽——佇，久立。中區，猶區中，謂宇宙之中。玄覽，深刻地觀察。此句言從觀察萬物，引起文思。

[8] 頤情志於典墳——頤，養；猶言陶冶。典墳，相傳三皇之書稱三墳，五帝之書稱五典。此句言鑽研古籍，加強文學修養。

[9] 遵四時以歎逝二句——遵，循。思紛，思慮紛紜。此二句謂感於四時變遷，萬物盛衰，而引起文思。

[10] 悲落葉於勁秋二句——言從落葉、柔條引起悲喜，即本上文生發，説明文以情生，情因物感之意。

[11] 心懔懔以懷霜二句——懔懔，危懼貌。眇眇，高遠貌。懷霜、臨雲，喻心志之高潔。心志高潔則文品亦高潔。

[12] 詠世德之駿烈——陸機祖遜、父抗，均爲吳名臣，其集中有«祖德賦»«述先賦»。庾信«哀江南賦序»：“潘岳之文采，始述家風；陸機之辭賦，先陳世德。”駿，大。烈，功業。

[13] 誦先人之清芬——清芬亦指德。先人，«文鏡秘府論»本作“先民”，後人避唐諱，改作“先人”。

[14] 游文章之林府二句——林府，謂多如林木，富如府庫。彬彬，文質相半之貌。前二句言感於前人之功德，此二句又言受昔人文辭的啓發。

[15] 收視反聽——不視不聽，有視而無見、聽而不聞、心不外用之意。

[16] 耽思——深思，熟思。傍訊——傍求，博採。

[17] 精騖八極二句——精，神。騖，馳。八極，喻極遠之處。萬仞，喻極高之處。此二句言心神運思，無時空之限制。作文之始，必須集中精神，耽思傍訊，始可使意能稱物，所以是開端。

[18] 其致也——言文思來的時候。

[19] 情曈曨而彌鮮二句——曈曨，由暗而明貌。昭晰，彰明清晰貌。此二句謂內在的朦朧的文情逐漸清晰，外在的鮮明的物象紛至沓來。

[20] 傾羣言之瀝液——瀝液，涓滴，喻精華。意能稱物以後，於是傾注着的是羣言之精華。羣言，除經史外，包括諸子百家。

[21] 漱六藝之芳潤——漱有含英咀華之意。在羣言中特别提出六藝，即指六經文辭中內在與外在之美，故云芳潤。此二句言六藝羣言，統歸行文時的驅遣。

[22] 浮天淵以安流——此句狀想像可升高到天淵。

[23] 濯下泉而潛浸——此句謂想像也可深入到下泉。

[24] 沈辭怫悅——表吐辭艱澀之象。

[25] 浮藻聯翩——表出語駿利之象。此數語以魚鳥喻辭藻而以鈞弋喻思慮的作用。

[26] 收百世之闕文二句——《論語·衞靈公》:"子曰:吾猶及史之闕文也。"闕文,謂古之良史於書,字有疑則闕之,此指古書闕疑之文。遺韻,猶言遺文。闕文指散體,遺韻指韻體。此二句言通過構思以後,即百世之闕文,千載之遺韻,都可採收備用。

[27] 謝朝華於已披二句——朝華,謂古人已用之意與辭,如花之已開,宜謝而去之。夕秀,謂古人未述之意與辭,如未發之花,宜開而用之。唐大圓云:"上句是務去陳言,下句是獨出心裁。"

[28] 觀古今於須臾二句——言文章構思之時,博採古今四海,包括萬有。

[29] 然後選義按部二句——按部就班,謂選擇考慮適當的事義與確切的詞句安排佈置在適當確切的地方。

[30] 抱景者咸叩二句——《文選》五臣呂延濟注:"謂物有抱光景者必以思叩觸之而求文理,物有懷音響者必以思彈擊之以發文意。"此二句謂天地間一切有色有聲者皆可取資,使文中應有之義無所遺漏。畢,一作必,亦通。

[31] 因枝以振葉——謂依枝布葉,此由本及末,先樹要領之意。

[32] 沿波而討源——謂順流探源,此由末及本,最後說出主題之意。

[33] 或本隱以之顯二句——隱與難近,顯與易近,或從晦到明,逐步闡說,或求易得難,層層深入。一說:"本隱以之顯",義近演繹,語本《史記·司馬相如傳》"太史公曰……《易》本隱以之顯"。"求易而得難",謂以易知之事說明難知之事,如比喻。語出《老子》"圖難於其易"句。

[34] 或虎變而獸擾二句——擾,馴。虎起而百獸馴伏,喻文思大者得而小者畢舉。瀾,渙散。龍現而羣鳥驚飛,喻文思之本根具而枝葉紛披。一說:此二句文義應正反相對。虎、龍喻文之根本。虎變句喻文章枝幹雖具而根本未安,龍見句譬文章根本已立而枝節未妥。

[35] 或妥帖而易施二句——妥貼,形容易施;岨峿,形容不安。此言選義考辭有時比較容易,招來即得;有時又比較艱難,煞費經營。

[36] 罄澄心以凝思二句——謂構思要專心致意地思索琢磨。眇,通妙。謂精微確切地組織許多思緒以成文。

[37] 籠天地於形內二句——謂廣闊的天地可概括進形象,萬象紛紜,都可描繪在筆下。此二句言心澄言妙的作用。挫,同剉,謂斫取截取;有收拾役使之意。

[38] 始躑躅於燥吻——躑躅，形容艱澀。此句謂口頭上表達不出。

[39] 終流離於濡翰——流離，形容順利。此句謂筆底自然流出。

[40] 理扶質以立幹——理，指構思之意。扶質立幹，即范曄所謂以意爲主之意。此就選義言。

[41] 文垂條而結繁——文，指運用之辭。垂條結繁，即范曄所謂以文傳意之義。此就考辭言。

[42] 信情貌之不差二句——情貌，指內心和外表。情動於中而形之言，所以誠中形外，必須表裏如一。中心一有變化，自然反映到顏面。此言義與辭的關係。

[43] 思涉樂其必笑二句——此二句即《文心雕龍·夸飾》所謂"談歡則字與笑並，論感則聲共涙偕"之義。哀與樂指義，笑或嘆則是辭的作用。

[44] 觚——木之方者，古人用來書寫的木簡。操觚，指作文。率爾——言不加思索，狀文思之敏捷。

[45] 邈然——言杳邈難尋，狀文思之遲鈍。

[46] 伊——維，語詞。茲事——指文章。欽——敬慕嚮往之意。

[47] 課虛無以責有二句——課，試。責，要求。虛無、寂寞，指意。拈題之始，理本虛無，心自寂寞，通過構思以後，發爲文辭，才使無形者可覩，無聲者可聽。此二句說明構思的作用，也正是寫作樂趣所在。

[48] 函緜邈於尺素二句——緜邈，指遠。滂沛，指大。五臣劉良注："雖遠者含文於尺素之上，雖大者吐辭於寸心之間。"這說明都出於作者之巧思，所以下文謂恢之按之可以彌廣彌深。這兩句都側重在意。

[49] 播芳蕤之馥馥二句——喻文采若芳蕤之香馥，青條之森盛。從此二句起又側重在辭。蕤，草木的花。馥馥，芬芳。森森，長密貌。

[50] 粲風飛而猋豎二句——粲，有明麗之意。猋，同飆，疾風。鬱，有美盛之意。翰，筆毫；翰林，謂文翰之多如林。二句言粲然如風飛飆立，鬱然如雲起翰林。說行文得意時，有心手交暢之樂。

[51] 體有萬殊二句——體，指文體。文體多樣，故云萬殊。物，指物象。量，分限，標準。由作者才性之不同，於是觀察事物也可有不同的角度，所以物象無一定之量。

[52] 紛紜揮霍二句——紛紜，亂貌，承體言。體有千差萬別，故覺紛紜。揮霍，疾貌，承物言。物象千變萬化，故云揮霍。在這樣差別變化之中，要眞實地描寫事物情狀不太容易，故云形難爲狀。此二句兼指體與物兩方面，但已側重在物。或謂此二句即申"物無一量"之意。

[53] 辭程才以效伎二句——程，量。效，呈，盡。契，猶言圖樣。五臣注訓契爲"要"，指文意之契要。李善注謂："衆辭俱湊，若程才效伎，取捨由意，類司契爲匠。"說明辭藻雖紛至沓來，而取舍權衡，仍必歸於意匠。從此處起，至"論達者唯曠"，都就"物無一量"說。

[54] 在有無而僶俛——《詩·邶風·谷風》："何有何亡，黽勉求之"，僶俛即黽勉，謂強勉求之。此句指辭，承程才效伎講。辭之取捨，要好好斟酌，故云黽勉。

[55] 當淺深而不讓——《詩·邶風·谷風》："就其深矣，方之舟之；就其淺矣，泳之游之。"此句指意，承司契爲匠講。意之當淺當深，須自作主張，然後遣辭得當，故云不讓。《論語·衞靈公》："當仁不讓於師。"

[56] 雖離方而遯員二句——員，即圓，方員，猶言規矩。文章自有法度，但有時也不妨離方而遯員，軼出規矩，不過總須窮形盡相，完成表達任務。此即張融《門律自序》所謂"夫文豈有常體，但以有體爲常"之意。

[57] 故夫誇目者尚奢四句——誇目，指尚辭藻者。奢，謂浮豔。愜心，言切理饜心。當，嚴密、貼切。窮，有局促簡約之意。無，語詞，同"唯"。無隘即隘。論達，說得暢達。此數句言作者個性不同，則文的風格也不同，仍申物無一量之義，但已轉折到"體有萬殊"方面。《文心雕龍·知音》："夫篇章雜沓，質文交加，知多偏好，人莫圓該（面面俱到）。慷慨者逆（迎）聲而擊節，醞藉者見密而高蹈，浮慧者觀綺而躍心，愛奇者聞詭而驚聽。"

[58] 詩緣情而綺靡——從此起都承"體有萬殊"說。李善注："綺靡，精妙之言。"謝榛《四溟詩話》："綺靡重六朝之弊。"朱自清《詩言志辨》："詩言志，指的表見德性……可是緣情的五言詩發達了，……於是陸機《文賦》第一次鑄成'詩緣情而綺靡'這個新語。"案陸機論文體均意與辭並重，緣情指意，綺靡指辭。陳柱《講陸士衡文賦自記》云："綺言其文采，靡言其聲音。"（《學術世界》一卷四期）

[59] 賦體物而瀏亮——李善注："賦以陳事，故曰體物。……瀏亮，清明之稱也。"《四溟詩話》："瀏亮非兩漢之體。"陳柱云："士衡體物瀏亮之言，亦不過賦之一體。"此句體物指意，瀏亮指辭。

[60] 碑披文以相質——披文相質兼指意與辭說。陳柱云："碑本以紀功德，然必立言不苟，稱乎其人，故曰披文以相質。"

[61] 誄纏緜而悽愴——李善注："誄以陳哀，故纏綿悽愴。"纏綿悽愴，兼指意與辭說。

[62] 銘博約而溫潤——李善注："博約謂事博文約也。"博約溫潤，亦兼指意與辭說。五臣張銑注："博謂意深，約謂文省。"《文心雕龍·銘箴》："銘兼褒讚，故體貴

弘潤。”

[63] 箴頓挫而清壯——李善注:“箴以譏刺得失,故頓挫清壯。”此亦兼意與辭言。

[64] 頌優遊以彬蔚——彬蔚,華盛貌。優遊指意,彬蔚指辭。《文心雕龍·頌讚》:“頌惟典雅,辭必清鑠。”

[65] 論精微而朗暢——李善注:“論以評議臧否,以當爲宗,故精微朗暢。”劉熙載《文概》:“精微以意言,朗暢以辭言。精微者,不惟其難,惟其是;朗暢者,不惟其易,惟其達。”

[66] 奏平徹以閑雅——平徹以意言,閑雅以辭言。

[67] 說煒曄而譎誑——煒曄,光盛貌。煒曄譎誑,兼意與辭言。《文心雕龍·論說》:“凡說之樞要,必使時利而義貞,進有契於成務,退無阻於榮身,自非譎敵,則唯忠與信,披肝膽以獻主,飛文敏以濟辭,此說之本也。而陸氏直稱說煒曄以譎誑,何哉?”范文瀾注:“士衡蓋指戰國策士而言,彥和謂言資悅懌,正即煒曄之義。惟當以忠信爲本,不可流於譎誑。”

[68] 禁邪而制放——邪指意言,放指辭言,此係各體所應共守之準繩。

[69] 辭達而理舉——辭達指辭,重在有序;理舉指意,重在有物。

[70] 其爲物也多姿——物,仍指文言,非指物象。情隨物遷,文因情異,隨物萬變,故文亦多姿。

[71] 其爲體也屢遷——體,指格式,非指體製。李善注:“文非一則,故日屢遷。”

[72] 其會意也尚巧二句——此仍分指意與辭講。“意司契而爲匠”,苦心經營,能窮究物情則巧;“辭程材以效伎”,盡力推敲,能曲達思緒則妍。此即意能稱物,文能逮意之旨而更進一步。

[73] 暨音聲之迭代二句——暨,及。迭,更換。宜,明。李善注:“言音聲迭代而成文章,若五色相宜而爲繡也。”

[74] 雖逝止之無常二句——逝止,猶去留也。崎錡,不安貌。錡音蟻。此二句承上下文。言音聲迭代之妙,本是無常,出於自然,但有時難免有崎錡不安之處。

[75] 苟達變而識次二句——達變,掌握變化的規律。識次,理解次序的安排,亦即沈約所謂“欲使宮羽相變,低昂舛節”之意。案陸機所說自然的聲調,與文氣之說相近。開流納泉,近於韓愈氣盛言宜之意。

[76] 如失機而後會二句——失機,猶言失次。《文心雕龍·聲律》:“迂其際會,則往蹇來連,其爲疾病,亦文家之吃也。”

[77] 謬玄黃之秩序二句——洟涊,垢濁不鮮貌。“謬玄黃之秩序”即五色不能相宜之意,此指音韻失宜,故佶屈蹇吃,不能諧適。

［78］或仰偪於先條——條，科條。先條，指前段的文辭。仰偪，謂有時後段的文辭與前段矛盾。

［79］或俯侵於後章——侵，犯。俯侵，指前章的語句妨礙了後章。《文心雕龍·章句》："是以搜句忌於顛倒，裁章貴於順序。"

［80］或辭害而理比二句——比，理比猶言理順。辭害理比，言順義妨，是辭義不能相稱之病。

［81］考殿最於錙銖二句——下功曰殿，上功曰最；極下爲殿，第上爲最。錙銖、毫芒，皆喻其小。此本上文選義考辭之旨，説明考選標準必須嚴格。《文心雕龍·鎔裁》："規範本體謂之鎔，剪截浮詞謂之裁。裁則蕪穢不生，鎔則綱領昭暢。"

［82］苟銓衡之所裁二句——銓衡，衡量。繩，糾正，量度。此二句言文章關於意與辭的考選標準，必以至當爲主，總要使意與辭雙美，而不使兩傷，才能首尾一貫，内外交融。

［83］或文繁理富二句——適，讀爲"的"，當也，從也。指適，順適。此謂文繁理富而主意仍不能表達。

［84］極無兩致二句——李善注："言其理既極而無兩致，其言又盡而不可益。"致，亦極也。極，承理富言；盡，承文繁言，儘管理富，不可有兩個主題；儘管文繁，不應使讀者看作多餘。

［85］警策——猶言中心思想。陳柱云："凡文章必有一段或數語爲一篇之精神所團聚處，或爲一篇之精神所發源處。"

［86］效績——言致其功。片言居要則衆辭效績。

［87］亮功多而累寡二句——亮，信。不易，不可改易。篇中有警策語則功多累寡。功多故取足，指言以足志，文以足言。累寡則不必更易。

［88］或藻思綺合二句——綺，文繒。芊眠，光色盛貌。此二句言文藻思如綺之會合，風格清麗，光彩鮮豔。

［89］炳若縟繡二句——炳，光耀。縟繡，色彩富麗的錦繡。悽，動人。繁弦，聲調復雜的音樂。二句狀詞藻之盛。

［90］必所擬之不殊二句——曩篇，謂先士之盛藻。人的思路有時相同，故會暗合。

［91］雖杼軸於予懷二句——以織喻，言雖出自己情，亦恐他人已先道過。

［92］苟傷廉而愆義二句——雷同之語近於盜竊，必須捐棄。

［93］或苕發穎豎二句——苕發穎豎，以草與禾之特出離衆，喻文中也有突出之句。致，態，風神。絕致，言其超絕。

［94］形不可逐二句——李善注："言方之於影而形不可逐，譬之於聲而響難係也。"

此二句喻佳句不易再造。

[95] 塊孤立而特峙二句——李善注:“文之綺麗,若經緯相成。言斯句既佳,塊孤立而特峙,非常音之所能緯也。”緯,經緯,指配合。

[96] 心牢落而無偶——牢落,遼落,言一二秀句,獨拔篇中,心情落漠,找不到和它相稱的句子。

[97] 意徘徊而不能揥——揥,摘取。言想摘去這句,又不免徘徊難於捨棄。

[98] 石韞玉而山暉二句——李善注:“雖無佳偶,因而留之,譬若水石之藏珠玉,山川爲之輝媚也。”

[99] 彼榛楛之勿翦二句——榛楛,喻庸音。翠,青羽雀。榛楛惡木若佳禽來集亦能增光。李善注:“以珠玉之句既存,故榛楛之辭亦美。”

[100] 綴下里於白雪二句——宋玉《對楚王問》:“客有歌於郢中者,其始曰《下里巴人》,國中屬而和者數千人;其爲《陽阿薤露》,國中屬而和者數百人;其爲《陽春白雪》,國中屬而和者不過數十人,……是以其曲彌高,其和彌寡。”李善注:“言以此庸音而偶彼嘉句,譬以下里鄙曲,綴於白雪之高唱,吾雖知美惡不倫,然且以益夫所偉也。”偉,奇也。

[101] 或託言於短韻二句——短韻,小文。窮跡孤興,李善注:“言文小而事寡,故曰窮跡;迹窮而無偶,故曰孤興。”

[102] 俯寂寞而無友二句——此二句於“俯”“仰”二字略作停頓。李善注:“言事寡而無偶,俯求之則寂寞而無友,仰而應之,則寥廓而無所承。”

[103] 譬偏絃之獨張——李善注:“言累句以成文,猶衆絃之成曲。今短韻孤起,譬偏絃之獨張。”

[104] 含淸唱而靡應——靡,無。偏絃獨張,則雖含淸唱而前後無照應,文之短小者似之。

[105] 或寄辭於瘁音二句——瘁音,憔悴之音,即《文心雕龍·風骨》所謂“振采失鮮,負聲無力”之作,故下句接“言徒靡而弗華”,謂辭徒浮靡,缺少光華。

[106] 混妍蚩而成體二句——妍蚩,妍指靡言,蚩指瘁音。浮靡之言非不妍麗,但氣不盛則光不華,此即《文心雕龍·風骨》所謂“采乏風骨,則雉竄文囿”,反使良質也成爲瑕。上文言榛楛勿翦,蒙榮集翠,是瑜足掩瑕的關係;此言妍蚩相混,良質爲瑕,則是瑕足累瑜的問題。

[107] 象下管之偏疾二句——象,類,似。下管,堂下吹管,其聲偏疾,雖與升歌間奏相應,但不和諧。

[108] 或遺理以存異——指不顧內容,徒尙詭巧新奇之文。

[109] 徒尋虛而逐微——離本逐末之意，言只在形式辭藻上注意。

[110] 言寡情而鮮愛二句——李善注："不歸，謂不歸於實。"辭浮濫則寡情鮮愛，無所歸宿。

[111] 猶絃么而徽急二句——么，小。徽，琴節，亦解作調。言無眞情，辭不立誠，故如么調急徽，雖和不悲。

[112] 或奔放以諧合二句——五臣呂延濟注："或有奔馳放縱其思以求和合。"嘈囋，五臣呂延濟注："浮豔聲。"迎合俗好，故浮豔而妖冶。

[113] 聲高而曲下——聲高指調，曲下指品。

[114] 寤防露與桑間二句——寤，覺。《防露》、《桑間》，何焯云："《防露》指'豈不夙夜，謂行多露'言。言《桑間》不可並論，故戒妖冶也。"一說，《防露》古曲名，楚客放逐後作，當是悲詞。《禮記·樂記》："《桑間》《濮上》之音，亡國之音也。"《北齊書·文苑傳序》云："江左梁末，彌尙輕險，始自儲宮，刑乎流俗，雜沾滯以成音，故雖悲而不雅。"可知奔放諧合嘈囋妖冶之詞，卽後人所謂輕險之詞，病在傷於淫侈，不歸雅正。

[115] 淸虛以婉約——陸雲《與兄平原書》："兄《丞相箴》小多（稍爲繁多），不如《女史》淸約耳。"

[116] 大羹——見《論衡·自紀》注[74]。遺味，餘味。

[117] 朱絃——《禮記·樂記》："淸廟之瑟，朱絃而疏越，一唱而三歎，有遺音者矣；大饗之禮，尙玄酒而俎腥魚，大羹不和，有遺味者矣。"氾，散也。淸散則不繁密，古樂之質樸似之。

[118] 旣雅而不豔——李善注："言作文之體必須文質相半，雅豔相資，今文少而質多，故旣雅而不豔，比之大羹而闕其餘味，方之古樂而同淸氾，言質之甚也。"

[119] 若夫豐約之裁四句——豐約，指文辭之繁簡。俯仰，指文辭之位置。因宜適變，卽序文所謂"隨手之變"。曲有微情，曲折而有微妙之情，亦卽序文所謂"良難以辭逮"之意。上文從作文之利害所由再講到文章之病，此節則講文章變化，非法度所能限。

[120] 言拙而喩巧——喩，不必作譬喩解，此指所喩之義，謂拙辭孕以巧義。

[121] 理樸而辭輕——輕亦不必是貶辭，謂眞意飾以華辭。

[122] 襲故沿濁二句——卽化腐朽爲神奇，推陳出新之意。

[123] 或覽之而必察二句——謂其曲變微情，有一覽卽知者，有精研乃得者。

[124] 譬猶舞者赴節之投袂二句——謂跳舞的人按照節拍揮動袖子，歌者按照不同的弦音唱出聲調。

[125] 輪扁——見《莊子》注[28]。

[126] 華説——猶美言。

[127] 普辭條與文律二句——辭條即文律，謂爲文之法式。膺，胸。服膺即存在心中經常體念之意。

[128] 練世情之常尤二句——尤，過。前修，前賢。淑，善。五臣李周翰注："練簡時人之常過，乃識前賢之所美。"

[129] 雖濬發於巧心二句——欰，笑，與蚩同，亦作嗤。案欰當作蚑，從㞢聲。此二句言知音之難。李善注："雖復巧心濬發，或於拙目受蚩。"

[130] 彼瓊敷與玉藻二句——敷借爲蕍，與華同。瓊敷玉藻，喻文。中原有菽，《詩·小雅·小宛》："中原有菽，庶民采之。"此言瓊敷玉藻之文，惟勤學者可采致之。

[131] 同橐籥之罔窮二句——橐籥，《老子》："天地之間，其猶橐籥乎？"此處亦指天地。此二句即李德裕《文章論》所謂"終古常見"之意。

[132] 雖紛藹於此世二句——紛藹，謂繁多。盈掬，兩手曰掬。《詩·小雅·采綠》："終朝采綠，不盈一掬。"此二句謂世間自多瓊敷玉藻之文，惜自己所獲不多。

[133] 患挈缾之屢空二句——挈缾，汲水之瓶，喻容量不大。屢空，《論語·先進》："回也其庶乎！屢空。"言顔回安貧屢至空匱，此處借用，言如挈瓶之屢空，自喻學薄才疏。昌言，指古之佳文。屬，續。難屬，言難續前賢之事業。

[134] 故踸踔於短韻二句——踸踔，一足行路之狀。李善注本短韻作短垣，踸踔短垣，言爲才分所限，只能放出平庸之音，聊以足曲。六臣本作"短韻"，則指只能寫出短文之意。

[135] 懼蒙塵於叩缶二句——蒙塵，喻有所蔽。缶，瓦器。叩缶，秦人之俗樂，以自喻。鳴玉，猶鳴球。《書·皋陶謨》："戛擊鳴球。"球，玉磬也。鳴球，先王之雅奏，以喻前修。

[136] 紀——亦會也。會與紀均有機義。

[137] 紛而不理——理，治。言文思來時洶湧奔騰之狀。

[138] 思風發於胸臆二句——此二句均於"思"字"言"字略作停頓，謂思如風發，言如泉流。或以"思風""言泉"結合成詞，謂如風之思，如泉之言，亦通。

[139] 紛葳蕤以馺遝二句——葳蕤，盛貌。馺遝，多貌，毫素，毫指筆，素指紙。此二句言思緒盛多，可以隨筆揮寫。

[140] 文徽徽以溢目二句——徽徽狀文采之盛，泠泠指音韻之清。

[141] 及其六情底滯二句——六情，喜、怒、哀、樂、好、惡。底滯，猶言鈍澀。留，亦有滯義。

[142] 兀若枯木二句——五臣呂延濟注:“兀若枯木,思不動也;豁若涸流,思之竭也。謂豁然空虛,涸而無水。”

[143] 覽營魂以探賾二句——營魂,營亦魂也,二字複合成詞。精爽,亦複合詞。《左傳》昭公二十五年:“心之精爽,是謂魂魄。”二句謂凝聚全神,自己去追求深奧的道理。

[144] 理翳翳而愈伏二句——翳翳,掩蔽貌。軋軋,難出之貌,或作乙,或作札。

[145] 竭情而多悔——指上文六情底滯之時,竭盡才情,結果反而不愉快。

[146] 率意而寡尤——指上文天機駿利之時,任意而行,結果反而少過錯。

[147] 雖茲物之在我二句——茲物,謂文。勠,音六,此處叶韻讀留。勠力,并力也。文思開塞,時繫天機,故非力之所能及。

[148] 時撫空懷而自惋二句——惋,驚歎。開塞,開謂天機駿利,塞謂六情底滯。

[149] 伊茲文之為用二句——此節論文用,故就文與理的關係言。此處所言“理”字與上文稍有分別。上文所言理,只指思想內容;此處重在用,還可看出思想傾向性。《文心雕龍·體性》所謂“理發而文見”亦此意。一說:因,由也。言理要通過文來表達。

[150] 恢萬里而無閡二句——閡,限。津,渡。恢萬里,指空間,言所傳者廣。通億載,指時間,言所行者久。

[151] 俯貽則於來葉二句——貽則來葉,謂垂範後世。觀象古人,指取法前修。

[152] 濟文武於將墜二句——文武,指文武之道。《論語·子張》:“子貢曰:文武之道未墜於地。”風聲,風教、教化。泯,滅。

[153] 塗無遠而不彌二句——彌,綸,纏裹,有經緯包籠之意。二句謂遙遠的空間,微妙的理論,沒有不能包羅的。

[154] 配霑潤於雲雨二句——五臣李周翰注:“文德可以養人,故配霑潤於雲雨,出幽入微,故象變化乎鬼神。”

[155] 被金石而德廣二句——李善注:“言文之善者可被之金石,施之樂章。”

【說明】

陸機的《文賦》在中國文學批評史上是第一篇完整而系統的文學理論作品。

這篇文章雖用賦的形式,但能比較細緻地分析文學創作的過程,提出了文學理論上很多重要的問題,以後劉勰《文心雕龍》的寫作也有很多地方受這篇文章的啓發，所以它對文學理論的發展有很大的貢獻。

全文分段大意已說明，不再贅述。陸機能用賦的形式論述文學理論的許多問題，確是煞費經營。他在《文賦序》中說："每自屬文，尤見其情。"可見《文賦》中所說的，皆作者的確切體會，深知甘苦之言；其中對於構思過程特別寫得透澈。

陸機認爲，進行文學創作必須觀察萬物、鑽研古籍和懷抱高潔的心情。觀察萬物，可以豐富知識；鑽研古籍，可以吸收間接經驗，學先士之盛藻，得才士之用心，以提高自己的寫作技巧。至於懷抱高潔的心情，即所謂懷霜之心，臨雲之志，在創作過程中也發揮着巨大的作用。有了這三方面的準備，要進入創作過程，還必須到現實生活中去體驗："遵四時以嘆逝，瞻萬物而思紛；悲落葉於勁秋，喜柔條於芳春。"文以情生，情因物感，才是創作過程的起點。

有了創作的要求，接着運用藝術的想象："精騖八極，心遊萬仞"；"浮天淵以安流，濯下泉而潛浸"；"觀古今於須臾，撫四海於一瞬"。藝術想象馳騁於窮高極遠的空間，突破上下古今的限制，然後使得"情曈曨而彌鮮，物昭晰而互進"，感情更加鮮明，物象更加清晰。於是進入寫作過程，在"抱景者咸叩，懷響者畢彈"的衆多形象中，作者進行了選擇和概括："或因枝以振葉，或沿波而討源；或本隱以之顯，或求易而得難"；"雖離方而遯員，期窮形而盡相"；對藝術素材進行着由此及彼、由表及裏的改造工作。最後，作者創造出具體而概括的形象："函緜邈於尺素，吐滂沛乎寸心"；"籠天地於形內，挫萬物於筆端"。陸機用詩一般的語言，生動而具體地描繪了藝術創作的全過程。這個過程從詩人感物生情到窮情寫物，自始至終是在具體的形象而不是在抽象的概念中進行的。儘管陸機沒有用形象思維這個詞，却通過對構思的形象化的描寫。表達了一種思想：藝術創作過程實質上是形象思維過程，從而觸及到藝術創作中一個帶有普遍規律性的問題。

他認爲，藝術構思，要發揮獨創精神，即所謂“謝朝華於已披，啓夕秀於未振”。“朝華”“夕秀”是指一種新的境界、新的技巧，是兼指意與辭兩方面的，所以下文即從意與辭兩方面說明藝術構思的甘苦，怎樣從複雜多變的構思中達到完美地表現事物的目的，“或妥帖而易施，或岨峿而不安”；“罄澄心以凝思，眇衆慮而爲言”。總之，構思過程不論怎樣複雜，有時難，有時易，有時順，有時逆；有時先樹要領，有時後點主題，但最基本的，還是要求修辭立誠，表裏如一。這即是上文所說的要有高潔的心情，所以說“信情貌之不差，故每變而在顏”。從這樣理解，所以意與辭的關係，還是以意爲主，“理扶質以立幹，文垂條而結繁”。這些見解，都是正確的。

行文樂趣是通過構思使意和辭都得到充分的表現。爲了達到這個目的，要注意四個問題：(一)注意鎔裁而使辭意雙美；(二)通過警句而突出主題；(三)避免雷同而力求獨創；(四)保留精美的辭句，避免文章的平庸。此外，再要防止五種弊病：(一)篇幅短小，不足成文；(二)美醜混合，文不調諧；(三)重詞輕情，流於空泛；(四)迎合時好，格調不高；(五)淸空疏緩，缺少眞味。總起來說，儘管作品的表現方法變化多端，“因宜適變，曲有微情”，但是只要能認識變化的規律，“達變而識次”，那麼也就掌握住最根本的關鍵了。這是構思時重要的關鍵，也即是作文利害的重要關鍵。

他從構思又提到感興的問題。他形象地描繪了感興開塞時的不同情狀，但是他只知道來時如風發泉涌，去時如枯木涸流，而說不出所以如此的原因。其實他講到“天機駿利”“六情底滯”，和《文心雕龍·養氣》所言，比較接近，並不能說他眞的完全不知道“開塞之所由”。

《文賦》主要是說明了創作過程中構思的問題，這是陸機從自己的體會中總結出來的。

由于他爲自己的生活環境和創作經驗所限，所以有時也表現出一些偏重形式的傾向。“普辭條與文律，良余膺之所服”，他是主張這些辭條文律的。“其會意也尙巧，其遣言也貴妍”，又是比較強調藝術技巧的。

此外，還講到文章的體制風格以及功能等等問題，但這並不是此文的核心所在。

附　錄

與兄平原書(節錄)

〔晉〕陸　雲

雲再拜。往日論文，先辭而後情，尙絜而不取悅澤。嘗憶兄道，張公父(原作文，據《漢魏六朝百三名家集》校改)子論文，實自欲得。今日便欲宗其言。兄文章之高遠絕異，不可復稱言，然猶皆欲微多，但清新相接，不以此爲病耳。若復令小省，恐其妙欲不見，可復稱極，不審兄由以爲爾不？……雲今意視文，乃好清省，欲無以尙，意之至此，乃出自然。……

《四部叢刊》本《陸士龍文集》卷八

日　月　篇(節錄)

〔清〕鄧　繹

陸機《文賦》云：“來不可遏，去不可止。”東坡所云“行乎其所不得不行，止乎其所不得不止”也。又云：“思風發於胸臆，言泉流於脣齒”。東坡所云：“如萬斛泉源隨地涌出”者也。不惟東坡，雖彥和之《文心雕龍》，亦多胎息於陸。古稱中郎枕祕，深畏人知，漢、魏以來，一文之傳，殊不易易；而後儒每忽視之，其終於固陋也宜哉。

《藻川堂譚藝》

文章流别論[1]

〔晉〕摯　虞[2]

文章者，所以宣上下之象[3]，明人倫之敍[4]，窮理盡性[5]，以究萬物之宜者也[6]。王澤流而詩作[7]，成功臻而頌興[8]，德勳立而銘著[9]，嘉美終而誄集[10]。祝史陳辭[11]，官箴王闕[12]。《周禮》太師掌教六詩：曰風，曰賦，曰比，曰興，曰雅，曰頌[13]。言一國之事，繫一人之本，謂之風。言天下之事，形四方之風，謂之雅。頌者，美盛德之形容[14]。賦者，敷陳之稱也[15]。比者，喻類之言也[16]。興者，有感之辭也[17]。後世之爲詩者多矣，其稱功德者謂之頌，其餘則總謂之詩。頌，詩之美者也。古者聖帝明王，功成治定而頌聲興。於是史錄其篇，工歌其章，以奏於宗廟，告於鬼神。故頌之所美者，聖王之德也，則以爲律呂[18]。或以頌形，或以頌聲，其細已甚，非古頌之意。昔班固爲《安豐戴侯頌》[19]，史岑爲《出師頌》、《和熹鄧后頌》[20]，與《魯頌》體意相類[21]，而文辭之異，古今之變也。揚雄《趙充國頌》[22]，頌而似雅；傅毅《顯宗頌》，文與《周頌》相似，而雜以風雅之意[23]。若馬融《廣成》、《上林》之屬，純爲今賦之體，而謂之頌，失之遠矣[24]。

(《藝文類聚》五十六，《御覽》五百八十八)

賦者，敷陳之稱，古詩之流也[25]。古之作詩者，發乎情，止乎禮義[26]。情之發，因辭以形之；禮義之旨，須事以明之。故有賦焉，所以假象盡辭，敷陳其志[27]。前世爲賦者，有孫卿、屈原，尚頗有古詩之義[28]，至宋玉則多淫浮之病矣[29]。《楚辭》之賦，賦之善者也。故揚子稱賦莫深於《離騷》[30]。賈誼之作，則屈原儔也[31]。古詩之賦，以情義爲主[32]，以事類[33]爲佐。今之賦，以事形爲本[34]，以義正爲助[35]。情義爲主，則言省而文有例矣；事形爲本，則言富而辭無常矣。文之煩省，辭之險易，蓋由於此。夫假象過大，則與類相遠[36]；逸辭過壯，則與事相違[37]；辯言過理，則與義相失[38]；麗靡過美，則與情相悖[39]。此四過者，所以背大體而害政教。是以司馬遷割相如之浮說[40]，揚雄疾"辭人之賦麗以淫"[41]。(《藝文類聚》五十六，《御覽》五百八十七)

《書》云："詩言志，歌永言"，言其志謂之詩。古有采詩之官[42]，王者以知得失。古之詩有三言、四言、五言、六言、七言、九言。古詩率以四言爲體，而時有一句二句雜在四言之間，後世演之，遂以爲篇。古詩之三言者，"振振鷺，鷺于飛"[43]之屬是也，漢郊廟歌多用之[44]。五言者"誰謂雀無角，何以穿我屋"[45]之屬是也，於俳諧倡樂多用之[46]。六言者，"我姑酌彼金罍"[47]之屬是也，樂府亦用之[48]。七言者，"交交黃鳥止于桑"[49]之屬是也，於俳諧倡樂多用之[50]。古詩之九言者，"泂酌彼行潦挹彼注茲"[51]之屬是也，不入歌謠之章，故世希爲之[52]。夫詩雖以情志爲本，而以成聲爲節。然則雅音之韻，四言爲正[53]；其餘雖備曲折之體[54]，而非音之正也。(《藝文類聚》五十六)

《七發》造於枚乘，借吳、楚以爲客主[55]。先言"出輿入輦，蹷痿之損[56]；深宮洞房，寒暑之疾[57]；靡曼美色，晏安之毒[58]；厚味暖服，淫曜之害[59]。宜聽世之君子，要言妙道，以疏神導引，蠲淹滯之累[60]。"既設此辭以顯明去就之路，而後說以色聲逸游之樂，其說不入，乃陳聖人辨士講論之娛，而霍然疾瘳[61]。此因膏粱之常疾，以爲匡勸，雖有甚泰之辭，而不沒其諷諭之義也。其流遂廣，其義遂變，率有辭人淫麗之尤矣[62]。崔駰既作"七依"[63]，而假非有先生之言曰："嗚呼，揚雄有言，童子雕蟲篆刻，俄而曰壯夫不爲也[64]。孔子疾小言破道[65]。斯文之族[66]，豈不

謂義不足而辨有餘者乎！賦者將以諷，吾恐其不免於勸也”[67]。(《藝文類聚》五十七，《御覽》五百九十)

揚雄依《虞箴》[68]作《十二州》、《十二官箴》而傳於世[69]，不具九官[70]。崔氏累世彌縫其闕，胡公又以次其首目而爲之解，署曰《百官箴》[71]。(《書鈔》原本一百二)

夫古之銘至約，今之銘至繁，亦有由也。質文時異，則既論之矣(原本作“論既論則之矣”，據《太平御覽》校改)，且上古之銘，銘於宗廟之碑[72]。蔡邕爲楊公作碑，其文典正，末世之美者也[73]。後世以來之器銘之嘉者，有王莽《鼎銘》[74]、崔瑗《杌銘》[75]、朱公叔《鼎銘》[76]、王粲《硯銘》[77]，咸以表顯功德，天子銘嘉量，諸侯大夫銘太常勒鐘鼎之義[78]。所言雖殊，而令德一也。李尤爲銘，自山河都邑，至於刀筆平契，無不有銘，而文多穢病[79]；討論潤色[80]，言可采錄。(《御覽》五百九十)

詩頌箴銘之篇，皆有往古成文，可放依而作。惟誄無定制，故作者多異焉。見於典籍者，《左傳》有魯哀公爲孔子誄[81]。(《御覽》五百九十六)

哀辭者，誄之流也。崔瑗、蘇順、馬融等爲之[82]，率以施於童殤夭折、不以壽終者[83]。建安中[84]，文帝與臨淄侯各失稚子[85]，命徐幹、劉楨等爲之哀辭[86]。哀辭之體，以哀痛爲主，緣以歎息之辭[87]。(《御覽》五百九十六)

今所□哀策者，古誄之義[88]。(《御覽》五百九十六)

若《解嘲》之弘緩優大[89]，《應賓》之淵懿溫雅[90]，《達旨》之壯厲忼慷[91]，《應間》之綢繆契闊[92]，鬱鬱彬彬，靡有不長焉矣[93]。(《書鈔》一百)

古有宗廟之碑。後世立碑於墓，顯之衢路，其所載者銘辭也[94]。

圖讖之屬，雖非正文之制，然以取其縱橫有義，反覆成章[95]。

中華書局影印嚴可均校輯本《全上古三代秦漢三國六朝文·全晉文》卷七十七

【註釋】

[1] 文章流別論——劉師培《蒐集文章志材料方法》說:“文學史者,所以考歷代文學之變遷也。古代之書,莫備于晉之摯虞,虞之所作,一曰《文章志》;一曰《文章流別》。志者,以人爲綱者也。流別者,以文體爲綱者也。”文章流別論,即關於各種文體性質、源流的論文。據《晉書·摯虞傳》:“虞撰《文章志》四卷,……又撰《古文章類聚》,區分爲三十卷,名曰《流別集》,各爲之論,辭理愜當,爲世所重。”《隋書·經籍志》著錄虞有“《文章流別集》四十一卷,《文章流別志、論》二卷”。《文章流別集》應是文章選本。《隋書·經籍志》以爲它是總集的開始。據《晉書》所說,“論”大概是原附於《集》,又摘出別行。成爲文體專論。《文章流別集》與《文章流別志》二書均佚。清嚴可均《全晉文》、張鵬一《關隴叢書》有《志論》佚文的輯本。

[2] 摯虞(?——公元三一一年)——字仲洽,京兆長安人。晉泰始(公元二六五——二七四年)年間舉賢良,拜中郎。官至太常卿。遭亂餓死。著《文章流別集》外,又有《文集》十卷,大半散失。明張溥輯《漢魏六朝百三名家集》中有《摯太常集》輯本一卷。《全晉文》輯爲二卷。《晉書》卷五十一有傳。

[3] 宣上下之象——《易·繫辭下》:“古者庖犧氏之王天下也,仰則觀象於天,俯則觀法於地,觀鳥獸之文,與地之宜,近取諸身,遠取諸物,於是始作八卦。”又《繫辭上》:“《易》與天地準,故能彌綸天地之道。仰以觀於天文,俯以察於地理,是故知幽明之故。”孔穎達《正義》:“天有懸象而成文章,故稱文也。”上下,指天地。李鼎祚《周易集解》引虞翻說:“在天稱上,入地爲下。”

[4] 明人倫之敘——人倫,人道。敘,次序。《孟子·滕文公》:“使契爲司徒,教以人倫:父子有親,君臣有義,夫婦有別,長幼有序,朋友有信。”

[5] 窮理盡性——《易·說卦》:“窮理盡性,以至於命。”孔穎達《正義》解釋此句之意爲“窮極萬物深妙之理,究盡生靈所稟之性”。

[6] 以究萬物之宜——《易·繫辭上》:“象其物宜”。孔穎達《正義》:“聖人又法象其物之所宜。若象陽物,宜於剛也;若象陰物,宜於柔也;是各象其物之所宜。”

[7] 王澤流而詩作——澤,德澤。流,流布。作,興起。班固《兩都賦序》:“昔成、康沒而頌聲寢,王澤竭而詩不作。”李善注:“《毛詩序》曰:‘止乎禮義,先王之澤

也。’然則作詩稟乎先王之澤，故王澤竭而詩不作。”這裏說“王澤流而詩作”，是反用《兩都賦序》語。

[8] 成功臻而頌興——《詩大序》：“頌者，美盛德之形容，以其成功告於神明者也。”鄭玄《周頌譜》：“頌之言容。天子之德，光被四表，……於是和樂興焉，頌聲乃作。”孔穎達《正義》：“此解名之爲頌之意。頌之言容，歌成功之容狀也。”

[9] 德勳立而銘著——勳，功勳。《左傳》襄公十九年載臧武仲曰：“夫銘，天子令德，諸侯言時計功，大夫稱伐。”《禮記·祭統》：“銘者，論譔其先祖之有德善、功烈、勳勞、慶賞、聲名列於天下，而酌之祭器，自成其名焉。”鄭玄注：“銘，謂書之刻之以識事者也。”

[10] 嘉美終而誄集——嘉，美善。嘉美終，有美善德行的人逝世。集，成。《禮記·曾子問》鄭玄注：“誄，累也。累列生時行迹，讀之以作謚。”

[11] 祝史陳辭——《左傳》桓公六年：“祝史正辭，信也。”孔穎達《正義》：“祝官史官正其言辭。”《周禮·春官宗伯》：“大祝掌六祝之辭。……作六辭，以通上下情疏遠近。”

[12] 官箴王闕——《左傳》襄公四年：“昔周辛甲之爲大史也，命百官，官箴王闕。”杜預注：“闕，過也。使百官各爲箴辭戒王過。”

[13] 周禮太師七句——文見《周禮·春官宗伯》。六詩的解釋見《毛詩序》注[18]至[23]。

[14] 言一國之事八句——見《毛詩序》。

[15] 賦者敷陳之稱也——見《毛詩序》注[19]。

[16] 比者喻類之言也——喻類，用類似之物爲比喻。參見《毛詩序》注[20]。

[17] 興者有感之辭也——感，感動觸發。興，即是因外物的觸動而引起詩興，並借託彼物爲詩篇的發端。參見《毛詩序》注[21]。

[18] 故頌之所美者三句——意爲將頌美君王德行的歌辭，配奏於音樂。這是“聲音之道，與政通矣”的說法。《漢書·禮樂志》：“造爲詩賦，略論律呂，以合八音之調。”律呂，見《尚書·堯典》注[12]。

[19] 昔班固爲安豐戴侯頌——後漢竇融封安豐侯，卒，謚戴。班固所寫頌文已佚。

[20] 史岑爲出師頌和熹鄧后頌——史岑，字孝山，東漢人。《出師頌》收於蕭統《文選》卷四十七。李善注：“史岑有二：字子孝者，仕王莽之末；字孝山者，當和熹之際。”李周翰注：“此頌蓋後漢安帝舅鄧騭出征西羌之頌。”《和熹鄧后頌》文已佚。和熹鄧后，東漢和帝的皇后。和帝死后，子殤帝立，鄧后臨朝。殤帝死，安帝立，后仍臨朝。后死後，安帝始親政。和熹是鄧后謚號。

［21］與魯頌體意相類——《詩三百篇》裏的頌詩，《周頌》和《商頌》都是頌天子功德的。“《魯頌》主詠僖公功德，纔如變風之美者耳。”（見《詩大序》孔穎達《正義》）《安豐戴侯頌》等三篇，不是頌漢天子功德，而是頌皇后或大臣，所以本文說它“與《魯頌》體意相類”。

［22］揚雄趙充國頌——《漢書·趙充國傳》：“初，充國以功德，與霍光等列畫未央宮。成帝時，西羌嘗有警，上思將帥之臣，追美充國。乃召黃門郎揚雄卽充國圖畫而頌之曰……”頌文載於《漢書·趙充國傳》、《文選》卷四十七。

［23］傅毅顯宗頌三句——顯宗，東漢明帝廟號。《後漢書·傅毅傳》：“毅追美孝明皇帝功德最盛，而廟頌未立，乃依《清廟》作《顯宗頌》十篇奏之。”頌文已佚。《周頌》是頌周王朝統治者的，開端卽是《清廟之什》。《顯宗頌》依《清廟》而作，吹捧漢天子，所以本文說它“文與《周頌》相似”。由於《顯宗頌》已佚，嚴可均《全後漢文》輯得兩條，僅存四句，“雜以風雅之意”，已難看出。

［24］馬融廣成上林之屬四句——馬融（公元七九年——一六六年）字季長，東漢前期經學家，文學家。有集九卷，已亡佚。張溥輯《漢魏六朝百三名家集》中有《馬季長集》一卷。嚴可均《全後漢文》輯其文爲一卷。《後漢書》卷六十上有《馬融傳》稱：“鄧太后臨朝，騭兄弟輔政。而俗儒世士，以爲文德可興，武功宜廢。融以爲文武之道，聖賢不墜，五才之用，無或可廢，上《廣成頌》以諷諫。”頌文見《馬融傳》。《上林頌》已佚。《文心雕龍·頌讚》：“馬融之《廣成》、《上林》，雅而似賦，何弄文而失質乎！”意卽本摯虞此論，而進一步有所說明。

［25］古詩之流也——班固《兩都賦序》：“賦者，古詩之流也。”李善注：“《毛詩序》曰：‘詩有六義焉：二曰賦。’故賦爲古詩之流也。”

［26］發乎情二句——見《毛詩序》。

［27］假象盡辭二句——象，天地萬物之形象。此二句謂虛構形象，窮盡巧麗之辭作賦以陳其志。

［28］孫卿屈原尚頗有古詩之義——見《漢書·藝文志》。

［29］至宋玉則多淫浮之病——參見《法言·吾子》。

［30］揚子稱賦莫深於離騷——《漢書·揚雄傳贊》：雄以爲“賦莫深於《離騷》，反而廣之”。

［31］賈誼之作二句——按：章炳麟《國故論衡中·辨詩》：“然言賦者，多本屈原。漢世自賈生《惜誓》，上接《楚辭》，《鵩鳥》亦方物《卜居》。”是卽闡明《流別論》之說。

［32］古詩之賦二句——古詩之賦，這裏指繼承《詩三百篇》傳統精神的“詩人之賦”，

即《騷》。王逸《楚辭章句序》:“而屈原履忠被譖,憂悲愁思,獨依詩人之義,而作《離騷》,上以諷諫,下以自慰。”“夫《離騷》,依託五經以立義焉。”

[33] 事類——《文心雕龍·事類》:“事類者,蓋文章之外,據事以類義,援古以證今者也。”

[34] 今之賦二句——今之賦,指所謂“辭人之賦”。《漢書·藝文志》:“漢興,枚乘、司馬相如下及揚子雲,競爲侈麗閎衍之辭,沒其風諭之義。”形,天地萬物的形貌。《文心雕龍·詮賦》所云“相如《上林》繁類以成豔”,“子淵《洞簫》,窮變於新聲”。都是指以事形爲本的賦。

[35] 以義正爲助——正,雅。《詩大序》所謂“雅者,正也”,《文心雕龍·詮賦》所謂“麗詞雅義,符采相勝”,即是此“正”字之義。漢代一些體物的賦,以追求外形的華美爲主,重文輕質,所以說是“以義正爲助”。

[36] 假象過大二句——虛構的形象過分誇大,那就遠遠不是事物的眞相。

[37] 逸辭過壯二句——逸辭,義近誇張。此句意爲遣詞誇張得過火,往往會與事實相違背。

[38] 辯言過理二句——此二句指漢代詞賦,如《子虛賦》《上林賦》等,設爲主客問答辯論,往往浮詞過理,不符合詩賦義在諷諭的要求。《漢書·司馬相如傳贊》說:“揚雄以爲靡麗之賦,勸百而風一。”指的正是此類作品。

[39] 麗靡過美二句——悖,違背。《文心雕龍·詮賦》:“情以物興,故義必明雅;物以情觀,故詞必巧麗。……然逐末之儔,蔑棄其本,……遂使繁華損枝,膏腴害骨。”即是這二句的意思。

[40] 割相如之浮說——割,義爲剔除。《史記·司馬相如傳贊》:“相如雖多虛辭濫說,要其歸,引之於節儉。”

[41] 揚雄疾辭人之賦麗以淫——見《法言·吾子》注[8]。

[42] 古有采詩之官——《漢書·食貨志》:“孟冬之月,行人振木鐸徇於路,以采詩獻之大師,比其音律,以聞於天子。”《左傳》襄公十四年:“遒人以木鐸徇於路。”杜預注:“行人之官,木鐸徇於路,求歌謠之言。”

[43] 振振鷺鷺于飛——《詩·魯頌·有駜》:“振振鷺,鷺於下。鼓咽咽,醉言舞。于胥樂兮!”“振振鷺,鷺于飛。鼓咽咽,醉言歸。于胥樂兮!”毛傳:“振振,羣飛貌。鷺,白鳥也。”

[44] 漢郊廟歌多用之——漢代郊廟歌,指漢《郊祀歌》十九首,用於郊祀天地,也用於宗廟。其中《練時日》、《天馬》、《華爗爗》、《五神》、《朝隴首》、《象載瑜》、《赤蛟》諸章,是整篇三言。《天門》一章中,雜有三言。

[45] 誰謂雀無角句——《詩·召南·行露》:“誰謂雀無角?何以穿我屋?誰謂女無家?何以速我獄?”爲五言句。《文心雕龍·明詩》論五言詩也說:“按《召南·行露》,始肇半章。”

[46] 於俳諧倡樂多用之——黄侃《詩品講疏》:“凡非大禮所用者,皆俳諧倡樂,此中兼有樂府所載歌謠。”《文心雕龍·明詩》:“暇豫優歌,遠見春秋;邪徑童謠,近在成世;閲時取證,則五言久矣。”按:《國語·晉語》載優施起舞的歌凡四句,三句全是五言。《漢書·五行志》載成帝時歌謠“邪徑敗良田”六句全是五言。其它如相和歌辭的《江南》、《鷄鳴》、《陌上桑》、《長歌行》、《君子行》、《豫章行》、《相逢行》、《長安有狹邪行》、《隴西行》、《步出夏門行》、《折楊柳行》、《雙白鵠》、《豔歌行》、《豔歌》、《上留田行》、《皎如山上雪》、《怨詩行》;雜曲歌辭的《傷歌行》、《孔雀東南飛》、《枯魚過河泣》、《古八變歌》、《古咄唶歌》;雜歌謠詞的《築長城謠》、《紫宫諺》、《桂樹華不實謠》、《城中謠》;屬於本文的“俳諧倡樂多用之”。

[47] 我姑酌彼金罍——《詩·周南·卷耳》:“陟彼崔嵬,我馬虺隤。我姑酌彼金罍,維以不永懷。陟彼高岡,我馬玄黄。我姑酌彼兕觥,維以不永傷。”按:《詩三百篇》中六言單句,不止於此。趙翼《陔餘叢考》卷二十三云:“按《毛詩》‘謂爾遷於王都’、‘曰予未有室家’等句,已開其端。”

[48] 樂府亦用之——指樂府中亦有六言句者。黄侃《詩品講疏》:“如《悲歌》‘悲歌可以當泣,遠望可以當歸’二句,《猛虎行》‘饑不從猛虎食,暮不從野雀棲’二句,又《上留田行》前四句,皆六言成句者也。”按:漢樂府中六言單句,不止於黄氏所舉。如《郊祀歌·日出入》、《鐃歌·上邪》、《東門行》、《婦病行》、《孤兒行》、《滿歌行》諸篇中都有。

[49] 交交黄鳥止于桑——《詩·秦風·黄鳥》:“交交黄鳥止于棘。”“交交黄鳥止于桑。”“交交黄鳥止于楚。”黄侃《詩品講疏》:“按從‘鳥’字斷句亦可,宜舉‘昔也日闢國百里’二句。”《文章緣起》陳懋仁註:“《周頌》‘學有緝熙於光明’,七言之屬也。”趙翼《陔餘叢考》卷二十三:“七言,劉勰謂出自《詩》、《騷》,孔穎達舉‘如彼築室於道謀’爲七言之始,然不特此也。如‘自今伊始歲其有’、‘君子有穀貽孫子’等句甚多。顧寧人(炎武)謂《楚詞》、《招魂》、《九招》去其些只,即是七言。按‘遷藏就岐何所依,殷有惑婦何所譏’等句,本無些只,則竟是七言也。特尚未以爲全篇。”

[50] 於俳諧倡樂多用之——黄侃《詩品講疏》:“樂府中多以七字爲句,如《鼓吹鐃歌》中‘千秋萬歲樂無極’、‘江有香草目以蘭’。此外不能悉舉。”按:漢樂府歌謠整篇中使用七言句較多的,有後漢桓帝時“小麥青青大麥枯”童謠一首,全詩六

句，七言有四句，三言只兩句。曹丕《燕歌行》則通篇用七言。

[51] 洞酌彼行潦挹彼注茲——這是《詩·大雅·洞酌》開頭之句。黃侃《詩品講疏》："案此仍從'潦'字斷句。《詩三百篇》實無九言者。當舉《九辯》之'吾固知其鉏鋙而難入。'"《文章緣起》陳懋仁註："《夏書·五子之歌》'懔乎若朽索之馭六馬'，九言也。"

[52] 不入歌謠之章二句——黃侃《詩品講疏》："按《烏生》篇'唶我秦氏家有遊蕩子'，及'白鹿乃在上林西苑中'等句，皆九言，所謂'不入歌謠之章'者，蓋因其希見爾。"

[53] 然則雅音之韻二句——《詩三百篇》主要是四言詩。後來形成了一種以四言爲雅音、正音的論點。這是評論詩歌形式、詩樂關係的一種保守觀點。章炳麟《國故論衡中·辨詩》："語曰：'在心爲志，發言爲詩。'此則吟咏情性，古今所同。而聲律調度異焉。魏文侯聽今樂則不知倦，古樂則臥。故知數極而遷，雖才士弗能以爲美。《三百篇》者，四言之至也。在漢獨有韋孟，已稍淡泊。下逮魏氏，樂府獨有《短歌》、《善哉》諸行爲激卬也。自王粲而降，作者抗志，欲返古初，其辭安雅。而惰弛無節者衆，若束皙之《補亡詩》，視韋孟猶登天。嵇、應、潘、陸，亦以楛竊。'悠悠大上，民之厥初'，'於皇時晉，受命既固'，蓋庸下無足觀，非其材劣，固四言之勢盡矣。"此論可修正摯虞的說法。

[54] 曲折之體——章炳麟《國故論衡中·辨詩》："漢世所謂歌詩者，有聲音曲折，可以弦歌。"自注："如《河南周歌聲曲折》七篇，《周謠歌詩聲曲折》七十五篇是也。"按：見《漢書·藝文志》著錄。

[55] 七發造於枚乘二句——枚乘（?——約公元前一四〇年），字叔，淮陰人。西漢前期文學家。先爲吳王劉濞的郎中，後爲梁孝王劉武的門客。武帝即位，被徵召入京，死於路上。《漢書·藝文志》著錄枚乘賦九篇，今只存《七發》等三篇，惟《七發》可信，餘二篇後人疑爲僞託。所有後代留存的枚乘詩文，已分別收入嚴可均輯的《全漢文》、丁福保輯的《全漢詩》中。該文假說楚太子有疾，吳客往問，說七事以啓發太子，故名《七發》。《文心雕龍·雜文》以爲"蓋七竅所發，發乎嗜欲，始邪末正，所以戒膏粱之子也。"

[56] 出輿入輦二句——《七發》："且夫出輿入輦，命曰蹷痿之機。"蹷痿，麻痹癱瘓不能行走的病症。

[57] 深宮洞房二句——《七發》："洞房清宮，命曰寒熱之媒。"

[58] 靡曼美色二句——《七發》："皓齒蛾眉，命曰伐性之斧。"《呂氏春秋·本生》："靡曼皓齒，……命之曰伐性之斧。"高誘注："靡曼，細理弱肌，美色也。"

[59] 厚味暖服二句——《七發》:“飲食則温淳甘膬,腥醲肥厚;衣裳則雜遝曼暖,燂爍熱暑。雖有金石之堅,猶將銷鑠而挺解也,況其在筋骨之間乎哉。”又:“甘脆肥膿,命曰腐腸之藥。”淫曜,疑當爲“淫濯”。《七發》:“血脈淫濯。”《爾雅》:“淫,過也。”又“濯,大也。”淫濯,過度之意。

[60] 宜聽世之君子四句——《七發》:“客曰:今太子之病,可無藥石針刺灸療而已,可以要言妙道説而去也。”要言,精要的話。妙道,深妙的道理。

[61] 乃陳聖人辨士二句——《七發》:“客曰:將爲太子奏方術之士有資略者,若莊周、魏牟、楊朱、墨翟、便蜎、詹何之倫。使之論天下之精微,理萬物之是非。孔老覽觀,孟子籌之,萬不失一。此亦天下要言妙道也,太子豈欲聞之乎?於是太子據几而起,曰:渙乎若一聽聖人辯士之言,涊然汗出,霍然病已。”霍然,迅速貌,形容疾病頓愈。瘳,病愈。

[62] 其流遂廣三句——《藝文類聚》引傅玄《七謨序》:“昔枚乘作《七發》,而屬文之士,若傅毅、劉廣世、崔駰、李尤、桓麟、崔琦、劉梁、桓彬之徒,承其流而作之者,紛焉《七激》、《七興》、《七依》、《七款》、《七説》、《七蠲》、《七舉》、《七設》之篇。於是通儒大才馬季長(融)、張平子(衡)亦引其源而廣之。馬作《七厲》,張造《七辨》,或以恢大道而導幽滯,或以黜瑰奓而託諷詠,揚輝播烈,垂於後世者,凡十有餘篇。”《文心雕龍·雜文》:“自《七發》以下,作者繼踵。……自桓麟《七説》以下,左思《七諷》以上,枝附影從,十有餘家。或文麗而義暌,或理粹而辭駁。觀其大抵所歸,莫不高談宮館,壯語畋獵。窮瓌奇之服饌,極蠱媚之聲色。甘意搖骨體,豔詞動魂識,雖始之以淫侈,而終之以居正。然諷一勸百,勢不自反。”辭人淫麗,揚雄語,見《法言·吾子》注[8]。

[63] 崔駰既作七依——崔駰(?——公元九二年)後漢經學家、文學家。字亭伯,涿郡安平人。少與班固、傅毅齊名。竇憲爲車騎將軍,以爲府掾,改主簿。後命爲長岑長,不赴任。有集十卷,已散佚。明張溥輯《漢魏六朝百三名家集》中,輯有《崔亭伯集》一卷。嚴可均《全後漢文》中共輯文三十六篇。《後漢書》卷五十二有傳。《七依》文殘佚,《全後漢文》輯得九條。《文心雕龍·雜文》:“崔駰《七依》,入博雅之巧。”

[64] 雕蟲篆刻壯夫不爲——見《法言·吾子》注[3]。

[65] 小言破道——《大戴禮》:“夫小辨破言,小言破義,小義破道。”

[66] 斯文之族——“族”,原作“簇”,范文瀾《文心雕龍》注:“疑是‘族’之誤。”今據改。族,意爲屬。斯文之族,猶云斯文之輩。

[67] 賦者將以諷二句——語見揚雄《法言·吾子》及該篇注[4]。

[68] 虞箴——即《虞人之箴》，見《左傳》襄公四年。乃周辛甲爲大史時，虞人所作。虞人，掌田獵的官。《太平御覽》卷五百八十八引崔漢《敍箴》云："昔揚子雲讀《春秋傳》《虞人箴》而善之，於是作爲《九州》及《二十五官》箴規匡救，言君德之所宜，斯乃體國之宗也。"章炳麟《國故論衡·辨詩》："詩與箴一實也。故自《虞箴》既顯，揚雄、崔駰、胡廣爲《官箴》，氣體文旨，皆弗能與《虞箴》異。蓋箴規誨刺者其義，詩爲之名。後世特以箴爲一種，與詩抗衡，此以小爲大也。"

[69] 作十二州句——揚雄所作《州箴》，凡十二首：《冀州牧箴》、《兗州牧箴》、《青州牧箴》、《徐州牧箴》、《揚州牧箴》、《荊州牧箴》、《豫州牧箴》、《益州牧箴》、《雍州牧箴》、《幽州牧箴》、《并州牧箴》、《交州牧箴》。姚鼐《古文辭類纂》說："按子雲本傳：'箴莫善於《虞箴》，作《州箴》。'《藝文志》以《州箴》列於儒家。此本錄從《藝文類聚》，別無善本，蓋多舛譌。子雲文尙奇詭，而《趙充國頌》及此文獨平易，蓋箴頌之體宜爾也。漢武帝元封五年，始置刺史部十三州。……至平帝元始三年，始更十二州名分界郡國所屬。……其文必平帝時作。"《十二官箴》，據《後漢書·胡廣傳》，當作《二十五官箴》。揚雄所作《二十五官箴》，在漢代已有亡闕，今可攷見其文的篇目是：《大司農箴》、《侍中箴》、《光祿勳箴》、《大鴻臚箴》、《宗正卿箴》、《衞尉箴》、《太僕箴》、《廷尉箴》、《少府箴》、《執金吾箴》、《將作大匠箴》、《城門校尉箴》、《太史令箴》、《國三老箴》、《太樂令箴》、《太官令箴》、《上林苑令箴》。都收輯於嚴可均《全漢文》中。嚴氏輯文列於揚雄所作的《官箴》還有《司空》、《尙書》、《太常》、《博士》四箴，一云崔駰、崔瑗所作，《藝文類聚》作揚雄。

[70] 不具九官——按《後漢書·胡廣傳》說："其九箴亡闕。"不具，不完備。九官，九篇官箴。嚴可均云："所謂亡闕者，謂有亡有闕。《侍中》、《太史令》、《國三老》、《太樂令》、《太官令》五箴多闕文，其四箴亡，故云九箴亡闕也。"

[71] 崔氏累世三句——《後漢書·胡廣傳》："後涿郡崔駰及子瑗，又臨邑侯劉騊駼增補十六篇。廣復繼作四篇。文甚典美，乃悉撰次首目，爲之解釋，名曰《百官箴》，凡四十八篇。"首目，四十八篇前面的目次。

[72] 上古之銘二句——按：上古未有銘於宗廟之碑的事。蔡邕《銘論》："物不朽者，莫不朽於金石，故碑在宗廟兩階之間。近世以來，咸銘之於碑。"此說正與摯虞相反。《文心雕龍·誄碑》："碑者，埤也。上古帝王，紀號封禪，樹石埤岳，故曰碑也。周穆紀跡於弇山之石，亦古碑之意也。又宗廟有碑，樹之兩楹，事止麗牲，未勒勳績，而庸器漸缺，故後代用碑，以石代金，同乎不朽，自廟徂墳，猶封墓也。"這裏說的是上古帝王爲碑，無關宗廟碑銘。

[73] 蔡邕爲楊公作碑三句——蔡邕(公元一三三年——一九二年),後漢文學家、書法家。字伯喈,陳留圉人。靈帝時,爲議郎。董卓專政時,官左中郎將。卓誅後,死於獄。散文長於碑記,亦工詩賦。原有《蔡中郎集》已佚,後人輯本精善者爲清海源閣校刊之正集十卷、外紀一卷、外集四卷本。《後漢書》卷六十下有傳。《蔡中郎集》卷三有楊賜碑文四篇,題爲《司空臨晉侯楊公碑》、《漢太尉楊公碑》、《文烈侯楊公碑》、《司空文烈侯楊公碑》。《文心雕龍·誄碑》云:"自後漢以來,碑碣雲起。才鋒所斷,莫高蔡邕。觀楊賜之碑,骨鯁訓典,……其敍事也該而要,其綴采也雅而澤。清詞轉而不窮,巧義出而卓立。察其爲才,自然而至。"典正,典雅。末世,一個朝代的末期。蔡邕是後漢末年人,所以説他的作品是"末世之美"。

[74] 王莽鼎銘——嚴可均《全漢文》輯王莽文,銘文僅存三篇。《鼎銘》已佚。

[75] 崔瑗杌銘——崔瑗(公元七八年——一四三年)。後漢文學家,書法家。字子玉,涿郡安平人。駰子,官至濟北相。有集六卷,已亡佚。嚴可均《全後漢文》輯收其文二十一篇。《後漢書》卷五十二有傳。杌,矮几,《杌銘》已佚。"杌"字亦可能是"杖"字或"枕"字形近而誤。《北堂書鈔》卷一百三十三、《太平御覽》七百十引有崔瑗《杖銘》,《北堂書鈔》卷一百三十四引有崔瑗《柏枕銘》。

[76] 朱公叔鼎銘——朱公叔(公元一〇〇——一六三年),名穆,南陽宛人。官至尚書。有集二卷,已亡佚。嚴可均《全後漢文》輯其文共十一篇,其中無銘。《後漢書》卷四十三有傳。

[77] 王粲硯銘——王粲(公元一七七年——二一七年),漢末文學家。字仲宣,山陽高平人。官至侍中。有集十一卷,已亡佚。明張溥輯《漢魏六朝百三名家集》中有《王侍中集》一卷。《全後漢文》輯文亦爲一卷。《三國志·魏書》卷二十一有傳。《硯銘》見《藝文類聚》卷五十八、《初學記》卷二十一引。

[78] 天子銘嘉量二句——《周禮·冬官考工記》:"㮚氏爲量,……其銘曰:'時文思索,允臻其極。嘉量既成,以觀四國。永啓厥後,茲器維則。'"嚴可均《全上古三代文》收此銘,題爲《嘉量銘》。《周禮·夏官司馬》:"凡有功者銘書於王之大常。"鄭玄注:"生則書於王旌以識其人與其功也。"大常,王所建日月之旗。蔡邕《銘論》:"《春秋》之論銘也,曰天子令德,諸侯言時計功,大夫稱伐。昔肅慎納貢,銘之楛矢,所謂天子令德也。……昔召公作誥,先王賜朕鼎,出於武當曾水。呂尚作周太師而封於齊,其功銘於昆吾之冶。漢獲齊侯寶樽於槐里,獲寶鼎於美陽。仲山甫有補袞闕式百辟之功,《周禮》司勳凡有大功者,銘之大常,所謂諸侯言時計功者也。宋大夫正考父三命茲益恭而莫侮其國,衞孔悝之

父莊叔，隨難漢陽，左右獻公，衞國賴之，皆銘於鼎。晉魏顆獲秦杜回於輔氏，銘功於景鐘，所謂大夫稱伐者也。鐘鼎禮樂之器，昭德紀功，以示子孫。”

[79] 李尤爲銘五句——李尤，後漢文學家，字伯仁，一作宗伯，廣漢雒人。安帝時爲諫議大夫。順帝初，遷樂安相。卒年八十五。有集五卷，已亡佚。張溥輯《漢魏六朝百三名家集》中有《李蘭臺集》一卷。《後漢書》卷八十上《文苑傳》有傳。《全後漢文》嚴可均注云："案《華陽國志》十中'和帝召作《東觀》、《辟雍》、《德陽》諸觀賦銘《懷戎頌》百二十銘；著《政事論》七篇，帝善之。'今搜集羣書，得八十四銘，其餘三十七銘亡。"《北堂書鈔》卷六十二引曹丕《典論》稱他"年少有文章，賈逵薦尤有相如揚雄之風。拜蘭臺令史，與劉珍等共撰《漢紀》。"而摯虞對他的銘辭，却有微詞。《文心雕龍·銘箴》說："李尤積篇，義儉辭碎。蓍龜神物，而居博弈之中；衡斛嘉量，而在臼杵之末；曾名品之未暇，何事理之能閑哉！"可以作摯虞評語的説明。

[80] 討論潤色——《論語·憲問》："爲命，裨諶草創之，世叔討論之，行人子羽修飾之，東里子產潤色之。"討論，提意見。潤色，作文詞上的加工。

[81] 左傳有魯哀公爲孔子誄——《左傳》哀公十六年："夏四月己丑，孔子卒。公誄之曰：'旻天不弔，不憖(且也)遺一老，俾屏余一人以在位，煢煢余在疚！嗚呼哀哉，尼父，無自律(法也)！'"

[82] 哀辭者四句——《文心雕龍·哀弔》："後漢汝陽王亡，崔瑗哀辭，始變前式。然履突鬼門，怪而不辭，駕龍乘雲，仙而不哀；又卒章五言，頗似歌謠。"《全後漢文》所輯崔瑗文，無哀辭。蘇順，字孝山，京兆霸陵人。東漢安帝、和帝年代，以才學知名，官郎中。《後漢書》卷八十上《文苑傳》有傳。《文心雕龍·哀弔》："至於蘇順、張升，並述哀文，雖發其精華，而未極其實。"范文瀾注："蘇順著哀辭等十六篇。"《全後漢文》輯存其文四篇，無哀辭。《全後漢文》所輯馬融文，無哀辭。

[83] 率以施於童殤夭折二句——《文心雕龍·哀弔》："賦憲之諡，短折曰哀。哀者依也。悲實依心，故曰哀也。以辭遣哀，蓋不淚之悼，故不在黄髮，必施夭昏。"

[84] 建安——後漢獻帝年號，共二十四年，自公元一九六年至二一九年。

[85] 文帝與臨淄侯各失稚子——文帝，曹丕。臨淄侯，曹植。曹植集中有《仲雍哀辭》、《金瓠哀辭》、《行女哀辭》三篇。仲雍是丕子，金瓠、行女是植女，都是生數月而夭亡。

[86] 命徐幹劉楨等爲之哀辭——徐幹(公元一七一年——二一四年)，字偉長，北海人。官五官中郎將，有《中論》六卷，集五卷。原集已佚，《全後漢文》輯存其文

十篇。《三國志·魏書》卷二十一有傳。劉楨(?——公元二一七年)，字公幹，東平人。爲丞相掾屬。有集四卷，已佚。張溥輯《漢魏六朝百三名家集》中有《劉公幹集》一卷。《全後漢文》輯存其文十篇。《三國志·魏書》卷二十一有傳。現存徐、劉二家輯文中，都無哀辭。《文心雕龍·哀弔》説:“建安哀辭，惟偉長差善，《行女》一篇，時有側怛。”知徐幹有《行女哀辭》而已佚。

[87] 哀辭之體三句——《文心雕龍·哀弔》:“原夫哀辭大體，情主於痛傷，而辭窮乎愛惜。……隱心而結文則事愜，觀文而屬心則體奢。奢體爲辭，則雖麗不哀；必使情往會悲，文來引泣，乃其貴耳。”

[88] 哀策者古誄之義——《續漢書·禮儀志》:“司徒太史令奉謚哀策。”注:“晋時有人嵩高山下得竹簡一枚，上有兩行科斗書之。臺中外傳以相示，莫有知者。司空張華以問博士束皙。皙曰:此明帝顯節陵中策也。檢校果然，是知策用此書也。”《文心雕龍·祝盟》:“又漢代山陵，哀策流文，周喪盛姬，內史執策。然則策本書贈，因哀而爲文也。是以義同於誄，而文實告神，誄首而哀末，頌體而祝儀，太史所作之讚，因周之祝文也。”

[89] 解嘲之弘緩優大——《解嘲》，揚雄作。見《文選》卷四十五。《文心雕龍·雜文》:“揚雄《解嘲》，雜以諧謔，迴環自釋，頗亦爲工。”

[90] 應賓之淵懿溫雅——《應賓》，指《答賓戲》，班固作，見《文選》卷四十五。《文心雕龍·雜文》:“班固《賓戲》，含懿采之華。”

[91] 達旨之壯厲忼慷——《達旨》，崔駰作。目見《後漢書·崔駰傳》，文已佚。《文心雕龍·雜文》:“崔駰《達旨》，吐典言之裁。”

[92] 應間之綢繆契闊——《應間》，張衡作。其目見《後漢書·張衡傳》，文已佚。《文心雕龍·雜文》:“張衡《應間》，密而兼雅。”按:《文心雕龍·雜文》連續舉四文評説，卽本於摯虞。《解嘲》、《答賓戲》，《文選》標爲設論類。

[93] 鬱鬱彬彬二句——長，高出一般。《文心雕龍·雜文》論以上各篇，也説“雖迭相祖述，然屬篇之高者也。”

[94] 後世立碑於墓三句——參見注[72]。歐陽修《集古錄·宋文帝碑跋》:“余家集古所錄三代以來鐘鼎彝盤，銘刻備有，至後漢以來，始有碑文，欲求前漢時碑碣，卒不可得。是則冢墓碑，自後漢以來始有也。”封演《聞見記》:“豐碑本天子諸侯下棺之柱，臣子或書君父勳伐於其上，又立於隧口，故謂之神道。”趙翼《陔餘叢攷》:“墓道之有碑刻文，本由於懸窆之豐碑，而或易以石也。”姚鼐《古文辭類纂序目》:“誌者，識也。或立石墓上，或埋之壙中，古人皆曰誌。爲之銘者，所以識之之辭也。然恐人觀之不詳，故又爲序。世或以石立墓上，曰碑，曰表。埋

乃曰誌；及分誌銘二之，獨呼前序曰誌者，皆失其義。”按：漢代墓碑，結尾都有銘，如蔡邕《郭有道碑》：“於是樹碑表墓，昭銘景行，……其辭曰云云。”《陳太丘碑》：“刊石作銘，……乃作銘曰云云。”後代碑銘格式都仿此。

[95] 圖讖之屬四句——圖讖，秦漢神權迷信的產物。統名爲圖讖，單稱則爲讖。《説文》：“讖，有徵驗之書，河雒所出書曰讖。”《後漢書·光武紀上》：“以圖讖説光武。”李賢注：“讖，符命之書。讖，驗也。言王者受命之徵驗也。”也有稱圖的一種。任昉《文章緣起》：“圖，漢河間相張人作《玄圖》。”陳懋仁註：“《易·繫辭》：‘河出圖，聖人則之。’《釋名》：‘圖，度也。’盡其品度也。”《文心雕龍·正緯》又從文章的角度説它“事豐奇偉，辭富膏腴，無益經典，而有助文章。”可以與摯虞之論相證。

【説明】

從曹丕的《典論論文》問世以後，一些研究文學問題的專論相繼出現。然而，對文學體裁專門考察其源流、分析其特徵的，要推摯虞的《文章流別論》。《晉書·摯虞傳》云：虞“又撰《古文章類聚》，區分爲三十卷，名曰《流別集》，各爲之論，辭理愜當，爲世所重。”

《文章流別論》之所以值得重視，一是因爲它把文章體裁區分得更細，二是因爲它概括前人研究文體的成果而又有所發揮。在這以前，關於文學體裁，曹丕只講過“奏議宜雅，書論宜理，銘誄尚實，詩賦欲麗。”陸機《文賦》也只提到“詩緣情而綺靡，賦體物而瀏亮，碑披文以相質，誄纏緜而悽愴……。”對各種文體的特點約略舉其犖犖大端。至摯虞的《文章流別論》則不僅作了更詳盡的區分，而且作了更細緻的考察，它反映當時人們對文體特徵認識的深入，是文學理論進一步發展的標誌。

另外，摯虞在論述文體的同時，也旁及對過去文學的評價。其中有的觀點受了某些偏見的影響。象“雅音之韻，四言爲正。”“頌之所美者，聖王之德也”就是這種影響的明顯表現。由於《詩三百篇》以四言爲主，而又包括雅、頌，這些説法實際上是從體裁研究入手把《詩三百篇》奉爲儒家經典的一種努力。但是，在論辭賦時，他把漢代的賦作了兩種分類："古詩之賦，以義正爲主，以事類爲佐；今之賦，以事形爲本，以義正爲助。"他用"古詩之賦"概括那些較具有現實意義的作品，而把過份追求形式、忽視內容的辭賦稱之爲"今之賦"，並指出這種"今之賦"的缺點是"假象過大"、"逸辭過壯"、"辯言過理"、"麗靡過美"。這些觀點可以明顯看出揚雄的思想影響，但對於漢代一度流行的浮誇侈靡的文風是有所批判的。

自摯虞以後，文學體裁的研究更加細緻，劉勰在《文心雕龍》裏把這方面的工作推向一個新階段，其中不少材料和論點都引自《文章流別論》，由此也可看出摯虞這一著作的影響。

附　錄

隋書·經籍志（節錄）

〔唐〕魏　徵

總集者，以建安之後，辭賦轉繁，衆家之集，日以滋廣，晉代摯虞，苦覽者之勞倦，於是採擿孔翠，芟剪繁蕪，自詩賦下，各爲條貫，合而編之，謂爲《流別》。是後文集總鈔，作者繼軌，屬辭之士，以爲覃奧，而取則焉。……

百衲本二十四史《隋書》卷三十五

魏晉文學之變遷（節錄）

〔清〕劉師培

……其論及文體正變及各體源流者，晉人撰作，亦多可采，……其著爲一書者，則有摯虞《文章流別論》二卷，今羣書所引尚十餘則（見嚴輯全晉文）。于詩、賦、箴、銘、哀、誄、頌七雜文之屬，溯其起源，考其正變，以明古今各體之異同，于諸家撰作之得失，亦多評品，集古今論文之大成。……

人民文學出版社劉師培《中國中古文學史講義》

抱朴子·鈞世

〔晉〕葛　洪[1]

或曰：古之著書者才大思深，故其文隱而難曉；今人意淺力近，故露而易見。以此易見，比彼難曉，猶溝澮[2]之方江河，蟻垤之並嵩岱[3]矣。故水不發崑山[4]，則不能揚洪流以東漸[5]；書不出英俊，則不能備致遠之弘韻焉。

抱朴子答曰：夫論管穴者[6]，不可問以九陔[7]之無外；習拘閡[8]者，不可督以拔萃之獨見。蓋往古之士，匪鬼匪神，其形器雖冶鑠[9]於疇曩，然其精神布在乎方策，情見乎辭，指歸[10]可得。

且古書之多隱，未必昔人故欲難曉，或世異語變，或方言不同，經荒歷亂，埋藏積久，簡編朽絕[11]，亡失者多，或雜續殘缺，或脫去章句，是以難知，似若至深耳。

且夫《尚書》者，政事之集也，然未若近代之優文詔策軍書奏議之清富贍麗也。《毛詩》者，華彩之辭也，然不及《上林》《羽獵》《二京》《三都》[12]之汪濊[13]博富也。

然則古之子書，能勝今之作者，何也？

然守株之徒[14]，嘍嘍所翫[15]，有耳無目，何肯謂爾！其於古人所作爲神，今世所著爲淺，貴遠賤近，有自來矣。故新劍以詐刻加價，弊方以僞題見寶也[16]。是以古書雖質樸，而俗儒謂之墮於天也；今文雖金玉，而常人同之於瓦礫[17]也。

然古書者雖多，未必盡美，要當以爲學者之山淵，使屬筆者得采伐漁獵其中。然而譬如東甌[18]之木，長洲[19]之林，梓豫[20]

雖多，而未可謂之爲大廈之壯觀，華屋之弘麗也。雲夢[21]之澤，孟諸[22]之藪，魚肉之（之字疑是衍文。孫星衍以爲之字下脫一字）雖饒，而未可謂之爲煎熬之盛膳，滄狄[23]之嘉味也。

今詩與古詩，俱有義理，而盈於差美[24]。方之於士，並有德行，而一人偏長藝文，不可謂一例也。比之於女，俱體國色，而一人獨閑[25]百伎，不可混爲無異也。

若夫俱論宮室，而奚斯路寢之頌[26]，何如王生之賦靈光[27]乎？同說遊獵，而《叔畋》《盧鈴》之詩[28]，何如相如之言上林乎？並美祭祀，而《清廟》《雲漢》之辭[29]，何如郭氏《南郊》[30]之豔乎？等稱征伐，而《出車》（原作軍，孫星衍校：當作車。玆據改）《六月》之作[31]，何如陳琳《武軍》[32]之壯乎？則舉條可以覺焉。近者夏侯湛、潘安仁並作《補亡詩》——《白華》《由庚》《南陔》《華黍》之屬[33]，諸碩儒高才之賞文者，咸以古詩三百，未有足以偶二賢之所作也。

且夫古者事事醇素[34]，今則莫不彫飾，時移世改，理自然也。至於罽錦[35]麗而且堅，未可謂之減於蓑衣；輜軿[36]妍而又牢，未可謂之不及椎車[37]也。書猶言也，若入談語，故爲知音（音，原作有，孫星衍校：疑作音。玆據改）；胡、越之接，終不相解，以此教戒，人豈知之哉？若言以易曉爲辨，則書何故以難知爲好哉？若舟車之代步涉，文墨之改結繩，諸後作而善於前事，其功業相次千萬者，不可復縷舉也。世人皆知之快於曩矣，何以獨文章不及古邪？

《四部叢刊》影明本《抱朴子外篇》卷三十

【註釋】

［1］葛洪（公元二八四年——三六三年）——字稚川，自號抱朴子，丹陽句容人。晉道家兼神仙家，著有《抱朴子》內篇二十卷，外篇五十卷。《晉書》卷七十一有傳。

［2］溝澮——田間的水溝。

[3] 蝗垤——蝗，蟻本字。蝗垤，喻小土堆。嵩岱——嵩山、泰山。

[4] 水不發崑山——崑山，崑崙山。古時傳説黃河源出崑崙山。

[5] 東漸——東流。

[6] 夫論管穴者——謂對識見狹小孤陋寡聞的人，不能要求他們有博聞卓見。論管穴者，以管窺天的人。

[7] 九陔——猶云九天。

[8] 拘閡(垓)——拘守局限。

[9] 形器——指人的身體。冶鑠——猶云消亡。

[10] 指歸——意恉的歸向。

[11] 簡編朽絶——指竹簡編成的册籍，由於年代久遠而竹簡腐朽，繩索斷絶。

[12] 上林——司馬相如《上林賦》，見《文選》卷八。羽獵——揚雄《羽獵賦》，見《文選》卷八。二京——張衡《西京賦》《東京賦》，見《文選》卷二卷三。三都——左思《三都賦》，見《文選》卷四至卷六。

[13] 汪濊——深廣的意思。

[14] 守株之徒——謂拘泥不變、一味守舊的人。守株，用《韓非子·五蠹》中守株待兔的故事。

[15] 嘍嘍所翫——反覆稱道其所熟習的作品，指古人之作。

[16] 新劍以詐刻加價二句——上句謂假託於古人的贋品，反而能受到盲目崇古的人所貴重。詐刻，在新鑄的劍上刻上古時的年號。下句謂把沒有效驗的藥方託名於古代的名醫。

[17] 同之於瓦礫——喻毫無價值。

[18] 東甌——今浙江温州西南一帶。

[19] 長洲——長洲苑，卽吳苑，春秋時吳王闔閭遊獵之所，在今江蘇省蘇州地區。《漢書》卷五十一《枚乘傳》："圈守禽獸，不如長洲之苑。"

[20] 梓豫——梓木、豫章木。

[21] 雲夢——古澤藪名，故址在今湖北省境內，春秋時楚國的遊獵區。

[22] 孟諸——古澤藪名，故址在今河南省商邱一帶。《爾雅·釋地》："宋有孟諸，楚有雲夢。"

[23] 渝狄——渝，渝兒。(《莊子·駢拇》作"俞兒"，《淮南子·氾論》作"臾兒"。)狄，狄牙，卽易牙。皆古之善知味者。

[24] 盈於差美——盈，滿溢之意，引申爲突出。這句謂詩的高下，突出表現於文辭之華美與否有差別。

[25] 閑——熟。

[26] 奚斯路寢之頌——奚斯，即春秋時魯公子魚，作《魯頌·閟宮篇》，中有"路寢孔碩"句。路寢，正寢。

[27] 王生之賦靈光——王生，謂王延壽，東漢辭賦家，作《魯靈光殿賦》，見《文選》卷十一。

[28] 叔畋盧鈴——《詩·鄭風》有《叔于田》、《大叔于田》二首，詠太叔段田獵事。《齊風》有《盧令》一首，詠田獵事。

[29] 清廟雲漢——《清廟》見《詩·周頌》祀文王之作。《雲漢》見《詩·大雅》，美宣王之詩。

[30] 郭氏南郊——郭璞《南郊賦》，見《全晉文》卷一百二十。

[31] 出車六月——均見《詩·小雅》，詠宣王北伐之詩。

[32] 陳琳武軍——陳琳《武軍賦》，見《後漢文》卷九十二。

[33] 近者夏侯湛二句——《詩·小雅》中《南陔》《白華》《華黍》《由庚》《崇丘》《由儀》等六篇有聲無辭，所以夏侯湛、潘岳想爲它補作。《世説新語·文學篇》："夏侯湛作《周詩》成，示潘安仁，安仁曰：此非徒溫雅，乃别見孝悌之性。潘因此遂作《家風詩》。"夏侯湛《周詩》一首，潘岳《家風詩》一首，均見《全晉詩》卷四。《白華》等幾首未見。

[34] 醇素——厚重樸素。

[35] 罽錦——罽，毛織品。錦，絲織品。

[36] 輜軿——輜是有後轅的車子，軿是有帷幕的車子。

[37] 椎車——是一種最原始的車，用圓形的大木推着向前滚動，沒有輻，形狀如椎，當作車輪之用，所以也稱爲椎輪。

【説明】

葛洪著《抱朴子》內外篇。內篇談神仙家言，不涉文論。外篇"言人間得失，世事臧否"（《抱朴子·自敍》），其中涉及文學問題的，有《鈞世》《尚博》《辭義》《應嘲》《百家》《文行》等篇。書成於東晉初期元帝建武年代，其文學主張，反映出當時文壇的趨向。這裏選錄的《鈞世》，是外篇第三十篇。

本篇的基本論點，是今勝於古。作者從兩方面闡明這一論點。首先，他認爲罽錦、輜軿、舟車、文墨，遠遠勝過蓑衣、椎車、步涉、結繩，“世人皆知之快于曩矣，何以獨文章不及古耶？”社會既是不斷地向前發展，反映社會現實的文學，自必相應地進化，後勝於前。其次，作者根據文學發展的情況，認爲古簡約而今博富，古質樸而今豔麗，所以同樣是政治性文章，《尙書》不及後代的詔策奏議；同樣是抒情狀物作品，《詩三百篇》不及兩漢、魏、晉的辭賦。“古者事事醇素，今則莫不修飾，時移世改，理自然也”。儒家的《詩》《書》二經，長遠以來被尊爲聖典，葛洪公然指出其文詞不及後代，這種大膽的評論，對傳統的宗經、徵聖的文學觀是一個衝擊。

葛洪的今勝於古的文學觀，明顯地是受了《論衡》的影響。王充在《超奇》、《齊世》、《須頌》、《案書》裏，不止一次地抨擊了“珍古”而“不貴今”（《案書》）的俗儒。葛洪的論點與之同，但出發點則不盡同。王充是針對當時的俗儒“信久遠之僞，忽近今之實”（《須頌》）的學術風氣而發，本着“疾虛妄”的精神，認爲“養實者不育華，調行者不飾辭”（《論衡·自紀》），所以反對“調墨弄筆爲美麗之觀”（《論衡·佚文》）。王充的結論，就文學的角度看，未必完全恰當。葛洪雖然繼承了王充反對尊古卑今的主張，但對文學作品所以今勝於古的原因，是從文學本身的特點來看的，因此，他不但不反對華麗之辭，而且還強調了它。這也是文學發展的情況使然。後來蕭統在《文選序》中所闡述的大輅椎輪之喩，踵事增華之說，可能是受了葛洪這一論旨的啓發。

葛洪的今勝於古的文學觀，既然與王充的論旨同中有異，因此，他對語言與文學的關係的見解，與王充相較，也是似同而實異。王充認爲“經傳之文，賢聖之語，古今言殊，四方談異也。當言事時，非務難知，使指隱閉也”，所以主張言文統一，“文由（同猶）語也”（《論衡·自紀》）。葛洪雖然也說“書猶言也”，但又認爲"若入談語,……胡越之接,終不相解,以此教戒,人豈知之哉?若言以易曉爲辨,則書何故以難知爲好哉?"所以他就不主張用方言口語入文,而認爲經過雕飾的書面語言,可以避免古今和地域的隔閡。

葛洪一方面大膽揭破了古代儒家經典的尊嚴,認爲"古書者雖多未必盡美",但他對古代作品並沒有作全盤否定,而是主張有選擇地"采伐漁獵其中",使古爲我用。

葛洪的今勝於古的文學觀,雖然着眼在藝術特點這方面,但他並沒有輕視思想內容,而是在"今詩與古詩,俱有義理"的前提下來衡量其"差美",得出的結論是,兩者"俱體國色",但具有藝術上更高成就的今詩則既是"國色"又"獨閑百技",因此不是古詩所能及。如果不問思想內容的正確與否而片面強調藝術,則不是葛洪的本意。他在《應嘲》中說:"而著書者,徒飾弄華藻,張磔迂闊,屬難驗無益之辭,治靡麗虛言之美,……適足示巧表奇以誑俗。何異乎畫敖倉以救飢,仰天漢以解渴?"《辭義》中說:"古詩刺過失,故有益而貴;今詩純虛譽,故有損而賤也。"只有把這些重視內容的意見跟本篇聯系起來看,才能全面理解葛洪文學觀,對問題也才能得到正確的認識。

附　錄

抱朴子·尙博(節錄)

〔晉〕葛　洪

……故通人總原本以括流末,操綱領而得一致焉。古人歎息於才難,故謂百世爲隨踵。不以璞非崑山,而棄耀夜之寶;不以書不出聖,而廢助教之言。是以閭陌之拙詩,軍旅之鞠誓,或詞鄙喻陋,簡不盈十,猶見撰錄,亞次典誥。百家之言,與善一揆。譬操水者,器雖異而救火同焉;猶針灸者,術雖殊而攻疾均焉。

漢、魏以來，羣言彌繁。雖義深於玄淵，辭贍於波濤，施之可以臻徵祥於天上，發嘉瑞於后土，召環雉於大荒之外，安圜堵於函夏之內，近弭禍亂之階，遠垂長世之祉；然時無聖人目其品藻，故不得騁驊騄之迹於千里之塗，編近世之道於三墳之末也。拘繫之徒，桎梏淺隘之中，挈瓶訓詁之間，輕奇賤異，謂爲不急。或云小道不足觀，或云廣博亂人思。而不識合錙銖可以齊重於山陵，聚百十可以致數於億兆，羣色會而袞藻麗，衆音雜而韶濩和也。……

……若夫翰迹韻略之宏促，屬辭比事之疏密，源流至到之修短，蘊藉汲引之深淺。其懸絕也，雖天外毫內，不足以喻其遼邈；其相傾也，雖三光熠耀，不足以方其亘細；龍淵鉛鋋，未足譬其銳鈍；鴻羽積金，未足比其輕重。清濁參差，所稟有主，朗昧不同科，強弱各殊氣。而俗士唯見能染毫畫紙者，便概之一例。斯伯牙所以永思鍾子，郢人所以格斤不運也。蓋刻削者比肩，而班、狄擅絕手之稱；援琴者至衆，而夔、襄專知音之難。廐馬千駟，而騏驥有邈羣之價，美人萬計，而威、施有超世之容；蓋有遠過衆者也。………

……或有汪濊玄曠，合契作者，內闢不測之深源，外播不匱之遠流，其所祖宗也高，其所紬繹也妙，變化不繫滯於規矩之方圓，旁通不凝閡於一塗之逼促。是以偏嗜酸醎者，莫能知其味；用思有限者，不能得其神也。夫應龍徐舉，顧眄凌雲，汗血緩步，呼吸千里，而螻蟻怪其無階而高致，駑蹇患其過己之不漸也。若夫馳騁於詩論之中，周旋於傳記之間，而以常情覽巨異，以褊量測無涯，以至粗求至精，以甚淺揣甚深，雖始自髫齔，訖於振素，猶不得也。夫賞其快者必譽之以好，而不得曉者必毀之以惡，自然之理也。於是以其所不解者爲虛誕，慺誠以爲爾，未必違情以傷物也。

……雖有追風之駿，猶謂之不及造父之所御也；雖有連城之珍，猶謂之不及楚人之所泣也；雖有擬斷之劍，猶謂之不及歐冶之所鑄也；雖有起死之藥，猶謂之不及和、鵲之所合也；雖有超羣之人，猶謂之不及竹帛之所載也；雖有益世之書，猶謂之不及前代之遺文也。是以仲尼不見重於當時，太玄見蚩薄於比肩也。俗士多云今山不及古山之高，今海不及古海之廣，今日不及古日之熱，今月不及古月之朗；何肯許今之才士，不減古之枯骨？重所聞，輕所見，非一世之所患矣。昔之破琴剿弦者，諒有以而然乎？

«四部叢刊»影明本«抱朴子外篇»卷三十二

抱朴子·廣譬(節錄)

〔晉〕葛 洪

……貴遠而賤近者，常人之用情也。信耳而疑目者，古今之所患也。是以秦王歎息於韓非之書而想見其爲人；漢武慷慨於相如之文而恨不同世。及既得之，終不能拔，或納讒而誅之，或放之乎冗散。此蓋葉公之好僞形，見眞龍而失色也。

……觀聽殊好，愛憎難同。飛鳥覩西施而驚逝，魚鼈聞九韶而深沉。故衮藻之粲煥，不能悅裸鄉之目；采淩之清音，不能快楚隸之耳；古公之仁，不能喻欲地之狄；端木之辯，不能釋繫馬之庸。

……般旋之儀，見憎於裸踞之鄉。繩墨之匠，獲忌於曲木之肆。貪婪饕餮者，疾素絲之皎潔。比周實繁者，讎高操之孤立。猶賈豎之惡同利、醜女之害國色。

«四部叢刊»影明本«抱朴子外篇»卷三十九

抱朴子·應嘲(節錄)

〔晉〕葛 洪

……夫制器者珍於周急，而不以采飾外形爲善。立言者貴於助教，而不以偶俗集譽爲高。若徒阿順詔諛，虛美隱惡，豈所匡失弼違醒迷補過者乎。慮寡和而廢白雪之音，嫌難售而賤連城之價，余無取焉。非不能屬華豔以取悅，非不知抗直言之多咎，然不忍違情曲筆，錯濫眞僞，欲令心口相契，顧不愧景，冀知音之在後也。否泰有命，通塞聽天，何必書行言用榮及當年乎！夫君子之開口動筆，必戒悟蔽。式整雷同之傾邪，磋礱流遁之闇穢。而著書者徒飾弄華藻，張磔迂闊，屬難驗無益之辭，治靡麗虛言之美，有似堅白厲修之書，公孫刑名之論。雖曠籠天地之外，微入無間之內，立解連環，離同合異，鳥影不動，鷄卵有足，犬可爲羊，大龜長蛇之言，適足示巧表奇以誑俗，何異乎畫敖倉以救飢，仰天漢以解渴。說崑山之多玉，不能賑原憲之貧；觀藥藏之簿領，不能治危急之疾。墨子刻木雞以厲天，不如三寸之車鎋；管青鑄騏驥於金象，不如駑馬之周用。言高秋天而不可施者，丘不與易也。

《四部叢刊》影明本《抱朴子外篇》卷四十二

抱朴子·文行(節錄)

〔晉〕葛　洪

或曰：德行者，本也。文章者，末也。故四科之序，文不居上。然則著紙者，糟粕之餘事。可傳者，祭畢之芻狗。卑高之格，是可譏矣。抱朴子答曰："筌可棄，而魚未獲則不得無筌。文可廢，而道未行則不得無文。若夫翰迹韻略之廣逼，屬辭比義之妍媸，源流至到之修短，韞籍汲引之深淺，其懸絕也，雖天外毫內不足以喻其遼邈。其相傾也，雖三光熠爚不足以方其亘細。龍淵鉛鋌，未足以譬其銳鈍，鴻羽積金，未足以方其輕重。而俗士唯見能染毫畫紙，便槩以一例。斯伯氏所以永思鍾子，郢人所以格斤不運也。

夫斲削者比肩，而班狄擅絕手之名。援琴者至多，而夔襄專清聲之稱。廐馬千駟，而騏騮有邈羣之價。美人萬計，而威施有超世之色者，蓋遠過衆也。且文章之與德行，猶十尺之與一丈，謂之餘事，未之前聞也。八卦生乎鷹隼之飛，六甲出於靈龜之負，文之所在雖且貴(疑下有脫，舊寫本作具貴，亦有脫)，本不必便疏，末不必皆薄，譬錦繡之因素地，珠玉之託蜯石，雲雨生於膚寸，江河始於咫尺。理誠若茲，則雅論病矣。

又曰：應龍徐舉，顧眄而凌雲。汗血緩步，呼吸而千里。故螻蝗怪其無階而高，致駑蹇驚過己之不漸也。若夫馳騁詩論之中，周旋一經之內，以常情覽亘異，以褊量測無涯，始自髫齓，詣于振素，不能得也。又世俗率貴古昔而賤當今，敬所聞而黷所見。同時雖有追風絕景之駿，猶謂不及伯樂之所御也。雖有宵朗兼城之璞，猶謂不及楚和之泣也。雖有斷馬指雕之劍，猶謂不及歐冶之所鑄也。雖有生枯起朽之藥，猶謂不及和鵲之所合也。雖有冠羣獨行之士，猶謂不及於古人也。

《四部叢刊》影明本《抱朴子外篇》卷四十五

宋書·謝靈運傳論

〔梁〕沈　約[1]

史臣曰：民稟天地之靈，含五常[2]之德。剛柔[3]迭用，喜愠分情[4]。夫志動於中[5]，則歌詠外發；六義[6]所因，四始[7]攸繫；升降謳謠，紛披風什[8]。雖虞、夏以前（“前”字據乾隆殿本《宋書》增），遺文不覩，稟氣懷靈，理無或異。然則歌詠所興，宜自生民始也。

周室既衰，風流彌著。屈平、宋玉導清源於前，賈誼、相如振芳塵於後[9]，英辭潤金石[10]，高義薄雲天，自兹以降，情志愈廣。王褒、劉向、揚、班、崔、蔡[11]之徒，異軌同奔，遞相師祖[12]。雖清辭麗曲，時發乎篇；而蕪音累氣[13]，固亦多矣。若夫平子豔發[14]，文以情變，絶唱高蹤，久無嗣響[15]。至於建安，曹氏基命[16]，二祖、陳王[17]，咸蓄盛藻，甫乃以情緯文，以文被質[18]。自漢至魏，四百餘年，辭人才子，文體三變。相如巧爲形似之言[19]，班固（《文選》作“二班”）長於情理之説[20]，子建、仲宣以氣質爲體[21]，並標能擅美，獨映當時，是以一世之士，各相慕習。源其飈流[22]所始，莫不同祖風騷；徒以賞好異情，故意製相詭[23]。降及元康[24]，潘、陸[25]特秀，律異班、賈，體變曹、王，縟旨星稠，繁文綺合[26]，綴平台之逸響[27]，採南皮之高韻[28]。遺風餘烈，事極江右（乾隆殿本作“左”）[29]。有晉中興，玄風獨振[30]，爲學窮於柱下[31]，博物止乎七篇[32]，馳騁文辭，義殫[33]（原作“單”，依《文選》改）乎此。自建武暨乎義熙[34]，歷載將百，雖綴響聯辭，波屬雲委[35]，莫不寄言上德[36]，託意玄珠[37]，遒麗[38]之辭，無聞焉爾。仲文始革孫、許之風[39]，叔源大變太元之氣[40]。爰逮宋氏，顏、謝[41]騰聲，靈運之興會標舉，延年之體裁明密，並方軌前秀[42]，垂範後昆[43]。

若夫敷衽論心[44]，商榷前藻[45]，工拙之數[46]，如有可言。夫五色相宣，八音協暢，由乎玄黃律呂，各適物宜[47]，欲使宮羽相變，低昂互節[48]，若前有浮聲，則後須切響[49]。一簡之內，音韻盡殊；兩句之中，輕重悉異[50]，妙達此旨，始可言文。至於先士茂製[51]，諷高歷賞[52]，子建函京之作[53]，仲宣霸岸之篇[54]，子荆零雨之章[55]，正長朔風之句[56]，並直舉胸情，非傍詩史，正以音律調韻，取高前式[57]。自騷人以來，此祕未覩。（二句《文選》作："自靈均以來，多歷年代，雖文體稍精，而此祕未覩。"）至於高言妙句，音韻天成，皆闇與理合，匪由思至[58]。張、蔡、曹、王[59]，曾無先覺；潘、陸、謝、顏，去之彌遠。世之知音者，有以得之，知此言之非謬。如曰不然，請待來哲。

中華書局本二十四史《宋書》卷六十七

【註釋】

[1] 沈約（公元四四一年——五一三年）——字休文，吳興武康人。在南齊時，與蕭衍（梁武帝）、謝朓、王融、蕭琛、范雲、任昉、陸倕等人號稱竟陵王蕭子良的八友。梁時，官至尚書令。他學問淵博，不僅在史學方面有《晉書》一百十卷、《宋書》一百卷等著作，對佛學也有湛深研究。文學方面，則是"永明體"（永明是南齊武帝蕭賾的年號，從公元四八三年到公元四九三年）的領袖。"汝南周顒善識聲韻，約等文皆用宮商，以平上去入爲四聲，以此制韻，不可增減，世呼爲永明體"（《南齊書・陸厥傳》）。約"撰《四聲譜》，以爲在昔詞人，累千載而不寤，而獨得胸衿，窮其妙旨，自謂入神之作"（《梁書・沈約傳》）。"王融、劉繪、范雲之徒，……慕而扇之，由是遠近文學轉相祖述，而聲韻之道大行"（封演《封氏聞見記》）。聲律論的提出，可以說是沈約一生的重要貢獻。《梁書》卷十三、《南史》卷五十七都有傳。集一百一卷已佚，《全梁文》收其文入卷二十五至卷三十二。

[2] 五常——五行，金、木、水、火、土。

[3] 剛柔——指人的性格。

[4] 慍——怒。情——七情，喜、怒、哀、懼、愛、惡、欲。

[5] 志動於中——《毛詩序》："情動於中而形於言。"本文所說的志即是指上文"喜慍分情"的情。

[6] 六義——見《毛詩序》。

[7] 四始——見《毛詩序》。

[8] 紛披——形容多。風什——《詩三百篇》中的雅頌，十篇爲什。風什猶言風雅。

[9] 振——舉。芳塵——車輪所過，有塵揚起，香車所過，其塵稱爲芳塵。引申其義作芳蹤解。

[10] 金石——古代歌頌統治者功德的銘文，刻在鐘鼎或碑石之上。

[11] 揚班崔蔡——指揚雄、班固、崔駰、蔡邕。

[12] 師祖——作動詞用，即效法之意。

[13] 蕪音——蕪雜之音。累氣——指混濁之氣可以爲清明之氣之累。

[14] 平子——東漢張衡的字。豔發——豔，美。豔發，指文采煥發。

[15] 絕唱高蹤二句——指張衡的《四愁詩》。這是用七言寫成的傑作，沈約以前，善寫七言組詩的，除曹丕《燕歌行》二首、鮑照《擬行路難》十八首外，還不多見，故云。

[16] 至於建安二句——建安，漢獻帝年號，當公元一九六年至二一九年。歷史上的建安紀年，屬於東漢王朝範圍之內。可是早在六朝、唐、宋時代，已經出現了"魏建安"的名稱(《申報》一九四八年《文史》第二十五期王利器《魏建安》一文，有詳細攷證)。建安時代的概念，不能跟魏王朝的初期分開。在政治史上，建安的政治實權握在曹操之手，早已易漢而爲魏，所以說"至於建安，曹氏基命"。

[17] 二祖——指魏武帝曹操、魏文帝曹丕。陳王——指陳思王曹植。

[18] 甫乃以情緯文二句——甫，始。緯，組織。質，即是情。情指內容，文指形式。這二句謂根據情以組織文辭，用文辭以潤飾內容，互相配合，交織成爲完美的統一體。

[19] 相如巧爲形似之言——形似，意義相當於描寫。相如以辭賦擅長，辭賦重在體物，要寫得形象逼肖，所以說是"巧爲形似之言"。

[20] 班固長於情理之說——情理，指抒情言志說理相結合。班固的《幽通賦》《詠史詩》屬於這一類型。

[21] 子建仲宣以氣質爲體——氣質指個性修養。在於作家謂之氣質，形之作品謂之風格。曹植、王粲不同的氣質形成作品上不同的風格，所以說是“以氣質爲體”。

[22] 飈流——與“風流”同。

[23] 意製相詭——意指內容，製指體裁。相詭，相反。

[24] 元康——晉惠帝年號，從公元二九一年到二九九年。

[25] 潘陸——潘岳、陸機。潘岳(公元二四七年——三〇〇年)字安仁，滎陽中牟人。官至散騎侍郎。有集十卷，已佚。明張溥輯《漢魏六朝百三名家集》有《潘黃門集》一卷。《晉書》卷五十五有傳。陸機，見《文賦》注[1]。

[26] 縟旨星稠二句——縟旨繁文，指濃麗堆砌的辭藻。星稠綺合，形容辭采之富有。

[27] 綴——緝。平台——漢代梁孝王劉武，在封地大梁城，建築宮室，連至城東三十里的平台，招待四方才士，像鄒陽等辭賦家都往游宴寫作。詳見《漢書·文三王傳》。“平台之逸響”指他們的辭賦風格。

[28] 南皮——魏文帝曹丕《與吳質書》：“每念昔日南皮之遊，誠不可忘。”指與吳質、阮瑀等人共遊南皮。“南皮之高韻”指他們的詩賦風格。

[29] 極——盡。江右——《文選》李周翰注：“江右即西晉。”

[30] 玄風——指老莊之學。振——盛。

[31] 柱下——指老子，老子曾爲周柱下史。

[32] 七篇——《莊子·內篇》共七篇，向來認爲莊周所自作。

[33] 殫——盡。

[34] 建武——晉元帝年號，當公元三一七年。義熙——晉安帝年號，從公元四〇五年到四一八年。

[35] 雖綴響聯辭二句——謂作品聯續出現，如波之連接，如雲之委積。皆極言其多。

[36] 上德——指老子哲學，《老子》第三十八章說：“上德不德，是以有德。”

[37] 玄珠——喻道。《莊子·天地》說：“黃帝游乎赤水之北，登乎崑崙之丘，而南望還歸，遺其玄珠。”

[38] 遒麗——遒，勁拔。麗，華美。

[39] 仲文——姓殷；陳郡人。孫許——孫綽，字興公，太原中都人。許詢，字玄度，高陽人。都是玄言詩人。

[40] 叔源——謝混字叔源，陳郡陽夏人。太元——晉孝武帝年號，從公元三七六年到三九六年。“太元之氣”仍指以孫、許爲首的玄言詩風。

[41] 顏謝——顏，顏延之(公元三八四年——四五六年)，字延年，瑯琊臨沂人。官至

祕書監。有集三十卷，已佚。明張溥輯《漢魏六朝百三名家集》有《顔光祿集》一卷。《宋書》卷七十三有傳。謝，謝靈運。

[42] 方軌——並駕齊驅。前秀——前代傑出作家。

[43] 範——法。後昆——後世。

[44] 敷衽論心——《楚辭·離騷》："跪敷衽以陳詞兮。"指祭神下跪時，把衣衿鋪在地下。本文借用此詞，南朝人席地而坐，坐時衣襟亦須鋪地。"敷衽論心"猶云促膝談心。

[45] 商榷前藻——商討評價前人的作品。

[46] 數——術。

[47] 由乎玄黃律呂二句——這二句說顔色聲音各隨物所適宜。

[48] 宮羽相變二句——宮羽，五音的名稱。這裏是喻義，作爲四聲的代用詞。鄒漢勛《五韻論上》解釋沈約的"文皆用宮商"，謂"爲文皆用宮商，猶云爲文皆用平仄云爾。"陳澧《切韻考》解釋"宮羽相變"，謂"此但言宮羽，蓋宮爲平，羽亦爲仄歟"。可參考。低昂互節，指文字音節的高下互換變化。

[49] 若前有浮聲二句——浮聲，意指清音。陸德明《經典釋文·序錄》論南北語音不同，謂"或失在浮清，或滯於沈濁。"即以浮清並列。切響與浮聲對立，意應指濁音。浮切、清濁，又與輕重義相當。何焯《義門讀書記·文選》："浮聲切響，即是輕重"。參看[50]註文。

[50] 一簡之內四句——一簡，一行，指五言詩一句。《南史·陸厥傳》說沈約以平上去入四聲制韻，"有平頭、上尾、蜂腰、鶴膝；五字之中音韻各異，兩句之內角徵不同"。知一簡當是指五字。輕重，義近清濁，這裏可看作平仄的異稱。顧炎武《音論》：其重其疾，則爲入爲去爲上；其輕其遲，則爲平。沈約所說的八病，即是此四句的具體注脚。所謂八病，是平頭、上尾、蜂腰、鶴膝、大韻、小韻、旁紐、正紐。前四病是結合五言詩一聯(兩句)的音節講的。上一句的開頭兩字，不得與下一句的開頭兩字平仄相同，犯之則是平頭之病；上一句的末一字，不得與下一句的末一字平仄相同，犯之則爲上尾之病；兩句中的一句前兩字與後兩字用仄聲，中間的一字用平聲，是蜂腰之病；另一句前兩字與後兩字用平聲，中間的一字用仄聲，是鶴膝之病。後四病是指五言詩一句(一簡)的音節講的。大韻是指一句中前四字不得與最後押韻的字犯同韻。小韻是指一句中的字除不得與押韻的字犯同韻以外，也不得與其他的字犯同韻。旁紐是指一句中不得用雙聲字。正紐是指一句中不得用四聲相紐（如溪、起、憩、迄四字平上去入爲一紐，一句中不得用其二)。按照"八病"的嚴格規定，就能做到"一簡之內，音韻

盡殊，兩句之中，輕重悉異”了。

[51] 先士茂製——前代文士的好作品。

[52] 諷高歷賞——這句說諷詠前人的高唱，歷來爲辭人所共傳賞。

[53] 子建函京之作——指曹植的《贈丁儀王粲詩》。其首句爲：“從軍渡函谷，驅馬過西京。”

[54] 仲宣霸岸之篇——指王粲的《七哀詩》，其中有這樣兩句：“南登霸陵岸，回首望長安。”

[55] 子荆零雨之章——孫楚字子荆，太原中都人。這句指他的《征西官屬送於陟陽侯作詩》。其首句爲：“晨風飄岐路，零雨被秋草。”

[56] 正長朔風之句——王瓚字正長，義陽人。這句指他的《雜詩》。其首句爲：“朔風動秋草，邊馬有歸心。”

[57] 並直舉胸情四句——謂以上所舉四人的詩，都是直寫胸臆之辭，不是依傍别人的詩句或依靠運用史實作詩，而正是以音律韻調，高於前人的法式。

[53] 闇與理合匪由思至——這二句謂暗與音律的法則相符合，不是自覺地經過思慮所達到。

[59] 張蔡曹王——指張衡、蔡邕、曹植、王粲。

【説明】

傳統上所謂“正史”，爲文學家立專傳的，《史記》中早有《屈原賈生列傳》《司馬相如列傳》。把許多文學家合在一起作傳的，開始於《後漢書》的《文苑傳》。在以後的“正史”中，《文學傳》或《文苑傳》就成爲必不可少的一個部分。某些作家由於地位較高影響較大，史家仍然在《文苑傳》外，另立專傳，《宋書·謝靈運傳》就是屬於這一類。古代沒有人寫過文學史，“正史”中的《文苑傳》和作家列傳，是文學史的資料；而史家在這些傳文前後所寫的序或論，也可以算是文學批評史的資料之一種。

本論寫在《宋書·謝靈運傳》之後，沈約闡述了對文學問題的意見，主要有兩個方面：一是有關於情和文的關係問題，那是齊、梁時代文論家共同的認識；二是聲律問題，那是沈約自矜的獨得之祕。

關於第一個問題，作者提出了情文互用的論點。文中情志並提，志只是情的同義詞。一開頭也談"六義""四始"，但並沒有涉及它的風化、風刺等功能。文中特別指出"平子豔發，文以情變"，曹氏二祖陳王"以情緯文，以文被質"，說明了詩歌創作要根據情以組織文辭，又要用文辭來潤飾情（就是質）。但作者旨趣所在，偏重於文藻形式方面。他贊揚二祖、陳王是"咸蓄盛藻"，潘、陸是"縟旨星稠，繁文綺合"，顏延之是"體裁明密"；而東晉玄言詩之所以爲作者所鄙夷，則是由於"寄言上德，託意玄珠"的抽象說理，"遒麗之辭，無聞焉爾"。一抑一揚，是在情文互用中特重文藻的。

關於第二個問題，作者提出了聲律論："欲使宮羽相變，低昂互節：若前有浮聲，則後須切響。一簡之內，音韻盡殊；兩句之中，輕重悉異。"作者所楬櫫的"八病"說，就是這幾句話的具體說明。音律的發現，作者自詡爲"自騷人以來，此祕未覩"，實際上是有它歷史的條件的。由於漢字單音獨體的特點，便於"高下相須"（《文心雕龍·麗辭》語）"低昂互節"，所以陸機在《文賦》中就提出了"暨音聲之迭代，若五色之相宣"的原則來。晉、宋以來散文與詩歌的日益駢偶化，使人們逐漸注意到音律問題。宋范曄《獄中與諸甥侄書》自謂"性別宮商，識清濁，……言之皆有實證"。這是文學方面產生永明聲律論的歷史原因。再從文字方面作攷察，我國音韻之學，早在三國時代已經興起，孫炎作《爾雅音義》，初步創立反切，李登作《聲類》以宮、商、角、徵、羽分韻。但在文學範圍內那時還沒有四聲之說。到永明年代才提出四聲說，有人說，是受當時佛經轉讀和梵文拼音的影響（據陳寅恪《四聲三問》）。沈約利用了前人聲韻研究的成果，從文學的角度，正式確立四聲的名稱。在永明詩人的提倡下，詩歌的音節美被提到首要的地位，詩篇的人爲韻律逐漸形成，開出了五言古體詩向律詩轉變的途徑。到了唐代，就有了律詩的形式供人遵循。永明聲律論的出現，對於詩歌發展，有它的歷史意義。但從另一方面看，兩晉以來，詞藻雕琢的風氣已經日益嚴重，再加上嚴格講求聲病，更助長了這種頹風。鍾嶸在《詩品序》中就批評它"文多拘忌，傷其眞美"。

由于沈約對聲律在詩歌中的功能誇大到"妙達此旨，始可言文"的程度，因此，在本論中對前代作家，也貫徹了以聲律爲中心的批評。他一方面譏議"王褒、劉向、揚、班、崔、蔡之徒"，"雖淸辭麗曲，時發乎篇，而蕪音累氣，固亦多矣"；一方面則贊揚那"先士茂製，諷高歷賞，子建函京之作，仲宣霸岸之篇，子荆零雨之章，正長朔風之句，並直舉胸情，非傍詩史，正以音律調韻，取高前式"。一褒一貶，都是以聲律爲標準作出的評價。

附　錄

獄中與諸甥姪書(節錄)

〔宋〕范　曄

…………

常恥作文士。文患其事盡於形，情急於藻，義牽其旨，韻移其意。雖時有能者，大較多不免此累，政可類工巧圖績，竟無得也。常謂情志所託，故當以意爲主，以文傳意。以意爲主，則其旨必見；以文傳意，則其詞不流；然後抽其芬芳，振其金石耳。此中情性旨趣，千條百品，屈曲有成理，自謂頗識其數。嘗爲人言，多不能賞，意或異故也。性別宮商，識淸濁，斯自然也。觀古今文人，多不全了此處；縱有會此者，不必從根本中來。言之皆有實證，非爲空談。年少中，謝莊最有其分。手筆差易，文不拘韻故也。吾思乃無定方，特能濟難適輕重。所稟之分，猶當未盡。但多公家之言，少於事外遠致，以此爲恨。亦由無意於文名故也。

…………

中華書局本二十四史《宋書》卷六十九《范曄傳》

與沈約書

〔齊〕陸　厥

范詹事自序：性別宮商，識清濁，特能適輕重，濟艱難。古今文人多不全了斯處，縱有會此者，不必從根本中來。沈尚書亦云：自靈均以來，此祕未覩，或闇與理合，匪由思至。張、蔡、曹、王，曾無先覺；潘、陸、顏、謝，去之彌遠。大旨鈞使宮羽相變，低昂舛節，若前有浮聲，則後須切響。一簡之內，音韻盡殊；兩句之中，輕重悉異。辭既美矣，理又善焉。

但觀歷代衆賢，似不都闇此處，而云此祕未覩，近於誣乎？案范云不從根本中來，尚書云匪由思至，斯可謂揣情謬於玄黃，擿句差其音律也。范又云時有會此者，尚書云或闇與理合，則美詠清謳，有辭章調韻者，雖有差謬，亦有會合。推此以往，可得而言。

夫思有合離，前哲同所不免；文有開塞，即事不得無之。子建所以好人譏彈，士衡所以遺恨終篇。既曰遺恨，非盡美之作，理可詆訶。君子執其詆訶，便謂合理爲闇，豈如指其合理、而寄詆訶爲遺恨邪？

自魏文屬論，深以清濁爲言；劉楨奏書，大明體勢之致。岨峿妥帖之談，操末續顚之說，興玄黃於律呂，比五色之相宣，苟此祕未覩，兹論爲何所指邪？故愚謂前英已早識宮徵，但未屈曲指的若今論所申。至於掩瑕藏疾，合少謬多，則臨淄所云人之著述，不能無病者也。非知之而不改，謂不改則不知，斯曹、陸又稱竭情多悔，不可力彊者。今許以有病有悔爲言，則必自知無悔無病之地，引其不了不合爲闇，何獨誣其一合一了之明乎？意者亦質文時異，古今好殊，將急在情物，而緩於章句。情物文之所急，美惡猶且相半；章句意之所緩，故合少而謬多。義兼於斯，必非不知明矣。

《長門》《上林》，殆非一家之賦；《洛神》《池雁》，便成二體之作。孟堅精正，《詠史》無虧於東主；平子恢富，《羽獵》不累於憑虛。王粲《初征》，他文未能稱是；楊修敏捷，《暑賦》彌日不獻。率意寡尤，則事促乎一日；翳翳愈伏，而理賒於七步。一人之思，遲速天懸；一家之文，工拙壤隔；何獨宮商律呂，必責其如一邪？論者乃可言未窮其致，不得言曾無先覺也。

中華書局本二十四史《南齊書》卷五十二《文學傳·陸厥傳》

答陸厥書

〔梁〕沈　約

宮商之聲有五，文字之別累萬。以累萬之繁，配五聲之約，高下低昂，非思力所學，又非止若斯而已也。十字之文，顛倒相配；字不過十，巧歷已不能盡，何況復過於此者乎？靈均以來，未經用之於懷抱，固無從得其髣髴矣。若斯之妙，而聖人不尚，何耶？此蓋曲折聲韻之巧，無當於訓義，非聖哲立言之所急也。是以子雲譬之雕蟲篆刻，云壯夫不爲。

自古辭人，豈不知宮羽之殊、商徵之別？雖知五音之異，而其中參差變動，所昧實多。故鄙意所謂此祕未覩者也。以此而推，則知前世文士，便未悟此處。若以文章之音韻，同弦管之聲曲，則美惡妍蚩，不得頓相乖反。譬由子野操曲，安得忽有闡緩失調之聲？以《洛神》比陳思他賦，有似異手之作，故知天機啓則律呂自調，六情滯則音律頓舛也。士衡雖云炳若縟錦，寧有濯色江波，其中復有一片是衞文之服？此則陸生之言，卽復不盡者矣。韻與不韻，復有精麤，輪扁不能言，老夫亦不盡辨此。

中華書局本二十四史《南齊書》卷五十二《文學傳·陸厥傳》

文心雕龍·聲律

〔梁〕劉　勰

夫音律所始，本於人聲者也。聲含宮商，肇自血氣，先王因之，以制樂歌。故知器寫人聲，聲非學（范校：當作效）器者也。故言語者文章，神明樞機，吐納律呂，脣吻而已。古之教歌，先揆以法，使疾呼中宮，徐呼中徵。夫商徵響高，宮羽聲下；抗喉矯舌之差，攢脣激齒之異，廉肉相準，皎然可分。今操琴不調，必知改張，摘（范校：黃云作擿）文乖張，而不識所調。響在彼絃，乃得克諧，聲萌我心，更失和律，其故何哉？良由內（范校：原作外，王改，顧校作外）聽難爲聰也。故外聽之易，絃以手定，內聽之難，聲與心紛，可以數求，難以辭逐。凡聲有飛沈，響有雙疊，雙聲隔字而每舛，疊韻雜句而必睽；沈則響發而斷，飛則聲颺不還，並轆轤交往，逆鱗相比；迂其際會，則往蹇來連，其爲疾病，亦文家之吃也。夫吃文爲患，生於好詭，逐新趣異，故喉脣糺紛；將欲解結，務在剛斷。左礙而尋右，末滯而討前，則聲轉於吻，玲玲如振玉；辭靡於耳，纍纍如貫珠矣。是以聲畫姸蚩，寄在吟詠，吟詠滋味，流於字句；字句（原無，范校引孫説：氣力上當有字句二字。兹據增）氣力，窮於和韻。異音相從謂之和，同聲相應謂之韻。韻氣一定，故餘聲易遣；和體抑揚，故遺響難契。屬筆易巧，選和至難，綴文難精，而作韻甚易。雖纖意（一作毫）曲變，非可縷言，然振其大綱，不出兹論。

若夫宮商大和，譬諸吹籥；翻迴取均，頗似調瑟。瑟資移柱，故有時而乖貳；籥含定管，故無往而不壹。陳思、潘岳，吹籥之調也；陸機、左思，瑟柱之和也。概舉而推，可以類見。

又詩人綜韻，率多清切，《楚辭》辭楚，故訛韻實繁。及張華論韻，謂士衡多楚，《文賦》亦稱知楚不易，可謂銜靈均之聲餘，失黄鍾之正響也。凡切韻之動，勢若轉圜，訛音之作，甚於枘方，免乎枘方，則無大過矣，練才洞鑒，剖字鑽響，識疎闊略，隨音所遇，若長風之過籟，南郭之吹竽耳。古之佩玉，左宮右徵，以節其步。聲不失序，音以律文，其可忘哉！

贊曰：標情務遠，比音則近。吹律胸臆，調鍾脣吻。聲得鹽梅，響滑榆槿。割棄支離，宮商難隱。

范文瀾註《文心雕龍》卷七

四　聲　論（節録）

〔隋〕劉善經

…………

夫四聲者，無響不到，無言不攝，總括三才，苞籠萬象。劉滔云："雖復雷霆疾響，蟲鳥殊鳴，萬籟爭吹，八音遞奏，出口入耳，觸身動物，固無能越也。"唯當形聲之外，言語道斷，此所不論，竟蔑聞於終古，獨見知於季代，亦足悲夫。雖師曠調律，京房改姓，伯喈之出變音，公明之察鳥語，至於此聲，竟無先悟。且詩書禮樂，聖人遺旨，探賾索隱，亦未之前聞。

宋末以來，始有四聲之目，沈氏乃著其譜論，云起自周顒。故沈氏《宋書·謝靈運傳》云："五色相宣，八音協暢，玄黄律吕，各適物宜。故使宮羽相變，低昂舛節，若前有浮聲，則後須切響。一簡之內，音韻盡殊；兩句之中，輕重悉異。妙達此旨，始可言文。至於先士茂製，諷高歷賞，子建函谷之作，仲宣灞岸之篇，子荆零雨之章，正長朔風之句，並直舉胸懷，非傍經史，正以音律調韻，取高前式。”

劉滔亦云："得者闇與理合，失者莫誠(疑當作識)所由，唯知齟齬雖(疑當作難)安，未悟安之有術。若‘南國有佳人’，‘夜半不能寐’，豈用意所得哉？”

蕭子顯《齊書》云："沈約、謝朓、王融，以氣類相推，文用宫商，平上去入爲四聲。世呼爲‘永明體’。”然則蕭賾(原作顧，誤)永明元年，即魏高祖孝文皇帝太和之六年也。

昔永嘉之末，天下分崩，關河之地，文章殄滅。魏昭成、道武之世，明元、太武之時，經營四方，所未遑也。雖復網羅俊民，獻納左右，而文多古質，未營聲調耳。及太和任運，志在辭彩，上之化下，風俗俄移。《後魏·文苑序》云："高祖馭天鏡，鋭情文學。蓋以頡頏漢徹，淹跨曹丕，氣遠韻高，豔藻獨構。衣冠仰止，咸慕新風，律調頗殊，曲度遂改。辭罕淵源，言多胸臆，練古雕今，有所未值。至於雅言麗則之奇，綺合繡聯之美，眇歷年歲，未聞獨得。既而陳郡袁翻，河内常景，晚拔疇類，稍革其風。及肅宗御曆，文雅大盛。學者如牛毛，成者如麟角。孔子曰：‘才難，不其然乎？’”從此之後，才子比肩，聲韻抑揚，文情婉麗，洛陽之下，吟諷成群。及從(疑當作徙)宅鄴中，辭人間出，風流弘雅，泉湧雲奔，動合宫商，韻諧金石者，蓋以千數，海内莫之比也。郁哉焕乎，於斯爲盛。乃甕牖繩樞之士，綺襦紈袴之童，習俗已久，漸以成性。假使對賓談論，聽訟斷決，運筆吐辭，皆莫之犯。

又吳人劉勰著《雕龍篇》云："音有飛沈，響有雙疊。雙聲隔字而每舛，疊韻雜句其必睽。沈則響發如斷，飛則聲颺不還。並鹿盧交往，逆鱗相批。迕其際會，則往蹇來替，其爲疹病，亦文家之吃也。”又云："聲畫(原作盡，據影古抄本改)妍蚩，寄在吟詠，滋味流於下句，風力窮於和韻。異音相慎謂之和，同聲相應謂之韻。韻氣一定，則餘聲易遣；和體抑揚，故遺響難契矣。”此論理到優華，控引弘博，計其幽趣，無以間然。但恨連章結句，時多澀阻，所謂能言之者也，未必能行者也。

潁川鍾嶸之作《詩評》，料簡次第，議其工拙，乃以謝朓之詩，末句多謇，降爲中品。侏儒一節，可謂有心哉。又云："但使清濁同流，口吻調和，斯爲足矣。至於平上去入，余病未能。”經謂嶸徒見口吻之爲工，不知調和之有術。譬如刻木爲鳶，搏風遠颺，見其抑揚天路，騫翥烟霞，咸疑羽翮之行然，焉知王爾之巧思也？四聲之體調和，此其效乎。除四聲已外，別求此道，其獨(疑當作猶)之荆者而北魯、燕，雖遇牧馬童子，何以解鍾生之迷哉？或復云余病未能！觀公此病，乃是膏肓之疾，縱使華佗集藥，扁鵲投針，恐魂岱宗，終難起也。

嶸又稱："昔齊有王元長者，嘗謂余曰：宮商與二儀俱生，行古詩人，不知用之，唯范曄、謝公頗識之耳。”今讀范侯讚論，謝公賦表，辭氣流靡，罕有挂礙。斯蓋獨悟於一時，爲知聲之創首也。

洛陽王斌撰《五格四聲論》，文辭鄭重，體例繁多，剖拆推研，忽不能別矣。

魏定州刺史甄思伯，一代偉人，以爲沈氏《四聲譜》，不依古典，妄自穿鑿，乃取沈君少時文詠犯聲處以詰難之。又云："若計四聲爲紐，則天下衆聲無不入紐，萬聲萬紐，不可止爲四也。”

經以爲三王異禮，五帝殊樂，質文代變，損益隨時，豈得膠柱調瑟、守株伺兔者也。古人有言："知今不知古，謂之盲瞽；知古不知今，謂之陸沈。”孔子曰："溫故而知新，可以爲師矣。”《易》曰："一開一闔謂之變，往來無窮謂之道。”甄公此論，恐未成變通矣。且夫平上去入者，四聲之總名也，征整政隻者，四聲之實稱也。然則名不離實，實不遠名，名實相憑，理自然矣。故聲者逐物以立名，紐者因聲以轉注。萬聲萬紐，縱如來言，但四聲者譬之軌轍，誰能行不由軌乎？縱出涉九州，巡遊四海，誰能入不由戶也。四聲總括，義在於此。

經數聞江表人士說，梁王蕭衍不知四聲，嘗從容謂中領軍朱异曰：何者名爲四聲？异答云：天子萬福即是四聲。衍謂异，天子壽考(原作孝，誤)豈不是四聲也？以蕭主之博洽通識，而競(疑當作竟)不能辨之！時人咸美朱异之能言，歎蕭主之不悟。故知心有通塞，不可以一概論也。今尋公文詠，辭理可觀，但每觸籠網，不知迴避，方驗所說，非憑虛矣。

沈氏答甄公論云："昔神農重八卦，無不純，立四象，象無不象。但能作詩，無四聲之患，則同諸四象。四象既立，萬象生焉；四聲既周，群聲類焉。經典史籍，唯有五聲，而無四聲。然則四聲之用，何傷五聲也？五聲者，宮商角徵羽，上下相應，則樂聲和矣；君臣民事物，五者相得，則國家治矣。作五言詩者，善用四聲，則諷詠而流靡；能達八體，則陸離而華潔。明各有所施，不相妨廢。昔周、孔所以不論四聲者，正以春爲陽中，德澤不偏，即平聲之象；夏草木茂盛，炎熾如火，即上聲之象；秋霜凝木落，去根離本，即去聲之象；冬天地閉藏，萬物盡收，即入聲之象。以其四時之中，合有其義，故不標出之耳。是以《中庸》云：'聖人有所以（以字衍）不知，匹夫匹婦猶有所知焉。'斯之謂也。"

魏祕書常景爲《四聲讚》曰："龍圖寫象，鳥跡摛光，辭溢流徵，氣靡輕商。四聲發彩，八體含章。浮景玉苑，妙響金鏘。"雖章句短局，而氣調清遠。故知變風俗下，豈虛也哉？

齊僕射陽休之，當（原作嘗，誤）世文匠也，乃以音有楚、夏，韻有訛切，辭人代用，今古不同，遂辨其尤相涉者五十六韻，科以四聲，名曰《韻略》。制作之士，咸取則焉，後生晚學，所賴多矣。

齊太子舍人李節，知音之士，撰《音譜決疑》。其序云："案《周禮》，凡樂，圜鍾爲宮，黃鍾爲角，大蔟爲徵，姑洗爲羽，商不合律，蓋與宮同聲也。五行則火土同位，五音則宮商同律，闇與理合，不其然乎？呂靜之撰《韻集》，分取無方；王微之制《鴻寶》，詠歌少驗。平上去入，出行閭里，沈約取以和聲之律呂相合。竊謂宮商徵羽角，即四聲也。羽讀如括羽之羽，亦之和同，以拉羣音，無所不盡。豈其藏理萬古，而未改於先悟者乎？"經每見當世文人論四聲者衆矣，然其以五音配偶，多不能諧，李氏忽以《周禮》證明商不合律，與四聲相配便合，恰然懸同。愚謂鍾、蔡以還，斯人而已。

人民文學出版社本《文鏡祕府論》天卷

文鏡秘府·文二十八種病（節錄詩八病）

〔日本〕遍照金剛

第一，平頭。

平頭詩者，五言詩第一字不得與第六字同聲，第二字不得與第七字同聲。同聲者，不得同平上去入四聲，犯者名爲犯平頭。平頭詩曰："芳時淑氣清，提壺臺上傾。"……

釋曰：上句第一、二兩字是平聲，則下句第六、七兩字不得復用平聲，爲用同二句之首，即犯爲病。餘三聲皆爾，不可不避。三聲者，謂上去入也。

或曰：……上句第一字與下句第一字，同平聲不爲病；同上去入聲一字卽病。若上句第二字與下句第二字同聲，無問平上去入，皆是巨病。……

或曰：沈氏云："第一、第二字不宜與第六、第七同聲。若能參差用之，則可矣。"謂第一與第七、第二與第六同聲，如"秋月"、"白雲"之類，卽《高宴》詩曰："秋月照綠波，白雲隱星漢。"此卽於理無嫌也。

四言、七言及詩賦頌，以第一句首字，第二句首字，不得同聲，不復拘以字數次第也。如曹植《洛神賦》云"榮曜秋菊，華茂春松"是也。銘誄之病，一同此式，乃疥癬微疾，不爲巨害。

第二，上尾。或名土崩病。

上尾詩者，五言詩中，第五字不得與第十字同聲，名爲上尾。詩曰："西北有高樓，上與浮雲齊。"如此之類，是其病也。……

或曰：其賦頌，以第一句末不得與第二句末同聲。如張然明《芙蓉賦》云："潛靈根於玄泉，擢英耀於清波"是也。……其銘誄等病，亦不異此耳。斯乃辭人痼疾，特須避之。若不解此病，未可與言文也。沈氏亦云："上尾者，文章之尤疾。自開闢迄今，多愼不免，悲夫。"若第五與第十故爲同韻者，不拘此限。卽古詩云："四座且莫喧，願聽歌一言。"此其常也，不爲病累。其手筆，第一句末犯第二句末，最須避之。如孔文舉《與族弟書》云："同源派流，人易世疏，越在異域，情愛分隔。"是也。凡詩賦之體，悉以第二句末與第四句末以爲韻端。若諸雜筆不束以韻者，其第二句末卽不得與第四句同聲，俗呼爲隔句上尾，必不得犯之。……劉滔云："下句之末，文章之韻，手筆之樞要。在文不可奪韻，在筆不可奪聲。且筆之兩句，比文之一句，文事三句之內，筆事六句之中，第二、第四、第六，此六句之末，不宜相犯。"此卽是也。

第三，蜂腰。

蜂腰詩者，五言詩一句之中，第二字不得與第五字同聲。言兩頭粗，中央細，似蜂腰也。詩曰："靑軒明月時，紫殿秋風日，曈曨引夕照，晻曖映容質。"又曰："聞君愛我甘，竊獨自雕飾。"又曰："徐步金門出，言尋上苑春。"

釋曰：凡一句五言之中，而論蜂腰，則初腰事須急避之。復是劇病。若安聲體，尋常詩中，無有免者。

或曰:“君”與“甘”非爲病,“獨”與“飾”是病。所以然者,如第二字與第五字同去上入,皆是病,平聲非病也。……

劉氏曰:“蜂腰者,五言詩第二字不得與第五字同聲。古詩曰:‘聞君愛我甘,竊獨自雕飾’是也。此是一句中之上尾。沈氏云:‘五言之中,分爲兩句,上二下三。凡至句末,並須要殺。’即其義也。劉滔亦云:‘爲其同分句之末也。其諸賦頌,皆須以情斟酌避之。如阮瑀《止慾賦》云:“思在體爲素粉,悲隨衣以消除。”即“體”與“粉”、“衣”與“除”同聲是也。……’”

第四,鶴膝。

鶴膝詩者,五言詩第五字不得與第十五字同聲。言兩頭細,中央粗,似鶴膝也,以其詩中央有病。詩曰:“撥棹金陵渚,遵流背城闕,浪蹙飛船影,山掛垂輪月。”……

釋云:取其兩字間以鶴膝,若上句第五“渚”字是上聲,則第三句末“影”字不得復用上聲,此即犯鶴膝。……

或曰:如班姬詩云:“新裂齊紈素,皎潔如霜雪,裁爲合歡扇,團團似明月。”“素”與“扇”同去聲是也。此曰第三句者,舉其大法耳。但從首至末,皆須以次避之,若第三句不得與第五(疑脱句字)相犯,第五句不得與第七句相犯。犯法准前也。

劉氏云:“鶴膝者,五言詩第五字不得與第十五字同聲。即古詩曰:‘客從遠方來,遺我一書札,上言長相思,下言久離別。’是也。皆次第相避,不得以四句爲斷。……凡諸賦頌,一同五言之式。如潘安仁《閑居賦》云:‘陸擿紫房,水掛赬鯉,或宴于林,或禊于汜。’即其病也。其諸手筆,第一句末不得犯第三句末;其第三句末復不得犯第五句末,皆須鱗次避之。……其詩、賦、銘、誄,言有定數,韻無盈縮,必不得犯。且五言之作,最爲機妙,既恆宛(“宛”,《抄本》形近“充”)口實,病累尤彰,故不可不事也。自餘手筆,或賒或促,任意縱容,不避此聲,未爲心腹之病。……”

第五,大韻。或名觸絶病。

大韻詩者,五言詩若以“新”爲韻,上九字中,更不得安“人”、“津”、“鄰”、“身”、“陳”等字,既同其類,名犯大韻。詩曰:“紫翮拂花樹,黄鸝閑綠枝，思君一歎息，啼淚應言垂。”……

釋云：如此即犯大韻。今就十字內論大韻，若前韻第十字是“枝”字，則上第七字不得用“鸝”字，此爲用（疑當作同）類，大須避之。通二十字中，並不得安“籬”、“羈”、“雌”、“池”、“知”等類。除非故作疊韻，此即不論。

元氏曰：“此病不足累文，如能避者彌佳。若立字要切，於文調暢，不可移者，不須避之。”

…………

第六，小韻。或名傷音病。

小韻詩，除韻以外，而有迭相犯者，名爲犯小韻病也。詩曰：“搴簾出戶望，霜花朝瀁日，晨鶯傍杼飛，早燕挑軒出。”……

釋曰：此即犯小韻。就前九字中而論小韻，若第九字是“瀁”字，則上第五字不得復用“望”字等音，爲同是韻之病。

元氏曰：“此病輕於大韻，近代咸不以爲累文。”

或云：凡小韻，居五字內急，九字內小緩，然此病雖非巨害，避爲美。

劉氏曰：“小韻者，五言詩十字中，除本韻以外自相犯者，若已有‘梅’，更不得復用‘開’、‘來’、‘才’、‘臺’等字。……”

第七，傍紐。亦名大紐，或名爽利病。

傍紐詩者，五言詩一句之中有“月”字，更不得安“魚”、“元”、“阮”、“願”等之字，此即雙聲，雙聲即犯傍紐。亦曰，五字中犯最急，十字中犯稍寬。如此之類，是其病。詩曰：“魚游見風月，獸走畏傷蹄。”如此類者，是又犯傍紐病。……

釋曰：“魚”、“月”是雙聲，“獸”、“傷”並雙聲，此即犯大紐，所以即是，“元”、“阮”、“願”、“月”爲一紐。今就十字中論小紐，五字中論大紐。……王斌云：“若能迴轉，即應言‘奇琴’、‘精酒’、‘風表’、‘月外’，此即可得免紐之病也。”

…………

元氏云:“傍紐者,一韻之內,有隔字雙聲也。”……

劉氏曰:“傍紐者,即雙聲是也。譬如一韻中已有‘任’字,即不得復用‘忍’、‘辱’、‘柔’、‘蠕’、‘仁’、‘讓’、‘爾’、‘日’之類。……劉滔以雙聲亦爲正紐。其傍紐者,若五字中已有‘任’字,其四字不得復用‘錦’、‘禁’、‘急’、‘飮’、‘蔭’、‘邑’等字,以其一紐之中,有‘金’音等字,與‘任’同韻故也。……”

第八,正紐。亦名小紐,或亦名爽切病。

正紐者,五言詩“壬”、“衽”、“任”、“入”四字爲一紐,一句之中,已有“壬”字,更不得安“衽”、“任”、“入”等字。如此之類,名爲犯正紐之病也。詩曰:“撫琴起和曲,疊管泛鳴驅,停軒未忍去,白日小踟躕。”……

釋曰:此卽犯小紐之病也。今就五字中論,即是下句第十、九,雙聲兩字是也。除非故作雙聲,下句復雙聲對,方得免小紐之病也。若爲聯緜賦體類,皆如此也。

或曰:正紐者,謂正雙聲相犯。其雙聲雖一,傍正有殊,從一字紐之得四聲,是正也。若“元”、“阮”、“願”、“月”是。若從他字來會成雙聲,是傍也。若“元”、“阮”、“願”、“月”是正,而有“牛”、“魚”、“妍”、“硯”等字來會“元”、“月”等字成雙聲是也。如云:“我本漢家子,來嫁單于庭。”“家”、“嫁”是一紐之內,名正雙聲,名犯正紐者也。傍紐者,如“貽我青銅鏡,結我羅裙裾”,“結”、“裙”是雙聲之傍,名犯傍紐也。又一法,凡入雙聲者,皆名正紐。

元氏曰:“正紐者,一韻之內,有一字四聲分爲兩處是也。如梁簡文帝詩云:‘輕霞落暮錦,流火散秋金。’‘金’、‘錦’、‘禁’、‘急’,是一字之四聲,今分爲兩處,是犯正紐也。”元兢曰:“此病輕重,與傍紐相類,近代咸不以爲累,但知之而已。”

劉氏曰:“正紐者,凡四聲爲一紐,如‘任’、‘荏’、‘衽’、‘入’五言詩一韻中已有‘任’字,即九字中不得復有‘荏’、‘衽’、‘入’等字。古詩云:‘曠野莽茫茫’,即‘莽’與‘茫’是也。凡諸文筆,皆須避之。若犯此聲,即齟齬不可讀耳。”

人民文學出版社《文鏡秘府論》西卷

文心雕龍·神思

〔梁〕劉　勰[1]

古人云:形在江海之上,心存魏闕之下,神思之謂也[2]。文之思也,其神遠矣[3]。故寂然凝慮,思接千載;悄焉動容,視通萬里;吟詠之間,吐納珠玉之聲;眉睫之前,卷舒風雲之色;其思理之致乎[4]。故思理爲妙,神與物遊[5]。神居胸臆,而志氣統其關鍵[6];物沿耳目,而辭令管其樞機[7]。樞機方通,則物無隱貌;關鍵將塞,則神有遯心[8]。是以陶鈞文思,貴在虛靜[9],疏瀹五藏,澡雪精神[10],積學以儲寶,酌理以富才,研閱以窮照,馴致以懌(范校:一作繹)辭[11],然後使玄解之宰,尋聲律而定墨[12];獨照之匠,闚意象而運斤[13];此蓋馭文之首術,謀篇之大端[14]。夫神思方運,萬塗競萌,規矩虛位,刻鏤無形[15],登山則情滿於山,觀海則意溢於海,我才之多少,將與風雲而並驅矣。方其搦翰,氣倍辭前,暨乎篇成,半折心始[16]。何則?意翻空而易奇,言徵實而難巧也[17]。是以意授於思,言授於意,密則無際,疏則千里[18],或理在方寸而求之域表,或義在咫尺而思隔山河[19]。是以秉心養術,無務苦慮,含章司契,不必勞情也[20]。

人之稟才,遲速異分,文之制體,大小殊功:相如含筆而腐毫[21],揚雄輟翰而驚夢,桓譚疾感於苦思[22],王充氣竭於思慮[23],張衡研京以十年[24],左思練都以一紀[25],雖有巨文,亦思之緩也。淮南崇朝而賦騷[26],枚皋應詔而成賦[27],子建援牘如口誦[28],仲宣舉筆似宿構[29],阮瑀據案而制書[30],禰衡當食而草奏[31],雖有短篇,亦思之速也。若夫駿發[32]之士,心總要術,敏在慮前，應機立斷；覃思[33]之人，情饒歧路，鑒在疑後，研慮方定。機敏故造次而成功，慮疑故愈久而致績。難易雖殊，並資博練[34]。若學淺而空遲，才疏而徒速，以斯成器，未之前聞。是以臨篇綴慮，必有二患：理鬱者苦貧，辭溺者傷亂，然則博見（范校：一作聞）爲饋貧之糧，貫一爲拯亂[35]之藥，博而能一，亦有助乎心力矣。

若情數詭雜，體變遷貿。拙辭或孕於巧義，庸事或萌於新意，視布於麻，雖云未費（張松孫輯注本作貴，作貴是），杼軸獻功，煥然乃珍[36]。至於思表纖旨，文外曲致，言所不追，筆固知止。至精而後闡其妙，至變而後通其數，伊摯不能言鼎[37]，輪扁不能語斤[38]，其微矣乎！

贊曰：神用象通，情變所孕。物以貌求，心以理應。刻鏤聲律，萌芽比興。結慮[39]司契，垂帷制勝[40]。

范文瀾註《文心雕龍》卷六

【註釋】

［1］劉勰（公元四六五年前後——五二〇年前後）——字彥和，東莞莒人，世居京口。少時家貧，依沙門僧祐居定林寺十餘年。梁初入仕，做過仁威將軍南康王蕭績的記室和太子蕭統的通事舍人。後出家，名慧地。著《文心雕龍》五十篇，成書於齊代。近人范文瀾有註，最詳贍。《梁書》卷五十、《南史》卷七十二都有傳。

［2］形在江海之上三句——語見《莊子・讓王》："中山公子牟謂瞻子曰，身在江海之上，心居乎魏闕之下，奈何。"魏闕，古代君王的宮門，代指朝廷。莊文原意係指身在野而心懷高官厚祿。劉勰引此已捨其本義，藉以說明神思乃是一種由此及彼不受身觀局限的想像活動。

［3］文之思也二句——謂爲文運思，馳騁想像，可無往而不達。

［4］故寂然凝慮九句——致，狀。此九句謂作家在沉思遐想之際，可以聯想到很久；思攷得神往時，可以觀察到很遠。他在吟哦的時候，吐納金玉般的聲音；他的眉眼之前，舒卷着風雲變幻的景色。這就是藝術構思的情狀。

[5] 思理爲妙二句——思理，指藝術構思。神，指作者的想像；物，指事物的形象；遊，一起活動。"神"與"物"聯繫在一起，用語本於《易·說卦》："神也者，妙萬物而爲言者也。"本是古代哲學用語。這裏指藝術構思的妙用在於想像活動與事物的形象緊密結合。

[6] 神居胸臆二句——神，卽神思；志氣，情志氣質，近似思想感情的意思。統其關鍵，言作者的想像活動受思想感情的支配。

[7] 物沿耳目二句——辭令，言辭。《易·繫辭上》："言行君子之樞機。"王弼註："樞機，制動之主。"意同上二句所說的關鍵。這二句謂作者通過耳目感官接觸物象進行思維，須以言詞爲媒介。

[8] 樞機方通四句——樞機，這裏用作言語的代詞。遯，卽遁。前二句謂掌握了辭能達意這一關鍵，則所攝取之物象可以曲盡纖毫，而無隱遁；後二句謂思想僵化、感情枯竭，則思路亦必阻塞。

[9] 陶鈞文思二句——陶鈞，造陶器的轉輪。這裏作動詞用，以喻構思。此二句謂構思的時候要屏除雜念、寧靜專一。

[10] 疏瀹五藏二句——藏，臟。《白虎通論·五臟六府主性情》："五臟者何也？謂肝心肺腎脾也。"又《論五性六情》："內有五臟六府，此情性之所由出入也。"瀹，疏通。《莊子·知北遊》："老聃曰，汝齋戒疏瀹而心，澡雪而精神。"這二句意謂使內心調暢，精神淨化。

[11] 積學以儲寶四句——懌，一作繹，以作繹爲勝，繹是整理、運用的意思。這四句指要構思得好，必須平時努力學習以積累知識，對事理進行分析以豐富才能，廣泛地、尋根究底地觀察研究客觀物象，並在構思過程中逐漸得到恰當的言詞。

[12] 然後使玄解之宰二句——玄解，指懂得深奧的道理。宰，主宰，這裏指作家的頭腦。聲律，音節，這裏指寫作技巧。定墨，卽落筆。此二句謂作家的懂得深奧道理的頭腦，可以找到恰當的技巧來寫成文章。

[13] 獨照之匠二句——獨照之匠，指有獨到見解的人。闚，卽窺。意象，指作者想像中的境界。運斤，語本《莊子·徐無鬼》："匠石運斤成風。"本指揮動工具，此處指寫作。此二句謂作者有獨到見解，可以按照自己所想的來寫作。

[14] 大端——要點。

[15] 神思方運四句——此四句謂構思剛剛開始的時候，無數的想法紛至沓來，無法按照一定的規矩寫作，而必須對尚未具象化的東西精雕細刻。

[16] 方其搦翰四句——搦翰，拿筆。辭前，形成文辭以前。此四句謂作者拿起筆來

寫作，在尙未形成文辭以前，氣勢非常旺盛。可是等到文章寫成之後，只能表達開始時所想的一半。

[17] 意翻空而易奇二句——謂想像中的意境容易出色，用具體語言表達時却難以做到精巧。

[18] 意授於思四句——劉永濟《文心雕龍校釋》："此言文意受之文思，文辭又受之文意。蓋有文意始有文辭，而其本皆在文思也。"密則無際，卽上文所云："樞機方通，則物無隱貌。"疏則千里，卽上文所云："關鍵將塞，則神有遯心。"四句謂文章的語言爲文章的內容所決定，而文章的內容又受作者的思想所支配。三者結合得好，就如天衣無縫。結合得不好，則互相矛盾有如相隔千里。

[19] 理在方寸二句——方寸，心。域表，疆界之外，就是很遠的地方。二句謂有時某些道理就在心裏，却要到很遠的地方去追求；某些思想就在跟前，却又象遠隔山河似的。

[20] 秉心養術四句——秉，執持。術，指爲文之術。章，文采。契，約劵，引伸爲規則。此四句意謂作家有了一定的思想修養，掌握一定的藝術技巧，那麼在創作時，就不需那麼苦思冥想，勞累心情了。

[21] 相如含筆而腐毫——《漢書·枚皐傳》："司馬相如善爲文而遲，故所作少而善於皐"，又《西京雜記》《漢武故事》均有載相如爲文而遲之說。

[22] 揚雄輟翰而驚夢二句——《全後漢文》十四輯桓譚《新論·祛蔽》："余少時見揚子雲之麗文高論，不自量年少新進，而猥欲逮及。嘗激一事而作小賦，用精思太劇，而立感動發病，彌日瘳。子雲亦言成帝時，趙昭儀方大幸。每上甘泉，詔令作賦，爲之卒暴，思慮精苦，賦成遂困倦小臥，夢其五臟出在地，以手收而內之。及覺病喘悸，大少氣，病一歲。由此言之，盡思慮，傷精神也。"

[23] 王充氣竭於思慮——《後漢書·王充傳》："充好論說，始若詭異，終有理實。以爲俗儒守文，多失其眞。乃閉門潛思，絕慶弔之禮，戶牖牆壁，各置刀筆，著《論衡》八十五篇，二十余萬言。年漸七十，志力衰耗，乃造《養性書》十六篇，裁節嗜欲，頤神自守。"

[24] 張衡研京以十年——《後漢書·張衡傳》："時天下承平日久，自王侯以下，莫不踰侈。衡乃擬班固《兩都》作《二京賦》，因以諷諫。精思傅會，十年乃成。"

[25] 左思練都以一紀——一紀，十二年。《文選·三都賦序》李善註引臧榮緒《晉書》曰："左思字太冲，齊國人。少博覽文史，欲作《三都賦》，乃詣著作郞張載訪岷邛之事。遂構思十稔，門庭藩溷，皆著紙筆，遇得一句卽疏之。賦成，張華見而咨嗟，都邑豪貴，競相傳寫。"

[26] 淮南崇朝而賦騷——淮南，淮南王劉安。荀悦«前漢紀·孝武皇帝紀»:“初安朝，上使作«離騷賦»，旦受詔，食時畢。”高誘«淮南鴻烈解敍目»:“孝文皇帝甚重之，詔使爲«離騷賦»，自旦受詔，日早食已上。”孫詒讓«札迻»:“«文心雕龍·神思»云:‘淮南崇朝而賦騷。’即本高敍。”

[27] 枚皋應詔而成賦——«漢書·枚皋傳»:“上有所感，輒使賦之。爲文疾，受詔輒成，故所賦者多。”

[28] 子建援牘而口誦——子建，曹植字，漢末植曾封臨淄侯。楊修«答臨淄侯牋»:“又嘗親見執事，握牘持筆，有所造作，若成誦在心，借書於手，曾不斯須，少留思慮。”

[29] 仲宣舉筆似宿構——仲宣，王粲字。«三國志·魏書·王粲傳»:“善屬文，舉筆便成，無所改定，時人常以爲宿構。然正復精意覃深，亦不能加也。”

[30] 阮瑀據案而制書——«三國志·魏書·王粲傳»註引«典略»曰:“太祖嘗使瑀作書與韓遂。時太祖適近出，瑀隨從，因於馬上具草，書成呈之。太祖擥筆欲有所定，而竟不能增損。”“案”，應據顧廣圻校作“鞍”。

[31] 禰衡當食而草奏——«後漢書·禰衡傳»:“劉表嘗與諸文人共草章奏，並極其才思。時衡出，還見之，開省未周，因毁以抵地。表憮然爲駭。衡乃從求筆札，須臾立成，辭義可觀。表大悦，益重之。”«禰衡傳»又説:“黄祖長子射，時大會賓客，人有獻鸚鵡者，射舉卮於衡曰:‘願先生賦之，以娱嘉賓。’衡擥筆而作，文無加點，辭采甚麗。”案:這裏合草奏與當食作賦爲一事。

[32] 駿發——指文思的敏捷。

[33] 覃思——深思。

[34] 博練——廣泛的練習。兼指上文積學、酌理、研閱、馴致四方面。

[35] 貫一爲拯亂句——貫一，要求有一個中心，也就是要有重點的意思。拯，救。此句謂把中心思想貫穿全篇，可以糾正文辭的雜亂。

[36] 視布於麻四句——以布與麻相比，兩者質量相去不遠，但麻經過加工，織成了布，就變成光彩的珍品了。

[37] 伊摯不能言鼎——«吕氏春秋·本味»:“湯得伊尹……明日設朝而見之，説湯以至味曰:鼎中之變，精妙微纖，口弗能言，志弗能喻。”

[38] 輪扁不能語斤——見«莊子»選錄。

[39] 結慮——與上文“綴慮”的意義相同，都指構思。

[40] 垂帷制勝——垂帷，即下帷，語本«漢書·敍傳下·董仲舒傳»:“下帷覃思。”此句意謂在安靜的寫作環境中進行藝術構思，才能寫出特别優秀的作品。

【說明】

《文心雕龍》是我國第一部系統闡述文學理論的專著。體例周詳，論旨精深，清人章學誠稱它"體大而慮周"，可以說是中肯的評語。魏晋以來，我國文論始專門名家，到了南北朝，日漸形成繁盛局面。劉勰這部論著要算這一時期集其大成的代表作。

《文心雕龍》全書五十篇，分上下兩編。上編論述文學的基本原則和闡明各種文體的淵源和流變。下編的主要內容屬於文學創作論，是全書的精華所在。雖然其中所揭示的藝術規律和藝術方法是從封建文學藝術標準角度提出的，不免混着封建思想雜質，但是只要經過選擇，加以批判，去僞存真，去粗取精，那麽就是直到今天仍有值得我們吸取和借鑑的。

《神思》列爲創作論之首，具有總綱性質，涉及到創作論各方面問題，而作爲這些問題的核心則是藝術的想像。在我國具有民族風格自成體系的文論中，想像是最突出的問題之一。劉勰之前，陸機已開始認識到想像在文學創作中的重要性。《文賦》的"觀古今于須臾，撫四海于一瞬"，"恢萬里而無閡，通億載而爲津"，即狀想像翺翔之致。顯然，這對劉勰有着一定影響。《神思》的"寂然凝慮，思接千載；悄焉動容，視通萬里；吟詠之間，吐納珠玉之聲；眉睫之前，卷舒風雲之色"，就是引伸陸機的說法。不過，劉勰並不僅僅因襲前人，雷同舊說，他對想像問題進行了更深入的探討，作出系統的全面發揮。《神思》就是一篇完整的藝術想像論。

本篇開宗明義就對想像下了明確定義。劉勰借用"形在江海之上，心存魏闕之下"這句成語，說明想像是身在此而心在彼，可以由此及彼，不受身觀局限的藝術思維活動。事實上，這也就是指明文學創作不能拘泥現實，專構目前所見，從事刻板摹擬，而應容許虛構的存在。他有時把這一點作了渲染和誇大。不過,總的說來,他並沒有把想像加以神秘化。他認爲想像不是來自淩虛蹈空的主觀冥想,而是來自對客觀物像的觀察感受,從而把想像活動置于現實的基礎上。本篇提出的"思理爲妙,神與物遊",可說是劉勰想像論的重要綱領。它一方面說明想像活動必須扎根于現實,一旦脫離了現實,想像活動也就失去了依據。這一點,在本篇下文中有着更明確的表白:"視布于麻,雖云未貴,杼軸獻功,煥然乃珍。"(麻是原料,布是成品)這裏以麻、布爲喻,形像地說明了想像活動就是作家對現實生活素材進行藝術加工。這一見解,在當時是難能可貴的。另一方面,"神與物遊"也說明了作者的思維活動是與具體物像結合在一起的,實質上就是形象思維。劉勰繼陸機之後,對藝術創作中這個帶有普遍規律性的問題作了理論概括,在我國文學批評史上具有重要意義。

此外,本篇還論述了志氣和辭令在想像活動中的作用,也是同樣值得重視的。所謂"志氣統其關鍵","辭令管其樞機",是把志氣和辭令視爲對想像活動起決定作用的兩個因素。在這裏,志氣泛指思想感情,意思是說:思想感情是想像活動的動力,想像的展開是沿着思想感情的軌道而進行的。作家臨篇綴慮,需要神定氣足,只有思想堅實深刻,感情眞實充沛,才能使想像活躍起來,從而優遊適會,抒懷命筆。否則,就會如劉勰所說的"關鍵將塞,則神有遯心",形成思想僵化,感情枯竭,想像壅塞的枯窘狀態。至于辭令係指語言或語詞。任何思維活動都是通過語言的媒介來進行的,沒有不依賴語言而獨立存在的所謂思想活動。藝術想像也是同樣。劉勰把辭令作爲掌管想像活動的樞機,指出只有準確的語言才能構成準確的意象,强調文學必須以言達意,窮盡物色,曲寫纖毫。這就是他所說的"樞機方通則物無隱貌"的本義。當時正是號稱玄學三理之一的"言不盡意論"恣肆横流之際，劉勰提出這種針鋒相對的主張，有抨擊玄風的積極意義。

作爲藝術思維的想像活動本是一種極複雜的心理現象。劉勰在本篇中列舉文學史上許多作家創作實踐的具體實例，指出“人之稟才，遲速異分；文之制體，大小殊功”，認爲作家運思行文，或遲或速，一方面是基于作家的才能稟賦和構思方式，另方面也取决于作品的大小規模和體裁特點，對于這些情况需要作具體分析，而不能一律相繩，妄分高下。然而，不管不同作家的寫作會出現怎樣紛雜歧異的情况，歸根到底，文學創作畢竟還是有賴于平時的磨練和積累。本篇所提出的“積學以儲寶，酌理以富才，研閱以窮照，馴致以繹辭”這四句話，即申明此旨。明白了這一點，我們也就不難理解劉勰所說的“秉心養術，無務苦慮，含章司契，不必勞情”，並不是叫人無所用心輕易落筆，把寫作當做一種遊戲。相反，他認爲只有經過日積月累的辛勤努力，才能在寫作時從容不迫，直抒胸臆。作家寫作時似乎不費思索，搖筆即來的表現，實由于平日不斷積累艱苦磨鍊的結果。因此，“積學以儲寶，酌理以富才”與“不必勞情，無務苦慮”這兩種說法并不矛盾，而是相反相成的。這與下文所提出的博與一的辯證關係，具有同樣性質。“博見爲饋貧之糧”是指作家在生活體驗上要博，“貫一爲拯亂之藥”是指作家在藝術表現上要“一”。“博而能一”就是把體驗上的“博見”和表現上的“貫一”統一在一起。這種從矛盾的範疇看出對立統一的辯證觀點，不僅存在于本篇之中，而且在創作論其它各篇中也往往可以發現。這些地方是特別值得注意的。

附　　錄

文心雕龍·物色

〔梁〕劉　勰

春秋代序，陰陽慘舒，物色之動，心亦搖焉。蓋陽氣萌而玄駒步，陰律凝而丹鳥羞，微蟲猶或入感，四時之動物深矣。若夫珪璋挺其惠心，英華秀其清氣，物色相召，人誰獲安！是以獻歲發春，悦豫之情暢；滔滔孟夏，鬱陶之心凝；天高氣清，陰沈之志遠；霰雪無垠，矜肅之慮深；歲有其物，物有其容；情以物遷，辭以情發。一葉且或迎意，蟲聲有足引心。況清風與明月同夜，白日與春林共朝哉！

是以詩人感物，聯類不窮，流連萬象之際，沈吟視聽之區；寫氣圖貌，既隨物以宛轉；屬采附聲，亦與心而徘徊。故灼灼狀桃花之鮮，依依盡楊柳之貌，杲杲爲出日之容，瀌瀌（鈴木云當作麃麃）擬雨雪之狀，喈喈逐黃鳥之聲，喓喓學草蟲之韻。皎日嘒星，一言窮理；參差沃若，兩字窮形。并以少總多，情貌無遺矣。雖復思經千載，將何易奪。及離騷代興，觸類而長，物貌難盡，故重沓舒狀，於是嵯峨之類聚，葳蕤之羣積矣。及長卿之徒，詭勢瓌聲，模山範水，字必魚貫，所謂詩人麗則而約言，辭人麗淫而繁句也。

至如雅詠棠華，或黃或白；騷述秋蘭，綠葉紫莖；凡摛表五色，貴在時見，若青黃屢出，則繁而不珍。

自近代以來，文貴形似，窺情風景之上，鑽貌草木之中。吟詠所發，志惟深遠；體物爲妙，功在密附。故巧言切狀，如印之印泥，不加雕削，而曲寫毫芥。故能瞻言而見貌，印（校疑作即）字而知時也。然物有恒姿，而思無定檢，或率爾造極，或精思愈疎。且詩騷所標，並據要害，故後進鋭筆，怯於爭鋒。莫不因方以借巧，即勢以會奇，善於適要，則雖舊彌新矣。是以四序紛迴，而入興貴閑；物色雖繁，而析辭尚簡；使味飄飄而輕舉，情曄曄而更新。古來辭人，異代接武，莫不參伍以相變，因革以爲功，物色盡而情有餘者，曉會通也。若乃山林皐壤，實文思之奥府，略語則闕，詳說則繁。然屈乎所以能洞監風騷之情者，抑亦江山之助乎!

贊曰：山沓水匝，樹雜云合。目既往還，心亦吐納。春日遲遲，秋風颯颯。情往似贈，興來如答。

范文瀾註《文心雕龍》卷十

文心雕龍·體性

〔梁〕劉　勰

夫情動而言形，理發而文見，蓋沿隱以至顯[1]，因內而符外者也。然才有庸儁[2]，氣有剛柔，學有淺深，習有雅鄭[3]，並情性所鑠(范校：顧校作爍)，陶染所凝[4]，是以筆區雲譎，文苑波詭者矣[5]。故辭理庸儁，莫能翻其才[6]；風趣剛柔，寧或改其氣[7]；事義淺深，未聞乖其學；體式雅鄭，鮮有反其習；各師成心，其異如面[8]。若總其歸塗，則數窮八體[9]：一曰典雅，二曰遠奧，三曰精約，四曰顯附，五曰繁縟，六曰壯麗，七曰新奇，八曰輕靡。典雅者，鎔式經誥，方軌儒門者也[10]；遠奧者，馥采典文，經理玄宗者也[11]；精約者，覈字省句，剖析毫釐者也；顯附者，辭直義暢，切理厭心者也[12]；繁縟者，博喻釀采，煒燁枝派者也[13]；壯麗者，高論宏裁，卓爍(范校：顧校作鑠)異采者也[14]；新奇者，擯古競今，危側趣詭者也[15]；輕靡者，浮文弱植，縹緲附俗者也[16]。故雅與奇反，奧與顯殊，繁與約舛，壯與輕乖，文辭根葉，苑囿其中矣[17]。

若夫八體屢遷[18]，功以學成，才力居中，肇自血氣[19]；氣以實志，志以定言[20]，吐納英華，莫非情性。是以賈生俊發，故文潔而體清[21]；長卿傲誕[22]，故理侈而辭溢；子雲沈寂[23]，故志隱而味深；子政簡易[24]，故趣昭而事博；孟堅雅懿[25]，故裁密而思靡；平子淹通[26]，故慮周而藻密；仲宣躁銳[27]，故穎出而才果；公幹氣褊[28]，故言壯而情駭；嗣宗俶儻[29]，故響逸而調遠；叔夜儁俠，故興高而采烈[30]；安仁輕敏[31]，故鋒發而韻流；士衡矜重[32]，故情繁而辭隱；觸類以推，表裏必符，豈非自然之恆資[33]，才氣之大略哉!

夫才有天資,學慎始習,斲梓染絲,功在初化[34],器成綵定,難可翻移。故童子雕琢,必先雅製[35],沿根討葉,思轉自圓[36],八體雖殊,會通合數,得其環中,則輻輳相成[37]。故宜摹體以定習,因性以練才[38],文之司南[39],用此道也。

贊曰:才性異區,文辭(黃云馮本校作體)繁詭[40]。辭爲膚根,志實骨髓[41]。雅麗黼黻,淫巧朱紫[42]。習亦凝(一作疑)眞,功沿漸靡[43]。

范文瀾註《文心雕龍》卷六

【註釋】

[1] 沿隱以至顯——隱,指蘊藏在內心的情和理;顯,指表現於外在的言與文。

[2] 儁——俊的異體字。

[3] 雅鄭——猶言雅俗。

[4] 情性所鑠二句——情性,卽上文所說的才和氣;陶染,指上文所說的學和習。這兩句緊接上四句說,謂庸儁、剛柔、淺深、雅鄭等的差別,前二者是內在情性的表現,後二者是外界感染所形成。

[5] 筆區雲譎二句——筆區與文苑爲互文,泛指文學創作的領域。雲譎、波詭都是說千變萬化的奇觀。

[6] 辭理庸儁二句——意謂辭理的高下是才的高下的表現,兩者是一致的。翻,與下文的改、乖、反同義。

[7] 風趣剛柔二句——氣是就作者而言的,指人的氣質,風趣是就表現於作品而言的,故云"寧或改其氣"。

[8] 各師成心二句——語本《左傳》襄公三十一年:"人心之不同,如其面焉。"成心,猶言本心。《莊子·齊物論》:"夫隨其成心而師之。"郭象注:"夫心之足以制一身之用者,謂之成心。"成玄英疏:"夫域情滯著,執一家之偏見者,謂之成心。"這裏是兼綜上文的才、氣和學、習而說的。

[9] 總其歸塗二句——意謂就最後表現爲文章的風貌而言,總括其類型,則可以蠢之於八體之中。

[10] 鎔式經誥二句——鎔式,鎔鑄,取法。經誥,猶言經典;"誥"是《尙書》中一種體

製。軌是車轍，方軌即並駕；方軌儒門，遵循儒門的道路。這兩句是說，以儒家的思想爲指導，鎔式經典，發爲文章，即《宗經》所說“稟經以製式，酌雅以富言”的意思。

[11] 馥采典文二句——范文瀾注：“馥，當作複，《總術》云：‘奥者複隱。’”劉永濟《文心雕龍校釋》：“疑‘馥’當作‘複’，‘典’當作‘曲’，皆字形之誤。複者，隱複也；曲者，深曲也。談玄之文，必隱複而深曲，《徵聖》篇論《易經》有‘四象精義以曲隱’可證。”經理，猶言經緯；玄宗，玄學的宗旨；經理玄宗，指理致的淵深。

[12] 辭直義暢二句——用明白的文詞暢所欲言地表達思想，切合於客觀事理，使讀者內心得到滿足。

[13] 博喻釀采二句——博喻，多方設喻。釀采，滿蓄辭采。劉永濟《校釋》：“按‘釀’疑‘醲’誤。醲，酒厚也，與‘博’義相應。”《時序》篇有“瀹思醲采”句，是其證。煒燁，光明貌，指色澤的絢爛。枝派，指鋪張的描寫。

[14] 高論宏裁二句——高超的議論，宏偉的體制，放射出不同平凡的耀眼光芒。

[15] 擯古競今二句——厭舊而喜新，從偪側奇巧中見情趣。

[16] 浮文弱植二句——文詞浮華而根底淺薄，內容空虛而投合時好。

[17] 苑囿其中——包括在這裏面。

[18] 八體屢遷——八體的變化。

[19] 功以學成三句——意謂成功由於學養，亦關才力，各人才力的不同，又源於不同的氣質。血氣，即氣質。也就是前文所說的氣。才力處於學養與氣質之間，故云居中。

[20] 氣以實志二句——意謂養氣所以充實情志，不同的情志，表現爲不同的文辭。

[21] 賈生俊發二句——上句說人，下句說文，用以闡明“吐納英華，莫非情性”之義。下舉各例並同。賈誼年少才高，有遠大的抱負和理想，敢於議論時政，故云俊發。參看《史記·屈原賈生列傳》。

[22] 長卿傲誕——嵇康《高士傳贊》：“長卿慢世，越禮自放。犢鼻（賣酒人的衣服）居市，不恥其狀。託疾避官，蔑此卿相。乃賦《大人》，超然莫尚。”（據嚴可均輯《全三國文》卷五十二）故云傲誕。

[23] 子雲沈寂——《漢書·揚雄傳》：“默而好深遠之思，清靜無爲，少嗜欲。”故云沈寂。

[24] 子政簡易——《漢書·劉向傳》：“向爲人簡易無威儀，廉靖樂道，不交接世俗。”故云簡易。

[25] 孟堅雅懿——《後漢書·班固傳》：“及長，遂博貫載籍，九流百家之言無不窮

究。……性寬和容衆,不以才能高人。"故云雅懿。

[26] 平子淹通——《後漢書·張衡傳》:"……遂通五經,貫六藝,雖才高於世,而無驕尚之情。"故云淹通。

[27] 仲宣躁銳——躁銳,指性情浮躁而才思敏銳。范文瀾註:"案《程器篇》:'仲宣輕脆以躁競。'此銳疑是競字之誤。《魏志·杜襲傳》:'(王)粲性躁競。'此彥和所本。"

[28] 公幹氣褊——褊,謂褊激。《三國志·魏書·王粲傳》載"(劉)楨以不敬被刑。"謝靈運《擬鄴中集詩序》也說,"楨卓犖偏人"。

[29] 嗣宗俶儻——俶儻,同倜儻。俶是倜的借字。《三國志·魏書·王粲傳》:"(阮)瑀子籍,才藻豔逸而倜儻放蕩,行己寡欲,以莊周爲模則。"

[30] 叔夜儁俠二句——儁,指雋永的風度;俠,指剛強的氣質,憤世嫉俗的心情。《三國志·魏書·王粲傳》:"時又有譙郡嵇康文辭壯麗,好言老莊,而尙奇任俠。"注引《康別傳》:"孫登謂康曰:君性烈而才儁,其能免乎?"興高,謂旨趣高超;釆烈,謂風釆照耀。

[31] 安仁輕敏——潘岳才思敏捷。《才略》也說:"潘岳敏給。"

[32] 士衡矜重——《晉書·陸機傳》:"服膺儒術,非禮勿動。"故云矜重。

[33] 自然之恆資——稟賦於天然的資質。

[34] 斲梓染絲二句——斲梓,語本《尙書·梓材》:"若作梓材,既勤樸斲。"染絲,語本《墨子·所染》:"子墨子言,見染絲者而嘆曰:'染於蒼則蒼,染於黃則黃,所入者變,其色亦變。……故染不可不慎也。'"梓因斲而成器,絲因染而成色,一成莫變,故云"功在初化"。這裏用以比喻學慎始習。

[35] 童子雕琢二句——意謂開始從事寫作,就必須取法乎上。

[36] 思轉自圓——圓,卽下文所說"會通"的意思。

[37] 得其環中二句——輻,車輪中直木。車輻貫在車轂,叫做輻輳。這兩句是說,掌握了車輪的軸心,則許多車輻就可以相輔而相成。《莊子·齊物論》:"樞始得其環中,以應無窮。"

[38] 摹體以定習二句——上句承前"習有雅鄭"而言,意謂取法"雅製",端正創作的方向。下句承前"氣有剛柔"而言,是說按照個性的特點,鍛鍊藝術的才能。

[39] 司南——卽指南車。

[40] 才性異區二句——意謂不同才性的作者,寫出了各種體貌的文章。

[41] 辭爲膚根二句——申足上兩句的意思,辭卽文章的體貌,志指作者的才性。膚根當作膚葉,與骨髓相對成文。

[42] 雅麗黼黻二句——麗而不傷於正謂之雅麗；雅麗和淫巧相對而言。黼黻，古禮服上的繡文，白與黑相間叫做黼，黑與青相間叫做黻，比喻文章的藻彩。朱，正色。紫，代表一種不正常的顏色。這裏的朱紫是偏義複詞，偏取紫義。《論語·陽貨》："惡紫之奪朱也，惡鄭聲之亂雅樂也。"

[43] 習亦凝眞二句——范文瀾注："上文云：'陶染所凝'，此云'習亦凝眞'，眞者才氣之謂，言陶染學習之功，亦可凝積而補成才氣也。"

【說明】

《體性》是《文心雕龍》第二十七篇，是討論風格問題的一篇專論。

劉勰認爲"情動而言形，理發而辭見"，文章所以表達情理，有內在的情理，有表現於外在的體貌。體貌各不相同，則由於作者才能和氣質的不齊，學養與習染之殊異，因此文章又有形成其體貌的性，性即內在的實質。劉勰所謂"體性"，是"因內而符外"的統一體。

因爲他不是談文章形式的體製，所以無取於曹丕"奏議宜雅，詩賦欲麗"的論點；篇中所說的"體"，和《典論·論文》所說的"文各有體"也不是一回事。劉勰所論，主要是文章的風格，而且由人到文，說明各種風格的形成。這是區分文章風格最早的文獻，並初步涉及風格與作者個性的問題。此後，如《文鏡祕府》之《論體》，《詩式》之以十九字概括詩體，以及司空圖之《二十四詩品》等，都是本此推衍出來的。

篇中把各種不同的文章，概括成爲八體。八體之中，有的是就修辭方法而言的，有的是就表現方法而言的，但絕大部分，談的是文章風格的問題。八體又分成四組；四組之間有一正一反的關係。這樣，就綱擧目張，構成了一個體系。劉勰一方面認識到風格的多樣化，所謂正反，不一定有高下之分，但又不是無所褒貶的，故對"新奇""輕靡"二體，頗露微詞。這是針對當時的文風，有的放矢的。

至於所以形成八體之故，劉勰認爲是由於作者才、氣、學、習四者的綜合。這四者的正反面，其中三者顯然有優劣之分，而“風趣剛柔”似乎難分高下。不過劉勰偏重於剛的方面，在《風骨》裏說得更爲明顯。四者之中，才和氣指先天的，故云“情性所鑠”；學和習指後天的，所以說“陶冶所凝”。在這個問題上，劉勰並未片面地強調作者的才能，而忽視創作的實踐；同時，也不是抽象地論述文辭的氣韻，使氣成爲不可捉摸的概念。

劉勰的論風格是比較切實的，篇中講到“才有天資”問題，也是有分寸的。他認識到作者個性與文章風格的關係，所以說：“吐納英華，莫非情性。”但是風格的形成，則主要依靠學習，所以說“八體屢遷，功以學成”。“才有天資，學愼始習”。主張把才與學結合起來。不過他的所謂“學”和“習”，主要是就取法上的“體式雅鄭”而言的，而沒有認識到社會實踐的決定作用。這又是他的思想局限性所在。

附　錄

文心雕龍·養氣

〔梁〕劉　勰

昔王充著述，制養氣之篇，驗己而作，豈虛造哉！夫耳目鼻口，生之役也；心慮言辭，神之用也。率志委和，則理融而情暢；鑽礪過分，則神疲而氣衰；此性情之數也。夫三皇辭質，心絕於道華；帝世始文，言貴於敷奏；三代春秋，雖沿世彌縟，並適分胸臆，非牽課才外也。戰代枝（鈴木云岡本作技）詐，攻奇飾說；漢世迄今，辭務日新，爭光鬻采，慮亦竭矣。故淳言以比澆辭，文質懸乎千載；率志以方竭情，勞逸差於萬里；古人所以余裕，後進所以莫遑也。

凡童少鑒淺而志盛，長艾識堅而氣衰，志盛者思銳以勝勞，氣衰者慮密以傷神，斯實中人之常資，歲時之大較也。若夫器分有限，智用無涯，或慚鳧企鶴，瀝辭鐫思，於是精氣內銷，有似尾閭之波，神志外傷，同乎牛山之木；怛惕之盛疾，亦可推矣。至如仲任置硯以綜述，叔通懷筆以專業，既暄之以歲序，又煎之以日時，是以曹公懼爲文之傷命，陸雲歎用思之困神，非虛談也。

夫學業在勤，功庸弗怠，故有錐股自厲，和熊以苦之人。志于文也，則申寫鬱滯，故宜從容率情，優柔適會。若銷鑠精膽，蹙迫和氣，秉牘以驅齡，灑翰以伐性，豈聖賢之素心，會文之直理哉！且夫思有利鈍，時有通塞，沐則心覆，且或反常，神之方昏，再三愈黷。是以吐納文藝，務在節宣，清和其心，調暢其氣，煩而即捨，勿使壅滯，意得則舒懷以命筆，理伏則投筆以卷懷，逍遙以針勞，談笑以藥勌，常弄閑於才鋒，賈餘於文勇，使刃發如新，湊理勿滯，雖非胎息之邁術，斯亦衛氣之一方也。

贊曰：紛哉萬象，勞矣千想。玄神宜寶，素氣資養。水停以鑒，火靜而朗。無擾文慮，鬱此精爽。

范文瀾註《文心雕龍》卷九

張彥輝文集序（節錄）

〔明〕方孝孺

昔稱文章與政相通，舉其槩而言耳。要而求之，實與其人類。戰國以下，自其著者言之：莊周爲人，有壺視天地、囊括萬物之態，故其文宏博而放肆，飄飄然若雲游龍騫不可守；荀卿恭敬好禮，故其文敦厚而嚴正，如大儒老師，衣冠偉然，揖讓進退，具有法度；韓非、李斯，峭刻酷虐，故其文纖繞深切，排搏糾纏，比辭聯類，如法吏議獄，務盡其意，使人無所措手；司馬遷豪邁不羈，寬大易直，故其文崒乎如恆華，浩乎如江河，曲盡周密，如家人父子語，不尙藻飾而終不可學；司馬相如有俠客美丈夫之容，故其文綺曼姱都，如清歌繞梁，中節可聽；賈誼少年意氣慷慨，思建事功而不得遂，故其文深篤有謀，悲壯矯訐；揚雄齪齪自信，木訥少風節，故其文拘束齷齪，模擬竊竊，蹇澀不暢，用心雖勞，而去道實遠。下此魏、晉至隋，流麗淫靡，浮急促數，殆欲無文。惟陶元亮以冲曠天然之質，發自肺腑，不爲雕刻，其道意也達，其狀物也覈，稍爲近古。韓退之起中唐，始大振之。退之俊傑善辯說，故其文開陽闔陰，奇絕變化，震動如雷霆，淡泊如韶濩，卓矣爲一家言。其同時則有柳子厚、李元賓、李習之之流。子厚爲人精緻警敏；習之志大識遠；元賓激烈善持論，故其文皆類之。五代之弊，甚於魏、隋之間。宋興，至歐陽永叔、蘇子瞻、王介甫、曾子固而文始備。永叔厚重淵潔，故其文委曲平和，不爲斬絕詭怪之狀，而穆穆有餘韻；子瞻魁梧宏博，氣高力雄，故其文常驚絕一世，不爲婉昵細語；介甫狹中少容，簡默有裁制，故其文能以約勝；子固儼爾儒者，故其文粹白純正，出入禮樂法度中。南渡以後，眞希元、魏華甫以典章文物爲文，陳同甫以縱橫之學爲文，其他各以其文顯者甚衆，至於末流而文又弊矣。元興，以文自名者，相望於百年之間。爲世所稱者，曰姚寬甫、虞伯生、黄晉卿、歐陽原功。寬甫敦厖有威儀，左右佩玉，故其文沉鬱而隆厚；伯生頎嶷鉅人，談故事遺法，竟日不竭，故其文敷贍無涯，不可準則；晉卿謹愼有禮，故其文守局遵度，考據切當，不放而密；原功博學多識，故其文繁多而不迫。至於今則潛溪先生出焉。先生以誠篤和毅之質，宏奥玄深之識，發而爲文，原功稱其如淮陰將兵百萬，百戰百勝，志不少懾；如列子御風，翩然褰舉，不沾塵土。用鳴一代之盛，追古作者與之齊，近代不足儗也。由此觀之，自古至今，文之不同，類乎人者，豈不然乎？

雖然，不同者辭也，不可不同者道也。譬之金石絲竹不同也，有聲則同；江河淮海不同也，蓄水則同；日月星火不同也，能明則同。人之文不同者猶其形也，不可不同，天下之道，根於心者一也。故立言而衆者文之隸也，明其道不求異者，道之域也。人之爲文，豈故爲爾不同哉！其形人人殊，聲音笑貌人人殊，其言固不得而強同也，而亦不必一拘乎同也，道明則止耳。

然而道不易明也。文至者道未必至也，此文之所以爲難也。嗚呼，道與文俱至者，其惟聖賢乎！聖人之文，著於諸經，道之所由傳也。賢者之文，盛於伊洛，所以明斯道也，而其文未嘗相同，其道未嘗不同。師其道而求於文者，善學文者也；襲其辭而忘道者，不足與論也。然斯豈易易哉！世有自謂不師其辭者，則剽生抉怪，雜取艱深之辭，敷錯成文，以飾其鄙陋之意，至於不可句讀，使人誦之而不曉其意，以爲文故如是。或者懲其病則弛慢不思，幹陳蹈故，混不加修，甚則取里談巷語、猥褻嘲笑之辭，書之編簡，以爲明道，文與道割裂爲二，互相訾詆。又或見其然，遂放言而攻之，以爲古之道不可釋以今之文，今之文不當學古之辭。三者雖異，而俱失之，不師古非文也，而師其辭又非也。可以爲文者，其惟學古之道乎！道明則氣昌，氣昌，文自至矣。文自至者，所謂類其人而不悖乎道者也。其人高下不同，而文亦隨之，不可强也。嘗執此説，竊觀天下之文，爲三者之歸者多矣，而無愧於古者亦有矣。……

《四部叢刊》影明本《遜志齋集》卷十二

文心雕龍·風骨

〔梁〕劉　勰

《詩》總六義，風冠其首[1]，斯乃化感之本源，志氣之符契也[2]。是以怊悵述情，必始乎風；沈吟鋪辭，莫先於骨。故辭之待骨，如體之樹骸；情之含風，猶形之包氣[3]。結言端直，則文骨成焉；意氣駿爽，則文風清(一作生)焉[4]。若豐藻克贍，風骨不飛，則振采失鮮，負聲無力[5]。是以綴慮裁篇，務盈守氣[6]。剛健既實，輝光乃新。其爲文用，譬征鳥之使翼也[7]。

故練於骨者，析辭必精；深乎風者，述情必顯。捶字堅而難移，結響凝而不滯[8]，此風骨之力也。若瘠義肥辭，繁雜失統[9]，則無骨之徵也；思不環周，索莫乏氣[10]，則無風之驗也。昔潘勗錫魏，思摹經典，羣才韜筆，乃其骨髓峻(本作畯，誤。據范校引鈴木改)也[11]；相如賦仙，氣號凌雲，蔚爲辭宗，迺其風力遒也[12]。能鑒斯要，可以定文；兹術或違，無務繁采[13]。

故魏文稱"文以氣爲主，氣之清濁有體，不可力強而致[14]"。故其論孔融，則云"體氣高妙"；論徐幹，則云"時有齊氣"；論劉楨，則云"有逸氣"[15]。公幹亦云："孔氏卓卓，信含異氣，筆墨之性，殆不可勝[16]。"並重氣之旨也。夫翬翟備色，而翾翥百步，肌豐而力沈也[17]；鷹隼乏采，而翰飛戾天[18]，骨勁而氣猛也。文章才力，有似於此。若風骨乏采，則鷙集翰林[19]；采乏風骨，則雉竄文囿。唯藻耀而高翔，固文筆之鳴鳳也。

若夫鎔鑄經典之範，翔集子史之術，洞曉情變，曲昭文體，然後能孚(本作字，據范校改)甲[20]新意，雕畫奇辭。昭體故意新而不亂，曉變故辭奇而不黷。若骨采未圓，風辭未練，而跨略舊規，馳騖新作，雖獲巧意，危敗亦多。豈空結奇字，紕謬而成經矣[21]。《周書》云："辭尚體要，弗惟好異[22]。"蓋防文濫也。然文術多門，各適所好，明者弗授，學者弗師。於是習華隨侈，流遁忘反。若能確乎正式[23]，使文明以健，則風清骨峻，篇體光華。能研諸慮，何遠之有哉[24]！

贊曰：情與氣偕，辭共體並。文明以健，珪璋乃聘（本作騁，誤。據范校改）[25]。蔚彼風力，嚴此骨鯁[26]。才鋒峻立，符采克炳[27]。

范文瀾註《文心雕龍》卷六

【註釋】

［1］詩總六義風冠其首——六義，見《毛詩序》。風是《詩三百篇》中一個類別，它是生活抒情詩，感染力特別強，義是就其特色而言的。本文取義於此，故下云"化感之本源"。

［2］志氣之符契——志氣的表現。范文瀾云："本篇以風爲名，而篇中多言氣。《廣雅·釋言》：'風，氣也。'《莊子·齊物論》：'大塊（地）噫氣，其名爲風。'《詩大序》：'風以動之。'蓋氣指其未動，風指其已動。"案：未動是說蘊藏在作者內心，已動是說表現於作品。兩者相一致，故云符契。

［3］體之樹骸形之包氣——意謂體待骸才能樹立，形包氣才有生命。

［4］結言端直四句——結言，即上文的"鋪辭"。端直，意指正確而有力地表現思想。這兩句是說：語言挺拔，就形成了文骨；志氣昂揚爽朗，才能產生文風。

［5］若豐藻克贍四句——意謂倘使一篇作品，具有豐富的詞藻而缺乏風骨，則氣不足以舉其詞，詞不足以稱其意，就不可能呈現鮮明的色彩，發出響亮的音調。

［6］綴慮裁篇務盈守氣——綴慮，猶言構思。《情采》云："風雅之興，志思蓄憤。"沒有一種不得不抒發的情感，文章就缺乏氣，故云務盈守氣。

［7］征鳥——健飛的猛禽。《禮記·月令》："征鳥厲疾。"

［8］捶字堅而難移二句——捶字，鍛鍊語言，即上文說的"析辭"。堅，指精鍊準確，表現力強。黃侃《文心雕龍札記》說："結響凝而不滯者，此緣意義充足，故聲律暢調。凝者不可轉移，聲律以凝爲貴，猶捶字以堅爲貴也。不滯者，由思理圓

周，天機駿利，所以免於滯澀之病也。”

［9］瘠義肥辭繁雜失統——瘠義肥辭，謂辭多義少。辭統於義，辭多義少，則繁雜失統，所以說無骨。

［10］思不環周索莫乏氣——環周，成熟而通暢。索莫，精神不振的樣子。思理不暢，寫出文章來就沒精打彩，所以說無風。

［11］潘勗錫魏四句——潘勗字元茂，東漢末人。建安十八年(公元二一三年)漢獻帝策命曹操爲魏公，加九錫，策文是潘勗所作，載《文選》三十五及《三國志·魏書·武帝紀》。潘文取法《尙書》，故云思摹經典。韜筆，猶言擱筆；羣才擱筆，壓倒當時許多作者。骨髓峻，意謂語言挺拔，析辭必精。

［12］相如賦仙四句——《史記·司馬相如傳》："相如以爲列仙之傳，居山澤間，形容甚臞，此非帝王之仙意也。乃遂就《大人賦》。……相如既奏《大人》之頌，天子大說(悅)，飄飄有凌雲之氣，似游天地之間意。"又《漢書·叙傳》說司馬相如"蔚爲辭宗，賦頌之首"。風力遒，是說他意高而情顯。

［13］能鑒斯要四句——斯要和玆術爲互文，都是指風骨在文章中的作用。上兩句說，掌握了這個要領，就可用以駕馭文辭；下兩句說，違反了這個方法，那也無須追求華采了。

［14］故魏文稱文以氣爲主三句——論氣和下引論孔融及徐幹語，均見曹丕《典論·論文》。

［15］論劉楨二句——見曹丕《與吳質書》。

［16］公幹亦云五句——這是劉楨評論孔融的話，原文已佚。所謂異氣，卽曹丕《典論·論文》所說"孔融氣體高妙，有過人者。"

［17］翬翟備色三句——翬翟，雉。《說文解字》："雉五采皆備曰翬。"翟是長尾的雉。翾，小飛。力沈，力弱。雉有華麗的羽毛，但不能高飛，與下文的鷹隼恰恰相反，用以比喩文章有文采而乏風骨或有風骨而乏文采的兩種現象。

［18］翰飛戾天——語出《詩·小雅·小宛》。翰飛，高飛。戾天，到天。

［19］翰林——翰墨之林，猶言文章的領域，與下面的"文囿"爲互文。

［20］孚甲——萌生的意思。

［21］豈空結奇字紕謬而成經矣——空結奇字，卽《明詩》所說"儷采百字之偶，爭價一句之奇"是當時習尙的文風。經，常；成經，成爲一種法式。這句是慨嘆的語氣，與下文"習華隨侈，流遁忘反"相呼應。意思說：豈可使這種空結奇字的錯誤風尙，長久下去而成爲法式。范文瀾云："矣字疑當作乎。"

［22］辭尙體要弗惟好異——見僞古文《尙書·畢命》。原文"弗"作"不"。意謂措詞

貴乎得體，不可但求新奇。

［23］確乎正式——確立一個正當的法式。是與上文的"紕謬成經"相對而言的。

［24］能研諸慮二句——意謂能够鑽研上面所說各方面的道理，則不難達到"風淸骨峻"的境界。

［25］文明以健珪璋乃聘——意謂文思淸明而文辭健拔，才能發揮文章的作用。珪璋是玉製寶器，朝聘時用之。

［26］蔚彼風力嚴此骨鯁——上句說"務盈守氣"以養風，下句說"析辭必精"以植骨。

［27］符采克炳——文彩才能煥發出來。有諸內而形于外，表裏相符，故云符采。

【說明】

《風骨》是《文心雕龍》第二十八篇，是分析文章風骨的一篇專論。

"風骨"一般地是指人的精神和體貌。沈約《宋書·武帝紀》："劉裕風骨不恆，蓋人傑也。""風"謂風采，"骨"謂骨相，一虛一實，組合成詞。"風骨"作爲文學理論的專門術語，也還是從這個意思引伸出來的，不過在用法上却有所區別。如稍後於劉勰的魏收在《魏書·祖瑩傳》說的"文章須自出機杼，成一家風骨"，這裏的"風骨"，是泛指風格而言。可是劉勰在本篇裏則作了更進一層的解釋，賦予以獨特的涵義。

風能動物，猶文章之有感染力。沒有成熟的思理和蘊結於中的眞實的生活感受，是不可能有風的，故曰："怊悵述情，必始乎風。""風"和"氣"在《文心雕龍》裏意義往往相通，篇中引曹丕、劉楨論氣之說而加以生發，目的在於說明文章不可無氣，亦卽不可無風，故曰："思不環周，索莫乏氣，則無風之驗也。"骨是形體方面的東西，體待骨而樹立，肉附骨而成體，故曰："沈吟鋪辭，莫先於骨。"而"鍊於骨者，析辭必精"，就不會"繁雜失統"了。"風"和"骨"是構成一個完整概念的兩個方面，劉勰從不同的角度反覆闡明兩者之間虛實和主次的關係以及相輔相成的作用。兩者雖有區别，但又是緊密聯系着，互相滲透着的。

在《體性》篇裏，劉勰指出不同的作者形成不同的文章風格，一般地論述了文章風格的多樣化。《風骨》是在《體性》的基礎上提出他對風格更高的要求，樹立一個更高的風格的標準。

“氣”有各種不同的氣，“風”有各種不同的風，本篇指的“氣”是“駿爽”之氣；形之於“風”，是“淸峻”之風；植之於“骨”，是“端直”之骨。篇中一再強調“氣猛”“風遒”“骨勁”，所以用鷙鳥的高飛作爲比喻。“氣”盛則“風”生，“風”生則意豁而情顯。以氣運辭，故語言健勁挺拔，“捶字堅而不移”；以氣負聲，故音調頓挫低昂，“結響凝而不滯”。文章達到這樣境地，才是“剛健旣實，光輝乃新”；才能激動人，堅強有力。“風骨”的表現在於“力”，所以又可說成“風力”。“風骨”的眞實意義，乃在於此。文中舉“潘勗錫魏，相如賦仙”爲例，並不恰當。但在《明詩》《時序》兩篇論及建安文學，却能闡明“風骨”的特點，可與鍾嶸《詩品》“建安風力”之說相印證。

劉勰“風骨”之說，是從優良的傳統文學精神中概括出來的，因此，還存在着藝術上的繼承與創新的問題。文中提到“舊規”與“新作”，認爲必須“洞曉情變，曲昭文體，然後能孚甲新意，雕畫奇辭”。而“跨略舊規，馳鶩新作”，正是當時文壇普遍流行的風氣，文章缺乏的就是“風骨”。所以一則曰：“豐藻克贍，風骨不飛，則振采失鮮，負聲無力。”再則曰：“采乏風骨，雉竄文囿。”都意有所指。當然，劉勰並不否定采藻在文學中的作用，文中認爲“風骨乏采”也是個缺點；但“采”只能是“風骨”的補充，附麗於“風骨”而爲“風骨”服務，所以說：“玆術或違，無務繁采。”這話完全切中時病，抓住了問題的癥結之所在；和《情采》的論點是相一致的。

“風骨”是思想性和藝術性的統一體，它的基本特徵，在於明朗健康，遒劲而有力；和"索莫乏氣"，"瘠義肥辭"的文學是冰炭不相容的。劉勰以後，"習華隨侈"的六朝文風有了更進一步的發展，"采乏風骨"的問題就愈來而愈突出，文學思想領域的鬥爭也就愈來而愈尖銳。在劉勰、鍾嶸的影響下，唐時陳子昂、李白揭櫫"建安風骨"，用以反對齊、梁，横制頹波，開拓了唐詩健康發展的道路，於是"風骨"之說，就顯示他更大的實際意義了。

附　錄

文心雕龍札記·風骨（節錄）

黄　侃

風骨，二者皆假於物以爲喻，文之有意，所以宣達思理，綱維全篇，譬之於物，則猶風也。文之有辭，所以攄寫中懷，顯明條貫，譬之於物，則猶骨也。必知風即文意，骨即文辭，然後不蹈空虚之弊。或者舍辭意而别求風骨，言之愈高，即之愈渺，彦和本意不如此也。

紬誦斯篇之辭，其曰"怊悵述情，必始於風，沈吟鋪辭，莫先於骨"者，明風緣情顯，辭緣骨立也。其曰"辭之待骨，如體之樹骸，情之含風，猶形之包氣"者，明體恃骸以立，形恃氣以生。辭之於文必如骨之於身，不然則不成爲辭也。意之於文必若氣之於形，不然則不成爲意也。其曰"結言端直，則文骨成焉，意氣駿爽，則文風清焉"者，明言外無骨，結言之端直者，即文骨也。意外無風，意氣之駿爽者，即文風也。其曰"豐藻克贍，風骨不飛"者，即徒有華辭不關實義者也。其曰"綴慮裁篇，務盈守氣"者，即謂文以命意爲主也。其曰"練於骨者，析辭必精，深乎風者，述情必顯"者，即謂辭精則文骨成，情顯則文風生也。其云"瘠義肥辭，無骨之徵，思不環周，無風之驗"者，明治文氣以運思爲要，植文骨以修辭爲要也。其曰"情與氣偕，辭共體並"者，明氣不能自顯，情顯則氣具其中，骨不能獨章，辭章則骨在其中也。

綜覽劉氏之論，風骨與意辭初非有二。然則察前文者，欲求其風骨，不能舍意與辭也。自爲文者，欲健其風骨，不能無注意於命意與修辭也。風骨之名，比也，意辭之實，所比也。今舍其實而求其名，則適令人迷罔而不得所歸宿。海氣之樓台，可以踐歷乎？病眼之空花，可以把玩乎？彼舍意與辭而別求風骨者，其亦海氣空華之類也。彥和旣明言風骨卽辭意，復恐學者失命意修辭之本，而以奇巧爲務也，故更揭示其術曰："鎔鑄經典之範，翔集子史之術，洞曉情變，曲昭文體，然後能孚甲新意，雕畫奇辭，昭體故意新而不亂，曉變故辭奇而不黷。"明命意修辭皆有法式，合於法式者，以新爲美，不合法式者，以新爲病。

推此言之，風藉意顯，骨緣辭章，意顯辭章，皆遵軌轍，非夫弄虛響以爲風，結奇辭以爲骨者矣。大抵舍人論文，皆以循實反本、酌中合古爲貴，全書用意必與此符。《風骨》篇之說易於淩虛，故首則詮釋其實質，繼則指明其徑途，仍令學者不致迷罔，其斯以爲文術之圭臬者乎。

....

北京文化學社本《文心雕龍札記》

文心雕龍·通變

〔梁〕劉　勰

夫設文之體有常[1]，變文之數無方[2]，何以明其然耶？凡詩賦書記，名理相因[3]，此有常之體也；文辭氣力[4]，通變則久[5]，此無方之數也。名理有常[6]，體必資於故實[7]；通變無方，數必酌於新聲；故能騁無窮之路，飲不竭之源。然綆[8]短者銜渴，足疲者輟塗，非文理之數盡，乃通變之術疏耳。故論文之方，譬諸草木，根幹麗土而同性，臭味晞陽而異品矣[9]。

是以九代詠歌，志合文則。黄歌"斷竹"[10]，質之至也；唐歌"在昔"[11]，則廣於黄世[12]；虞歌《卿雲》[13]，則文於唐時[14]；夏歌"雕牆"[15]，縟於虞代；商、周篇什，麗於夏年。至於序志述時，其揆一也[16]。暨楚之騷文，矩式周人；漢之賦頌，影寫楚世；魏之策制，顧慕漢風；晉之辭章，瞻望魏采。搉而論之，則黄、唐淳而質，虞、夏質而辨[17]，商、周麗而雅，楚、漢侈[18]而豔，魏、晉淺而綺，宋初訛而新[19]。從質及訛，彌近彌澹[20]。何則？競今疏古，風味[21]氣衰也。今才穎之士，刻意學文，多略漢篇，師範宋集，雖古今備閱，然近附而遠疏矣。夫青生於藍，絳生於蒨，雖踰本色，不能復化[22]。桓君山[23]云："予見新進麗文，美而無採；及見劉、揚[24]言辭，常輒有得"；此其驗也。故練青濯絳，必歸藍蒨[25]；矯訛翻淺，還宗經誥。斯斟酌乎質文之間，而櫽括乎雅俗之際[26]，可與言通變矣。

夫誇張聲貌，則漢初已極，自茲厥後，循環相因，雖軒翥[27]出轍，而終入籠內。枚乘《七發》云："通望兮東海，虹洞[28]兮蒼天。”相如《上林》云:“視之無端,察之無涯,日出東沼,月生西陂。”馬融[29]《廣成》云:“天地虹洞,固無端涯,大明[30]出東,月生西陂。”揚雄《校獵》云:“出入日月,天與地沓。”張衡《西京》云:“日月於是乎出入,象扶桑於濛汜。”此並廣寓極狀[31],而五家如一。諸如此類,莫不相循,參伍因革[32],通變之數也。

是以規略文統[33],宜宏大體[34],先博覽以精閱,總綱紀而攝契[35],然後拓衢路[36],置關鍵,長轡遠馭,從容按節,憑情以會通,負氣以適變,采如宛虹之奮鬐[37],光若長離[38]之振翼,迺穎脫[39]之文矣。若乃齷齪於偏解,矜激乎一致[40],此庭間之迴驟,豈萬里之逸步哉!

贊曰:文律運周[41],日新其業。變則其(范校:疑作可)久,通則不乏。趨時必果[42],乘機無怯[43]。望今制奇[44],參古定法[45]。

范文瀾註《文心雕龍》卷六

【註釋】

[1] 設文之體有常——這句是說文章有一定的體式。

[2] 變文之數無方——數,術;指文辭風格。無方,猶言無定。

[3] 名理相因——此處名理猶言名實,謂詩賦等文體之名,相因不變。

[4] 氣力——猶言風格。參看《風骨》篇。

[5] 通變則久——謂推陳出新才有永恆的生命。語本《易·繫辭》:“變則通,通則久。”

[6] 名理有常——即體式有定的意思。

[7] 體必資於故實——資,猶言借鑑。故實,指前人的創作。

[8] 綆——汲水的繩子。

[9] 根幹麗土而同性二句——這二句說根幹附着於土壤是它們的天性,枝葉見了陽光就顯出不同的品質。麗,附着的意思。晞陽,暴晒在陽光下。

[10] 斷竹——指《彈歌》,傳說是黃帝時的作品。其首句爲“斷竹續竹”。

[11] 在昔——“在昔”可能是傳說中唐堯時代作品。劉勰時代可能還存在,而後已

失傳。“在昔”當亦是首句。

[12] 廣於黄世——比黄帝時代有所發展。

[13] 卿雲——指«卿雲歌»,«尙書大傳»載,謂爲舜時作品。

[14] 文於唐時——比唐堯時增添了文采。

[15] 雕牆——指«五子之歌»,載僞古文«尙書»,謂爲夏禹時作品,中有“峻宇雕牆”句。

[16] 序志述時二句——其揆一也,猶言其道一也。二句意謂無論古今,文章用以序志述時,這一點是相同的。

[17] 質而辨——樸實而明確。

[18] 侈——鋪張。

[19] 訛而新——訛濫而新奇。

[20] 澹——應作淡,味薄的意思。

[21] 風昧——應作風味,指文章風格暗昧。

[22] 不能復化——不能再有什麼變化。

[23] 桓君山——桓譚,字君山。下面的話當是«新論»的佚文。

[24] 劉揚——指劉歆、揚雄。

[25] 練青濯絳二句——這二句說必須洗滌青與絳的過濃,重歸藍與蒨的正色。

[26] 檃括——矯曲正方之器。此作動詞用,句意謂矯正過雅過俗的偏向。

[27] 軒翥——高飛。

[28] 虹洞——相連。

[29] 馬融(公元七九年——一六六年)——字季長,後漢茂陵人,經學家兼文學家,«後漢書»卷六十上有傳。其作品收入«全後漢文»卷十八。

[30] 大明——太陽。

[31] 廣寓極狀——極力描繪。

[32] 參伍因革——有因有革,繼承與創作參錯運用的意思。按上面所擧是古今相因的例子,說明通變並不一定要盡變前人。

[33] 規略文統——規劃文章的綱領。

[34] 宜宏大體——應該得其大體,卽掌握住根本原則的意思。

[35] 攝契——攝,持取。契,這裏是要領的意思。

[36] 拓衢路——開拓道路的意思。衢路,四通八達的道路。

[37] 蜿——屈曲貌。蠻——虹鬣。

[38] 長離——朱鳥,卽鳳凰。

[39] 穎脫——語本《史記·平原君列傳》"乃穎脫而出"。意指特出。

[40] 矜激乎一致——片面地強調、誇耀一得之見。

[41] 文律——文章的規律。運周——運轉不停。

[42] 趨時必果——這句有兩重意思:一是說要敢於創新;一是說創新要有見識。

[43] 乘機——臨機應變。這句說臨機應變不要有所畏懼。

[44] 望今制奇——看到文學發展新的動向而創造出秀異的文辭。

[45] 參古定法——參攷古制而確定寫作的法則。

【說明】

《通變》是《文心雕龍》第二十九篇，它提出了文學發展中的繼承與革新問題，表現了劉勰的文學歷史觀點，與《時序》相表裏。

在文學發展過程中，就其先後傳承的一面而言則爲"通"，就其日新月異的變化而言則爲"變"。"通"與"變"對舉成文，是一個矛盾的兩方面；把"通變"連綴成詞，則是就兩方面之間的關係說的。

在《時序》裏，劉勰認爲"文變染乎世情，興廢系乎時序"。儘管歷代文風多有變革，然而"序志述時，其揆一也"。"設文之體有常"。任何一種文學形式，都是爲了表現一定的內容，儘管詩、賦、書、記體製不同，然而表情達意，"名理相因"，也是各體相同，古今一致的。認清了這個道理，就能够於不同的時代和不同體製的文學中，看出其實質之所在而會其"通"。故曰："通則不乏。"這是問題的一方面。從另一方面來看，"唐歌'在昔'，則廣於黃世；虞歌《卿雲》，則文於唐時；……"文辭由簡陋而日趨繁縟，由質樸而日趨華采，乃是一種演進，是不得不變的。正因爲有了這種演進，所以文學的面貌才不斷更新，而不是處於停滯不前的狀態。所以說："變則可久。"

對作者來說，如何於"通"中求"變"，"變"而不失其"通"，也就是把“會通”和“適變”統一起來呢？劉勰在本篇所論述的，涉及下列兩個問題：

一是“憑情以會通，負氣以適變”，根據表達情志的要求來推陳出新。就“情”、“氣”和詞采之間的關係而言，文章是情志的表現，而“情之含風，猶形之包氣”，“情與氣偕”（見《風骨》），兩者是分不開的。“情”“氣”是文的質，質待於文，就詞采言，自然是踵事增華的。可是歸根到底，文附於質，文采只不過是起“飾言”的作用。倘若一味追求詞采之美，則“采濫辭詭，心理愈翳”（見《情采》），反而隱情而累氣。所以說：“文辭氣力，通變則久。”劉勰論文，不廢“聲律”與“麗辭”，但却反對拘限聲病，堆砌辭藻，正是這個意思。

二是“望今制奇，參古定法”，按照當今的需要來批判繼承。在劉勰所處的時代，文壇盛行“競今疎古”的風氣，如篇中所說的“多略漢篇，師範宋集”；《風骨》所說的“跨略舊規，馳騖新作”。而其所謂“新”，不過是“儷采百字之偶，爭價一句之奇”（見《明詩》）而已。所以劉勰在《風骨》和本篇裏特別強調繼承傳統的重要性。《風骨》云：“若夫鎔鑄經典之範，翔集子史之術，洞曉情變，曲昭文體，然後能孚甲新意，雕畫奇辭。”本篇說：“宋初訛而新。”其所以“訛”，正因爲“近附而遠疎”，“龌齪於偏解，矜激乎一致”，知新變而不知“通變”的緣故。其結果就必然“習華隨侈，流遁忘反”（見《風骨》），是沒有出路的。所以說：“綆短者銜渴，足疲者輟塗，非文理之數盡，乃通變之術疎耳。”因此“矯訛翻淺”，就必須“還宗經誥”。劉勰主張以古之“淳而質”來反對今之“訛而淺”，但沒有看到，問題的癥結還在於當時的作家脫離人民，不能正確反映社會生活。這又是他的局限性所在。

紀昀評此篇云：“齊梁間風氣綺靡，轉相神聖，文士所作，如出一手，故彥和以通變立論。……蓋當代之新聲，既無非濫調，則古人之舊式，轉屬新聲。復古而名以通變，蓋以此耳。”這話深得劉勰補偏救弊的用心。不過復古和“通變”並不是一回事，不能說他是“復古而名以通變”。把繼承和創新結合起來，才是“通變”精意之所在。

“通變”是理解文學發展的一個關鍵問題，清代的葉燮在《原詩》（見附錄）裏進一步發揮了這個道理。他用大量的文學歷史事實證明，文學演變總的說來，是向前一步步推進的，但就其發展的過程來說，則有時因變而得盛，也有時因變而得衰。其所以衰，則是由於或泥古或追新而不知“通變”的緣故。劉勰的話，針對六朝而言，所以強調“參古定法”繼承傳統的一面，葉燮則是有感於明七子“文必秦漢，詩必盛唐”的擬古論而發的，所以強調革新的一面，救時糾偏，用意各有不同，但基本精神却是一致的。

附　錄

南齊書·文學傳論

〔梁〕蕭子顯

史臣曰：文章者，蓋情性之風標，神明之律呂也。蘊思含毫，遊心內運，放言落紙，氣韻天成，莫不禀以生靈，遷乎愛嗜，機見殊門，賞悟紛雜。若子桓之品藻人才，仲治之區判文體，陸機辨於《文賦》，李充論於《翰林》，張眎擿句褒貶，顏延圖寫情興，各任懷抱，共爲權衡。

屬文之道，事出神思，感召無象，變化不窮。俱五聲之音響，而出言異句；等萬物之情狀，而下筆殊形。吟詠規範，本之雅什；流分條散，各以言區。若陳思《代馬》羣章，王粲《飛鸞》諸製，四言之美，前超後絕。少卿離辭，五言才骨，難與爭鶩。桂林湘水，平子之華篇；飛館玉池，魏文之麗篆。七言之作，非此誰先？卿、雲巨麗，升堂冠冕；張、左恢廓，登高不繼。賦貴披陳，未或加矣。顯宗之述傅毅，簡文之摛彥伯，分言制句，多得頌體。裴頠內侍，元規鳳池，子章以來，章表之選。孫綽之碑，嗣伯喈之後；謝莊之誄，起安仁之塵；顔延《楊瓚》，自比《馬督》，以多稱貴，歸莊爲允。王褒《僮約》，束皙《發蒙》，滑稽之流，亦可奇瑋。五言之製，獨秀衆品。

習玩爲理，事久則瀆，在乎文章，彌患凡舊，若無新變，不能代雄。建安一體，《典論》短長互出；潘、陸齊名，機、岳之文永異。江左風味，盛道家之言，郭璞舉其靈變，許詢極其名理。仲文玄氣，猶不盡除；謝混情新，得名未盛。顔、謝並起，乃各擅奇；休、鮑後出，咸亦摽世。朱藍共妍，不相祖述。

今之文章，作者雖衆，總而爲論，略有三體：一則啓心閑繹，托辭華曠，雖存巧綺，終致迂回，宜登公宴，本非准的。而疎慢闡緩，膏肓之病，典正可采，酷不入情。此體之源，出靈運而成也。次則緝事比類，非對不發，博物可嘉，職成拘制。或全借古語，用申今情，崎嶇牽引，直爲偶說。唯覩事例，頓失清采。此則傅咸五經，應璩指事，雖不全似，可以類從。次則發唱驚挺，操調險急，雕藻淫豔，傾炫心魂。亦猶五色之有紅紫，八音之有鄭、衞。斯鮑照之遺烈也。

三體之外，請試妄談：若夫委自天機，參之史傳，應思悱來，勿先構聚。言尚易了，文憎過意，吐石含金，滋潤婉切。雜以風謠，輕唇利吻，不雅不俗，獨中胸懷。輪扁斵輪，言之未盡，文人談士，罕或兼工。非唯識有不周，道實相妨，談家所習，理勝其辭，就此求文，終然翳奪。故兼之者鮮矣。

贊曰：學亞生知，多識前仁。文成筆下，芬藻麗春。

中華書局本《南齊書》卷五十二

原詩内篇(節録)

〔清〕葉　燮

詩始於《三百篇》，而規模體具於漢。自是而魏，而六朝、三唐，歷宋、元、明以至昭代，上下三千餘年間，詩之質文、體裁、格律、聲調、辭句，遞嬗升降不同，而要之詩有源必有流，有本必達末；又有因流而溯源，循末以返本，其學無窮，其理日出。乃知詩之爲道，未有一日不相續相禪而或息者也。

但就一時而論，有盛必有衰；綜千古而論，則盛而必至於衰，又必自衰而復盛；非在前者之必居於盛，後者之必居於衰也。乃近代論詩者，則曰：《三百篇》尙矣，五言必建安、黄初，其餘諸體，必唐之初盛而後可。非是者必斥焉。如明李夢陽不讀唐以後書，李攀龍謂唐無古詩，又謂陳子昂以其古詩爲古詩，弗取也。自若輩之論出，天下從而和之，推爲詩家正宗，家絃而戶習。習之旣久，乃有起而掊之，矯而反之者，誠是也。然又往往溺於偏畸之私說。其說勝，則出乎陳腐而入乎頗僻；不勝，則兩敝，而詩道遂淪而不可救。由稱詩之人，才短力弱，識又矇焉，而不知所衷。旣不能知詩之源流本末正變盛衰互爲循環，並不能辨古今作者之心思、才力、深淺、高下、長短，孰爲沿爲革，孰爲創爲因，孰爲流弊而衰，孰爲救衰而盛，一一剖析而縷分之，兼綜而條貫之，徒自詡矜張，爲郛廓隔膜之談，以欺人而自欺也。於是百喙爭鳴，互自標榜，膠固一偏，勦獵成說。後生小子，耳食者多，是非淆而性情汩，不能不三歎於風雅之日衰也。

蓋自有天地以來，古今世運氣數，遞變遷以相禪。古云："天道十年一變。"此理也，亦勢也，無事無物不然，寧獨詩之一道膠固而不變乎？今就《三百篇》言之，風有正風，有變風；雅有正雅，有變雅。風雅已不能不由正而變，吾夫子亦不能存正而刪變也。則後此爲風雅之流者，其不能伸正而詘變也明矣。漢蘇、李始創爲五言，其時又有亡名氏之《十九首》，皆因乎《三百篇》者也；然不可謂卽無異於《三百篇》，而實蘇、李創之也。建安、黄初之詩，因於蘇、李與《十九首》者也；然《十九首》止自言其情，建安、黄初之詩，乃有獻酬、紀行、頌德諸體，遂開後世種種應酬等類，則因而實爲創，此變之始也。《三百篇》一變而爲蘇、李，再變而爲建安、黄初。建安、黄初之詩，大約敦厚而渾樸，中正而達情；一變而爲晉，如陸機之纏綿鋪麗，左思之卓犖磅礴，各不同也。其間屢變而爲鮑照之逸俊，謝靈運之警秀，陶潛之澹遠；又如顏延之之藻績，謝朓之高華，江淹之韶嫵，庾信之清新；此數子者，各不相師，咸矯然自成一家，不肯沿襲前人以爲依傍，蓋自六朝而已然矣。其間健者，如何遜，如陰鏗，如沈炯，如薛道衡，差能自立。此外繁辭縟節，隨波日下，歷梁、陳、隋以迄唐之垂拱，踵其習而益甚，勢不能不變。小變於沈、宋、雲、龍之間，而大變於開元、天寶高、岑、王、孟、李；此數人者，雖各有所因，而實一一能爲創。而集大成如杜甫，傑出如韓愈，專家如柳宗元，如劉禹錫，如李賀，如李商隱，如杜牧，如陸龜蒙諸子，一一皆特立興起。其他弱者，則因循世運，隨乎波流，不能振拔，所謂唐人本色也。宋初詩襲唐人之舊，如徐鉉、王禹偁輩，純是唐音，蘇舜卿、梅堯臣出，始一大變，歐陽修亟稱二人不置。自後諸大家迭興，所造各有至極，今人一概稱爲宋詩者也。自是南宋、金、元，作者不一，大家如陸游、范成大、元好問爲最，各能自見其才。有明之初，高啓爲冠，兼唐、宋、元人之長，初不於唐、宋、元人之詩有所爲軒輊也。自不讀唐以後書之論出，於是稱詩者必曰唐詩。苟稱其人之詩爲宋詩，無異於唾駡；謂唐無古詩，並謂唐中晚且無詩也。噫，亦可怪矣！今之人豈無有能知其非者？然建安、盛唐之說，錮習沁入於中心，而時發於口吻，弊流而不可挽，則其說之爲害烈也。

原夫作詩者之肇端而有事乎此也，必先有所觸以興起其意，而後措諸辭，屬爲句，敷之而成章。當其有所觸而興起也，其意其辭其句劈空而起，皆自無而有，隨在取之於心，出而爲情，爲景，爲事，人未嘗言之，而自我始言之。故言者與聞其言者，誠可悅而永也。使即此意此辭此句雖有小異，再見焉，諷咏者已不擊節。數見則益不鮮；陳陳踵見，齒牙餘唾，有掩鼻而過耳。譬之上古之世，飯土簋，啜土鉶，當飲食未具時，進以一臠，必爲驚喜。逮後世臛臇炰膾之法興，羅珍搜錯，無所不至，而猶以土簋土鉶之庖進，可乎？上古之音樂，擊土鼓而歌《康衢》；其後乃有絲竹匏革之制，流至於今，極於九宮南譜，聲律之妙，日異月新。若必返古而聽《擊壤》之歌，斯爲樂乎？古者穴居而巢處，乃制爲宮室，不過衞風雨耳。後世遂有璇題瑤室，土文繡而木綈錦。古者儷皮爲禮，後世易之以玉帛，遂有千純百璧之侈。使今日告人居以巢穴，行禮以儷皮，孰不嗤之者乎？大凡物之踵事增華，以漸而進，以至於極。故人之智慧心思，在古人始用之，又漸出之，而未窮未盡者，得後人精求之，而益用之出之。乾坤一日不息，則人之智慧心思，必無盡與窮之日。惟叛於道，戾於經，乖於事理，則爲反古之愚賤耳。苟於此數者無尤焉，此如治器然，切磋琢磨，屢治而益精，不可謂後此者不有加乎其前也。彼虞廷喜起之歌，詩之土簋擊壤穴居儷皮耳。一增華於《三百篇》，再增華於漢，又增於魏，自後盡態極妍，爭新競異，千狀萬態，差別井然。苟於情於事於景於理隨在有得，而不戾乎風人永言之旨，則就其詩論工拙可耳，何得以一定之程格之，而抗言風雅哉？如人適千里者，唐、虞之詩如第一步，三代之詩如第二步，彼漢、魏之詩，以漸而及，如第三第四步耳。作詩者知此數步爲道途發始之所必經，而不可謂行路者之必於此數步焉爲歸宿，遂棄前途而弗邁也。且今之稱詩者，祧唐、虞而禘商、周，宗祀漢、魏於明堂是也；何以漢、魏以後之詩遂皆爲不得入廟之主？此大不可解也。譬之井田封建，未嘗非治天下之大經，今時必欲復古而行之，不亦天下之大愚也哉？且蘇、李五言，與亡名氏之《十九首》，至建安、黄初，作者既已增華矣；如必取法乎初，當以蘇、李與《十九首》爲宗，則亦吐棄建安、黄初之詩可也。詩盛於鄴下，然蘇、李《十九首》之意，則寖衰矣。使鄴中諸子欲其一一摹倣蘇、李，尚且不能，且亦不欲；乃於數千載之後，胥天下而盡倣曹、劉之口吻，得乎哉？

或曰："溫柔敦厚，詩教也，漢、魏去古未遠，此意猶存，後此者不及也。"不知溫柔敦厚，其意也，所以爲體也，措之於用則不同。辭者，其文也，所以爲用也，返之於體則不異。漢、魏之辭，有漢、魏之溫柔敦厚，唐、宋、元之辭，有唐、宋、元之溫柔敦厚。譬之一草一木，無不得天地之陽春以發生。草木以億萬計，其發生之情狀亦以億萬計，而未嘗有相同一定之形，無不盎然皆具陽春之意。豈得曰：若者得天地之陽春，而若者爲不得者哉？且溫柔敦厚之旨，亦在作者神而明之；如必執而泥之，則《巷伯》"投畀"之章，亦難合於斯言矣。從來豪傑之士，未嘗不隨風會而出，而其力則嘗能轉風會。人見其隨乎風會也，則曰，其所作者眞古人也；見能轉風會者，以其不襲古人也，則曰，今人不及古人也。無論居古人千年之後，即如左思去魏未遠，其才豈不能爲建安詩耶？觀其縱横躑踏，睥睨千古，絕無絲毫曹、劉餘習。鮑照之才，迥出儕偶，而杜甫稱其俊逸。夫俊逸則非建安本色矣。千載後無不擊節此兩人之詩者，正以其不襲建安也。奈何去古益遠，翻以此繩人耶？

且夫《風》《雅》之有正有變，其正變係乎時。謂政治風俗之由得而失，由隆而汚，此以時言詩。時有變而詩因之，時變而失正，詩變而仍不失其正。故有盛無衰，詩之源也。吾言後代之詩，有正有變，其正變係乎詩。謂體格、聲調、命意、措辭、新故、升降之不同，此以詩言時。詩遞變而時隨之，故有漢、魏、六朝、唐、宋、元、明之互爲盛衰。惟變以救正之衰，故遞衰遞盛，詩之流也。從其源而論，如百川之發源，各異其所從出，雖萬派而皆朝宗於海，無弗同也。從其流而論，如河流之經行天下，而忽播爲九河，河分九而俱朝宗於海，則亦無弗同也。歷考漢、魏以來之詩，循其源流升降，不得謂正爲源而長盛，變爲流而始衰。惟正有漸衰，故變能啓盛。如建安之詩，正矣盛矣，相沿久而流於衰。後之人力大者大變，力小者小變。六朝諸詩人間能小變，而不能獨開生面。唐初沿其卑靡浮豔之習，句櫛字比，非古非律，詩之極衰也。而陋者必曰：此詩之相沿至正也。不知實正之積弊而衰也。迨開、寶諸詩人始一大變。彼陋者亦曰：此詩之至正也。不知實因正之至衰變而爲至盛也。盛唐諸詩人惟能不爲建安之古詩，吾乃謂唐有古詩；若必摹漢、魏之聲調字句，此漢、魏有詩，而唐無古詩矣。且彼所謂陳子昂以其古詩爲古詩，正惟子昂能自爲古詩，所以爲子昂之詩耳。然吾猶謂子昂古詩尚蹈襲漢、魏蹊徑，竟有全似阮籍《詠懷》之作者，失自家體段，猶訾子昂不能以其古詩爲古詩。乃翻勿取其自爲古詩，不亦異乎？

杜甫之詩，包源流，綜正變。自甫以前，如漢、魏之渾樸古雅，六朝之藻麗穠纖，澹遠韶秀，甫詩無一不備。然出於甫，皆甫之詩，無一字句爲前人之詩也。自甫以後，在唐如韓愈、李賀之奇奡，劉禹錫、杜牧之雄傑，劉長卿之流利，溫庭筠、李商隱之輕豔，以至宋、金、元、明之詩家稱巨擘者，無慮數十百人，各自炫奇翻異，而甫無一不爲之開先。此其巧無不到，力無不舉，長盛於千古，不能衰，不可衰者也。今之人固羣然宗杜矣，亦知杜之爲杜，乃合漢、魏、六朝並後代千百年之詩人而陶鑄之者乎？唐詩爲八代以來一大變，韓愈爲唐詩之一大變，其力大，其思雄，崛起特爲鼻祖。宋之蘇、梅、歐、蘇、王、黃，皆愈爲之發其端，可謂極盛。而俗儒且謂愈詩大變漢、魏，大變盛唐之(原誤作格)格而不許，何異居蚯蚓之穴，習聞其長鳴，聽洪鐘之響而怪之，竊竊然議之也？且愈豈不能擁其鼻，肖其吻，而效俗儒爲建安、開、寶之詩乎哉？開、寶之詩，一時非不盛，遞至大曆、貞元、元和之間，沿其影響字句者且百年。此百餘年之詩，其傳者已少殊尤出類之作，不傳者更可知矣。必待有人焉起而撥正之，則不得不改絃而更張之。愈嘗自謂"陳言之務去"，想其時陳言之爲禍，必有出於目不忍見，耳不堪聞者，使天下人之心思智慧日腐爛埋沒於陳言中，排之者比於救焚拯溺，可不力乎？而俗儒且栩栩然俎豆愈所斥之陳言，以爲祕異而相授受，可不哀耶！故晚唐詩人亦以陳言爲病，但無愈之才力，故日趨於尖新纖巧。俗儒即以此爲晚唐詬厲，嗚呼，亦可謂愚矣！至於宋人之心手，日益以啓，縱橫鈎致，發揮無餘蘊，非故好爲穿鑿也。譬之石中有寶，不穿之鑿之，則寶不出。且未穿未鑿以前，人人皆作模稜皮相之語，何如穿之鑿之之實有得也。如蘇軾之詩，其境界皆開闢古今之所未有，天地萬物，嬉笑怒駡，無不鼓舞於筆端，而適如其意之所欲出，此韓愈後之一大變也，而盛極矣。自後或數十年而一變，或百餘年而一變；或一人獨自爲變，或數人而共爲變，皆變之小者也。其間或有因變而得盛者，然亦不能無因變而益衰者。大抵古今作者，卓然自命，必以其才智與古人相衡，不肯稍爲依傍，寄人籬下，以竊其餘唾。竊之而似，則優孟衣冠；竊之而不似，則畫虎不成矣。故寧甘作偏裨，自領一隊，如皮、陸諸人是也。乃才不及健兒，假他人餘焰，妄自僭王稱覇，實則一土偶耳。生機旣無，面目塗飾，洪潦一至，皮骨不存，而猶侈口而談，亦何謂耶？惟有明末造，諸稱詩者，專以依傍臨摹爲事，不能得古人之興會神理。句剽字竊，依樣葫蘆，如小兒學語，徒有喔咿，聲音雖似，都無成說，令人噦而却走耳。乃妄自稱許曰，此得古人某某之法。尊盛唐者，盛唐以後，俱不掛齒。近或有以錢、劉爲標榜者，舉世從風，以劉長卿爲正派。究其實不過以錢、劉淺利輕圓，易於摹倣，遂呵宋斥元。又推崇宋詩者，竊陸游、范成大與元之元好問諸人婉秀便麗之句，以爲祕本。昔李攀龍襲漢、魏古詩樂府，易一二字便居爲已作；今有用陸、范及元詩句，或顚倒一二字，或全竊其面目，以盛誇於世，儼主騷壇，傲睨今古，豈惟風雅道衰，抑可窺其術智矣！

上海古籍出版社《清詩話》本《原詩》

五七言詩選序

〔清〕姜宸英

文章之流敝，以漸而致。六經深厚，至於《左氏》內外傳而流爲衰世之文。戰國繼之《短長》之策，孟、荀、莊、韓之書奇橫恣肆雜出，而《左氏》之委靡繁絮之習泯焉無餘矣。此一變也。自是先秦、西漢文益奇偉，至兩漢之衰，體勢日趨於弱，下逮魏、晉、六朝，而文章之敝極焉。唐興，諸賢病之而未能革也，殆貞元大儒出，始倡爲古文，易排而散，去靡而樸，力芟六代浮華之習。此又一變也。

惟詩亦然。自春秋以迄戰國，國風之不作者百餘年。屈、宋之徒，繼以騷賦；荀況和之，風雅稍興。此亦詩之一變也。漢初蘇、李贈答，《古詩十九首》，以五言接《三百篇》之遺。建安七子更唱迭和，號爲極盛。餘波及於晉、宋，頹靡於齊、梁、陳、隋，淫豔佻巧之辭劇，而詩之敝極焉。唐承其後，神龍、開、寶之間作者坌起，大雅復陳。此又詩之一變也。

夫敝極而變，變而後復於古，誠不難矣。然變必復古，而所變之古非卽古也。戰國之文不可以爲六經，貞元之文不可以爲《史》《漢》明矣。今或者欲徇唐人之詩以爲卽晉、宋也，漢、魏也，豈學古者之通論哉？予嘗譬之，富人之室，其子孫不能整理，日卽於壞廢，後有富人者居之，閈閎崇如，墉垣翼如，非不霍然改觀也，然循其途徑而非，問其主人而支派已不可復識矣。夫六朝之頹靡，固亦漢、魏之支派也；唐人之變而新之，其霍然改觀固然矣，無亦富人之代居而不可以復識者乎！故文敝則必變，變而後復於古，而古法之微尤有默運於所變之中者，君子旣防其漸，又憂其變也。

新城阮亭王先生五言詩之選，蓋其有見於此深矣。於漢取全；於魏、晉以下遞嚴，而遞有所錄，而猶不廢夫齊、梁、陳、隋之作者；於唐僅得五人，曰：陳子昂、張九齡、李白、韋應物、柳宗元。蓋以齊、梁、陳、隋之詩雖遠於古，尙不失爲古詩之餘派；唐賢風氣自爲畛域，成其爲唐人之詩而已。而五人者，其力足以存古詩於唐詩之中，則以其類合之，明其變而不失於古云爾。先生之選七言體，七言雖濫觴於《柏梁》，然其去《三百篇》已遠，可以極作者之才思，義不主於一格，故所鈔及於宋、元諸家，至明人則別有論次焉。學者合二集觀之，以辨古詩之源流，而斟酌於風會之間，庶乎不爲異論所淆惑矣。集中分別部次，具有精意，已具先生自爲凡例中，不備述。

馮氏毋自欺齋刊本《姜先生全集·湛園未定稿》卷四

六朝麗指（節錄）

〔清〕孫德謙

《文心·通變》篇："宋初訛而新。"謂之訛者，未有解也。及《定勢》篇則釋之曰："自近代辭人，率好詭巧，原其爲體，訛勢所變，厭黷舊式，故穿鑿取新。察其訛意，似難而實無他術也，反正而已，故文反正爲乏，辭反正爲奇。效奇之法，必顚倒文句，上字而抑下，中辭而出外，回互不常，則新色耳。"觀此則訛之爲用，在取新奇也。顧彼獨言宋初者，豈自宋以後卽不然乎？非也。《通變》又曰："今才穎之士，刻意學文，多略漢篇，師範宋集。"則文之反正，喜倘新奇者，雖統論六朝可矣。聞之魏文有言："文章經國之大業，不朽之盛事。"文而專求新奇，爲識者嗤鄙，在所不免。然而論乎駢文，自當宗法六朝，一時作者並起，既以新奇制勝，則宜考其爲此之法。吾試略言之，有詭更文體者，如章琳之有《䱉表》，袁陽源之有《雞九錫文》，並《勸進》。是雖出於游戲，然亦力趨新奇，而不自覺其訛焉者也。有不用本字，其義難通，遂使人疑其上下有闕文者，如任彥昇《爲范始興作求立太宰碑表》，"阮略既泯，故首冒嚴科"，"故"即"固"字，自假"固"爲"故"，而文意甚明者，轉至不可解矣。此亦新奇之失，訛於一字者也。又《北山移文》，"道帙長殯"，此"殯"字借爲埋沒意，且其文究非檄移正格，猶可說也。而江文通爲《蕭拜太尉揚州牧表》，"若殞若殯"。《說文》："殯，死在棺，將遷葬柩，賓遇之"。今文果從本義，則殯爲死矣。章表之體，理宜謹重，何必須此"殯"字？蓋亦惟務新奇，訛謬若此也。以上二者，皆係用字之訛，以爲苟不如此，不足見其新奇耳。他如鮑明遠《石帆銘》，"君子彼想"，恐是"想彼君子"，類彥和之所謂顛倒文句者。句何以顛倒？以期其新奇也。又庾子山《梁東宮行雨山銘》，"草綠衫同，花紅面似"。其句法本應作"衫同草綠，面似花紅"，今亦顛之倒之者，使之新奇也。或曰，銘爲韻文，所以顛倒者，取其音叶。其說似也。以吾言之，律賦有官韻，無可如何而顛倒其文句。既非律賦，凡爲駢偶文字，造句之時，可放筆爲之，無容倒置。然則此銘兩句，其有意取訛者，亦好新奇之道也。其餘則哲如仁之類，一言蔽之，不離乎新奇者近是。雖然，《記》有之，"情欲信，辭欲巧"。禮家且云爾，又何病夫新奇哉？

四益宧刊本《六朝麗指》

文心雕龍·情采

〔梁〕劉　勰

聖賢書辭，總稱文章[1]，非采而何？夫水性虛而淪漪結[2]，木體實而花萼振，文附質也。虎豹無文，則鞹同犬羊[3]；犀兕有皮，而色資丹漆[4]，質待文也。若乃綜述性靈，敷寫器象[5]，鏤心鳥跡之中，織辭魚網之上[6]，其爲彪炳，縟采名矣。故立文之道，其理有三：一曰形文，五色是也；二曰聲文，五音是也；三曰情文，五性[7]是也。五色雜而成黼黻，五音比而成韶夏，五情（疑作性）發而爲辭章，神理之數也。

《孝經》垂典，喪言不文[8]，故知君子常言未嘗質也。老子疾僞，故稱"美言不信"[9]，而五千精妙，則非棄美矣[10]。莊周云："辯雕萬物[11]。"謂藻飾也。韓非云："豔乎（原作采，據范文瀾、劉永濟校改）辯說[12]。"謂綺麗也。綺麗以豔說，藻飾以辯雕，文辭之變，於斯極矣。

研味《孝》（原作李，據范校改）《老》，則知文質附乎性情[13]；詳覽《莊》、《韓》，則見華實過乎淫侈[14]。若擇源於涇渭之流，按轡於邪正之路[15]，亦可以馭文采矣。夫鉛黛所以飾容，而盼倩生於淑姿[16]；文采所以飾言，而辯麗本於情性。故情者文之經，辭者理之緯；經正而後緯成，理定而後辭暢，此立文之本源也。

昔詩人[17]什篇，爲情而造文；辭人[18]賦頌，爲文而造情。何以明其然？蓋風雅之興，志思蓄憤，而吟詠情性，以諷其上，此爲情而造文也[19]；諸子之徒，心非鬱陶，苟馳誇飾，鬻聲釣世，此爲文而造情也[20]。故爲情者要約而寫眞，爲文者淫麗而煩濫。而後之作者，採濫忽眞，遠棄風雅，近師辭賦，故體情之製日疎，逐文之篇愈盛。故有志深軒冕，而汎詠皐壤；心纏幾務，而虛述人外[21]。眞宰弗存，翩其反矣[22]。

夫桃李不言而成蹊[23]，有實存也；男子樹蘭而不芳[24]，無其情也。夫以草木之微，依情待實；況乎文章，述志爲本，言與志反，文豈足徵！

是以聯辭結采，將欲明理（原作經，據范校改）；采濫辭詭，則心理愈翳。固知翠綸桂餌，反所以失魚[25]。言隱榮華[26]，殆謂此也。是以衣錦褧衣，惡文太章[27]；賁象窮白，貴乎反本[28]。夫能設模（原作謨，據范校改）以位理，擬地以置心[29]。心定而後結音，理正而後摛藻，使文不滅質，博不溺心[30]，正采耀乎朱藍，間色屏於紅紫[31]，乃可謂雕琢其章，彬彬君子[32]矣。

贊曰：言以文遠[33]，誠哉斯驗。心術旣形[34]，玆華乃贍。吳錦好渝，舜英徒豔[35]。繁采寡情，味之必厭。

范文瀾註《文心雕龍》卷七

【註釋】

[1] 聖賢書辭二句——《論語·公冶長》："夫子之文章可得而聞也。"文章，指孔子所論述的古代經典，如《詩》《書》《禮》之類。劉氏說本此。

[2] 淪漪——波紋。見《詩·魏風·伐檀》。漪，一作猗，本是語氣詞。

[3] 虎豹無文二句——鞹，皮革。這二句意謂虎豹之皮，所以不同於犬羊，在於它們的毛有斑斕的文采。《論語·顏淵》："子貢曰：'……文猶質也，質猶文也；虎豹之鞹，猶犬羊之鞹。'"

[4] 犀兕有皮二句——意謂犀兕皮韌，可以製甲，但須塗上丹漆，才有色彩之美。

[5] 綜述性靈二句——上句謂抒情，下句言狀物。

[6] 鏤心二句——指創作文章。鏤心，深刻細緻的構思。織辭，精密地安排詞句。鳥跡，指文字。許愼《說文解字序》："黃帝之史倉頡見鳥獸蹏迒之迹，知分理之可相別異也，初造書契。"魚網，指紙。《後漢書·宦者蔡倫傳》："倫乃造意用樹膚、麻頭及敝布、魚網以爲紙。"

［7］五性——靜、躁、力、堅、智。(見«漢書·翼奉傳»註引晉灼說)又«大戴禮·文王官人»以喜、怒、欲、懼、憂爲五性。

［8］喪言不文——«孝經·喪親»:"子曰:'孝子之喪親也，哭不偯，禮無容，言不文。'"

［9］美言不信——«老子»:"信言不美,美言不信。"

［10］而五千精妙二句——意謂老子自己的文章寫得很精妙，可見他並不是完全否定文采之美。五千,指«老子»。«史記·老莊申韓列傳»:"於是老子迺著書上、下篇,言道德之意五千餘言而去。"

［11］辯雕萬物——«莊子·天道»:"故古之王天下者,知雖落天地,不自慮也；辯雖彫萬物,不自說也。"

［12］豔乎辯說——«韓非子·外儲說左上»:"范且、虞慶之言，皆文辯辭勝，而反事之情。……夫不謀治強之功,而豔乎辯說文麗之聲,是卻有術之士,而任壞屋折弓也。"

［13］文質附乎性情——意謂用文用質,各有其宜,表裏必須一致，即下文所云情經辭緯之意。這裏的質,卽上文"君子常言未嘗質也"的"質",是樸質的意思。

［14］華實過乎淫侈——意謂華過於實,則流爲淫侈。

［15］擇源二句——涇水清，渭水濁(見«詩·邶風·谷風»，但後來也有涇濁渭清的說法),涇渭,借作清濁的代稱。"涇渭之流"和"邪正之路"，均指文風而言:情辭相符,爲正,爲清;辭過於情則淫侈,爲邪,爲濁。

［16］鉛黛二句——鉛黛,喻辯麗的辭采;淑姿,喻美好的情性。盼倩，眼波流轉，發出動人的微笑。«詩·衞風·碩人»:"巧笑倩兮,美目盼兮。"

［17］詩人——指«詩三百篇»的作者。

［18］辭人——泛指漢代的辭賦家。

［19］蓋風雅之興五句——志思蓄憤,卽司馬遷«報任安書»所說:"«詩三百篇»,大抵賢聖發憤之所爲作也。""吟詠性情,以諷其上",語本«毛詩序»。«公羊傳»宣公十五年何休注:"男女有所怨恨，相從而歌。飢者歌其食，勞者歌其事。"«詩三百篇»作者具有不得不發抒的眞情實感,"爲情造文",卽闡明此義。

［20］諸子之徒五句——諸子,卽上所說的"辭人"。鬱陶,憤積悶結的意思。鬻聲釣世,欺騙別人,取得聲譽。案:漢代辭賦家擬«騷»之作,很多係無病呻吟,卽"爲文造情"之一例。

［21］志深軒冕四句——意謂抒寫情懷，辭出虛僞。軒冕，官爵的代稱。臯壤，指田園隱逸生活。«莊子·知北遊»:"山林與(歟),臯壤與(歟),使我欣欣然而樂與

(歟)!”幾務，朝廷上的政治事務。幾，通機。嵇康《與山巨源絕交書》：“機務纏其心。”人外，塵世之外。這四句指作者感情的僞而不眞。

[22] 眞宰二句——意謂文中不見眞性情，所表現的恰恰是相反的一面。眞宰，主宰人的思想活動的東西。語本《莊子·齊物論》：“若有眞宰而特不得其朕。”翩其反矣，借用《詩·小雅·角弓》成語。

[23] 桃李不言而成蹊——《史記·李將軍列傳贊》：“諺曰：‘桃李不言，下自成蹊。’”蹊是小路。桃李有美麗的花朵和甘芳的果實，自然吸引人們，由於來往頻繁，樹下就很自然地形成了一條道路。這裏用以比喻有眞實情感的文章，才能使人百讀不厭。

[24] 男子樹蘭而不芳——《淮南子·繆稱》：“男子樹蘭，美而不芳。”這裏用以比喻情感虛僞的文章，就不可能有強烈的感染力。

[25] 翠綸桂餌二句——《闕子》：“魯人有好釣者，以桂爲餌，黃金之鈎，錯以銀碧，垂翡翠之綸，其持竿處位卽是，然其得魚不幾矣。故曰：釣之務不在芳飾，事之急不在辯言。”（《太平御覽》八三四引）

[26] 言隱榮華——言語的涵義爲詞華所掩蔽。《莊子·齊物論》：“言隱於榮華。”

[27] 衣錦褧衣二句——《詩·衞風·碩人》：“碩人其頎，衣錦褧衣。”《説文解字》：“褧，絲(麻布)也。”衣錦褧衣，是説錦衣的外面加褧。孔穎達《正義》：“錦衣所以加褧者，爲其文之大(太)著也。故《中庸》云，‘衣錦尙(加)絅，惡其文之大著’是也。”

[28] 賁象窮白二句——《易·賁》：“上九：白賁，無咎。”王弼注：“處飾之終，飾終反素，故在其質素，不勞文飾而無咎也。”象，卦象。窮白，終於白。有素質才有彩色，窮白卽返本之意。這裏用以説明華麗的文辭要歸之於自然。

[29] 設模以位理二句——理和心指思想與情感。設模、擬地，是説樹立一個正確的標準，把它放在恰當的地位上。

[30] 文不滅質二句——《莊子·繕性》：“知而不足以定天下，然後附之以文，益之以博。文滅質，博溺心。”原意謂文和博本來是修飾質與心的，但過多的文、博，反而妨害和隱沒了質與心。這裏説，要使文與質相符，情與采相應。

[31] 間色屏於紅紫——屏棄紅紫一類的雜色而不用。

[32] 彬彬君子——《論語·雍也》：“質勝文則野，文勝質則史；文質彬彬，然後君子。”

[33] 言以文遠——語本《左傳》襄公二十五年：“言之無文，行而不遠。”

[34] 心術旣形——《禮記·樂記》：“應感起物而動，然後心術形焉。”

[35] 吳錦好渝二句——喻文章的繁采寡情。渝，變，好渝，謂花樣翻新。舜英，木槿花。本作蕣，字同。木槿朝開暮落，有花無實，故云徒豔。

【説明】

《情采》是《文心雕龍》第三十一篇，着重論述文學內容和形式的關係問題。

本篇首先提出文質並重的主張，認爲"文附於質"，"質待於文"，優美的文辭，必須表現正確的思想情感；而正確的思想情感，又有賴優美的文辭來表現。兩者是相結合的。"情"即"質"，"采"即"文"。分指內容和形式而言。文中以經子書籍不廢辭采的事實，指出古代作者重視藝術形式的傳統；用"水性虚而淪漪結，木體實而花萼振"的現象，説明自然流美，比照文學。所以説："立文之道，其理有三"，"形""聲""情"必須配合得宜，才能交織成爲完美的統一體。除了情而外，還有辭采和音調的問題。

在文質並重的前提下，劉勰進一步説明了兩者之間的主次關係。他把文章中的情意和辭采，比作一經一緯，認爲"經正而後緯成，理定而後辭暢"。文中用"鉛黛飾容"，生動地比喻"文采飾言"的作用：適當的辭采，可以更好地表現內容；倘若內容空虚，專從辭采上用功夫，則相反地會"言隱於榮華"，掩蔽了眞實的思想情感。因而文章之美，起决定作用的，是"情"而不是"采"；是內容而不是形式本身。

這是劉勰文學思想的要點之一，它貫串《文心雕龍》全書，散見於各篇內。如《徵聖》云："志足而言文，情信而辭巧。"《宗經》云："義既極於性情，辭亦匠於文理。"《附會》云："必以情志爲神明，事義爲骨髓，辭采爲肌膚，宮商爲聲氣。"都是反覆説明這個意思。

基於這樣的觀點，本文下半篇提出了文學中"僞"與"眞"、

“要約”與“煩濫”的問題。並以此來評論具體文學歷史現象，而得出“詩人什篇，爲情而造文；辭人賦頌，爲文而造情”的結論。“爲情造文”之可貴，主要是因爲“志思蓄憤”，具有眞摯而充實的內容，所以能動人；而在形式方面，量體裁衣，自然是修短適度，能够“要約而寫眞”。“爲文造情”之所以令人厭棄，則由於“心非鬱陶”，甚至“言與志反”，本末倒置，必然削足適履，遺眞逐僞，文章就“淫麗而煩濫”了。歸根到底，是內容與形式的關係問題。後來元好問《論詩絶句》中論潘岳一首，所舉例證，正好作爲本文的注脚。

揚雄曾說：“詩人之賦麗以則，辭人之賦麗以淫。”（見《法言·吾子》）劉勰把這兩種現象從理論上加以闡發，指出了問題的實質所在，就顯得更爲透闢。這對當時文壇“體情之製日疎，逐文之篇愈盛”的不良傾向來說，是中肯的批判。

附　錄

文心雕龍·鎔裁

〔梁〕劉　勰

情理設位，文采行乎其中。剛柔以立本，變通以趨時。立本有體，意或偏長；趨時無方，辭或繁雜，蹊要所司，職在鎔裁，檃括情理，矯揉文采也。規範本體謂之鎔，剪截浮詞謂之裁。裁則蕪穢不生，鎔則綱領昭暢，譬繩墨之審分，斧斤之斲削矣。駢拇枝指，由侈於性，附贅懸肬，實侈於形。二（范校作一）意兩出，義之駢枝也；同辭重句，文之肬贅也。

凡思緒初發，辭采苦雜，心非權衡，勢必輕重。是以草創鴻筆，先標三準：履端於始，則設情以位體；舉正於中，則酌事以取類；歸餘於終，則撮辭以舉要。然後舒華布實，獻替節文，繩墨以外，美材既斲，故能首尾圓合，條貫統序。若術不素定，而委心逐辭，異端叢至，駢贅必多。

故三準既定，次討字句。句有可削，足見其疎；字不得減，乃知其密。

精論要語，極略之體；游心竄句，極繁之體；謂繁與略，隨（鈴木云諸本作適）分所好。引而申之，則兩句敷爲一章；約以貫之，則一章删成兩句。思贍者善敷，才覈者善删。善删者字去而意留，善敷者辭殊而意（汪本作義鈴木云玉海嘉靖本王本岡本作義）顯。字删而意闕，則短乏而非覈；辭敷而言重，則蕪穢而非贍。

昔謝艾王濟，西河文士，張俊（當作駿）以爲艾繁而不可删，濟略而不可益，若二子者，可謂練鎔裁而曉繁略矣。至如士衡才優，而綴辭尤繁；士龍思劣，而雅好清省。及雲之論機，亟恨其多，而稱清新相接，不以爲病；蓋崇友于耳。夫美錦製衣，脩短有度，雖翫其采，不倍領袖，巧猶難繁，況在乎拙。而文賦以爲榛楛勿剪，庸音足曲，其識非不鑒，乃情苦芟（元作孟）繁也。夫百節成體，共資榮衛，萬趣會文，不離辭情。若情周而不繁，辭運而不濫，非夫鎔裁，何以行之乎！

贊曰：篇章戶牖，左右相瞰。辭如川流，溢則汎濫。權衡損益，斟酌濃淡。芟繁剪穢，弛於負擔。

范文瀾註《文心雕龍》卷七

文心雕龍·附會

〔梁〕劉勰

何謂附會？謂總文理，統首尾，定與奪，合涯際，彌綸一篇，使雜而不越者也。若築室之須基構，裁衣之待縫緝矣。夫才量學文，宜正體製，必以情志爲神明，事義爲骨髓（鈴木云御覽作鯁），辭采爲肌膚，宮商爲聲氣，然後品藻玄黃，摛振金玉，獻可替否，以裁厥中。斯綴思之恆數也。凡大體文章，類多枝派，整派者依源，理枝者循幹，是以附辭會義，務總綱領，驅萬塗於同歸，貞百慮於一致，使衆理雖繁，而無倒置之乖，羣言雖多，而無棼絲之亂；扶陽而出條，順陰而藏跡，首尾周密，表裏一體，此附會之術也。夫畫者謹髮而易貌，射者儀毫而失牆，銳精細巧，必疎體統。故宜詘寸以信尺，枉尺以直尋，棄偏善之巧，學具美之績，此命篇之經略也。

夫文變多（汪作無）方，意見浮雜，約則義孤，博則辭叛，率（鈴木云御覽作變）故多尤，需爲事賊。且才分不同，思緒各異，或製首以通尾，或尺（一作片）接以寸附，然通製者蓋寡，接附者甚衆。若統緒失宗，辭味必亂；義脈不流，則偏枯文體。夫能懸識湊理，然後節文自會，如膠之粘木，豆之合黄矣。是以駟牡異力，而六轡如琴；並駕齊驅，而一轂統輻；馭文之法，有似於此。去留隨心，修短在手，齊其步驟，總轡而已。

故善附者異旨如肝膽，拙會者同音如胡越，改章難於造篇，易字艱於代句，此已然之驗也。昔張湯擬奏而再却，虞松草表而屢譴，並理事之不明，而詞旨之失調也。及倪寬更草，鍾會易字，而漢武嘆奇，晉景稱善者，乃理得而事明，心敏而辭當也。以此而觀，則知附會巧拙，相去遠哉！若夫絕筆斷章，譬乘舟之振楫；會詞切理，如引轡以揮鞭。克終底績，寄深寫遠。若首唱榮華，而媵句憔悴，則遺勢鬱湮，餘風不暢。此周易所謂臀無膚，其行次且也。惟首尾相援，則附會之體，固亦無以加於此矣。

贊曰：篇統間關，情數稠疊。原始要終，疎條布葉。道味相附，懸緒自接。如樂之和，心聲克協。

范文瀾註《文心雕龍》卷九

文説·耀采篇第四

〔清〕劉師培

昔大《易》有言，“道有變動，故曰爻；爻有等，故曰物；物相雜，故曰文。”《考工》亦有言，“青與白謂之文，白與黑謂之章。”蓋伏羲畫卦，即判陰陽；隸首作數，始分奇偶；一陰一陽謂之道，一奇一偶謂之文。故剛柔交錯，文之垂於天者也；經緯天地，文之列於謚者也。

三代之時，一字數用，凡禮樂、法制、威儀、言辭，古籍所載，咸謂之文。是則文也者，乃英華發外，秩然有章之謂也。由古迄今，文不一體。然循名責實，則經史諸子，體與文殊，惟偶語韻詞，體與文合。昔孔美唐堯，特著焕乎之喻；詩歌衞武，亦標有斐之稱。以文雜質，則曰彬彬；舍質從文，乃稱郁郁。觀於文字之古義，可以識文章之正宗矣。況《易》以六位而成章，《書》爲四言之嚆矢，太師采詩，咸屬韻語，宣尼贊《易》，首肇《文言》，遐稽六藝之書，半屬偶文之體。是猶工繪事者必待五采之彰施，聆樂音者必取八音之迭奏。惟對待之法未嚴，平側之音未判，乃偶寓於奇，非奇別於偶。雖句法奇變，長短參差，然音律克諧，低昂應節。故訓辭爾雅，抽句匪單，或運用叠詞，或整列排語，三代文體，即此可窺。況復鄭修命詞，子產於焉潤色；晉主盟會，仲尼以爲多文。直情徑行，戎狄之道乃如此；言不雅馴，縉紳先生所難言。道集於躬，出詞氣斯遠鄙倍；言以足志，非文辭不克爲功。是則文章一體，與直語殊。故豔采辯說，韓非首正其名；翰藻沈思，昭明復標其體。詩賦家言，與六藝九流異類；文苑列傳，共儒林道學殊科。自古以來，莫之或爽也。

東周以降，文體日工，屈、宋之作，上如二南；蘇、張之詞，下開«七發»；韓非著書，隱肇連珠之體；荀卿«成相»，實爲對偶之文；莫不振藻簡策，耀采詞林。西漢文人，追縱三古，而終軍有奇木白麟之對，兒寬攄奉觴上壽之辭，胎息微萌，儷形已具。迨及東漢，文益整贍，蓋踵事而增，自然之勢也。故敬通、平子之倫，孟堅、伯喈之輩，揆厥所作，咸屬偶文，用字必宗故訓，摛詞迥脫恆谿，或掇麗字以成章，或用駢音以叶韻。觀雍容揄揚之頌，明堂清廟之詩，不少篇章，胥闢體製。若夫當塗受籙，太始開基，洛中則七子無雙，與下則聯翩競爽，才思雖弱於西京，音律實開夫典午。六朝以來，風格相承，刻鏤之精，昔疏而今密，聲韻之叶，舊澀而新諧。凡江、范之弘裁，沈、任之巨製，莫不短長合節，追琢成章。故«文選»勒於昭明，屛除奇體；«文心»論於劉氏，備列偶詞；體製謹嚴，斯其證矣。

厥後選學盛行，詞華聿振。徐、庾遷聲於河朔，燕、許振采於關中，排偶之文，於斯爲盛。趙宋初業，崇實黜華，或運陳言，或標遠致，雖麗詞務去，然科律未更。是則駢文之一體，實爲文類之正宗。故«三都»«兩京»，«甘泉»«藉田»，金聲玉潤，繡錯綺交，賦體之正宗也。宣公興元之詔，文饒«會昌»之集，文贍義精，句奇語重，制勅之正宗也。劉琨勸進，庾讓辭官，婉轉以陳詞，雍容以敍致，書表之正宗也。中郎太邱之碑，魏公李密之誌，流鬱以運氣，俊偉以佐才，碑誌之正宗也。元晏揚太冲之文，彥昇述文憲之作，以及曲水流觴之敍，落霞孤鶩之文，序文之正宗也。趙至入關之作，鮑照大雷之篇，叔庠擢秀於桐廬，士龍吐奇於鄮縣，游記之正宗也。班彪«王命»，叔夜«養生»，干寶論晉，賈生«過秦»，論體之正宗也。頌則«出師»«中興»，銘則«燕然»«劍閣»，箴則子雲«百官»，贊則劉向«列女»，莫不音中羣雅，語異聱牙，頌、銘、箴、贊之正宗也。孔璋檄魏，賓王討周，檄文之正宗也。士季之酹諸葛，義山之祭伏波，祭文之正宗也。

蓋文之爲體，各自成家，言必齊偕，事歸鏤繪，以妃青媲白之詞，助博辯縱横之用。故立誠之詞，著於《周易》，交錯之訓，載於許書。況復蒼后翠嫣，鳥獸紀迒蹄之跡；赤文綠字，龜龍闡河洛之精；川岳絢其光采，鏞球播其鏗鏘。蓋渾噩之風既革，巍煥之運斯開。觀纁緅紺絳，織文有新組之華；琚瑀珩璜，衝牙叶雜佩之響。物固宜然，況於文乎？或謂梁、陳之文，務華而不實；詩人之賦，由麗而入淫；雖矜斧匠之工，恐貽俳優之誚。不知剪采爲花，色香自別；惟白受采，眞宰有存。故史倘浮誇之體，擊擬輕重之和，實爲文章之正鵠，豈擬小技於雕蟲？至韓、柳修詞，歐、曾循軌，以散行之體，立古文之名。然三代之時，文與語別；六朝以降，文與筆分。若屏斥偶體，崇倘奇詞，是則反璞歸眞，力守老聃之論，舍文從質，轉追棘子之談。空疏之譏，詎可免歟？觀《典論》著於魏帝，備列詩賦之章；《文賦》創於陸機，不列序碑之體；則單行之詞，實與文章有別，有何疑乎？

寧武南氏校印本《劉申叔先生遺書·文説》

文心雕龍·時序

〔梁〕劉　勰

時運交移，質文代變，古今情理，如可言乎！昔在陶唐，德盛化鈞，野老吐"何力"之談[1]，郊童含"不識"之歌[2]。有虞繼作，政阜民暇，"薰風"詩於元后[3]，"爛雲"歌[4]於列臣。盡其美者，何乃心樂而聲泰也。至大禹敷土[5]，九序詠功[6]，成湯聖敬[7]，"猗歟"作頌[8]。逮姬文之德盛，《周南》勤而不怨[9]；大王之化淳，《邠風》樂而不淫[10]。幽厲昏而《板》《蕩》[11]怒，平王微而《黍離》[12]哀。故知歌謠文理，與世推移，風動於上，而波震於下者。春秋以後，角戰英雄，六經泥蟠[13]，百家飆駭[14]。方是時也，韓、魏力政，燕、趙任權，五蠹六蝨[15]，嚴於秦令，唯齊、楚兩國，頗有文學。齊開莊衢之第[16]，楚廣蘭臺之宮[17]，孟軻賓館[18]，荀卿宰邑[19]，故稷下[20]扇其清風，蘭陵鬱其茂俗[21]，鄒子以談天飛譽，騶奭以雕龍馳響[22]，屈平聯藻於日月，宋玉交彩於風雲。觀其豔說，則籠罩雅頌。故知暐燁之奇意，出乎縱橫之詭俗也。

爰至有漢，運接燔書，高祖[23]尚武，戲儒簡學[24]，雖禮律草創[25]，詩書未遑，然《大風》《鴻鵠》之歌[26]，亦天縱之英作也。施及孝惠[27]，迄於文、景[28]，經術頗興，而辭人勿用。賈誼抑而鄒、枚沈[29]，亦可知已。逮孝武[30]崇儒，潤色鴻業，禮樂爭輝，辭藻競鶩：柏梁[31]展朝讌之詩，金堤製恤民之詠[32]，徵枚乘以蒲輪[33]，申主父以鼎食[34]，擢公孫之對策[35]，歎兒寬之擬(范校：鈴木云當作疑)奏[36]，買臣負薪而衣錦[37]，相如滌器而被繡[38]，於是史遷、壽王之徒[39]，嚴、終、枚臯之屬[40]，應對固無方，篇章亦不匱[41]，遺風餘采，莫與比盛。越昭及宣[42]，實繼武績，馳騁石渠[43]，暇豫文會，集雕篆之軼材[44]，發綺縠之高喻[45]，於是王褒之倫，底祿[46]待詔。自元暨成[47]，降意圖籍，美玉屑之譚[48]，淸金馬之路[49]，子雲銳思於千首[50]，子政讎校於六藝[51]，亦已美矣。爰自漢室，迄至成、哀[52]，雖世漸百齡，辭人九[53]變，而大抵所歸，祖述楚辭，靈均餘影，於是乎在。

自哀、平[54]陵替，光武[55]中興，深懷圖讖[56]，頗略文華，然杜篤獻誄以免刑[57]，班彪參奏以補令[58]，雖非旁求，亦不遐棄。及明帝[59]疊耀，崇愛儒術，肄禮璧堂[60]，講文虎觀[61]，孟堅珥筆於國史[62]，賈逵給札於瑞頌[63]，東平擅其懿文[64]，沛王振其通論[65]，帝則藩儀，輝光相照矣。自安、和[66]已下，迄至順、桓[67]，則有班、傅、三崔[68]，王、馬、張、蔡[69]，磊落鴻儒，才不時乏，而文章之選，存而不論。然中興之後，羣才稍改前轍，華實所附，斟酌經辭，蓋歷政講聚，故漸靡儒風者也。降及靈帝[70]，時好辭製，造羲皇之書，開鴻都之賦，而樂松之徒，招集淺陋，故楊賜號爲驩兜，蔡邕比之俳優[71]，其餘風遺文，蓋蔑如也。

自獻帝[72]播遷，文學蓬轉[73]，建安[74]之末，區宇方輯。魏武以相王之尊，雅愛詩章；文帝以副君之重，妙善辭賦；陳思以公子之豪，下筆琳瑯；並體貌英逸[75]，故俊才雲蒸[76]。仲宣委質於漢南[77]，孔璋歸命於河北[78]，偉長從宦於青土[79]，公幹徇質於海隅[80]，德璉綜其斐然之思[81]，元瑜展其翩翩之樂[82]，文蔚、休伯之儔[83]，于叔、德祖之侶[84]，傲雅觴豆[85]之前，雍容衽席之上，灑筆以成酣歌，和墨以藉談笑，觀其時文，雅好慷慨，良由世積亂離，風衰俗怨，並志深而筆長[86]，故梗概而多氣也[87]，至明帝纂戎，制詩度曲，徵篇章之士，置崇文之觀[88]，何、劉羣才[89]，迭相照耀。少主相仍，唯高貴[90]英雅，顧盼合章[91]，動言成論[92]。

於時正始[93]餘風，篇體輕澹，而嵇、阮、應、繆[94]，並馳文路矣。

逮晉宣[95]始基，景、文克構[96]，並跡沈儒雅，而務深方術。至武帝惟新[97]，承平受命，而膠序[98]篇章，弗簡皇慮[99]。降及懷、愍[100]，綴旒[101]而已。然晉雖不文，人才實盛：茂先[102]搖筆而散珠，太冲[103]動墨而橫錦，岳、湛曜聯璧之華[104]，機、雲標二俊之采[105]，應、傅、三張之徒[106]，孫、摯、成公之屬[107]，並結藻清英，流韻綺靡，前史以爲運涉季世[108]，人未盡才，誠哉斯談，可爲歎息！

元皇[109]中興，披文建學，劉、刁禮吏而寵榮[110]，景純文敏而優擢[111]。逮明帝[112]秉哲，雅好文會，升儲御極，孳孳講藝，練情於誥策，振采於辭賦，庾以筆才逾親[113]，溫以文思益厚[114]，揄揚風流，亦彼時之漢武也。及成、康促齡[115]，穆、哀短祚[116]，簡文勃興[117]，淵乎淸峻，微言精理，函滿玄席，澹思濃采，時灑文囿。至孝武[118]不嗣，安、恭已矣[119]。其文史則有袁、殷之曹[120]，孫、干之輩[121]，雖才或淺深，珪璋[122]足用。自中朝[123]貴玄，江左稱盛，因談餘氣，流成文體。是以世極迍邅[124]，而辭意夷泰[125]，詩必柱下之旨歸[126]，賦乃漆園之義疏[127]。故知文變染乎世情，興廢繫乎時序，原始以要終，雖百世可知也。

自宋武[128]愛文，文帝[129]彬雅，秉文之德，孝武[130]多才，英采雲構。自明帝[131]以下，文理替矣[132]。爾其縉紳之林，霞蔚而飆起；王、袁聯宗以龍章[133]，顏、謝重葉以鳳采[134]，何、范、張、沈之徒[135]，亦不可勝也。蓋聞之於世，故略舉大較。

暨皇齊馭寶，運集休明：太祖[136]以聖武膺籙，高祖[137]以睿文纂業，文帝以貳離含章[138]，中宗[139]，以上哲興運，並文明自天，緝遐（范校：疑作熙）景祚[140]。今聖歷方興，文思光被，海岳降神，才英秀發，馭飛龍於天衢，駕騏驥於萬里，經典禮章，跨周轢漢，唐、虞之文，其鼎盛乎！鴻風懿采，短筆敢陳；颺言讚時，請寄明哲。

贊曰：蔚映十代，辭采九變[141]。樞中所動，環流無倦[142]。質文沿時，崇替在選。終古雖遠，曠[143]焉如面。

范文瀾註《文心雕龍》卷九

【註釋】

[1] 野老吐何力之談——《論衡·藝增》："傳曰：'有年五十擊壤於路者。觀者曰：大哉堯德乎！擊壤者曰：吾日出而作，日入而息，鑿井而飲，耕田而食，堯何等力。'"擊壤，古代的一種投擲游戲，壤以木爲之。

[2] 郊童含不識之歌——《列子·仲尼》："堯乃微服游於康衢，聞兒童謠曰：'立我蒸民，莫匪爾極，不識不知，順帝之則。'"微服，老百姓的服裝。蒸民，衆民。匪，同非。極，中正。莫匪爾極，都能合中正之道。順帝之則，順從帝王的法則。

[3] 薰風句——相傳舜作《南風歌》。《尸子》云"舜作五弦之琴以歌《南風》"。案：歌辭有"南風之薰兮"句，故云薰風。詩，范註："疑當作詠"。元后，天子。此處指舜。

[4] 爛雲——指《卿雲歌》，《尚書大傳》謂爲舜時作品。《卿雲歌》有"卿雲爛兮"句。

[5] 大禹敷土——見《楚辭章句序》註[33]。

[6] 九序詠功——"九功惟敘，九敘惟歌"，語見僞古文《書·大禹謨》。九功指水、火、金、木、土、穀、正德、利用、厚生。

[7] 成湯聖敬——《詩·商頌·長發》："湯降不遲，聖敬日躋。"鄭玄箋云："湯之下士尊賢甚疾，其聖敬之德日進。"

[8] 猗歟作頌——《詩·商頌·那》第一句云"猗（嘆辭）與那（多也）與"。

[9] 周南勤而不怨——《左傳·襄公二十九年》："吳公子札來聘，……請觀於周樂。使工爲之歌周南、召南。曰：'美哉！始基之矣，猶未也。然勤而不怨矣。'"

[10] 邠風樂而不淫——指《詩·豳風》（邠，亦作豳）。《左傳·襄公二十九年》："爲之歌豳。曰：'美哉！蕩乎！樂而不淫，其周公之東乎？'"范文瀾註："樂而不淫，謂《東山》四章樂男女之得及時也。"案：《東山》第四章寫男女婚姻事。

[11] 板蕩——指《詩·大雅》中的《板》《蕩》二篇，是諷刺周厲王的作品。所謂"幽、厲"，是連類而言。

[12] 黍離——指《詩·王風·黍離》。序云："《黍離》，閔宗周也。周大夫行役，至於宗周，過故宗廟宮室，盡爲禾黍，閔周室之顛覆，彷徨不忍去而作是詩也。"

[13] 泥蟠——埋沒。

[14] 飈駭——風起雲湧的意思。

[15] 五蠹——《韓非子·五蠹》說"學者"、"言古者"、"帶劍者"、"近御者"及"商工之民"是國家的五害。六蝨——《商君書·靳令》:"六蝨,曰禮、樂;曰詩、書;曰修善、曰孝弟;曰誠信、曰貞廉;曰仁、義;曰非兵、曰羞戰。國有十二者,上無使農戰,必貧至削。"又《弱民》:"農商官三者,國之常食官也。農闢地,商物,官法民。三官生蝨六:曰歲,曰食,曰美,曰好,曰志,曰行。六者有樸必削。農有餘食,則薄燕於歲;商有淫利,有美好,傷器;官設而不用,志行爲卒。六蝨成俗,兵必大敗,法枉治亂。"這是六蝨的又一講法。樸,依附。薄燕於歲,年成好的時候,輕易吃喝浪費。淫利,過多的贏利。卒,同"率",法。

[16] 莊衢之第——《史記·孟子荀卿列傳》:"騶奭者,齊諸騶子,亦頗采騶衍之術以紀文。於是齊王嘉之,自如淳于髡以下皆命曰列大夫,爲開第康莊之衢,高門大屋,尊寵之。覽(示)天下諸侯賓客,言齊能致天下賢士也。"

[17] 蘭臺之宮——《文選·風賦》:"楚襄王游於蘭臺之宮,宋玉、景差侍。"

[18] 孟軻賓館——《孟子·公孫丑》趙岐註云:"孟子雖仕齊,處師賓之位,以道見敬。……王欲見之,先朝,使人往謂孟子云,寡人如就見者,若言就孟子之館相見也。"

[19] 荀卿宰邑——《史記·孟子荀卿列傳》:"齊人或讒荀卿,荀卿乃適楚,而春申君以爲蘭陵令。"

[20] 稷下——戰國時齊國都臨淄的城門,是當時學士聚集的地方。

[21] 蘭陵鬱其茂俗——劉向《荀子敍》:"蘭陵多善爲學,蓋以孫卿也。"蘭陵治所在今山東省棗莊市東南舊嶧縣東。茂俗,美俗。

[22] 鄒子以談天飛譽二句——《史記·孟子荀卿列傳》:"騶衍之術迂大而閎辯;奭也文具難施。……故齊人頌曰,談天衍,雕龍奭。……"飛譽,馳名。文具難施,空具文采,難以實用。

[23] 高祖——漢高祖劉邦,在位十二年,自公元前二〇六年至公元前一九五年。

[24] 戲儒簡學——《史記·酈食其傳》:"騎士曰,沛公不好儒,諸客冠儒冠來者,沛公輒解其冠,溲溺其中。"簡,慢忽。

[25] 禮律草創——《漢書·禮樂志》:"漢興,撥亂反正,日不暇給,猶命叔孫通制禮儀,以正君臣之位。"《漢書·藝文志》:"漢興,蕭何草律。"

[26] 大風——漢高祖還歸過沛時作。詳見《史記·漢高祖本紀》。鴻鵠——漢高祖欲易太子,見其羽翼已成,未遂,和戚夫人起舞而歌《鴻鵠》。詳見《史記·留侯

世家》。

［27］孝惠——漢惠帝劉盈，在位七年，自公元前一九四年至公元前一八八年。

［28］文——漢文帝劉恆，在位二十三年，自公元前一七九年至公元前一五七年。景——漢景帝劉啓，在位十六年，自公元前一五六年至公元前一四一年。

［29］鄒枚——指鄒陽、枚乘，都不得志於當世，詳見《史記·鄒陽傳》和《漢書·枚乘傳》。

［30］孝武——漢武帝劉徹，在位五十四年，自公元前一四〇年至公元前八七年。

［31］柏梁——《柏梁詩》相傳爲漢武帝與臣僚在柏梁臺飲宴時所作。實係後人僞作。

［32］金堤製恤民之詠——指漢武帝在塞瓠子決河時所作的《瓠子歌》，詳見《史記·河渠書》。"金堤"指瓠子堤。

［33］蒲輪——《漢書·枚乘傳》："武帝自爲太子聞乘名。及即位，乘年老，迺以安車蒲輪徵乘。"顔師古註："蒲輪，以蒲裹輪。"

［34］鼎食——《漢書·主父偃傳》："尊立衞皇后，及發燕王定國陰事，偃有功焉。大臣皆畏其口，賂遺累千金。或説偃曰，太橫。偃曰：……丈夫生不五鼎食，死則五鼎烹耳！"

［35］對策——指漢武帝以公孫弘關於"禁民不得挾弓弩"的奏命臣下討論的事情。詳見《漢書·吾丘壽王傳》。

［36］擬奏——《漢書·兒寬傳》："時張湯爲廷尉，……時有疑奏已再見却矣，掾史莫知所爲。寬爲言其意；掾史因使寬爲奏。成，讀之皆服，以白廷尉湯。湯……上寬所作奏，即時得可。異日湯見，上問曰：前奏非俗吏所及，誰爲之者？湯言兒寬。上曰：吾固聞之久矣。"

［37］買臣負薪——《漢書·朱買臣傳》"家貧，……常艾薪樵賣以給食，擔束薪，行且誦書。……上拜買臣會稽太守。上謂買臣曰：富貴不歸故鄉，如衣繡夜行。今子何如？"

［38］相如滌器——指司馬相如賣酒臨邛"滌器於市中"而後爲中郎將的事情。詳見《史記·司馬相如傳》。

［39］史遷——《漢書·司馬遷傳》："遷爲太史令。……遷既被刑之後，爲中書令，尊寵任職。"壽王——《漢書·吾丘壽王傳》："年少以善格五召待詔。"後"爲光祿大夫侍中"。格五，古代博戲名。

［40］嚴——指嚴安。《漢書·嚴安傳》："嚴安者臨菑人也。以故丞相史上書。……後以安爲騎馬令。"終——指終軍。《漢書·終軍傳》："終軍，字子雲，濟南人也。少好學，以辯博能屬文，聞於郡中。……至長安，上書言事，武帝異其文，拜

軍爲謁者給事中。”枚皐——《漢書·枚皐傳》:“皐字少孺。……拜爲郎,使匈奴。皐不通經術,詼笑類俳倡,爲賦頌好嫚戲,以故得媟黷貴幸,比東方朔、郭舍人等,而不得比嚴助等得尊官。”

[41] 匱——乏、竭。

[42] 昭——漢昭帝劉弗陵,在位十三年,自公元前八六年至公元前七四年。宣——漢宣帝劉詢,在位二十五年,自公元前七三年至公元前四九年。

[43] 石渠——閣名。漢宣帝與諸儒講論六經的地方。

[44] 雕篆——即雕蟲篆刻,詳見《法言·吾子》註[3]。軼材——有非凡之材的人。

[45] 綺縠——見《漢書·王褒傳》:“辭賦大者與古詩同義,小者辯麗可喜,辟如女工有綺縠……。”綺縠,有花紋的絲織品。高喻——指漢宣帝這個比喻。

[46] 底祿——《左傳》:“叔向曰,底祿以德。”杜註云:“厎,致也。厎,音旨。”底應爲厎之誤。

[47] 元——漢元帝劉奭,在位十六年,自公元前四八年至公元前三三年。成——漢成帝劉驁,在位二十六年,自公元前三二年至公元前七年。

[48] 玉屑之譚——《世說新語·賞譽》:“胡毋彥國吐佳言如屑,後進領袖。”譚,即談。這裏指關於文學的談論。

[49] 淸金馬之路——金馬門,宦者署,門旁有銅馬,故云。這句指對文人的重視。

[50] 千首——《藝文類聚》引《桓子新論》:“余素好文,見子雲工爲賦,欲從之學。子雲曰:能讀千賦,則善爲之矣。”

[51] 子政讎校於六藝——《漢書·藝文志》云:“至成帝時,以書頗散亡,使謁者陳農求遺書於天下,詔光祿大夫劉向校經傳諸子詩賦。……會向卒,哀帝復使向子侍中奉車都尉歆卒父業。歆於是總羣書而奏其七略,故有《輯略》,有《六藝略》,有《諸子略》,有《詩賦略》,有《兵書略》,有《術數略》,有《方技略》。”

[52] 哀——漢哀帝劉欣,在位六年,自公元前六年至公元前一年。

[53] 九——古人往往用九字代表多,不一定是實數。

[54] 平——漢平帝劉衎(音看),在位五年,自公元一年至公元五年。

[55] 光武——後漢光武帝劉秀,在位三十三年,自公元二十五年至公元五十七年。

[56] 圖讖——《後漢書·方術傳》:“光武尤信讖言。”《後漢書·光武帝紀》:“宛人李通等以圖讖說光武。”李賢注:“圖,河圖也。讖,符命之書,讖,驗也,言爲王者受命之徵驗也。”案:圖讖都是一些荒誕迷信之說。

[57] 免刑——《後漢書·文苑傳》:“收(杜)篤送京師,會大司馬吳漢薨,光武詔諸儒誄之。篤於獄中爲誄辭最高。帝美之,賜帛免刑。”

[58] 補令——授職爲縣令。«後漢書·班彪傳»:"河西大將軍竇融以爲從事,……彪乃爲融畫策事漢。……及融徵還京師,光武問曰:所上奏章,誰與參之?融對曰:皆從事班彪所爲。帝雅(常)聞彪才,因召入見,舉司隸茂才,拜徐令。"

[59] 明帝——漢明帝劉莊,在位十八年,自公元五十八年至公元七十五年。

[60] 肄——習。璧堂——卽璧雍、明堂(講學之所)。

[61] 虎觀——卽白虎觀,討論經學之所。"講文虎觀"本爲章帝時事,故上句"明帝疊耀"當爲"明章疊耀","帝""章"因形近而誤。

[62] 孟堅珥筆於國史——插筆於冠側叫珥筆。古史官入朝爲便於記錄,常珥筆。«後漢書·班固傳»:"除蘭臺令史,……成«世祖本紀»。遷爲郞,典校祕書,固又撰功臣平林新市公孫述事,作列傳載記二十八篇奏之。帝乃復使終成前所著書,……故探撰前記,綴集所聞,以爲«漢書»。"

[63] 給札——«後漢書·賈逵傳»:"永平中,……時有神雀集宮殿官府。冠羽有五采色。帝異之,……乃召見逵問之。對曰:……此胡降之徵也。帝勑蘭臺給筆札,使作«神雀頌»。"

[64] 東平——«後漢書·東平憲王蒼傳»:"蒼少好經書,雅有智思。……是時中興三十餘年,四方無虞,蒼以天下化平,宜修禮樂;乃與公卿共議定南北郊冠冕車服制度及光武廟登歌八佾舞數。""薨,詔告中傅封上蒼自建武以來章奏及所作書記賦頌七言別字歌詩,並集覽焉。"

[65] 通論——«後漢書·沛獻王輔傳»:"好經書,善說«京氏易»«孝經»«論語傳»及圖讖,作«五經論»,時號之曰«沛王通論»。"

[66] 安——漢安帝劉祜,在位十九年,自公元一〇七年至公元一二五年。和——漢和帝劉肇,在位十七年,自公元八十九年至公元一〇五年。

[67] 順——漢順帝劉保,在位十九年,自公元一二六年至公元一四四年。桓——漢桓帝劉志,在位二十一年,自公元一四七年至公元一六七年。

[68] 班——班固。傅——傅毅。三崔——崔駰、崔瑗、崔寔。

[69] 王馬張蔡——王逸、馬融、張衡、蔡邕。

[70] 靈帝——漢靈帝劉宏,在位二十一年,自公元一六八年至公元一八八年。

[71] 造羲皇之書以下六句——羲皇疑爲皇羲。«後漢書·蔡邕傳»:"初,(靈)帝好學,自造«皇羲篇»五十章。因引諸生能爲文賦者,本頗以經學相招,後諸爲尺牘及工書鳥篆者,皆加引召,遂至數十人。侍中祭酒樂松、賈護多引無行趣勢之徒並待制鴻都門(藏書和講學之所)下,憙陳方俗閭里小事,帝甚悅之,待以不次之位。……邕上封事曰:……夫書畫辭賦,才之小者。匡國理政,未有其

能……而諸生競利，作者鼎沸，其高者頗引經訓風喻之言，下則連偶俗語，有類俳優，或竊成文，虛冒名氏。”《後漢書·楊賜傳》：“光和元年，有虹蜺晝降於嘉德殿前。……(賜)乃書對曰：……鴻都門下招會羣小，造作賦說，以蟲篆小技見寵於時，如驩兜、共工(皆舜時凶臣)更相薦說。”

[72] 獻帝——漢獻帝劉協，在位三十二年，自公元一八九年至公元二二〇年。

[73] 文學蓬轉——指文學之士流離失所如蓬草經風飛轉一般。

[74] 建安——見《宋書·謝靈運傳論》註[16]。

[75] 體貌英逸——指禮敬有才能之士。

[76] 俊才雲蒸——指人才衆多，如雲集聚。

[77] 仲宣——王粲字。漢南——荆州在漢水之南。這句指王粲曾依荆州劉表，後歸順曹氏。

[78] 孔璋——陳琳字。河北——指冀州。這句指陳琳曾依冀州袁紹，後歸順曹氏。

[79] 偉長——徐幹字。青土——即青州。

[80] 公幹——劉楨字。海隅——即東平。

[81] 德璉——應瑒字。曹丕《與吳質書》：“德璉常斐然有述作之意。”

[82] 元瑜——阮瑀字。曹丕《與吳質書》：“元瑜書記翩翩，致足樂也。”

[83] 文蔚——路粹字。休伯——繁欽字。

[84] 于叔——于當作子。邯鄲淳字子叔。德祖——楊修字德祖。

[85] 傲雅——傲，狂放。雅，風雅。傲雅連文，猶言放誕風流。一說應作“傲岸”。觴豆——酒器、食器。

[86] 志深——情志深遠。筆長——辭氣充沛。

[87] 梗槪——與慷慨聲同而義通。氣——參看《典論·論文》及《風骨》。

[88] 明帝纂戎以下四句——《三國志·魏志·明帝紀》：“(青龍)四年，……置崇文觀，徵善屬文者以充之。”明帝——曹叡，在位十三年，自公元二二七年至公元二三九年。纂戎——纂，與“纘”通，繼承。戎，大。《詩·大雅·烝民》：“纘戎祖考。”《大雅·韓奕》句同。謂繼承光大祖考的事業。鄭玄解戎爲汝，意謂繼承汝祖考的事業。本文“纂戎”是歇後語，即作繼承祖業解。

[89] 何劉——何晏、劉劭。

[90] 高貴——高貴鄉公曹髦，在位六年，自公元二五四年至公元二五九年。

[91] 合章——應作“含章”，見《易·坤·爻辭》。含章謂含有文采。

[92] 動言成論——指曹髦與羣臣言帝王優劣之差，至太學問諸儒經義等事。見《三國志·魏書·三少帝紀》及註引《魏氏春秋》。

[93] 正始——魏齊王芳年號，自公元二四〇年至公元二四八年。

[94] 嵇阮應繆——嵇康、阮籍、應璩、繆襲。

[95] 晉宣——晉宣帝司馬懿。

[96] 景——晉景帝司馬師。文——晉文帝司馬昭。克構——《書·大誥》：“若考作室，既底法，厥子乃弗肯堂，矧肯構。”考，父。底，致。弗肯堂，不肯爲堂基。矧，况。矧肯構，况且哪里肯構立房屋呢？克構，謂子能繼承父業。

[97] 武帝——晉武帝司馬炎，在位二十五年，自公元二六五年至公元二八九年。惟新——《詩·大雅·文王》：“周雖舊邦，其命維新。”指司馬炎代魏建立晉王朝。

[98] 膠序——學校。

[99] 弗簡皇慮——皇帝没有心思考慮。簡，通。

[100] 懷——晉懷帝司馬熾，在位六年，自公元三〇七年至公元三一二年。愍——晉愍帝司馬鄴，在位四年，自公元三一三年至公元三一六年。

[101] 綴旒——冠上垂珠叫綴旒，比喻危險。懷、愍二帝後被匈奴劉聰擒虜，時政局混亂，更談不上提倡文學。

[102] 茂先——張華字。

[103] 太沖——左思字。

[104] 岳——潘岳。湛——夏侯湛。湛、岳俱富文才，交往亦密，京都人稱爲連璧。事見《晉書·夏侯湛傳》。

[105] 機雲——陸機、陸雲。

[106] 應——應貞，字吉甫。傅——傅玄，字休奕。三張——張載，字孟陽。張協，字景陽。張亢，字季陽。

[107] 孫——孫楚，字子荆。摯——摯虞，字仲洽。成公——成公綏，字子安。

[108] 季世——末世。

[109] 元皇——晉元帝司馬睿，在位六年，自公元三一七年至公元三二二年。

[110] 劉——劉槐，字大連，因“雅習文史，善求人主意”而得到晉元帝的器重。“還丞相司直，委以刑憲。”事見《晉書·劉槐傳》。刁——刁協，字玄亮，因“久在中朝，諳練舊事”，故一切制度的建立都要通過他。事見《晉書·刁協傳》。禮吏——秉禮執法之吏。

[111] 景純——郭璞，字景純，好經術，有高才，詞賦爲中興之冠，《江賦》爲當世所稱，《南郊賦》得到皇帝賞識，被擢爲著作佐郎。事見《晉書·郭璞傳》。

[112] 明帝——晉明帝司馬紹，在位三年，自公元三二三年至公元三二五年。

[113] 庾——庾亮，字元規，“善談論，性好莊老”，“明帝即位，以爲中書監”。《晉書》

卷七十三有傳。

[114] 溫——溫嶠,字太眞,“博學能屬文”,“明帝卽位, 拜侍中。機密大謀, 皆所參綜,詔命文翰,亦悉豫焉”。《晉書》卷六十七有傳。

[115] 成——晉成帝司馬衍,在位十七年,自公元三二六年至公元三四二年。康——晉康帝司馬岳,在位二年,自公元三四三年至公元三四四年。

[116] 穆——晉穆帝司馬聃,在位十七年,自公元三四五年至公元三六一年。哀——晉哀帝司馬丕,在位四年,自公元三六二年至公元三六五年。

[117] 簡文——晉簡文帝司馬昱, 在位二年, 自公元三七一年至公元三七二年。《晉書·簡文帝紀》:“清虛寡欲,尤善玄言。”“帝少有風儀,善容止,留心典籍,不以居處爲意,凝塵滿席,湛如也。”

[118] 孝武——晉孝武帝司馬曜,在位二十四年,自公元三七三年至公元三九六年。

[119] 安——晉安帝司馬德宗, 在位二十二年, 自公元三九七年至公元四一八年。恭——晉恭帝司馬德文, 在位二年, 自公元四一九年至公元四二〇年。已矣——恭帝禪位劉裕,進入劉宋,故云。

[120] 袁——袁宏,字彥伯,“有逸才,文章絕美”,《晉書·文苑傳》有傳。殷——殷仲文,“善屬文,爲世所重”,《晉書》卷九十九有傳。

[121] 孫——孫盛,字安國,“博學善言名理”。“著《魏氏春秋》《晉陽秋》,并造詩賦論難復數十篇。《晉陽秋》, 詞直而理正, 咸稱良史焉”。《晉書》卷八十二有傳。干——干寶,字令升,少勤學,博覽羣書,“著《晉紀》, 自宣帝迄於愍帝, 五十三年,凡二十卷”。《晉書》卷八十二有傳。

[122] 珪璋——貴重的玉器。這裏比喻人才。

[123] 中朝——這裏指西晉王朝。

[124] 迍邅——困難而不能前進。這裏指亂世的多災多難。

[125] 夷泰——平夷通泰。以上二句說玄言作品沒有反映出喪亂時代的面貌。

[126] 柱下——指老子, 老子曾爲周柱下史。這句說當時的詩成爲闡述道家老子的思想的作品。

[127] 漆園——指莊子, 莊子曾爲蒙漆園吏。義疏——註釋。這句說當時的賦成爲道家莊子作品的註解了。

[128] 宋武——宋武帝劉裕,在位三年,自公元四二〇年至公元四二二年。

[129] 文帝——宋文帝劉義隆,在位三十年,自公元四二四年至公元四五三年。

[130] 孝武——宋孝武帝劉駿,在位十一年,自公元四五四年至公元四六四年。

[131] 明帝——宋明帝劉彧,在位八年,自公元四六五年至公元四七二年。

[132] 替——衰廢。

[133] 王袁聯宗——劉宋時代，王袁二姓多文士，故曰聯宗。王姓如王誕、王僧達、王微、王韶之、王准之等，袁姓如袁淑、袁湛、袁顗、袁粲等都有文名。

[134] 顏謝重葉——指顏謝二姓，代有文才。在當代最著名的是顏延之、謝靈運。

[135] 何范張沈——何，指何尚之，字彥德，"愛尚文義，老而不休，與太常顏延之論議往反"。«宋書»卷六十六有傳。何承天，有"所纂文及文集並傳於世"。«宋書»卷六十四有傳。何長瑜，«宋書·謝靈運傳»稱其才亞(謝)惠連。范，指范泰、范曄父子。泰，字伯倫，"博覽篇籍，好爲文章，……撰«古今善言»二十四篇及文集傳於世"。«宋書»卷六十有傳。曄，字蔚宗，"博涉經史，善爲文章。"«宋書»卷六十九有傳。張，指張永、張敷。永，字景雲，"涉獵書史，能爲文章"。«宋書»卷五十三有傳。敷，字景胤，"好讀玄書，兼屬文論"。«宋書»卷六十二有傳。沈，指沈懷文，字思明，"少好玄理，善爲文章"，"撰«南越志»及«懷文文集»並傳於世"。«宋書»卷三十四有傳。

[136] 太祖——齊高帝蕭道成，在位四年，自公元四七九年至公元四八二年。

[137] 高祖——應爲世祖，齊武帝蕭賾，在位十一年，自公元四八三年至公元四九三年。

[138] 文帝——指文惠太子蕭長懋，後追尊爲文帝。貳離——次於日月的意思，太子代稱，指太子地位次於天子。語本«易·離卦»："象曰：明兩作離，大人以繼明照於四方。"離爲日，日爲明。離卦☲☲上下二體都是離，故云"明兩作離。"

[139] 中宗——疑爲高宗，若是，則指齊明帝蕭鸞，在位五年，自公元四九四年至公元四九八年。

[140] 緝遐景祚——劉永濟«校釋»："按元作'緝熙'不誤，此用«詩»'維清緝熙'也。"謂前途光明遠大之意。

[141] 蔚映十代二句——十代：唐、虞、夏、商、周、漢、魏、晉、宋、齊。九變：據劉永濟的解釋，唐、虞爲一變，三代爲二變，戰國、西漢爲三變，東漢爲四變，靈帝以後爲五變，建安爲六變，正始爲七變，西晉爲八變，東晉爲九變。與上文"辭人九變"之"九"指虛數者不同。其詳可參考劉氏«文心雕龍校釋»卷下。

[142] 樞中所動二句——«莊子·齊物論»："樞始得其環中，以應無窮。"樞，門樞。中，空。環是門上下兩橫檻的洞，圓空如環，以承受樞的旋轉。樞得環中，便旋轉自如，而應無窮。這裏比喻文學在各個時代的發展變化。無倦，無已。

[143] 曠——«說文»："曠，明也。"

【説明】

《時序》是《文心雕龍》的第四十五篇。這是一篇關於文學史方面的專門論文，它集中地反映了劉勰的文學史觀，比較全面地敍述了自陶唐至齊代的文學發展過程。其中，對於當時的齊代文學只作了一般性的贊美，沒有進行分析和評價。

作爲劉勰的文學史觀的重要内容之一是：社會現實影響、決定文學的發展；時代的政治，必然要反映在文學創作當中。所謂"歌謠文理，與世推移"、"文變染乎世情，興廢繫乎時序"。這一觀點，貫串在全文的具體論述中。從這一觀點出發，劉勰敍述了每個時代的文學，舉出一些代表作家或代表作品，來説明每個歷史時期的文學面貌和特色。例如，他在敍述陶唐、有虞時代的文學時，指出由於"德盛化鈞"、"政阜民暇"，所以出現"心樂而聲泰"的作品。又如，在敍述建安文學時，指出在"世積亂離"、"風衰俗怨"的時代條件下，產生了"雅好慷慨"、"梗概多氣"的優秀作品。

文學的發展是受社會現實制約的。同時，文學本身有自己内在的發展規律，即前後繼承的關係。這一觀點在本文中表現得也很明顯。例如，在敍述大放光采於戰國時代的楚辭時，一方面指出它受到諸子尤其是縱橫家的影響，所謂"暐曄之奇意，出乎縱横之詭俗"，另一方面，指出它在漢代所發生的巨大的影響，所謂"爰自漢室，迄至成哀，雖世漸百齡，辭人九變，而大抵所歸，祖述楚辭，靈均餘影，於是乎在"。

在論述具體作家、作品和每個時代的文學創作的過程中，劉勰並不是客觀主義地介紹，而是依照自己的文學觀分析評價不同的文學現象。對於優秀的作家和作品，他總是發出贊辭。例如，對於屈原，指出他的作品的思想内容和《詩三百篇》有相通之處（所謂“籠罩雅頌”）；對于他的藝術成就，給以極高的評價（所謂“聯藻於日月”）。又如，對於建安文學，強調地指出它的“雅好慷慨”的特徵，或稱它“志深而筆長”、“梗概而多氣”。對於沒有現實意義的作品，他就給以一定的批判。例如，晉代以來的文壇流行的玄言詩，眞是所謂“詩必柱下之旨歸，賦乃漆園之義疏”。對於這種“世極迍邅，而辭意夷泰”的不良現象，劉勰是深爲不滿的。

歷代帝王對文學的不同的態度，是會一定程度地影響到文學的發展的，但作者在這一方面，頗有誇大這種作用的傾向。

附 錄

新唐書·文藝傳序

〔宋〕宋 祁

唐有天下三百年，文章無慮三變。高祖、太宗，大難始夷，沿江左餘風，絺句繪章，揣合低卬，故王、楊爲之伯。玄宗好經術，羣臣稍厭雕琢，索理致，崇雅黜浮，氣益雄渾，則燕、許擅其宗。是時，唐興已百年，諸儒爭自名家，大曆、貞元間，美才輩出，擩嚌道眞，涵泳聖涯，於是韓愈倡之，柳宗元、李翺、皇甫湜等和之；排逐百家，法度森嚴，抵轢晉、魏，上軋漢、周，唐之文完然爲一王法，此其極也。若侍從酬奉，則李嶠、宋之問、沈佺期、王維；制册則常袞、楊炎、陸贄、權德輿、王仲舒、李德裕；言詩則杜甫、李白、元稹、白居易、劉禹錫；譎怪則李賀、杜牧、李商隱，皆卓然以所長爲一世冠，其可尙已。

然嘗言之，夫子之門以文學爲下科，何哉？蓋天之付與，於君子小人無常分，惟能者得之，故號一藝。自中智以還，恃以取敗者有之，朋姦飾僞者有之，怨望訕國者有之。若君子則不然，自能以功業行實，光明於時，亦不一於立言而垂不腐；有如不得試、固且闡繹優游，異不及排，怨不及誹，而不忘納君於善，故可貴也。

今但取以文自名者爲《文藝篇》，若韋應物、沈亞之、閻防、祖詠、薛能、鄭谷等，其類尚多，皆班班有文在人間；史家逸其行事，故弗得而述云。

中華書局本二十四史《新唐書》卷二百〇一

宋史·文苑傳序

〔元〕脫　脫

自古創業垂統之君，即其一時之好尚，而一代之規橅，可以豫知矣。藝祖革命，首用文吏，而奪武臣之權，宋之尚文，端本乎此。太宗、眞宗，其在藩邸，已有好學之名，作其即位，彌文日增。自時厥後，子孫相承，上之爲人君者，無不典學；下之爲人臣者，自宰相以至令錄，無不擢科。海內文士，彬彬輩出焉。國初，楊億、劉筠，猶襲唐人聲律之體；柳開、穆修，志欲變古而力弗逮；廬陵歐陽修出，以古文倡；臨川王安石、眉山蘇軾、南豐曾鞏起而和之，宋文日趨於古矣。南渡文氣，不及東都，豈不足以觀世變歟！作《文苑傳》。

中華書局本二十四史《宋史》卷四百三十九

明史·文苑傳序

〔清〕張廷玉

明初文學之士，承元季虞、柳、黃、吳之後，師友講貫，學有本原。宋濂、王禕、方孝孺以文雄，高、楊、張、徐、劉基、袁凱以詩著，其他勝代遺逸，風流標映，不可指數，蓋蔚然稱盛已。永、宣以還，作者遞興，皆沖融演迤，不事鉤棘，而氣體漸弱。弘、正之間，李東陽出入宋、元，溯流唐代，擅聲館閣；而李夢陽、何景明倡言復古，文自西京，詩自中唐而下，一切吐棄，操觚談藝之士，翕然宗之。明之詩文，於斯一變。迨嘉靖時，王愼中、唐順之輩，文宗歐、曾，詩做初唐；李攀龍、王世貞輩，文主秦、漢，詩規盛唐。王、李之持論，大率與夢陽、景明相倡和也。歸有光頗後出，以司馬、歐陽自命，力排李、何、王、李；而徐渭、湯顯祖、袁宏道、鍾惺之屬，亦各爭鳴一時，於是宗李、何、王、李者稍衰。至啓、禎時，錢謙益、艾南英準北宋之矩矱；張溥、陳子龍擷東漢之芳華，又一變矣。有明一代文士，卓卓表見者，其源流大抵如此。今博考諸家之集，參以衆論，錄其著作，作《文苑傳》。

中華書局本二十四史《明史》卷二百八十五

文心雕龍·知音

〔梁〕劉勰

知音其難哉！音實難知，知實難逢。逢其知音，千載其一乎！夫古來知音，多賤同而思古[1]，所謂日進前而不御，遙聞聲而相思也[2]。昔《儲說》始出[3]，《子虛》初成[4]，秦皇、漢武，恨不同時。既同時矣，則韓囚而馬輕[5]，豈不明鑒同時之賤哉！至於班固、傅毅，文在伯仲，而固嗤毅云"下筆不能自休"[6]。及陳思論才，亦深排孔璋，敬禮請潤色，歎以爲美談，季緒好詆訶，方之於田巴[7]，意亦見矣。故魏文稱"文人相輕"[8]，非虛談也。至如君卿脣舌，而謬欲論文，乃稱史遷著書，諮東方朔。於是桓譚之徒，相顧嗤笑[9]。彼實博徒[10]，輕言負誚，況乎文士，可妄談哉！故鑒照洞明[11]，而貴古賤今者，二主[12]是也；才實鴻懿[13]，而崇己抑人者，班、曹[14]是也；學不逮文，而信僞迷眞者，樓護是也。醬瓿[15]之議，豈多歎哉！

夫麟鳳與麏雉懸絕[16]，珠玉與礫石超殊[17]，白日垂其照，青眸寫其形。然魯臣以麟爲麏[18]，楚人以雉爲鳳[19]，魏民（原作氏，據梅慶生音註本、淩雲本改）以夜光爲怪石[20]，宋客以燕礫爲寶珠[21]。形器易徵，謬乃若是；文情難鑒，誰曰易分[22]。

夫篇章雜沓，質文交加，知多偏好，人莫圓該[23]。慷慨者逆聲而擊節[24]，醞藉（原作籍，據范本引黃校改）者見密而高蹈[25]，浮慧者觀綺而躍心[26]，愛奇者聞詭而驚聽[27]。會己則嗟諷[28]，異我則沮棄[29]，各執一隅之解，欲擬萬端之變[30]。所謂"東向而望，不見西牆"[31]也。

凡操千曲而後曉聲[32]，觀千劍而後識器[33]。故圓照之象[34]，務先博觀。閱喬岳以形培塿[35]，酌滄波以喻畎澮[36]，無私於輕重[37]，不偏於憎愛，然後能平理若衡，照辭如鏡矣。是以將閱文情[38]，先標六觀[39]：一觀位體[40]，二觀置辭[41]，三觀通變[42]，四觀奇正[43]，五觀事義[44]，六觀宮商[45]。斯術既形[46]，則優劣見矣。

夫綴文者情動而辭發[47]，觀文者披文以入情[48]，沿波討源[49]，雖幽必顯。世遠莫見其面，覘[50]文輒見其心。豈成篇之足深，患識照[51]之自淺耳。夫志在山水，琴表其情[52]，況形之筆端，理將焉匿。故心之照理[53]，譬目之照形，目瞭則形無不分，心敏則理無不達。然而俗監（范本引鈴木虎雄說，監宜作鑒）之迷者[54]，深廢淺售[55]，此莊周所以笑《折楊》[56]，宋玉所以傷《白雪》[57]也！昔屈平有言："文質疏內，衆不知余之異采[58]。"見異唯知音耳。揚雄自稱"心好沈博絕麗之文"[59]，其事浮淺[60]，亦可知矣。夫唯深識鑒奥，必歡然內懌[61]，譬春臺之熙衆人[62]，樂餌之止過客[63]。蓋聞蘭爲國香，服媚彌芬[64]；書亦國華[65]，翫繹（原作澤，據王謨本改）方美[66]。知音君子，其垂意焉。

贊曰：洪鍾萬鈞[67]，夔曠[68]所定。良書盈篋，妙鑒迺訂[69]。流鄭淫人[70]，無或失聽[71]。獨有此律[72]，不謬蹊徑[73]。

范文瀾註《文心雕龍》卷十

【註釋】

[1] 同——同時代。

[2] 日進前而不御遙聞聲而相思——《鬼谷子·內揵》語。御，進用。

[3] 儲說——《史記·老莊申韓列傳》："（韓非）故作《孤憤》《五蠹》《內外儲》《說林》《說難》十餘萬言。……人或傳其書至秦。秦王見《孤憤》《五蠹》之書，曰：'嗟乎！寡人得見此人與之游，死不恨矣！'"

[4] 子虛——《史記·司馬相如傳》："上讀《子虛賦》而善之，曰：'朕獨不得與此人

同時哉!'"

[5] 韓囚而馬輕——《史記·老莊申韓列傳》:"韓王……迺遣非使秦。秦王悅之,未信用。李斯、姚賈害之,毁之,……秦王以爲然,下吏治非。"馬輕謂司馬相如因辭賦進身,但並未爲武帝所重用。李詳《文心雕龍補註》:"詳案《抱朴子·廣譬篇》:'貴遠而賤近者,常人之情也;信耳而遺目者,古今之所患也。是以秦王嘆息于韓非之書,而想其爲人;漢武慷慨于相如之文,而恨不同世。及既得之,或不能拔,或納説而誅之,或放之乎冗散。'彥和之論本此。"

[6] 班固傅毅三句——見曹丕《典論·論文》。

[7] 陳思論才六句——曹植《與楊德祖書》:"以孔璋(陳琳)之才,不閑(習)於辭賦,而多自謂能與司馬長卿同風,譬畫虎不成,反爲狗者也。……昔丁敬禮(廙)嘗作小文,使僕潤飾之,僕自以才不過若人,辭不爲也。敬禮謂僕,'卿何所疑難?文之佳惡,吾自得之。後世誰相知定吾文者耶?'吾常歎此達言,以爲美談。……劉季緒(劉表子,名脩)才不能逮於作者,而好詆訶文章,掎摭(指摘)利病。昔田巴(齊的辯士)毁五帝,罪三王,呰(毁)五霸於稷下,一旦而服千人。魯連(魯仲連)一説,使終身杜(閉)口。劉生之辯,未若田氏;今之仲連,求之不難,可無歎息乎!"

[8] 文人相輕——語見曹丕《典論·論文》。

[9] 君卿脣舌六句——樓護,字君卿,《漢書·游俠傳》:"齊人。……爲人短小,精辯論議,常依名節,聽之者皆竦。與谷永俱爲五侯上客。長安號曰谷子雲筆札,樓君卿脣舌。"李詳《文心雕龍補註》:"詳案此事無考。《史記·太史公自序索隱》:'桓譚云:遷所著書,以示東方朔,朔皆署曰《太史公》。'此史遷著書諮東方朔之證。惟彥和指此爲君卿所稱,而譚嗤之。不識譚此言上下抑有詆君卿之説否?"

[10] 博徒——指樓護。樓護是游俠,古代游俠,往往與博徒等人物交往,所以本文稱樓護爲博徒。

[11] 鑒照洞明——鑒別觀察,透徹明白。

[12] 二主——秦皇、漢武。

[13] 鴻懿——大而美。

[14] 班曹——班固、曹植。

[15] 醬瓿——《漢書·揚雄傳》:"劉歆亦嘗觀之(指《太玄經》與《法言》),謂雄曰:'空自苦!今學者有祿利,然尚不能明《易》,又如《玄》何?吾恐後人用覆醬瓿也。'"覆,蓋。瓿,音部,小瓦器。

[16] 麢——鹿屬。懸絕——距離極遠。

[17] 超殊——差別很大。

[18] 魯臣以麟爲麢——《孔叢子·記問》:"叔孫氏之車子曰鉏商,樵于野而獲獸焉。衆莫之識,以爲不祥,棄之五父之衢。冉有告孔子曰:'麢身而肉角,豈天之妖乎?'夫子曰:'今何在?吾將觀焉。'遂往,謂其御高柴曰:'若求(冉有名求)之言,其必麟乎!'到視之,果信。"

[19] 楚人以雉爲鳳——《尹文子·大道》:"楚人擔山雉者,路人問何鳥也?擔雉者欺之曰:'鳳凰也。'"

[20] 魏民以夜光爲怪石——《尹文子·大道》:"魏田父有耕於野者得寶玉徑尺,弗知其玉也,以告鄰人。鄰人陰欲圖之,謂之曰:'怪石也。'……田父雖疑,猶錄以歸,置於廡(廊)下,其夜玉明,光照一室,田父稱家大怖。"

[21] 宋客以燕礫爲寶珠——《藝文類聚》引《闞子》:"宋之愚人得燕石於梧臺之東,歸而藏之,以爲寶。周客聞而觀焉,……掩口而笑曰:'此特燕石也,其與瓦甓不殊。'"

[22] 形器四句——形器是具體的東西,所以說是容易徵驗。文情是指作品的藝術性與思想性而言,較難鑒別其高下。

[23] 圓該——面面俱到。

[24] 慷慨者逆聲而擊節——逆,迎。這句謂意氣慷慨的人聽了昂揚的歌聲隨着爲之擊節(樂器名)賞歎。

[25] 醞藉者見密而高蹈——醞藉,含意深廣,餘味無窮。這句謂風度醞藉的人看了意境深密的作品而精神爲之高舉遠邁。

[26] 浮慧者觀綺而躍心——浮慧,浮華小慧。綺,美麗的絲織品,比擬詞藻華美的作品。這句謂浮慧的人看了富有藻彩的作品而高興得心爲之跳動。

[27] 愛奇者聞詭而驚聽——詭,不同尋常。好奇的人對不尋常的事物感到動聽。

[28] 會己則嗟諷——符合自己愛好的作品,則加以歎賞,諷誦不置。

[29] 異我則沮棄——不符合自己愛好的作品,則對之心神沮喪,把它拋在一邊。

[30] 各執一隅之解欲擬萬端之變——各人堅持片面的見解,要想去衡量千變萬化不同風格的作品。

[31] 東向而望二句——《淮南子·氾論》:"故東面而望,不見西牆;南面而視,不覩北方。"

[32] 操千曲而後曉聲——《太平御覽》引桓譚《新論》:"成少伯工吹竽,見安昌侯張子夏鼓瑟,謂曰:'音不通千曲以上,不足以爲知音。'"

[33] 觀千劍而後識器——《意林》引桓譚《新論》:"揚子雲攻於賦，王君大習兵器。余欲從二子學。子雲曰:'能讀千賦則善賦。'君大曰:'能觀千劍則曉劍。'諺曰:伏習象神,巧者不過習者之門。"

[34] 圓照之象——全面觀察分析作品的水平。

[35] 閱喬岳以形培塿——喬岳,高大的五岳。培塿,小山。看了大山,然後可以在相形之下見得小山之爲小。

[36] 酌滄波以喻畎澮——滄波，指滄海的大波。畎澮，田畝間的小溝。斟酌了海水,然後可以知道小溝之爲小。這兩句比喻只有飽讀了大量的作品,然後能分辨個別作品成就的大小。

[37] 無私於輕重——輕重,謂權衡,即是對作品高下的評價。這句謂評價作品有客觀的標準,不根據私心偏見。

[38] 將閱文情——文,指作品的文辭。情,指作品所反映的生活與情感。

[39] 先標六觀——觀,作名詞用。六觀,評價作品的六個方面。

[40] 位體——《文心雕龍·鎔裁》:"履端於始,則設情以位體。"位體指根據作者所要表達的思想內容確定文體。

[41] 置辭——安排運用語言技巧。

[42] 通變——作家在繼承前人遺產方面,能會通而有所變化。

[43] 奇正——奇與正兩種不同的表現方法。

[44] 事義——據《事類》的說法,事義即是事理,即書本上所載的前言往事,作家用來豐富自己的寫作內容,援古以證今的。

[45] 宮商——五音的名稱。這裏指作品的音律。

[46] 斯術既形——斯術,指上面所說的六觀。這句謂六種觀察的對象既已呈現。

[47] 綴文者情動而辭發——此語本於《毛詩序》:"情動於中而形於言。"《文心雕龍·體性》也說:"夫情動而言形,理發而文見。"

[48] 觀文者披文以入情——這句謂讀者通過對作品文辭的分析從而領會其思想感情。

[49] 沿波討源——外在的文辭形式是波,內在的思想感情是源。沿波以尋源,即上句披文以入情之意。

[50] 覘——觀察。

[51] 識照——猶言鑒別力。

[52] 志在山水琴表其情——《呂氏春秋·本味》:"伯牙鼓琴，鍾子期聽之。方鼓琴而志在泰山;鍾子期曰:'善哉乎鼓琴,巍巍乎若泰山。'少選之間,而志在流水;

鍾子期又曰:‘善哉乎鼓琴,湯湯乎若流水。’鍾子期死,伯牙破琴絕絃,終身不復鼓琴。”

[53] 心之照理——心,就讀者方面説;理,就作品方面説。

[54] 俗監之迷——監,猶言視。這句謂俗人觀察的迷誤。

[55] 深廢淺售——作品含意深的不被人理解而遭抛棄,意思淺露的反而容易得到欣賞。

[56] 莊周所以笑折楊——«莊子·天地»:“大聲不入于里耳,«折楊»«皇荂»(民間歌調),則嗑然(笑貌)而笑。”

[57] 宋玉所以傷白雪——見«文賦»註[101]。

[58] 文質疎內衆不知余之異采——«楚辭·九章·懷沙»:“文質疎內兮,衆不知余之異采。”文指表現於外者,質指蘊藏於內者。內,同訥。文質疎內,謂外表疎疎落落,心地樸實。劉永濟«校釋»:“‘衆不知余之異采,見異唯知音耳。’按兩‘異’字應作‘奥’,後人據誤本«楚辭»改此文耳。觀下文‘深識鑒奥’可知。”“«史記·屈原列傳»:‘文質疏內兮,衆不知予之異采。’«集解»引徐廣曰:‘異一作奥。’此異、奥形近易誤之證。”

[59] 揚雄自稱心好沈博絕麗之文——«古文苑»揚雄«答劉歆書»:“雄爲郎之歲,自奏少不得學,而心好沈博絕麗之文。”沈博,深沈廣博。絕麗,不同尋常的藻彩。沈博絕麗之文,主要是指辭賦。

[60] 其事浮淺——其,疑當作不。

[61] 唯深識鑒奥必歡然內懌——具有較深的識解,去鑒别作品內含的深意,精神上必然能感到愉快,也即是藝術上美的享受。這句語意本于«論衡·佚文»:“誠見其美,懽氣發於內也。”內,內心。懌,喜悦。

[62] 春臺之熙衆人——«老子»:“衆人熙熙,如登春臺。”

[63] 樂餌之止過客——«老子»:“樂與餌,過客止。”謂音樂與食物,可以吸引住過客。

[64] 蘭爲國香二句——«左傳»宣公三年:“以蘭爲國香,人服媚之如是。”服,佩帶。

[65] 書亦國華——謂文學作品也體現了一國的文明。

[66] 翫繹方美——翫,欣賞。繹,抽尋其頭緒,也就是分析。

[67] 洪鍾萬鈞——語見«文選»張衡«西京賦»。鍾與鐘通。三十斤爲鈞。

[68] 夔曠——夔,見«尚書»註[2]。曠,見«莊子»註[12]。

[69] 妙鑒迺訂——有深妙的識鑒才能訂正是非。

[70] 流鄭淫人——儒家傳統的説法謂“鄭聲淫”,流鄭,意爲流蕩的鄭聲,淫人,謂使

人意志迷惑。淫字在這裏作動詞用。

[71] 無或失聽——知音的人聽歌能辨別其雅鄭，不會有差失。

[72] 獨有此律——律，即是指六觀標準。

[73] 不謬蹊徑——蹊徑，小路。這句猶言不會迷失方向。

【說明】

劉知幾《史通·自敍》說："詞人屬文，其體非一，譬甘辛殊味，丹素異彩。後來祖述，識昧圓通，家有詆訶，人相掎摭。故劉勰《文心》生焉。"《文心雕龍》的出現，不僅豐富了我國古代文藝理論的寶庫，同時在文藝批評方面，也是個重大的發展。《知音第四十八》就是對批評論的重要貢獻。

作者在這篇論文裏，首先批判了貴古賤今、崇己抑人、信僞迷眞等三種錯誤的批評態度，接着又指出了從主觀成見出發的批評的片面性。評論者的個性、藝術素養和愛好都有殊異，因而在批評方面很容易產生"會己則嗟諷，異我則沮棄"的偏向，結果只能入主出奴，難於作出正確的評價。

爲了給文學批評以途徑，作者提出了六個問題：第一、分析作品的"位體"，亦即是從作品的主題思想到表現形式作總的觀察。第二、分析作品的"置辭"，亦即是分析作品的語言技巧。第三、分析"通變"，亦即分析作家在文學發展的歷程上，怎樣"騁無窮之路，飲不竭之源"（《通變》語），繼承和吸收了些什麽東西，創造和提供了些什麽東西？第四、分析"奇正"，亦即分析作品的表現方法，"舊練之才"，怎樣"執正以馭奇"；"新學之銳"，因何"逐奇而失正"（都是《定勢》語）？怎樣才是"酌奇而不失其貞，翫華而不墜其實"（《辨騷》語），正確掌握奇正的規律？第五、分析"事義"，亦即是分析作家怎樣融會學識供自己驅使，做到"舉人事以徵義"，"引成辭以明理"（《事類》語）？第六、分析"宮商"，亦即是分析作品的音律。這六項的提出，作者都是有自己的理論根據的。如位體詳論於《體性》，置辭詳論於《鎔裁》《章句》《麗辭》《練字》等篇，通變詳論於《通變》，奇正詳論於《定勢》，事義詳論於《事類》，宮商詳論於《聲律》。

文藝批評有了這樣的客觀標準，還要批評家具有一定的修養，才能按照標準對作品進行正確的分析。劉勰認爲廣博的學識和全面的藝術愛好，是批評家必不可少的條件。"凡操千曲而後曉聲，觀千劍而後識器；故圓照之象，務先博觀。""無私於輕重，不偏於憎愛，然後能平理若衡，照辭如鏡矣。"

批評家在評價作品時，還得設身處地，體會作家藝術構思的過程。"綴文者情動而辭發，觀文者披文以入情，沿波討源，雖幽必顯。世遠莫見其面，覘文輒見其心。"所謂源即是情，所謂波即是辭。情是作品的內在境界，辭是作品的外在形式。作品內容通過文辭而表達，批評家則是透過文辭而理解內容。由波而推溯到源，就能擘肌分理，體會到作家情動辭發的過程。這樣，才能做到批評家與作家之間謦欬相通、精神不隔，才能做到如《序志》所說"振葉以尋根，觀瀾而索源"，"按轡文雅之場，環絡藻繪之府"，得出較全面的結論。

附 錄

雜 體 詩 序

〔梁〕江 淹

夫楚謠漢風，既非一骨；魏製晉造，固亦二體。譬猶藍朱成彩，雜錯之變無窮；宮商爲音，靡曼之態不極。故蛾眉詎同貌而俱動於魄，芳草寧共氣而皆悅於魂，不其然歟？至於世之諸賢，各滯所迷，莫不論甘而忌辛，好丹而非素。豈所謂通方廣恕，好遠兼愛者哉！及公幹、仲宣之論，家有曲直；

安仁、士衡之評，人立矯抗，況復殊於此者乎。

又貴遠賤近，人之常情；重耳輕目，俗之恆蔽。是以邯鄲託曲於李奇，士季假論於嗣宗，此其效也。然五言之興，諒非夐古。但關西鄴下，既已罕同。河外江南，頗爲異法。故玄黃經緯之辨，金碧浮沉之殊，僕以爲亦合其美，並善而已。今作三十首詩，斅其文體。雖不足品藻淵流，庶亦無乖商榷云爾。

《四部叢刊》影宋本六臣註《文選》卷三十一

詩品序

〔梁〕鍾嶸[1]

氣之動物，物之感人，故搖蕩性情，形諸舞詠[2]。照燭三才，暉麗萬有，靈祇待之以致饗，幽微藉之以昭告。動天地，感鬼神，莫近于詩[3]。

昔《南風》之詞[4]，《卿雲》之頌[5]，厥義敻[6]矣。夏歌曰“鬱陶乎予心”[7]，楚謠曰“名余曰正則”[8]，雖詩體未全，然是五言之濫觴[9]也。逮漢李陵，始著五言之目矣[10]。古詩眇邈[11]，人世難詳，推其文體，固是炎漢[12]之製，非衰周之倡也[13]。自王、揚、枚、馬之徒[14]，詞賦競爽[15]，而吟詠靡聞。從李都尉[16]迄班婕妤[17]，將百年間，有婦人焉，一人而已[18]。詩人之風，頓已缺喪。東京[19]二百載中，惟有班固《詠史》[20]，質木無文[21]。降及建安[22]，曹公父子，篤好斯文；平原兄弟[23]，鬱爲文棟[24]；劉楨、王粲，爲其羽翼。次有攀龍託鳳[25]，自致于屬車[26]者，蓋將百計。彬彬之盛，大備于時矣！爾後陵遲[27]衰微，迄于有晋。太康中[28]，三張、二陸、兩潘、一左[29]，勃爾復興，踵武前王[30]，風流未沫[31]，亦文章之中興也。永嘉時[32]，貴黄、老，稍尚虛談，于時篇什，理過其辭，淡乎寡味。爰及江表[33]，微波尙傳，孫綽、許詢、桓、庾諸公詩[34]，皆平典似《道德論》[35]，建安風力[36]盡矣。先是郭景純用儁上之才，變創其體；劉越石仗淸剛之氣，贊成厥美[37]。然彼衆我寡，未能動俗[38]。逮義熙中[39]，謝益壽斐然繼作[40]。元嘉中[41]，有謝靈運，才高詞盛，富豔難蹤，固已含跨[42]劉、郭，淩轢[43]潘、左。故知陳思[44]爲建安之傑，公幹、仲宣爲輔[45]；陸機爲太康之英，安仁、景陽爲輔[46]；謝客[47]爲元嘉之雄，顔延年[48]爲輔：斯皆五言之冠冕[49]，文詞之命世[50]也。

夫四言文約意廣，取效風騷，便可多得，每苦文繁而意少，故世罕習焉。五言居文詞之要，是衆作之有滋味者也，故云會于流俗[51]。豈不以指事造形，窮情寫物，最爲詳切者耶！故詩有三義焉：一曰興，二曰比，三曰賦。文已盡而意有餘，興也；因物喻志，比也；直書其事，寓言寫物，賦也。宏斯三義，酌而用之，幹之以風力，潤之以丹彩[52]，使味之者無極，聞之者動心，是詩之至也。若專用比興，患在意深，意深則詞躓[53]。若但用賦體，患在意浮，意浮則文散，嬉成流移[54]，文無止泊[55]，有蕪漫之累矣。

若乃春風春鳥，秋月秋蟬，夏雲暑雨，冬月祁寒[56]，斯四候之感諸詩者也。嘉會寄詩以親，離羣託詩以怨。至于楚臣去境[57]，漢妾辭宮[58]。或骨横朔野，魂（魂字前原有或字，據陳延傑註本删）逐飛蓬。或負戈外戍，殺氣雄邊。塞（原作寒，據陳延傑註本改）客衣單，孀閨淚盡。或士有解佩出朝，一去忘反。女有揚蛾入寵，再盼傾國[59]。凡斯種種，感蕩心靈，非陳詩何以展其義？非長歌何以騁其情？故曰："詩可以羣，可以怨[60]。"使窮賤易安，幽居靡悶，莫尚於詩矣。故詞人作者，罔不愛好。今之士俗，斯風熾矣。纔能勝衣[61]，甫就小學[62]，必甘心而馳騖[63]焉。於是庸音雜體，人各爲容。至使膏腴子弟，恥文不逮。終朝點綴，分夜呻吟，獨觀謂爲警策[64]，衆覩終淪平鈍。次有輕薄之徒，笑曹、劉爲古拙[65]，謂鮑照羲皇上人[66]，謝朓今古獨步。而師鮑照，終不及"日中市朝滿"[67]；學謝朓，劣得"黄鳥度青枝"[68]。徒自棄於高明，無涉於文流矣。

觀王公縉紳[69]之士，每博論之餘，何嘗不以詩爲口實[70]，隨其嗜欲，商榷不同。淄澠[71]並泛，朱紫[72]相奪，喧議競起，準的[73]無依。近彭城劉士章[74]，俊賞之士[75]，疾其淆亂，欲爲當世詩品，口陳標榜[76]，其文未遂，感而作焉。昔九品論人[77]，七略裁士[78]，校以賓實[79]，誠多未值[80]。至若詩之爲技，較[81]爾可知，以類推之，殆均博弈。方今皇帝資生知之上才[82]，體沈鬱之幽思[83]，文麗日月，賞究天人[84]，昔在貴遊[85]，已爲稱首[86]。況八紘既奄，風靡雲蒸[87]，抱玉者聯肩，握珠者踵武[88]。固（原無，據陳延傑註本增）以瞰漢、魏而不顧，吞晉、宋於胸中。諒非農歌轅議[89]，敢致流別。嶸之今錄，庶周旋於閭里，均之於談笑耳。

一品之中，略以世代爲先後，不以優劣爲詮次[90]。又其人既往，其文克定，今所寓言，不錄存者。夫屬詞比事，乃爲通談[91]。若乃經國文符，應資博古[92]；撰德駁奏，宜窮往烈[93]。至乎吟詠情性，亦何貴于用事[94]？“思君如流水”[95]，既是卽目[96]；“高臺多悲風”[97]，亦惟所見；“清晨登隴首”[98]，羌無故實[99]；“明月照積雪”[100]，詎出經、史。觀古今勝語，多非補假[101]，皆由直尋[102]。顏延、謝莊，尤爲繁密[103]，于時化之。故大明、泰始中[104]，文章殆同書鈔[105]。近任昉、王元長等[106]，辭不貴奇，競須新事，爾來[107]作者，寖[108]以成俗。遂乃句無虛語，語無虛字[109]，拘攣補衲，蠹文已甚[110]。但自然英旨，罕值其人[111]。詞既失高，則宜加事義，雖謝天才，且表學問，亦一理乎[112]！

陸機《文賦》，通而無貶；李充《翰林》[113]，疎而不切；王微《鴻寶》[114]，密而無裁；顏延論文[115]，精而難曉；摯虞《文志》[116]，詳而博贍，頗曰知言。觀斯數家，皆就談文體，而不顯優劣。至于謝客集詩[117]，逢詩輒取；張隲《文士》[118]，逢文卽書。諸英志錄，並義在文，曾無品第。嶸今所錄，止乎五言。雖然，網羅今古，詞文殆集，輕欲辨彰清濁[119]，掎摭[120]利病，凡百二十人[121]。預此宗流者[122]，便稱才子。至斯三品升降，差非定制，方申變裁，請寄知者爾[123]。

昔曹、劉殆文章之聖，陸、謝爲體貳之才[124]，銳精研思，千百年中，而不聞宮商之辨[125]，四聲之論[126]。或謂前達偶然不見，豈其然乎[127]？嘗試言之：古曰詩頌，皆被之金竹[128]，故非調五音[129]無以諧會。若"置酒高堂上"[130]，"明月照高樓"[131]，爲韻之首。故三祖之詞[132]，文或不工，而韻入歌唱，此重音韻之義也，與世之言宮商異矣。今既不被管絃，亦何取于聲律耶？齊有王元長者，嘗謂余云："宮商與二儀俱生[133]，自古詞人不知之，惟顏憲子[134]乃云律呂音調，而其實大謬；唯見范曄、謝莊頗識之耳[135]。嘗欲進《知音論》，未就。"王元長創其首，謝朓、沈約揚其波[136]，三賢或貴公子孫，幼有文辯。于是士流景慕，務爲精密，襞積[137]細微，專相陵架[138]，故使文多拘忌，傷其眞美。余謂文製，本須諷讀，不可蹇礙，但令清濁通流，口吻調利，斯爲足矣[139]。至平上去入，則余病未能；蜂腰鶴膝，閭里已具[140]。

陳思"贈弟"[141]，仲宣《七哀》[142]，公幹"思友"[143]，阮籍《詠懷》[144]，子卿"雙鳧"[145]，叔夜"雙鸞"[146]，茂先"寒夕"[147]，平叔"衣單"[148]，安仁"倦暑"[149]，景陽"苦雨"[150]，靈運《鄴中》[151]，士衡《擬古》[152]，越石"感亂"[153]，景純"詠仙"[154]，王微"風月"[155]，謝客"山泉"[156]，叔源"離宴"[157]，鮑照"戍邊"[158]，太冲《詠史》[159]，顏延"入洛"[160]，陶公《詠貧》之製[161]，惠連《擣衣》之作[162]，斯皆五言之警策者也。所以謂篇章之珠澤[163]，文采之鄧林[164]。

何文煥本《歷代詩話》

【註釋】

[1] 鍾嶸(約公元四六八年——五一八年)——字仲偉，潁川長社人。官至西中郎將晉安王記室。《梁書》與《南史》的《文學傳》都有傳。著《詩評》三卷，一稱《詩

品》。謂之評，所以顯優劣；謂之品，所以定品第。後來《詩品》成爲定名，原名作廢。

[2] 氣之動物四句——氣，氣候。這四句説：氣候使景物發生變化，景物又感動着人，所以被激動的感情，便表現在舞詠之中。這是講詩歌產生的原因。

[3] 三才——天、地、人。暉麗——炳煥輝煌。萬有——萬物。靈祇——神靈。饗——祭祀。幽微——幽深微妙的意思。昭告——表明。以上七句講詩歌的巨大作用。

[4] 南風——見《文心雕龍·時序》註[3]。

[5] 卿雲——見《文心雕龍·時序》註[4]。

[6] 夐——深長。

[7] 鬱陶乎予心——見僞古文《尚書·五子之歌》。

[8] 名余曰正則——見屈原的《離騷》。

[9] 濫觴——《荀子·子道》："昔者江出于嶓山，其始出也，其源可以濫觴。"濫，水溢出。觴，酒器。濫觴，謂水流極小，僅能浮起酒杯，比喻事物的開始。

[10] 逮漢李陵句——《文選》載李陵作《與蘇武詩》三首。或疑係後人擬託。著——立。目——指體裁項目。

[11] 古詩——鍾嶸所見"古詩"有數十首，今可見的有《文選》所載十九首，其中八首《玉臺新詠》標爲枚乘《雜詩》。《玉臺新詠》另有標題爲《古詩》者八首，其中四首見于《文選》《古詩十九首》。眇邈——久遠。

[12] 炎漢——古代王朝有以水、火、木、金、土五行之德交替爲王的說法。據說漢代以火德興起，故稱炎漢。

[13] 衰周——周末。倡——同唱。

[14] 王——王褒。揚——揚雄。枚——枚乘。馬——司馬相如。

[15] 爽——高邁。

[16] 李都尉——李陵官騎都尉。

[17] 班婕妤——漢成帝婕妤(女官)，《玉臺新詠》載其《怨詩》一首，但實係擬託之作。

[18] 一人而已——謂除了一個女詩人，就只有李陵一人而已。

[19] 東京——後漢建都洛陽爲東京，因以東京指後漢。

[20] 班固詠史——詩載《全漢詩》卷二。內容是議論緹縈救父事。

[21] 質木無文——枯燥無文采。

[22] 建安——見《宋書·謝靈運傳論》註[16]。

[23] 平原兄弟——指陳思王曹植及其兄曹丕，曹植在建安十六年曾被封爲平原侯。

[24] 鬱——盛。文棟——文壇的骨幹。

[25] 攀龍託鳳——龍鳳，舊時指君王。這句謂攀附曹氏父子的人。

[26] 屬車——侍從之車，代指部屬。

[27] 陵遲——逐漸下降。

[28] 太康——晉武帝年號，自公元二八〇年至公元二八九年。

[29] 三張——張載、張協、張亢。二陸——陸機、陸雲。兩潘——潘岳、潘尼。一左——左思。

[30] 踵武前王——屈原《離騷》："及前王之踵武。"踵，追。武，跡。指繼建安之盛。

[31] 沫——已、盡。

[32] 永嘉——晉懷帝年號，自公元三〇七年至公元三一二年。

[33] 江表——即江外，指長江以南的地方。東晉建都建康，所以又稱東晉爲江表。

[34] 孫綽——有《蘭亭》詩等。許詢——今存《竹扇》詩一首。其人是玄言家。桓庾——桓指桓偉，有《蘭亭》詩。庾指庾友、庾蘊，都有《蘭亭》詩；庾闡詩亦是玄言一派。

[35] 道德論——闡說道家思想的作品，三國魏何晏、夏侯玄、阮籍都寫過此論，今已不存。

[36] 風力——猶言風骨，可參閱《文心雕龍·風骨》說明。

[37] 先是郭景純用儁上之才四句——景純，郭璞字。越石，劉琨字。這四句評贊郭璞《游仙詩》風格高儁，不同凡下。劉琨作品骨力淸剛。

[38] 動俗——影響當時風氣。

[39] 義熙——晉安帝年號，自公元四〇五年至公元四一八年。

[40] 謝益壽——謝混，小字益壽。他開始寫山水詩。斐然，文采貌。

[41] 元嘉——宋文帝年號，自公元四二四年至公元四五三年。

[42] 含跨——包含、超過。

[43] 淩轢——壓倒。

[44] 陳思——曹植封陳王，卒諡思。

[45] 公幹——劉楨字。仲宣——王粲字。

[46] 安仁——潘岳字。景陽——張協字。

[47] 謝客——謝靈運幼名客兒。

[48] 顔延年——顔延之字延年。

[49] 冠冕——超過其他人的首要人物。

[50] 命世——名高一世。

[51] 故云會于流俗——云,語助詞。會,合。會于流俗,適合于世人的口味。

[52] 丹彩——卽詞藻。

[53] 躓——礙、頓,不順暢。

[54] 嫥成流移——嫥浮油滑之意。

[55] 止泊——歸宿。

[56] 祁寒——酷寒。

[57] 楚臣句——指屈原被逐事。

[58] 漢妾句——指昭君出塞事。《漢書·元帝紀》云:"竟寧元年,……匈奴虖韓邪單于(虖韓邪是名,單于是匈奴首領的稱號)來朝,……賜單于待詔掖庭(待詔,待命。掖庭,皇宮中的旁舍,宮嬪所居)王嬙爲閼氏(單于妻的稱號)。"顏師古注引應劭曰:"王嬙,王氏女,名嬙,字昭君。"

[59] 女有揚蛾入寵二句——蛾,蛾眉。二句似出自《漢書·外戚傳》:"孝武李夫人,本以倡進。初夫人兄延年……侍上,起舞歌曰:'北方有佳人,絕世而獨立。一顧傾人城,再顧傾人國。寧不知傾城與傾國,佳人難再得。'上嘆息曰:'善。世豈有此人乎?'平陽主因言延年有女弟,上乃召見之,實妙麗善舞,由是得幸。"

[60] 詩可以羣二句——見《論語》註[34][35]。

[61] 勝衣——謂兒童稍長能穿成人之衣,體力禁得住成人衣服的重量。出《史記·三王世家》。

[62] 甫——始。小學——《漢書·食貨志》:"八歲,入小學,學六甲五方書計之事。"

[63] 馳鶩——奔走。意指爲寫詩而努力。

[64] 警策——見陸機《文賦》註[86]。

[65] 曹劉——曹植、劉楨。

[66] 謂鮑照羲皇上人句——羲皇,傳說中的上古帝王伏羲氏。本文以鮑照與謝朓並舉,謂時人推崇鮑照,將他比作羲皇上人,以表示他在詩壇有崇高地位。

[67] 日中市朝滿——見鮑照《代結客少年場行》。

[68] 劣得——僅得。黃鳥度青枝——見虞炎(齊人)《玉階怨》。

[69] 縉紳——作官的人。縉,插。紳,帶。古代作官的人插笏於紳帶間。

[70] 口實——《易·頤》:"自求口實。"口實原指口中之物。這裏引申爲談話資料。

[71] 淄澠——二水名,都在山東;二水味異,合則難辨。

[72] 朱紫——見《論語》註[40]。

[73] 準的——標準。

[74] 劉士章——劉繪，字士章，齊中庶子，鍾嶸《詩品》列之於下品。

[75] 俊賞之士——很高明的文學欣賞者。

[76] 標榜——相表揚。

[77] 九品論人——班固《漢書·古今人表》分九等。

[78] 七略——見《文心雕龍·時序》註[51]。七略裁士，指分七類評論作家。

[79] 賓實——卽名稱和名稱所包括的內容。《莊子·逍遥游》："名者，實之賓也。"

[80] 未値——不恰當。

[81] 較——明顯貌。

[82] 方今皇帝——指梁武帝蕭衍。資——稟賦。

[83] 沈鬱之幽思——深幽的文思。

[84] 賞究天人——賞析作品，能窮究天人之理。

[85] 貴遊——指蕭衍作帝前和另外一些文士的交游生活。《梁書·武帝紀》云："(齊)竟陵王(蕭)子良開西邸，招文學，高祖與沈約、謝朓、王融、蕭琛、范雲、任昉、陸倕等並游焉，號曰八友。"

[86] 稱首——名列"竟陵八友"之首。

[87] 八紘既奄二句——八紘，八方。奄，覆。八紘既奄謂已統治天下。風、雲見《易·乾》："雲從龍，風從虎。"風靡雲蒸謂有許多人出來輔佐君王。

[88] 抱玉者聯肩二句——這二句講當時文士的衆多。"抱玉者"、"握珠者"都是指有才華的文人。曹植《與楊德祖書》云："人人自謂握靈蛇之珠，家家自謂抱荆山之玉。"踵武，見註[30]。

[89] 農歌轅議——農民的歌謠，趕車人的議論。

[90] 詮次——詮，解釋。詮次，按照次序解釋。

[91] 屬詞比事——《禮記·經解》："屬詞比事，春秋敎也。"這裏指組織詞句，類列事實。通談，猶言老生常談。二句謂作文用典已是經常爲人所談論的題目。

[92] 經國文符二句——有關國家大事的文書，應該用許多的古事去寫作。資，用。

[93] 撰德駁奏二句——敍述德行和駁議奏疏等文章，應該盡量稱引古人的功業。撰，寫作。駁、奏，都是臣屬上給皇帝的奏疏。烈，功業。

[94] 用事——用典故。

[95] 思君如流水——徐幹《室思》句。

[96] 卽目——寫眼前所見。

[97] 高臺多悲風——曹植《雜詩》句。

[98] 清晨登隴首——《北堂書鈔》卷一五七引張華詩："清晨登隴首，坎壈行山難(一

作何難)。”《全晉詩》失載。

[99] 羌——發語辭。故實——典故。

[100] 明月照積雪——謝靈運《歲暮》句。

[101] 補假——拼湊借用前人語句或典故。

[102] 直尋——直接描寫感受。陳延傑《詩品註》:“鍾意蓋謂詩重在興趣，直由作者得之於內,而不貴用事。”

[103] 繁密——指顏謝作品的弊病。《詩源辨體》卷七序云:“顏謝諸子,語旣雕刻,而用事實繁,故多有難明耳。”

[104] 大明——宋孝武帝年號，自公元四五七年至公元四六四年。泰始——宋明帝年號,自公元四六五年至四七一年。

[105] 書鈔——詞章典故的輯錄。如後代的《北堂書鈔》等類書。

[106] 任昉——梁人。鍾嶸在《詩品》卷中評“昉旣博物，動輒用事，所以詩不得奇”。王元長——卽王融。

[107] 爾來——近來。

[108] 寖——漸。

[109] 虛語虛字——指不用典故的詞語。

[110] 拘攣補衲二句——拘攣,拘束。補衲，補綴拼合。蠹文，對文學創作的毒害。

[111] 自然英旨二句——自然英旨,都是精美的意思。値,遇見。二句謂詩歌寫得自然精美的卻很少見。

[112] 詞旣失高五句——意思是說,文詞旣不高明,那就不得不依賴於添加故實和前人所說的道理。這樣做,雖然够不上天才，姑且表現學問，這也可算是用典的一個理由吧!

[113] 李充翰林——李充,字弘度，或作弘範，東晉初江夏人。《隋書·經籍志·總集類》著錄:“《翰林論》三卷，李充撰，梁五十四卷。”五十四卷本疑是包括作品選在內的總集，三卷本則是專屬評論的文論。書早亡佚。《全晉文》輯存佚文十數則。

[114] 鴻寶——《隋書·經籍志》載《鴻寶》十卷,已佚。

[115] 顏延論文——這句指顏延之《庭誥》中的論文之語。

[116] 文志——《隋書·經籍志》載“《文章志》四卷,摯虞撰”。已佚。

[117] 謝客集詩——指謝靈運的《詩集》五十卷、《詩集鈔》十卷、《詩英》九卷，都著錄于《隋書·經籍志》。已佚。

[118] 文士——《隋書·經籍志》載“《文士傳》五十卷，張隱撰”(隱當作騭，形近，或

有誤)。書已佚。

[119] 輕欲——自謙語,猶言妄欲。辨彰——辨明。

[120] 掎摭——指摘。

[121] 百二十人——上品十一人,中品三十九人,下品六十九人,共一百二十二人。鍾嶸這裏是舉成數而言。

[122] 預此宗流者——列入«詩品»所論各詩歌流派中的人。

[123] 三品升降四句——劃分作家爲上中下三品,大抵不是確定的論斷,將要再作品評,請有待於知詩的人。

[124] 曹劉二句——體貳,«文選»李康«運命論»云:"雖仲尼至聖,顏、冉大賢,揖讓於規矩之內,誾誾於洙泗之上,不能遏其端。孟軻、孫卿體二希聖,從容正道,不能維其末。"六臣注引張銑曰:"孟、孫二子體法顏、冉,故云體二。"鍾嶸用語本此。意爲陸、謝二家之才接近曹、劉之聖。

[125] 宮商之辨——此"宮商"是四聲之代用語。見沈約«宋書·謝靈運傳論»。

[126] 四聲——即平上去入,是沈約所講聲律論中的主要內容之一,見«宋書·謝靈運傳論»注及說明。

[127] 或謂前達偶然不見二句——這二句似對沈約在«宋書·謝靈運傳論»中所講的"自靈均以來,多歷年代,雖文體稍精,而此祕未覩(據«文選»)"和在«答陸厥書»中所講的"自古辭人,豈不知宮羽之殊,商徵之別?雖知五音之異,而其中參差變動,所昧實多,故鄙意所謂此秘未覩者也"而言,鍾嶸對此說提出了異議。

[128] 金竹——樂器。泛指音樂。

[129] 五音——宮、商、角、徵、羽。

[130] 置酒高堂上——阮瑀«雜詩»句。

[131] 明月照高樓——曹植«七哀詩»句。

[132] 三祖——指魏武帝操,太祖;文帝丕,高祖;明帝叡,烈祖。

[133] 二儀——即兩儀,指天、地。«易·繫辭上»:"是故易有太極,是生兩儀。"

[134] 顏憲子——即顏延之,憲子是諡號。

[135] 唯見范曄謝莊頗識之耳句——指范曄、謝莊能認識音律的問題。«宋書·范曄傳»載曄在獄中«與諸甥侄書»云:"性別宮商,識清濁,斯自然也。觀古今文人,多不全瞭此處。縱有會此者,不必從根本中來。言之皆有實證,非爲空談。年少中,謝莊最有其分。"

[136] 王元長二句——說王融等提倡四聲八病,«南史·陸厥傳»:"永明(南齊武帝蕭

賾的年號，從公元四八三年到四九三年）末，盛爲文章。吳興沈約、陳郡謝朓、琅琊王融，以氣類相推轂。汝南周顒，善識聲韻，爲文皆用宮商，以平、上、去、入爲四聲，且以之制韻。……世呼爲'永明體'。"沈約（公元四四一年——五一三年）字休文，是"永明體"的領袖。

[137] 襞積——裙上的褶。此借喻詩歌韻律方面繁瑣的花樣。

[138] 陵架——超越而上。

[139] 余謂文製本須諷讀以下六句——這裏是鍾嶸的主張：只求諧調，不必拘拘于四聲八病。《文心雕龍·聲律》也有同樣的主張云："左礙而尋右，末滯而討前，則聲轉於吻，玲玲如振玉；辭靡於耳，纍纍如貫珠矣。"

[140] 蜂腰鶴膝——沈約等所指出的八病之二。見《宋書·謝靈運傳論》註[50]。閭里已具，大概只是說，蜂腰鶴膝那一類聲調抑揚對稱的歌詩特點，民歌中也是有的。

[141] 陳思贈弟——指曹植《贈白馬王彪詩》。

[142] 仲宣七哀——王粲有《七哀詩》。

[143] 公幹思友——指劉楨《贈徐幹詩》，中有"思子沈心曲，長嘆不能言"二句。

[144] 阮籍詠懷——阮籍有《咏懷》八十二首。

[145] 子卿雙鳧——蘇武，字子卿。《古文苑》載蘇武《別李陵詩》云："雙鳧俱北飛，一鳧獨南翔。"實係後人僞託。

[146] 叔夜雙鸞——嵇康，字叔夜。嵇康有《贈秀才入軍》，中有"雙鸞匿景曜"句。

[147] 茂先寒夕——張華，字茂先，《雜詩》有"繁霜降當夕"句。

[148] 平叔衣單——何晏，字平叔，《衣單》詩已佚。

[149] 安仁倦暑——潘岳，字安仁，有《在縣作》二首，中有"隆暑方赫曦"、"時暑忽隆熾"等句。《悼亡》詩有"溽暑隨節闌"句。

[150] 景陽苦雨——張協有《雜詩》十首，中有"飛雨灑朝蘭"、"密雨如散絲"等句。

[151] 靈運鄴中——謝靈運有《擬魏太子鄴中集詩》八首。

[152] 士衡擬古——陸機有《擬古詩》十二首。

[153] 越石感亂——劉琨有《扶風歌》、《重贈盧諶》等詩，皆"感亂"而作。

[154] 景純詠仙——郭璞有《游仙詩》十四首。

[155] 王微風月——江淹《雜體詩》中的《王徵君微養疾》一首詩："清陰往來遠，月華散前墀"，知王微原有詠"風月"詩，今已佚。

[156] 謝客山泉——謝靈運以寫山水詩擅勝。

[157] 叔源離宴——謝混有《送二王在領軍府集詩》，結句云："樂酒輟今辰，離端起

來日。”

[158] 鮑照戍邊——鮑照有《代出自薊北門行》，詠戍邊。

[159] 太冲詠史——左思有《詠史詩》八首。

[160] 顏延入洛——顏延之有《北使洛》詩。

[161] 陶公詠貧之製——陶淵明有《詠貧士詩》七首。

[162] 惠連擣衣之作——謝惠連有《擣衣詩》。

[163] 珠澤——《穆天子傳》：“天子北征，舍於珠澤。”原註“此澤出珠，因名之云”。

[164] 鄧林——《山海經·海外北經》：“夸父與日逐走，入日，……棄其杖，化爲鄧林。”畢沅校註：“鄧林卽桃林也，鄧桃音相近。”按珠澤鄧林都是借來比文采之所會萃。

【説明】

《詩品》與《文心雕龍》，是齊、梁時代文藝批評界的重要著作。《文心雕龍》兼論詩文，《詩品》則是專論五言詩而不及文章。書中所提出的重要論點是針對當時的詩風而發，在一些文藝基本問題上有其精闢的看法。

《詩品》上中下三卷，所論列共一百二十二人，分爲三品。每品中的人物，“略以時代爲先後，不以優劣爲詮次”。理論根據和體例詳述於序言中。作者認爲當時“王公縉紳之士”的論詩，是“隨其嗜欲”，“准的無依”的，但“詩之爲技”，畢竟是“較爾可知”，不容許像九品官人那樣“校以賓實，誠多未値”，所以根據自己的看法來評論其高下。這説明《詩品》的寫作，意在反對當時文壇的不良現狀。

《詩品序》的主要內容，有破有立。屬於破的，就是對南朝詩風的批評，表現在以下兩個問題：

第一是反對聲病，主張自然和諧的音律。鍾嶸時代，正當沈約提倡聲律之説，“永明體”詩風氾濫。鍾嶸對此作了有力的抨擊。他認爲“古曰詩頌，皆被之金竹，故非調五音無以諧會。……

今旣不被管絃，亦何取於聲律耶？”“但令清濁通流，口吻調利，斯爲足矣”，如果一味追求聲律，反使“文多拘忌，傷其眞美”。鍾嶸所反對的是那種“傷其眞美”的八病等的矯揉造作，而對詩歌的自然的音節美，並不排斥。

第二是反對做詩用典。他以爲“吟詠情性，亦何貴於用事？”“觀古今勝語，多非補假，皆由直尋。……大明、泰始中，文章殆同書鈔。近任昉、王元長等，辭不貴奇，競須新事，爾來作者，寖以成俗。遂乃句無虛語，語無虛字，拘攣補納，蠹文已甚。”他感歎地說：“自然英旨，罕値其人”，而幽默地諷刺這些掉書袋的詩人爲“雖謝天才，且表學問”。當然，寫作時援古證今，有時也需要，劉勰《文心雕龍》就有《事類》一篇專門闡明此義。鍾嶸對此，也不是一概排斥，他認爲“若乃經國文符，應資博古；撰德駁奏，宜窮往烈”。至於做詩，就不適用這樣的標準了。

無論是反對聲病或是反對用典，總的都是主張自然眞美，這對瀰漫南朝詩壇的雲霧，有廓清的作用。

屬於立的：

第一，鍾嶸認爲寫作動機的激發，有賴於客觀事物的感召：“氣之動物，物之感人，故搖蕩性情，形諸舞詠。”這跟《文心雕龍·明詩》所說：“人稟七情，應物斯感”，《物色》所說：“春秋代序，陰陽慘舒，物色之動，心亦搖焉。……情以物遷，辭以情發”的說法同樣是正確的觀點。但現實世界中有自然現象也有社會現象，所以作者繼“四候之感諸詩”之後，又闡述了社會環境對詩人的感召，突出了“羣”和“怨”特別是“怨”的作用。封建社會中，被壓迫、被損害的人們的痛苦生活，是產生文學作品的土壤。鍾嶸能注意到這些事實，並主張通過詩歌來反映，根據抒情詩歌的特徵，通過個人的抒情以表達遭遇相同者的情緒，從而使讀者認識社會的面貌。鍾嶸這種論點，出現在作詩偏重形式的齊、梁時代,是有它重大的進步意義的。但是,他認爲怨的抒發,可以"使窮賤易安,幽居靡悶",這顯然並不正確。

第二, 在詩歌創作問題上提出了滋味説。鍾嶸既然重視詩歌的羣、怨, 就決定了他對詩歌的要求, 認爲好的詩歌必須是有"滋味"的。詩的"滋味"是什麼? 應該是"指事造形, 窮情寫物,最爲詳切"。詳,指描寫的細緻;切,指描寫的深刻。而要達到這個要求,必須賦、比、興並重,做到言近旨遠, 形象鮮明, 有風力,有藻采,乃可耐人玩味, 而感染力也強, 這才是"詩之至也"。永嘉以後的玄言詩之所以"淡乎寡味", 就是由於"理過其辭","平典似道德論"。然則鍾嶸的滋味説,主要是強調文學作品形象性的特徵。從重味的觀點出發, 他在詩歌形式上, 並不贊成採用"文約"的四言和"文繁"的騷體, 而極力主張五言, 因爲"五言居文詞之要,是衆作之有滋味者也"。

《詩品》是我國"詩話"的最早一部作品,清人何文煥輯印《歷代詩話》,就以這書冠首。在它以後,詩話著作,成爲古代文學理論著作各種形式之一,其數量達數百種之多。

附　　錄

詩　　品(選錄)

〔梁〕鍾　嶸

晉太尉劉琨晉中郎盧諶詩

其源出於王粲。善爲悽戾之詞,自有淸拔之氣。

琨既體良才,又罹厄運,故善敍喪亂, 多感恨之詞。中郎仰之, 微不逮者矣。

宋徵士陶潛詩

其源出于應璩，又協左思風力。文體省靜，殆無長語。篤意眞古，辭興婉愜。每觀其文，想其人德，世嘆其質直。至如"歡言醉春酒"，"日暮天無雲"，風華清靡，豈直爲田家語耶。古今隱逸詩人之宗也。

何文煥本《歷代詩話·詩品》卷中

古今詩人秀句序

〔唐〕元　兢

晚代銓文者多矣。至梁昭明太子蕭統與劉孝綽等撰集《文選》，自謂畢乎天地，懸諸日月。然於取捨，非無舛謬。方因秀句，且以五言論之。至如王中書"霜氣下孟津"，及"遊禽暮知返"，前篇則使氣飛動，後篇則緣情宛密，可謂五言之警策，六義之眉首。棄而不紀，未見其得。及乎徐陵《玉臺》，僻而不雅；丘遲《抄集》，略而無當。此乃詳擇全文，勒成一部者，比夫秀句，措意異焉。似秀句者，抑有其例。皇朝學士褚亮，貞觀中，奉勅與諸學士撰《古文章巧言語》，以爲一卷。至如王粲"灞岸"，陸機《尸鄉》，潘岳《悼亡》，徐幹《室思》，並有巧句，互稱奇作，咸所不錄。他皆效此。諸如此類，難以勝言。借如謝吏部《冬序羈懷》，褚乃選其"風草不留霜，冰池共明月"，遺其"寒燈耿宵夢，淸鏡悲曉髮"。若悟此旨，而言於文，每思"寒燈耿宵夢"，令人中夜安寢，不覺驚魂；若見"淸鏡悲曉髮"，每暑月鬱陶，不覺霜雪入鬢。而捨此取彼，而不通之甚哉！褚公，文章之士也，雖未連衡兩謝，實所結駟二虞，豈於此篇，咫步千里？良以箕畢殊好，風雨異宜者耳。

余以龍朔元年，爲周王府參軍，與文學劉禕之、典籤范履冰，書東閣已建，斯竟撰成此錄。王家書既多缺，私室集更難求，所以遂歷十年，未終兩卷。今剪《芳林要覽》，討論諸集，人欲天從，果諧宿志。常與諸學士覽小謝詩，見《和宋記室省中》，詮其秀句，諸人咸以謝"行樹澄遠陰，雲霞成異色"爲最。余曰：諸君之議非也。何則？"行樹澄遠陰，雲霞成異色"，誠爲得矣，抑絕唱也。夫夕望者，莫不鎔想烟霞，鍊情林岫，然後暢其淸調，發以綺詞，俯行樹之遠陰，瞰雲霞之異色，中人以下，偶可得之；但未若"落日飛鳥還，憂來不可極”之妙者也。觀夫“落日飛鳥還，憂來不可極”，謂捫心罕屬，而舉目增思，結意惟人，而緣情寄鳥。落日低照，即隨望斷，暮禽還集，則憂共飛來。美哉玄暉，何思之若是也！諸君所言，竊所未取。於是咸服，恣余所詳。余於是以情緒爲先，直置爲本，以物色留後，綺錯爲末，助之以質氣，潤之以流華，窮之以形似，開之以振躍，或事理俱愜，詞調雙舉，有一於此，罔或孑遺。時歷十代，人將四百，自古詩爲始，至上官儀爲終。刊定已詳，繕寫斯畢，實欲傳之好事，冀□知音，若斯而已，若斯而已矣。

日本講談社刊本《文鏡祕府論》南卷

文史通義·詩話(節錄)

〔清〕章學誠

《詩品》之於論詩，視《文心雕龍》之於論文，皆專門名家，勒爲成書之初祖也。《文心》體大而慮周，《詩品》思深而意遠。蓋《文心》籠罩羣言，而《詩品》深從六藝溯流別也。論詩論文而知溯流別，則可以探源經籍，而進窺天地之純，古人之大體矣。此意非後世詩話家所能喻也。

嘉業堂本《章氏遺書·文史通義》內篇

雕蟲論

〔梁〕裴子野[1]

宋明帝博好文章(《通典》作史)[2],才思朗捷,常讀書奏,號稱七行俱下。每(《通典》此下有國字)有禎祥,及(《通典》此下有行字)幸讌集,輒陳詩展義,且以命朝臣。其戎士武夫,則託請不暇,困於課限,或買以應詔焉。於是天下向風,人自藻飾,雕蟲之藝[3],盛於時矣。梁鴻臚卿裴子野論曰:

古者四始六藝[4],總而爲詩,既形四方之風(原作氣,據《文苑英華》改),且彰君子之志[5],勸美懲惡,王化本焉。後之作者,思存枝葉,繁華蘊藻,用以自通。若悱惻芳芬,楚騷爲之祖,靡漫容與,相如扣(原作和,據《文苑英華》改)其音。由是隨聲逐影之儔,棄指歸而無執[6]。賦詩歌頌,百帙五車,蔡邕(原作蔡應,據《通典》校改)等之俳優[7],揚雄悔爲童子[8]。聖人不作,雅鄭誰分。其五言爲(《通典》此下有詩字)家[9],則蘇、李自出[10],曹、劉偉其風力[11],潘、陸固其枝葉(《通典》作柯)[12]。爰及江左[13],稱彼顔、謝,箴繡鞶帨[14],無取廟堂。宋初迄於元嘉,多爲經史,大明之代[15],實好斯文。高才逸韻,頗謝前哲,波流相尚,滋有篤焉。

自是閭閻年少,貴游總角[16],罔不擯落六藝,吟詠情性。學者以博依爲急務,謂章句爲專魯[17]。淫文破典,斐爾爲功(《通典》作曹)[18],無被於管絃,非止乎禮義。深心主卉木,遠致極風雲,其興浮,其志弱。巧而不要,隱而不深,討其宗途,亦有宋之(《通典》此下有遺字)風也。若季子聆(《通典》作於)音[19],則非興國,鯉也趨庭[20]，必有不敢（《通典》作敎）。荀卿有言，“亂代之徵，文章匿而采。[21]”斯豈近之乎。

《全梁文》卷五十三

【註釋】

［1］裴子野（公元四六九年——五三〇年）——字幾原，河東聞喜人。梁武帝時，官著作郎兼中書通事舍人。少好學，善屬文，著有文集二十卷、《宋略》二十卷，已佚。嚴可均輯其文入《全梁文》卷五十三。《梁書》卷三十、《南史》卷三十三都有傳。

［2］宋明帝（公元四三九年——四七二年）——劉彧，字休炳（《南史·宋本紀》作景休），宋文帝第十一子，在位八年。《宋書》卷八：“……好讀書，愛文義，在藩時，撰《江左以來文章志》，又續衞瓘所注《論語》二卷，行於世。及即大位，……舊臣才學之士，多蒙引進。”

［3］雕蟲——見前揚雄《法言·吾子》註[3]。這裏指麗靡的作品，包括辭賦與五言詩在內。

［4］四始——見《毛詩序》。六藝——應作六義，見《毛詩序》。

［5］旣形四方之風且彰君子之志——《毛詩序》：“言天下之事，形四方之風，謂之雅。”“詩者，志之所之也。”這裏是說詩旣可反映社會生活，又可表達個人情志。

［6］棄指歸而無執——言隨聲逐影而爲文，就離開了正確道路而無所依據。

［7］蔡邕等之俳優——《後漢書》列傳第五十卷下《蔡邕傳》：“……感東方客難及揚雄、班固、崔駰之徒，設疑以自通，乃斟酌羣言，韙其是而矯其非，作《釋誨》以戒厲云。”文中有“東方要幸於談優”句。案：東方朔以善談笑俳優，得爲漢武帝文學侍從之臣。

［8］揚雄悔爲童子——見前揚雄《法言·吾子》。

［9］其五言爲家——指以五言詩名家。

［10］蘇李——蘇武、李陵。

［11］曹劉句——曹劉，見《詩品序》註［65］。風力，見《詩品序》註［36］。

［12］固其枝葉——意謂在詞藻方面有堅實的工夫。

［13］江左——東晉建國江左，這裏用作東晉的代稱。

［14］箴繡鞶帨——《法言·寡見》：“今之學也，非獨爲之華藻也，又從而繡其鞶帨。”李善註：“鞶，大帶也；帨，佩巾也。衣有華藻文繡，書有經傳訓解也。”這是指譏

究形式，過於華藻的作品。

[15] 大明——見《詩品序》註[104]。

[16] 貴游總角——《禮記·內則》："男女未冠笄者，……拂髦總角。"鄭玄註："總角，收髮結之。"這句是指顯赫世家的子弟。

[17] 以博依爲急務謂章句爲專魯——博依，是指繁縟之文；章句，指解釋經書的章句之學。這兩句是說以追求詞華爲當務之急，而把經學看成是愚魯的事。

[18] 斐爾——即斐然。《論語·公冶長》："子在陳曰：歸與歸與。吾黨之小子，狂簡，斐然成章，不知所以裁之。"斐爾爲功，意謂以創作詞采華豔的文章爲能事。

[19] 季子聆音——春秋時，吳公子札到魯國觀樂，從不同的音調中，知道各國的盛衰興亡。見《左傳》襄公二十九年。

[20] 鯉也趨庭——見《論語·季氏》。

[21] 荀卿有言三句——見《荀子·樂論》及註[62]。

【說明】

南朝文學，就其總的發展情況言，是由質樸而日趨藻麗的。在一般人看來，文學作品和學術著作不同，應該有辭采之美。"變本加厲，踵事增華"，乃是事物發展的規律，也是文學發展的自然趨勢，蕭統在《文選序》裏就曾提出這樣的看法，並從理論上加以闡明。他指出文學作品的特點，在於"事出於沈思，義歸乎翰藻"，言"事"而不廢"義"，重"翰藻"而先之以"沈思"，這話是未可厚非的。可是晉、宋以來的文學創作中，特別是貴族文人的創作中，却片面講求藝術技巧，忽視作品的思想內容；在變新的口號下，"擯古競今"，形成一種"隨華習侈，流遁忘反"的傾向。於是就出現了模山範水的山水文學，"殆同書抄"的事類文學，調協宮商、淫詞豔曲的靡靡之音，每變愈新，而每下愈況。到蕭梁時代，可說是發展到了頂點。裴子野這篇《雕蟲論》就是針對這種文風給以猛烈的批判。

本文所論，強調文學的社會政治意義。首先溯源《詩三百篇》，指明作品思想內容的重要。然後從騷賦以後的發展情況，劃清兩條不同的道路：在辭賦方面，有"悱惻芳芬"的楚騷，在五言詩方面，有蘇、李和"偉其風力"的曹、劉，這是繼承《三百篇》的傳統的；而相如以下的辭賦，則是"靡漫容與"，"棄指歸而無執"，潘、陸以下的五言詩，徒以"枝葉""鞶帨"的華辭爲工，劉宋以後，"波流相尚"，失去六義的准則，作者感慨地借荀子的話，說這是"亂代之徵"。這在當時文學思想鬥爭中，措詞是異常激切的。《梁書》本傳稱："子野爲文典而速，不尚麗靡之詞；其製作多法古，與今文體異。"可見他無論在理論上或創作上都不同于當時文學風氣，所以梁簡文帝蕭綱在《答湘東王書》裏和他針鋒相對地爲藻繪之說推波助瀾；而說他的文章"質不宜慕"，"了無篇什之美"，這是並不正確的。

附　錄

與湘東王書

〔梁〕蕭　綱

吾輩亦無所遊賞，止事披閱。性既好文，時復短詠。雖是庸音，不能閣筆，有慚伎癢，更同故態。

比見京師文體，懦鈍殊常，競學浮疎，爭爲闡緩。玄冬脩夜，思所不得。既殊比興，正背風騷。若夫六典三禮，所施則有地；吉凶嘉賓，用之則有所。未聞吟詠情性，反擬《內則》之篇，操筆寫志，更摹《酒誥》之作，遲遲春日，翻學《歸藏》，湛湛江水，遂同《大傳》。吾既拙於爲文，不敢輕有掎摭。但以當世之作，歷方古之才人，遠則揚、馬、曹、王，近則潘、陸、顔、謝，而觀其遣辭用心，了不相似。若以今文爲是，則古文爲非；若昔賢可稱，則今體宜棄；俱爲盍各，則未之敢許。

又時有效謝康樂、裴鴻臚文者，亦頗有惑焉。何者？謝客吐言天拔，出於自然，時有不拘，是其糟粕。裴氏乃是良史之才，了無篇什之美。是爲學謝則不屆其精華，但得其冗長；師裴則蔑絕其所長，惟得其所短。謝故巧不可階，裘亦賀不宜慕。故胸馳臆斷之侶，好名忘實之類，方分肉於仁獸，逞郤克於邯鄲，入鮑忘臭，效尤致禍。決羽謝生，豈三千之可及；伏膺裴氏，懼兩唐之不傳。故玉徽金銑，反爲拙目所嗤；巴人下里，更合郢中之聽。陽春高而不和，妙聲絕而不尋，竟不精討錙銖，覈量文質。有異巧心，終愧妍手。是以握瑜懷玉之士，瞻鄭邦而知退；章甫翠履之人，望閩鄉而歎息。詩既若此，筆又如之。徒以煙墨不言，受其驅染，紙札無情，任其搖襞。甚矣哉，文之橫流，一至於此！

至如近世謝脁、沈約之詩，任昉、陸倕之筆，斯實文章之冠冕，述作之楷模。張士簡之賦，周升逸之辯，亦成佳手，難可復遇。

文章未墜，必有英絕，領袖之者，非弟而誰？每欲論之，無可與語，思吾子建，一共商榷。辯茲清濁，使如涇渭；論茲月旦，類彼汝南。朱丹既定，雌黃有別。使夫懷鼠知慚，濫竽自恥。譬斯袁紹，畏見子將；同彼盜牛，遙羞王烈。相思不見，我勞如何！

中華書局本二十四史《梁書》卷四十九

文選序

〔梁〕蕭　統[1]

式觀元始，眇覿玄風[2]；冬穴夏巢之時，茹毛飲血之世，世質民淳，斯文未作。逮乎伏羲氏之王天下也，始畫八卦，造書契，以代結繩之政，由是文籍生焉。《易》曰："觀乎天文，以察時變；觀乎人文，以化成天下[3]。"文之時義，遠矣哉！若夫椎輪爲大輅之始，大輅寧有椎輪之質[4]？增冰[5]爲積水所成，積水曾微[6]增冰之凜，何哉？蓋踵其事而增華，變其本而加厲[7]；物既有之，文亦宜然；隨時變改，難可詳悉。

嘗試論之曰：《詩序》云："詩有六義焉，一曰風，二曰賦，三曰比，四曰興，五曰雅，六曰頌。"至於今之作者，異乎古昔，古詩之體，今則全取賦名[8]。荀、宋表之於前，賈、馬繼之於末[9]。自茲以降，源流實繁。述邑居則有"憑虛""亡是"[10]之作，戒畋遊則有《長楊》《羽獵》之制[11]。若其紀一事，詠一物，風雲草木之興，魚蟲禽獸之流，推而廣之，不可勝載矣。

又楚人屈原，含忠履潔，君匪從流，臣進逆耳，深思遠慮，遂放湘南。耿介之意既傷，壹鬱之懷靡愬；臨淵有懷沙之志[12]，吟澤有憔悴之容[13]。騷人之文，自茲而作。

詩者，蓋志之所之也，情動於中而形於言：《關雎》《麟趾》，正始之道著[14]；桑間濮上，亡國之音表[15]；故風雅之道，粲然可觀。自炎漢中葉，厥塗漸異：退傅有"在鄒"之作，降將著"河梁"之篇[16]；四言五言，區以別矣。又少則三字，多則九言[17]，各體互興，分鑣並驅。頌者，所以游揚德業，褒讚成功；吉甫有"穆若"

之談[18]，季子有“至矣”之歎[19]。舒布爲詩，既言如彼；總成爲頌，又亦若此。次則：箴興於補闕，戒出於弼匡，論則析理精微，銘則序事清潤，美終則誄發，圖像則讚興。又：詔誥教令之流，表奏牋記之列，書誓符檄之品，弔祭悲哀之作，答客指事之制[20]，三言八字之文[21]，篇辭引序，碑碣誌狀，衆制鋒起，源流間出。譬陶匏異器[22]，並爲入耳之娛；黼黻不同[23]，俱爲悦目之翫。作者之致，蓋云備矣。

余監撫餘閒[24]，居多暇日。歷觀文囿，泛覽辭林，未嘗不心遊目想，移晷忘倦。由姬、漢以來，眇焉悠邈，時更七代[25]，數逾千祀。詞人才子，則名溢於縹囊；飛文染翰，則卷盈乎緗帙[26]。自非略其蕪穢，集其清英，蓋欲兼功，太半難矣！若夫姬公之籍，孔父之書[27]，與日月俱懸，鬼神爭奥，孝敬之準式，人倫之師友；豈可重以芟夷，加以剪截。老、莊之作，管、孟之流，蓋以立意爲宗，不以能文爲本；今之所撰，又以略諸。若賢人之美辭，忠臣之抗直，謀夫之話，辨士之端，冰釋泉涌，金相玉振。所謂坐狙丘，議稷下[28]，仲連之卻秦軍[29]，食其之下齊國[30]，留侯之發八難[31]，曲逆之吐六奇[32]，蓋乃事美一時，語流千載，概見墳籍，旁出子史，若斯之流，又亦繁博；雖傳之簡牘，而事異篇章；今之所集，亦所不取。至於記事之史，繫年之書，所以褒貶是非，紀別異同；方之篇翰，亦已不同。若其讚論之綜緝辭采，序述之錯比文華，事出於沈思，義歸乎翰藻[33]。故與夫篇什，雜而集之。遠自周室，迄於聖代，都爲三十卷，名曰《文選》云爾。

凡次文之體，各以彙聚。詩賦體既不一，又以類分；類分之中，各以時代相次。

《四部叢刊》影宋本六臣註《文選》卷首

【註釋】

[1] 蕭統(公元五〇一年——五三一年)——字德施，南蘭陵人，梁武帝蕭衍的長子。天監三年(公元五〇四年)立爲皇太子，死後謚昭明。事蹟見«梁書»卷八«昭明太子傳»。他的著作除«文選»外，有«文集»二十卷，已亡佚，今存明刻本«昭明太子文集»五卷，乃明人輯校。又撰古今典誥文言爲«正序»十卷、選五言詩爲«英華集»二十卷(«隋書·經籍志»作«古今詩苑英華»十九卷)，已亡佚。

[2] 眇覿玄風——眇，同渺，遠。覿，看。玄風，遠古之風。風，指風俗，風氣。

[3] 觀乎天文四句——見«易·賁卦»彖文。天文，自然現象。時變，四時的變化。人文，見於文字記錄的古代典籍。

[4] 椎輪二句——椎輪，即椎車，是一種最原始的車，用圓形的大木推着向前滾動，沒有輻，形狀如椎，當作車輪之用，所以也稱爲椎輪。大輅，古時天子祭天時所乘的車。這兩句是說：大輅是椎車的進化，但大輅並不保存椎車那種樸質的形式。

[5] 增冰——即層冰。增，通層。

[6] 微——無。

[7] 蓋踵其事二句——上句承"大輅"句而言，下句承"增冰"句而言。踵事，謂由椎輪到大輅，繼續造車的事。變本，謂水結成冰，改變了原來的形狀。加厲，加甚，這裏是說更加寒冷。

[8] 古詩之體二句——意謂賦本是«詩»"六義"之一，後來沿用而成爲一種文體的名稱。班固«兩都賦序»："或曰，賦者古詩之流也。"劉勰«文心雕龍·詮賦»說賦本"六義附庸，蔚爲大國"，與此意同。

[9] 荀宋賈馬——荀，謂荀卿；宋，謂宋玉；賈，謂賈誼；馬，謂司馬相如。案«文選»于賦之外，另立"騷體"，所以這裏說宋玉而不說屈原。

[10] 憑虛亡是之作——憑虛，指張衡的«西京賦»。亡是，指司馬相如的«上林賦»。«西京賦»首句云："有憑虛公子者……"。«上林賦»首句云："亡是公听然而笑曰……"。"憑虛公子"和"亡是公"都是作者虛構的人名，表示實際並無其人。

[11] 長楊羽獵——指揚雄作的«長楊賦»«羽獵賦»。

[12] 臨淵句——«懷沙»，屈原所作«九章»之一，據說是他沉湘之前的絕命詞。

[13] 吟澤句——語本«楚辭·漁父»："屈原既放，遊於江潭，行吟澤畔；顏色憔悴，形容枯槁。"

[14] 正始之道著——以上四句，用«毛詩序»語意，參見前。

[15] 桑間濮上二句——語本《禮記·樂記》:"桑間濮上之音,亡國之音也。"鄭玄注:"濮水之上,地有桑間者,亡國之音於此之水出也。昔殷紂使師延作靡靡之樂,已而自沈於濮水,後師涓過焉,夜聞而寫之,爲平公鼓之,是之謂也。"案:桑間濮上本地名,由于有了上述的故事傳説,所以就成爲樂調上靡靡之音的代稱。

[16] 退傅有在鄒之作二句——退傅,指韋孟。韋孟爲楚元王傅,歷元王子夷王及孫王戊。事蹟附見《漢書·韋賢傳》。孟因戊荒淫無道,作《諷諫詩》,退位居鄒,有《在鄒》詩,都是四言體。《文心雕龍·明詩》:"漢初四言,韋孟首唱。"降將,謂李陵。河梁之篇,指李陵與蘇武詩。詩的第三首有"攜手上河梁"之句,是五言體。案:蕭統不疑蘇、李詩是僞託,所以認爲是文人創作最早的五言詩。

[17] 少則三字二句——三言詩,如漢《安世房中歌》《郊祀歌》等。九言詩,最早的作者魏高貴鄉公曹髦,見《文章緣起》,有目無詩。現存作品有宋謝莊《明堂歌》中《白帝》一首。

[18] 吉甫句——《詩·大雅·烝民》是尹吉甫所作,詩中有"吉甫作誦,穆如清風"之句。"如",漢《誉峻碑》作"若"。

[19] 季子句——春秋時吳公子季札聘于魯,觀樂,爲之歌《頌》,他贊嘆道:"至矣哉!"見《左傳》襄公二十九年。

[20] 答客指事之制——答客,指假借答復别人問難,用以抒寫情懷的一種文體。如東方朔《答客難》、揚雄《解嘲》等。指事,即《文選》中的"七"體。如枚乘《七發》説七件事來啓發楚太子,故云指事。

[21] 三言八字之文——駱鴻凱註:"三言八字,疑即《文章緣起》所謂'離合體'也。《古微書》引《孝經援神契》曰:'寶文出,劉季握。卯金刀,在軫北。字禾子,天下服。'是三言之文也。《後漢書·曹娥傳》註引《會稽錄》:'邯鄲淳作《曹娥碑》,援筆而成,無所點定。其後蔡邕又題八字曰:"黄絹幼婦,外孫齏臼"是八字之文也。'孔融'四言離合體',實本於此。"(見《文選學》)按所謂"離合體",是把一字拆成兩字,故云"離",兩字又可拼成一字,故云"合",是一種文字遊戲性質的隱語。"黄絹"八字,是絶妙好辭(通辭)的離文。《世説新語·捷悟》:"魏武(曹操)過曹娥碑下,楊修從,碑背上見題作'黄絹幼婦,外孫齏臼'八字,……修曰:'黄絹,色絲也,於字爲絶;幼婦,少女也,於字爲妙;外孫,女子也,於字爲好;齏臼,受辛也,於字爲辭。所謂絶妙好辭也。'"

[22] 陶匏——都是樂器名。陶即壎,土製的樂器;匏即笙。

[23] 黼黻——見《文心雕龍·體性》註[42]。

[24] 監撫——古代稱皇太子爲儲君,居儲貳(副)之位,有幫助皇帝監國撫民的

任務。

[25] 七代——周、秦、漢、魏、晉、宋、齊。

[26] 縹囊緗帙——書卷的代稱。帛青白色稱爲縹，淺黄色稱爲緗。用縹製成裝書的袋，叫做縹囊；用緗作書衣，稱爲緗帙。

[27] 姬公二句——泛指儒家所尊奉的經典。姬公，周公姬旦。孔父，孔子。魯哀公爲孔子作誄，稱孔子爲尼父，見《史記·孔子世家》。

[28] 坐狙丘議稷下——曹植《與楊德祖書》李善註："《魯連子》曰：'齊之辯者曰田巴，辯於狙丘而議於稷下，毁五帝，罪三王，一旦而服千人。……'"

[29] 仲連句——趙孝成王時，秦兵圍趙邯鄲，魏安釐王使辛垣衍勸趙尊秦爲帝。魯仲連駁斥了辛垣衍，打消了趙國統治者投降的主張，秦兵知道後，却退五十里。事見《戰國策·趙策》及《史記·魯仲連鄒陽傳》。

[30] 食其句——楚漢相爭時，漢派酈食其往説齊王田廣，下齊七十餘城。事見《史記·酈生陸賈傳》。

[31] 留侯句——張良封留侯。他曾發八難，勸漢高祖無立六國後。事見《史記·留侯世家》。

[32] 曲逆句——陳平封曲逆侯。陳平佐漢高祖，曾六出奇計。事見《史記·陳丞相世家》。

[33] 事出於沈思二句——上句的事，承上文的"序述"而言，下句的義，承上文的"讚論"而言。意謂史傳中的"讚論"和"序述"部份，也有沈思和翰藻，故可作爲文學作品來選錄。沈思，指作者深刻的藝術構思。翰藻，指表現於作品的辭采之美。二句互文見義。

【説明】

蕭統的《文選》是現存最早的一部古代詩文總集。在它之前，已有杜預的《善文》、李充的《翰林》、摯虞的《文章流别集》、劉義慶的《集林》等書，都已亡佚。從周到齊這一時期的優秀文學作品主要是賴《文選》和徐陵的《玉臺新詠》保存了不少。《文選》所收錄的，在數量和體製上較之《玉臺》更爲廣泛而齊備，一千多年來，一直行世不廢，成爲一部有重大影響的選本；後代研究《文選》，甚至成了一種專門的學問。

我國古代所謂總集，論其性質，可分爲兩種類型：一是輯錄網羅，偏重保存文獻；一是鑒裁品藻，意在去蕪存精。顧名思義，《文選》當然屬於後者。既然有所去取，就必然有個標準。這標準具體表現在選目之中，但同時選者總得從理論上說明別裁的用意。說明的方式是多種多樣的，《文選》則概括在這篇序裏。

本文着重闡明的有兩個方面：一是論述文學的性質，二是辨析文章的體製。

事物由簡到繁，文章應該由樸質趨向藻飾，是六朝流行的看法，蕭統在這個問題上的觀點，正是當時一般人的思想。文中説的“篇章”“篇翰”“篇什”都是指單篇的文學作品而言，在他看來，後代文人製作，其性質之所以不同於經籍子史，在於“以能文爲本”；而“能文”的特徵，則是“事出於沈思，義歸乎藻翰”。“事”是題材，描寫任何題材，必須有意義可尋；而這意義的表現，又不同於一般的哲學論文、歷史書籍和其他應用文字，必須是通過深沈的藝術構思，見出語言詞藻之美。這樣，就給文學作品與非文學作品之間劃出了一條界線。正因爲有了這條界線，所以蕭統能够在大量的古代作品中加以選擇，編選出一部規模宏大的文學選集。他不錄先秦諸子之文，原因是他們都“以立意爲宗，不以能文爲本”。就其性質而加以區分，並不意味着把“能文”和“立意”對立起來；不過《文選》一書，就其具體的選錄標準來看，却不免存在着偏重辭采的傾向。蕭統在《答湘東王求文集及詩苑英華書》中雖也有“麗而不浮，典而不野，文質彬彬”之説，但他所謂文質，和劉勰的所謂文質是有區別的。

文章的製作日繁，文體的辨析也就愈來愈精細；曹丕所謂“夫文本同而末異”，正説明了這個道理。特別是在編結總集的時候，把各種不同類型的文章類聚區分，更是一種自然的趨向。《文選》把所收錄的作品，别爲三十七門，序文中用很大的篇幅作了關於文體的辨析，他一方面溯源以明“本”，一方面沿流以表“末”，論述比較精密。然而因爲他過分着眼於形式的歧異，因而分類不免流於繁瑣，引起後人很多非議。

附 錄

陶淵明集序(節錄)

〔梁〕蕭 統

有疑陶淵明詩，篇篇有酒，吾觀其意不在酒，亦寄酒爲跡者也。其文章不羣，辭彩精拔，跌宕昭彰，獨超衆類，抑揚爽朗，莫之與京。橫素波而傍流，干青雲而直上。語時事則指而可想，論懷抱則曠而且眞。加以貞志不休，安道苦節，不以躬耕爲恥，不以無財爲病。自非大賢篤志，與道汙隆，孰能如此乎!

余愛嗜其文，不能釋手，尙想其德，恨不同時。故加搜校，粗爲區目。白璧微瑕，惟在《閑情》一賦，揚雄所謂勸百而諷一者，卒無諷諫，何足搖其筆端？惜哉！亡是可也！並粗點定其傳，編之於錄。

嘗謂有能觀淵明之文者，馳競之情遣，鄙吝之意祛，貪夫可以廉，懦夫可以立，豈止仁義可蹈，抑乃爵祿可辭，不必傍游泰華，遠求柱史。此亦有助於風教也。

《四部叢刊》影宋本《陶淵明集》卷首

詩 教 上(節錄)

〔清〕章學誠

周衰文弊，六藝道息，而諸子爭鳴。蓋至戰國而文章之變盡，至戰國而著述之事專，至戰國而後世之文體備。……

戰國之文，其源皆出於六藝，何謂也？曰：道體無所不該，六藝足以盡之。諸子之爲書，其持之有故而言之成理者，必有得於道體之一端，而後乃能恣肆其說，以成一家之言也。所謂一端者，無非六藝之所該，故推之而皆得其所本，非謂諸子果能服六藝之教而出辭必衷於是也。老子說本陰陽，莊、列寓言假象，«易»教也；鄒衍侈言天地，關尹推衍五行，«書»教也；管、商法制，義存政典，«禮»教也；申、韓刑名，旨歸賞罰，«春秋»教也。其他楊、墨、尹文之言，蘇、張、孫、吳之術，辨其源委，挹其旨趣，九流之所分部，«七錄»之所敍論，皆於物曲人官得其一致，而不自知爲六典之遺也。

戰國之文旣源於六藝，又謂多出於詩教，何謂也？曰：戰國者，縱横之世也，縱横之學，本於古者行人之官。觀春秋之辭命，列國大夫聘問諸侯，出使專對，蓋欲文其言以達旨而已。至戰國而抵掌揣摩，騰說以取富貴，其辭敷張而揚厲，變其本而加恢奇焉，不可謂非行人辭命之極也。孔子曰："誦詩三百，授之以政，不達，使於四方，不能專對，雖多奚爲？"是則比興之旨，諷諭之義，固行人之所肆也。縱横者流推而衍之，是以能委折而入情，微婉而善諷也。九流之學，承官曲於六典，雖或源於«書»«易»«春秋»，其質多本於禮教，爲其體之有所該也。及其出而用世，必兼縱横，所以文其質也。古之文質合於一，至戰國而各具之質，當其用也，必兼縱横之辭以文之，周衰文弊之效也。故曰：戰國者，縱横之世也。

後世之文，其體皆備於戰國，何謂也？曰：子史衰而文集之體盛，著作衰而辭章之學興。文集者，辭章不專家而萃聚文墨以爲蛇龍之菹也(詳見文集篇)。後賢承而不廢者，江河導其勢不容復遏也。經學不專家而文集有經義，史學不專家而文集有傳記，立言不專家(卽諸子書也)而文集有論辨；後世之文集，舍經義與傳記論辨之三體，其餘莫非辭章之屬也。而辭章實備於戰國，承其流而代變其體制焉。學者不知，而溯摯虞所裒之«流別»(摯虞有«文章流別集»)，甚且以蕭梁«文選»舉爲辭章之祖也，其亦不知古今流别之義矣。

今卽«文選»諸體以徵戰國之賅備(摯虞«流別»，孔逭«文苑»，今俱不傳，故據«文選»)；京都諸賦，蘇、張縱横六國、侈陳形勢之遺也；«上林»«羽獵»，安陵之從田、龍陽之同釣也；«客難»«解嘲»，屈原之«漁父»«卜居»，莊周之惠施問難也；韓非«儲說»，比事徵偶，連珠之所肇也(前人已有言及之者)。而或以爲始於傅毅之徒(傅玄之言)，非其質矣。孟子問齊王之大欲，歷舉輕煖肥甘，聲音采色，七林之所啓也。而或以爲創之枚乘，忘其祖矣。鄒陽辨謗於梁王，江淹陳辭於建平，蘇秦之自解忠信而獲罪也，«過秦»«王命》《六代》《辨亡》諸論，抑揚往復，詩人諷諭之旨，孟、荀所以稱述先王儆時君也（屈原上稱帝嚳，中述湯、武，下道齊桓亦是）。淮南賓客，梁苑辭人，原、嘗、申、陵之盛舉也。東方、司馬，侍從於西京；徐、陳、應、劉，徵逐於鄴下，談天雕龍之奇觀也。遇有升沈，時有得失，畸才彙於末世，利祿萃其性靈，廊廟山林，江湖魏闕，曠世而相感，不知悲喜之何從。文人情深於詩騷，古今一也。

嘉業堂本《章氏遺書·文史通義》內篇卷一

詩　教　下（節錄）

〔清〕章學誠

論文拘形貌之弊，至後世文集而極矣。蓋編次者之無識，亦緣不知古人之流別、作者之意指，不得不拘貌而論文也。集文雖始於建安（魏文撰徐、陳、應、劉文爲一集，此文集之始，摯虞《流別集》猶其後也），而實盛於齊、梁之際。古學之不可復，蓋至齊、梁而後蕩然矣（摯虞《流別集》乃是後人集前人；人自爲集，自齊之《王文憲集》始，而昭明《文選》又爲總集之盛矣）。范、陳、晉、宋諸史所載文人列傳，總其撰著，必云詩賦箴頌誄若干篇，而未嘗云文集若干卷，則古人文字散著篇籍，而不強以類分可知也。孫武之書蓋有八十六篇矣（説詳外篇《校讎略》中《漢志兵書論》），而闔閭以謂子之十三篇，吾既得而見，是《始計》以下十三篇，當日别出獨行，而後世始合之明徵也。韓非之書今存五十五篇矣，而秦王見其《五蠹》《孤憤》，恨不得與同時，是《五蠹》《孤憤》當日别出獨行，而後世始合之明徵也。《吕氏春秋》自序，以爲良人問十二紀，是《八覽》《六論》未嘗入序次也。董氏《清明》《玉杯》《竹林》之篇，班固與《繁露》並紀其篇名，是當日諸篇未入《繁露》之書也。夫諸子專家之書，指無旁及，而篇次猶不可強繩以類例，況文集所裒，體制非一，命意各殊，不深求其意指之所出，而欲強以篇題形貌相拘哉。

賦先於詩，騷别於賦，賦有問答發端，誤爲賦序。前人之議《文選》猶其顯然者也。若夫《封禪》《美新》《典引》，皆頌也。稱符命以頌功德而别類其體爲符命，則王子淵以聖主得賢臣而頌嘉會，亦當别類其體爲主臣矣。班固次韻乃《漢書》之自序也，其云述《高帝紀》第一，述《陳項傳》第一者，所以自序撰書之本意，史遷有作於先，故已退居於述爾。今於史論之外，别出一體，爲史述贊，則遷書自序所謂作《五帝紀》第一、作《伯夷傳》第一者，又當别出一體爲史作贊矣。漢武詔策賢良，即策問也。今以出於帝制，遂於策問之外别名曰詔，然則制策之對當離諸策而别名爲表矣。賈誼《過秦》，蓋《賈子》之篇目也(今傳賈氏《新書》，首列《過秦》上下二篇，此爲後人所輯定，不足爲據。《漢志》賈誼五十八篇，又賦七篇，此外别無論著，則《過秦》乃《賈子》篇目明矣)，因陸機《辨亡》之論，規仿《過秦》，遂援左思論準《過秦》之說，而標體爲論矣(左思著論之說須活看，不可泥)。魏文《典論》，蓋猶桓子《新論》、王充《論衡》之以論名書耳。《論文》，其篇目也，今與《六代》《辨亡》諸篇同次於論。然則昭明自序所謂"老、莊之作，管、孟之流，立意爲宗，不以能文爲本"，其例不收諸子篇次者，豈以有取斯文，即可裁篇題論而改子爲集乎？七林之文，皆設問也；今以枚生發問有七而遂標爲七，則《九歌》《九章》《九辨》，亦可標爲九乎？《難蜀父老》，亦設問也；今以篇題爲難而别爲難體，則《客難》當與同編，而《解嘲》當别爲嘲體，《賓戲》當别爲戲體矣。《文選》者，辭章之圭臬，集部之準繩，而淆亂蕪穢，不可殫詰；則古人流别，作者意指，流覽諸集，孰是深窺而有得者乎？集人之文尚未得其意指，而自裒所著爲文集者何紛紛耶？若夫總集别集之類例，編輯撰次之得失，今古詳略之攸宜，錄選評鈔之當否，别有專篇討論，不盡述也。

嘉業堂本《章氏遺書·文史通義》内篇卷一

書梁昭明太子文選序後

〔清〕阮　元

昭明所選，名之曰文，蓋必文而後選也，非文則不選也。經也，子也，史也，皆不可專名之爲文也。故昭明《文選序》後三段特明其不選之故，必沈思翰藻，始名之爲文，始以入選也。

或曰：昭明必以沈思翰藻爲文，於古有徵乎？

曰：事當求其始。凡以言語著之簡策，不必以文爲本者，皆經也，史也，子也。言必有文，專名之曰文者，自孔子《易·文言》始。傳曰："言之無文，行之不遠。"故古人言貴有文。孔子《文言》實爲萬世文章之祖，此篇奇偶相生，音韻相和，如青白之成文，如咸韶之合節，非清言質說者比也，非振筆縱書者比也，非詰屈澀語者比也。是故昭明以爲經也，史也，子也，非可專名之爲文也；專名爲文，必沈思翰藻而後可也。

自齊、梁以後，溺於聲律，彥和《雕龍》，漸開四六之體，至唐而四六更卑，然文體不可謂之不卑，而文統不得謂之不正。自唐、宋韓、蘇諸大家，以奇偶相生之文，爲八代之衰而矯之，於是昭明所不選者，反皆爲諸家所取，故其所著者非經卽子，非子卽史，求其合於昭明序所謂文者鮮矣，合於班孟堅《兩都賦序》所謂文章者更鮮矣。其不合之處，蓋分於奇偶之閒。

經史子多奇而少偶，故唐、宋八家不尙偶；《文選》多偶而少奇，故昭明不尙奇。如必以比偶非文之古者而卑之，則孔子自名其言曰文者，一篇之中，偶句凡四十有八，韻語凡三十有五，豈可以爲非文之正體而卑之乎？況班孟堅《兩都賦序》及諸漢文其體及奇偶相生者乎。

《兩都賦序》白麟神雀二比、言語公卿二比，卽開明人八比之先路。明人號唐、宋八家爲古文者，爲其別於四書文也，爲其別於駢偶文也。然四書文之體，皆以比偶成文，不比不行，是明人終日在偶中而不自覺也。且洪武、永樂時四書文甚短，兩比四句卽宋四六之流派，宏治、正德以後，氣機始暢，篇幅始長，筆近八家，便於摹取，是以茅坤等知其後而昧於前也。是四書排偶之文，眞乃上接唐、宋四六爲一脈，爲文之正統也。

然則今人所作之古文當名之爲何？

曰：凡說經講學皆經派也，傳志記事皆史派也，立意爲宗皆子派也，惟沈思翰藻乃可名之爲文也。非文者尙不可名爲文，況名之曰古文乎。

或問曰：子之所言，偏執己見，謬託古籍，此篇書後自居何等？

曰：言之無文，子派雜家而已。

《揅經室三集》卷二

金樓子·立言[1]〔節錄〕

〔梁〕蕭　繹[2]

……古人之學者有二[3]，今人之學者有四[4]。夫子門徒，轉相師受，通聖人之經者，謂之儒。屈原、宋玉、枚乘、長卿之徒，止於辭賦[5]，則謂之文。今之儒，博窮子史，但能識其事，不能通其理者，謂之學。至如不便爲詩如閻纂[6]，善爲章奏如伯松[7]，若此之流，汎謂之筆。吟詠風謠，流連哀思者[8]，謂之文。而學者率多不便屬辭，守其章句[9]，遲於通變[10]，質於心用[11]。學者不能定禮樂之是非，辯經敎[12]之宗旨，徒能揚榷前言[13]，抵掌多識[14]，然而挹源之流，亦足可貴[15]。筆退則非謂成篇，進則不云取義[16]，神其巧惠，筆端而已[17]。至如文者，惟須綺縠紛披[18]，宮徵靡曼[19]，脣吻遒會[20]，情靈搖蕩[21]。而古之文筆，今之文筆，其源又異[22]。至如象、繫、風、雅、名、墨、農、刑[23]，虎炳豹郁[24]，彬彬君子。卜談四始[25]，李言七略[26]，源流已詳，今亦置而弗辨。潘安仁清綺若是，而評者止稱情切，故知爲文之難也[27]。曹子建、陸士衡，皆文士也，觀其辭致側密[28]，事語堅明，意匠有序[29]，遣言無失，雖不以儒者命家，此亦悉通其義也[30]。……

知不足齋本《金樓子》卷四

【註釋】

[1] 金樓子——梁元帝蕭繹未即位前，曾自號金樓子，因以名書。《隋書·經籍志》著錄爲十卷，明代書漸湮晦以至散亡。清代修《四庫全書》，從《永樂大典》中輯

其遺文，凡六卷。曾收入《知不足齋叢書》。

[2] 蕭繹(公元五〇八年——五五四年)——字世誠，梁武帝第七子。初封湘東王，大寶三年即位於江陵，改元承聖。在位三年，爲西魏所擒，被殺。明年，梁朝追尊爲孝元皇帝。事蹟見《梁書》卷五《元帝本紀》。《隋書·經籍志》著錄《梁元帝集》五十二卷、《梁元帝小集》十卷。原集已亡佚，明張溥輯《漢魏六朝百三名家集》有《梁元帝集》一卷。嚴可均輯其文入《全梁文》卷十五至卷十八。丁福保輯其詩入《全梁詩》卷三。

[3] 古人之學者有二——指"通聖人之經"的儒和長於辭賦的文。前者屬於學術的範疇，後者屬於文章的範疇。

[4] 今人之學者有四——一、墨守五經章句的儒(原文"今之儒"句下省去此項，只舉了"學""筆""文"三項，但下文復述四種學者時，却是四項並立，而又將二項都稱學者，按其性質，"守其章句"，正是謂今之儒者)；二、博窮子史而不能通其理的學者；三、擅長"筆"的作者；四、擅長"文"的作者。前二者屬於學術的範疇，後二者屬於文章的範疇。

[5] 止於辭賦——所擅長的限於辭賦。

[6] 不便爲詩如閻纂——便，習。閻纂，疑卽閻纘。《晉書》卷四十七有《閻纘傳》。嚴可均《全晉文》錄閻纘文五首，並云"案《隋志》有《隴西太守閻纂集》二卷，未知卽此否？"

[7] 伯松——姓張名竦，字伯松。《古謠諺》卷五："長安爲張竦語：'欲求封，過張伯松；力戰鬥，不如巧爲奏。'"事見《漢書·王莽傳》。

[8] 流連哀思——《禮記·樂記》："亡國之音哀以思。"原意指悲哀愁思，這裏引申作情思解。

[9] 守其章句——指僅能墨守五經的章句。上句的"學者"疑應作"儒者"。

[10] 遲於通變——遲，遲鈍。這句謂不善於貫通經籍的大義以融會變化去運用它。

[11] 質於心用——質，質樸，引申作笨拙解。這句謂不善於發揮獨立思考。以上四句指今之學者的第一種，卽僅能解釋五經字句而不能貫通其理的儒生。

[12] 經敎——經指五經，敎謂儒敎。

[13] 揚榷前言——揚榷，約略。這句謂能約略陳述前人之說。

[14] 抵掌多識——抵掌而談廣博的見聞。

[15] 挹源之流亦足可貴——作者意謂"禮樂之是非，經敎之宗旨"是源；"前言"與"多識"指"博窮子史"而言，是流。子史還是從經籍推衍而來，所以說是"挹源之流"。以上六句指今之學者的第二種，卽"博窮子史"而不能通經者。

[16] 筆退則非謂成篇二句——筆字讀時略頓。這二句謂章奏一類的筆，下比之於抒情之文，則它並不能成爲有文學價値的作品，上比之於學者的經史撰述，則它並不能得到儒者的義理所在。

[17] 神其巧惠二句——惠，通慧。章奏一類的筆也可以顯示作者的智慧，但注意到的是語言技巧。以上四句指今之學者的第三種，能寫實用文章的"筆"者。

[18] 綺縠紛披——綺縠，精美的絲織品，比喩辭藻。紛披，形容文采繁富。

[19] 宮徵靡曼——謂作品的音節，靡靡動聽。

[20] 脣吻遒會——脣吻，語言的代稱。遒，聚。這句謂語言須要精鍊。

[21] 情靈搖蕩——猶《詩品序》所謂"搖蕩性情，形諸舞詠"。以上四句指今之學者的第四種，能寫抒情文章的"文"人。

[22] 古之文筆三句——古之筆，卽上文所稱聖人之經。古之文，卽上文所稱辭賦。今之文，指體裁上包括辭賦、風謠等一切抒情之作，藝術上必須具備辭藻音律等條件者。今之筆，指章奏等一切實用文章。

[23] 彖——《易》的《彖辭》。孔穎達《周易正義》："夫子所作《彖辭》，統論一卦之義。……案褚氏莊氏並云：彖，斷也。斷定一卦之義，所以名爲彖也。"繫——《易》的《繫辭》。孔子所作。孔穎達《周易正義》："謂之《繫辭》者，……聖人繫屬此辭於爻卦之下。……"刑——指法家。

[24] 虎炳豹郁——炳，文采彪炳。郁，文采盛美。

[25] 卜談四始——四始見《毛詩序》。卜，指卜商。梁時人一般認爲《毛詩序》是卜商所作，《文選》選此文卽署卜商名。

[26] 李言七略——《七略》見《漢書·藝文志·詩賦略論》。《七略》是劉歆所撰，《藝文志》僅言"侍醫李柱國校方技"。

[27] 潘安仁三句——清綺，謂語言清新，雖有辭采，但不是濃到化不開。梁朝人過重辭藻，所以對潘文的評價，只稱許其抒情深切的一面。作者舉此以證明"文"的標準，不易達到。

[28] 辭致側密——南朝至唐人往往用側字狀清新輕豔，如所謂"側麗"、"側豔"等。側密則兼有側麗與綿密二義。

[29] 意匠有序——構思程序，邏輯井然。

[30] 此亦悉通其義也——此，指"文""筆"之"文"。連上句謂文學家雖不以儒學名家，但在"文"的方面却是窮究其奧妙的。

【説明】

本文節錄自《金樓子·立言》下篇，是南朝後期在理論上辨析文章體製值得重視的文獻。

“文”與“筆”對舉而言，是從文學形式的不同和性質的不同而加以區分的。“文”“筆”的區分，是由於文學創作日益發展，人們辨析文章體製日益精密的結果。

南朝人所說的“文學”，指的是文章之學；所謂“文章”，指的是文學作品。就其性質的類別來說，則稱之爲文學；就其創作的成品來說，則稱之爲文章。文章與文學，在涵義上有其相同之點，又有其不同之處。至於“文筆”，早已見於漢人書中，如《論衡·超奇》所說“文筆不足類也”等。但這裏所說的“文筆”，是一個意思。到南朝時，人們從形式上或性質上辨析文體，才利用“文”“筆”的名稱析之爲二，於是“文”與“筆”就成爲文章或文學共名中的分名。本文說：“古之學者有二，今之學者有四。”所謂有二，就是指漢人“文學”（卽學術）與“文章”之分；所謂有四，就是從“文學”（學術）中分出“儒”與“學”，從“文章”中分出“文”與“筆”。《文心雕龍·總術》說：“別立兩名（指“文”與“筆”），自近代耳。”可見“文”“筆”之分，始於南朝。證之史籍，則《南史·顏延之傳》所云“竣得臣筆，測得臣文”，是“文”“筆”對舉的最早紀錄。

如何區分“文”“筆”，又有其發展的過程。其初簡單地從文章的形式來分，以有韻的爲文，無韻的爲筆。劉勰在《文心雕龍》裏就是這樣說的。但到後來，人們逐漸重視文學性質的差異，於是對“文”“筆”之分，又有了進一步的理解。從本篇裏可以看出：第一，“情靈搖蕩，流連哀思”的抒情文學叫做“文”，“善爲章奏，善輯流略”的論事說理實用之文叫做“筆”；這樣，“文”“筆”之分，不僅是有韻與無韻的問題了。第二，所謂“筆”，雖不要求“綺縠紛披，宮商靡曼”，像文那樣的具有辭采和聲律之美，然而“神其巧惠(慧)，筆端而已”，也要講究藝術，和“直言之言，論難之語”，仍然有所區別。可見“筆”和“文”同樣屬於文學的範疇。

這就是南朝人關於文體的辨析，也說明了他們對文學的認識。後來由於不瞭解這種認識的歷史發展過程，泥於形式上的有韻與無韻，所以關於“文”“筆”之分的解釋，就歧義百出了。

附　錄

文心雕龍·總術

〔梁〕劉　勰

今之常言，有文有筆，以爲無韻者筆也，有韻者文也。夫文以足言，理兼詩書，別目兩名，自近代耳。顔延年以爲筆之爲體，言之文也；經典則言而非筆，傳記則筆而非言。請奪彼矛，還攻其楯矣。何者？《易》之《文言》，豈非言文；若筆不言文，不得云經典非筆矣。將以立論，未見其論立也。予以爲發口爲言，屬筆曰翰，常道曰經，述經曰傳。經傳之體，出言入筆，筆爲言使，可強可弱。分(疑有脫誤)經以典奧爲不刊，非以言筆爲優劣也。昔陸氏《文賦》，號爲曲盡，然汎論纖悉，而實體未該。故知九變之貫匪窮，知言之選難備矣。

凡精慮造文，各競新麗，多欲練辭，莫肯研術。落落之玉，或亂乎石；碌碌之石，時似乎玉。精者要約，匱者亦尠；博者該贍，蕪者亦繁；辯者昭晢，淺者亦露；奥者複隱，詭者亦曲。或義華而聲悴，或理拙而文澤。知夫調鐘未易，張琴實難。伶人告和，不必盡窕槬梼(字衍，鈴木云：嘉靖本無梼字)之中；動用揮扇，何必窮初終之韻；魏文比篇章於音樂，蓋有徵矣。夫不截盤根，無以驗利器；不剖文奥，無以辨通才。才之能通，必資曉術，自非圓鑒區域，大判條例，豈能控引情源，制勝文苑哉！

是以執術馭篇，似善弈之窮數；棄術任心，如博塞之邀遇。故博塞之文，借巧儻來，雖前驅有功，而後援難繼，少既無以相接，多亦不知所刪，乃多少之並惑，何妍蚩之能制乎！若夫善弈之文，則術有恆數，按部整伍，以待情會，因時順機，動不失正。數逢其極，機入其巧，則義味騰躍而生，辭氣叢雜而至。視之則錦繪，聽之則絲簧，味之則甘腴，佩之則芬芳，斷章之功，於斯盛矣。夫驥足雖駿，纆牽忌長，以萬分一累，且廢千里，況文體多術，共相彌綸，一物攜貳，莫不解體。所以列在一篇，備總情變，譬三十之輻，共成一轂，雖未足觀，亦鄙夫之見也。

贊曰：文場筆苑，有術有門。務先大體，鑑必窮源。乘一總萬，舉要治繁。思無定契，理有恆存。

范文瀾註《文心雕龍》卷九

文筆考

〔清〕劉天惠

或謂文莫高於昌黎，韓筆杜詩吟自好問，孟詩韓筆說始趙璘，猶以爲筆亦文之稱耳。及讀劉禹錫《中山集·祭韓侍郎文》曰："子長在筆，我長在論，以矛陷盾，卒不能困。"是不以能文許昌黎也。梁元帝《金樓子》云："不便爲詩如閻纂，善爲章奏如伯松，若此之流，汎謂之筆；吟詠風謠，流連哀思，謂之文。"《文心雕龍》云："有韻者謂之文，無韻者謂之筆。"其言文與筆，顯然有別。始甚訝之，爰考於史傳而究其名義，然後所謂文，所謂筆者，始明白可見焉。

《漢書·賈生傳》云："以能誦詩書屬文聞於郡中。"《終軍傳》云："以博辨能屬文聞於郡中。"《司馬相如敍傳》云："文豔用寡，子虛烏有。"《揚雄敍傳》云："淵哉若人，實好斯文。初擬相如，獻賦黃門。"至若董子工於對策，而《敍傳》但稱其屬書。馬遷長於敍事，而傳贊但稱其史才，皆不得混能文之譽焉。蓋漢尚辭賦，所稱能文，必工於賦頌者也。《藝文志》先六經，次諸子，次詩賦，次兵書，次術數，次方技，六經謂之六藝。兵書、術數、方技，亦子也。班氏序諸子曰："今異家者，各推所長，窮知究慮，以明其指。雖有蔽短，合其要歸，亦六經支與流裔。"據此則西京以經與子爲藝，詩賦爲文矣（詩賦家有《隱書》十八篇，蓋隱其名而賦其狀，如射覆之類。至於設問，亦賦之流，故皆謂之文。《東方朔傳》載《答客難》《非有先生論》二篇，結之云：

朔文辭此二篇最善，是其證)。

然非獨西京爲然也。《後漢書》創立《文苑傳》，所列凡二十二人，類皆載其詩賦於傳中。蓋文至東京而彌盛，有畢力爲文章而他無可表見者，故特立此傳。必載詩賦者，於以見一時之習尚，而《文苑》非虚名也。其傳贊曰："情志既動，篇辭爲貴。抽心呈貌，非雕非蔚。殊狀共體，同聲異氣。言觀麗則，永監辭費。"章懷註：揚雄曰："詩人之賦麗以則。"是《文苑》所由稱文，以其工詩賦可知矣。

然又不特《文苑》爲然也。《班固傳》稱能屬文而但載其《兩都賦》；《崔駰傳》稱善屬文而但載其《達旨》及《慰志賦》。班之贊曰："二班懷文。"崔之贊曰："崔氏文宗。"由是言之，東京亦以詩賦爲文矣。

然非特漢京爲然也。三國魏時，文章尤麗。《魏志》王衞二劉傅傳評云："文帝、陳王以公子之尊，博好文采，同聲相應，才士並出，惟粲等六人最見名目。"今按諸傳中或稱有文采，或稱以文章顯，或稱文詞壯麗，或稱著文賦頗傳於世；而粲傳獨云善屬文，蓋"粲長於辭賦；徐幹時有逸氣，然非粲匹也"(魏文帝《典論》之言)。《蜀志・郤正傳》稱能屬文，評曰："文詞燦爛，有張、蔡之風。"而傳載其《釋譏》(傳云依則先儒，假文見意，號曰《釋譏》，其文繼於崔駰《達旨》)。《吳志・韋曜傳》稱能屬文，而載其《博弈論》，《華覈傳》評其文賦之才有過於曜，而傳載其《草文》(四言有韻)。則三國時所謂文，亦以詞賦爲宗矣。

何者？文之爲字，象交形。物交斯體，有偶義歸，采畫詞采，則氣必諧。大抵綺縠紛披，宫商靡曼之作，皆原於騷賦矣。故溯其流，凡駢儷藻翰，皆得謂文。而窮其源，惟敷陳鏗鏘，乃副斯號，所以羣書七略，賦與其間；《文選》卅篇，賦居厥首也。

雖然漢、魏導始，體製未繁，雖奮其斧藻，健於爲文，而苟非史官，無煩載筆。景君之前，墓表未傳；仲文以還，石誌乃作。載考《晋書・蔡謨傳》："文筆肇端，自兹以降，厥名用彰矣。"請略言之。《樂廣傳》："廣善淸言而不長於筆，將讓尹，請潘岳爲表，岳曰：'當得君意。'乃作二百句語，述己之意。岳因取次比便成，名筆。"《成公綏傳》："所著詩賦雜筆十餘卷行於世。"《張翰傳》："其文筆數十篇。"《曹毗傳》："所著文筆十五卷。"《袁宏傳》："桓溫重其文筆，專綜書記。"《宋書・傅亮傳》："高祖登庸之始，文筆皆是記室參軍滕演北征廣固，悉委長史王誕。"《南史·顔延之傳》："宋文帝問延之諸子才能，延之曰：'竣得臣筆，測得臣文。'"《南齊書·晉安王子懋傳》："文章詩筆乃是佳事。"《王儉傳》："儉手筆爲當時所重。"《高逸傳》："歡口不辨，善於著筆。"《南史·孔珪傳》："高帝取爲記室參軍，與江淹對掌辭筆。"《任昉傳》："昉尤長爲筆，才思無窮。"《沈約傳》云："彥昇工於筆。"《梁書·劉潛傳》："潛字孝儀，祕書監孝綽弟也。幼孤，兄弟相勵勤學，並工屬文。孝綽常曰：'三筆六詩'，三即孝儀，六孝威也。"《庾肩吾傳》："簡文與湘東王論文曰，握瑜懷玉之士，瞻鄭邦而知退，章甫翠履之人，望閩鄉而嘆息，詩既如此，筆亦如之。"《北史·魏高祖紀》："帝好爲文章，詩歌銘頌，有大文筆，馬上口授，及其成也，不易一字。"《魏書·溫子昇傳》："子昇年二十二，臺中文筆，皆子昇爲之。"《北史·溫子昇傳》："梁武帝使張皋寫子昇文筆，傳於江外。"《北齊書·李廣傳》："廣曾薦畢義雲於崔暹，廣卒，後義雲集其文筆十卷，託魏收爲之序。"《陳書·陸琰傳》："所製文筆多不存，後主求其遺文，撰成二卷。"《劉師知傳》："師知好學，有當世才，博涉書傳，工文筆。"《徐伯陽傳》："年十五，以文筆稱。"《徐陵傳》："世祖高祖之世，國家有大手筆，必命陵草之。"《陸瓊傳》："瓊素有令名，深爲世祖所賞，及討周迪、陳寶應等，都官符及諸大手筆，並敕付瓊。"《岑之敬傳》："之敬始以經業進，而博涉文史，雅有辭筆。"《姚察傳》："後主所製文筆，卷軸甚多，乃別寫一本，付察。"又云："察博學洽聞，其手筆自古猶難輩匹。"《隋書·李德林傳》："楊遵彥命德林製讓尚書令表以示陸卬，卬曰：已大見其文筆，浩浩如長河東注。"《房彥謙傳》："彥謙所有文筆，恢廓閑雅，有古人之深致。"《唐書·蔣偕傳》："三世踵修國史，世稱良筆。"《文藝傳》："蘇頲字廷碩，自景龍後與張說以文章顯，故時號燕、許大手筆。"《楊炯傳》："徐堅曰，李趙公、崔文公之筆，擅價一時。"《李賀傳》："賀手筆敏捷，尤長於詩篇。"《宋史·楊億傳》："文筆雄健。"《元史·歐陽元傳》："元日直內廷，多所撰述，海內名山大川，釋老之宮，王公貴人墓隧之碑，得其文筆以爲榮。"凡茲稱筆，皆爲直言序述之辭(筆從聿，聿者，述也)。體近乎乙部，義託於龍門，乃文海之別裁，與《金樓》相證發者也。然其稱名，盛於六朝，衰於兩宋。柳、穆而後，佶屈聱牙爲古，散野拙質爲高。卑視建安，七子何足算；規摹韓、柳，八代起其衰。至於有明，文弊極矣。觀宋、元以下之史，稱筆者，惟楊、歐二公，吾見罕已，非其驗乎！乃有才能擱管，便擬持衡，六經三傳，任其批評；遷史班書，供其翦截；至於屈、宋、卿、雲之制，別以賦編；《秋風》《天馬》之詞，列爲詩集；謂與選文無涉，反議昭明爲非，斯眞不知而作弗正其名者矣。

啓秀山房本《學海堂集》卷七

文筆考

〔清〕侯康

《老學庵筆記》：南朝詞人謂文爲筆，歷舉謝元暉善爲詩，任彥昇工於筆，沈詩任筆，梁簡文《與湘東王書》"詩旣如此，筆又如之"，"謝朓沈約之詩，任昉陸倕之筆"數語，蓋因其以筆與詩對言也。然六朝多以文筆對言者，顔延之云："竣得臣筆，測得臣文。"杜之偉《求解著作啓》云："或淸文贍筆，或彊識稽古。"《文心雕龍·章句》篇云："裁文匠筆"；《序志》篇云："論文敍筆"；《時序》篇云："庾以筆才愈親，溫以文思益厚"；《才略》篇云："孔融氣盛於爲筆，禰衡思銳於爲文"；是文非卽筆，放翁所言誤矣。又《梁書·鮑泉傳》："兼有文筆"，《周書·劉璠傳》："兼善文筆"，若文筆爲一類，則何以云兼乎？尋其旨緒，乃文與詩爲一類，非與筆爲一類。文筆詩筆，字異義同，劉彥和所謂："有韻者文，無韻者筆"是也。《金樓子》亦云："不便爲詩如閻纂，善爲章奏如伯松，若此之流，汎謂之筆，吟詠風謠，流連哀思者謂之文。"更可證也。

詳觀史傳中，其以文筆合稱者指不勝屈。如袁翻與祖瑩，文筆之美，見稱先達。梁使張皐寫溫子昇文筆，傳於江外；後子昇卒，宋游道集其文筆爲三十五卷。畢義雲集李廣文筆七卷，託魏收爲序。陳後主所製文筆，卷軸甚多，乃別寫一本付姚察，有疑悉令刊定。姚察每製文筆，敕便索本上。陸卬稱李德林文筆浩浩如長河東注。薛道衡所爲文筆，必先以草呈高構，而後出之。房彥謙文筆恢廓閑雅，有古人深致。楊素令杜正元擬諸雜文筆十餘條，皆立成，乃其最著者也。蓋二字對言之則別，散言之則通。如所謂文章手筆云爾。

然亦有單稱筆者：《樂廣傳》善淸言而不長於筆，將讓尹，請潘岳爲表，乃作二百語，述已志。岳因取次比便成，名筆。《摯虞傳》太叔廣樞機淸辨，廣談，虞不能對；虞筆，廣不能答。《顔延之傳》子竣爲世祖造書檄元凶，劭召延之，示以檄文，問：此筆誰所造？顔延之曰：竣筆。又問：何以知之？曰：竣筆體臣不容不識。以及成公綏、李彪、邢虯等，皆有雜筆行於世，此皆指無韻之筆耳。

至唐，則多以詩筆對舉。如"賈筆論孤憤，嚴詩讀幾篇"，少陵句也。"王筆活龍鳳，謝詩生芙蓉"，飛卿句也。"杜詩韓筆愁來讀"，牧之句也。"朝廷左相筆，天下右丞詩"，時人目王縉、王維語也。"孟詩韓筆"，時人目退之、東野語也。"歷代詞人詩筆雙美者鮮"，殷璠語也。蓋唐近六朝，猶沿其說；宋則以文與詩對。唐庚謂作文當學司馬遷，作詩當學杜子美（徐度《却埽編》）。張邦基謂韓退之之於文，李太白之於詩，亦皆横者（《墨莊漫錄》）。宋白尙書《玉津雜詩》"坐臥將何物，陶詩與柳文"（《老學菴筆記》）。諸如此類，不可枚舉。此放翁所以誤筆爲文，而體例乃不復辨於後世與。

啓秀山房本《學海堂集》卷七

文筆考

〔清〕梁光釗

沈思翰藻之謂文，紀事直達之謂筆。其說昉於六朝，流衍於唐，而實則本於古。孔子贊《易》有《文言》。其爲言也，比偶而有韻，錯雜而成章，燦然有文，故文之。孔子作《春秋》，筆則筆。其爲書也，以紀事爲褒貶，振筆直書，故筆之。文筆之分，當自此始。其後得文意者長於文，顔延之云："測得臣文是也。"得筆意者長於筆，顔延之云："竣得臣筆是也。"推之史籍，莫可枚舉。故昭明所選多文，唐宋八家多筆。韓、柳、歐、蘇，散行之筆，奥衍灝瀚；好古之士，靡然從之。論者迺薄選體爲衰，以散行爲古。旣尊之爲古，且專名之爲文，故文筆不復分别矣。

啓秀山房本《學海堂集》卷七

顔氏家訓·文章篇〔節錄〕

〔北齊〕顔之推[1]

夫文章者，原出五經[2]：詔命策檄，生於《書》者也；序述論議，生於《易》者也；歌詠賦頌，生於《詩》者也；祭祀哀誄，生於《禮》者也；書奏箴銘，生於《春秋》者也。朝廷憲章，軍旅誓誥，敷顯仁義，發明功德，牧民建國，施用多途。至於陶冶性靈，從容諷諫，入其滋味，亦樂事也，行有餘力，則可習之[3]。然而自古文人，多陷輕薄：屈原露才揚己，顯暴君過[4]；宋玉體貌容冶，見遇俳優[5]；東方曼倩滑稽不雅[6]，司馬長卿竊貲無操[7]；王褒過章《童約》[8]，揚雄德敗《美新》[9]；李陵降辱夷虜[10]，劉歆反覆莽世[11]；傅毅黨附權門[12]，班固盜竊父史[13]；趙元叔抗竦過度[14]，馮敬通浮華擯壓[15]；馬季長佞媚獲誚[16]，蔡伯喈同惡受誅[17]，吳質詆訶鄉里[18]，曹植悖慢犯法[19]，杜篤乞假無厭[20]，路粹隘狹已甚[21]；陳琳實號麤疎，繁欽性無檢格[22]；劉楨屈強輸作[23]，王粲率躁見嫌[24]；孔融、禰衡誕傲致殞[25]；楊修、丁廙扇動取斃[26]；阮籍無禮敗俗[27]，嵇康凌物凶終[28]；傅玄忿鬥免官[29]，孫楚矜誇凌上[30]；陸機犯順履險[31]，潘岳乾沒取危[32]；顔延年負氣摧黜[33]，謝靈運空疎亂紀[34]；王元長凶賊自貽[35]，謝玄暉侮慢見及[36]。凡此諸人，皆其翹秀者[37]，不能悉紀，大較如此。至於帝王，亦或未免。自昔天子而有才華者，唯漢武、魏太祖、文帝、明帝、宋孝武帝，皆負世議，非懿德之君也。自子游、子夏、荀況、孟軻、枚乘、賈誼、蘇武、張衡、左思之儔，有盛名而免過患者，時復聞之，但其損敗居多耳。每嘗思之，原其所積文章之體，標舉興會，發引性靈，使人矜伐，故忽於持操，果於進取。今世文士，此患彌切。一事愜當，一句清巧，神厲九霄，志凌千載，自吟自賞，不覺更有傍人。加以砂礫所傷，慘於矛戟；諷刺之禍，速乎風塵。深宜防慮，以保元吉[38]。

學問有利鈍，文章有巧拙。鈍學累功，不妨精熟；拙文研思，終歸蚩鄙。但成學士，自足爲人；必乏天才，勿強操筆。吾見世人，至於無才思，自謂清華，流布醜拙，亦以衆矣，江南號爲詅癡符。近在并州，有一士族，好爲可笑詩賦，誂擎邢、魏諸公[39]，衆共嘲弄，虛相讚說，便擊牛釃酒，招延聲譽。其妻，明鑒婦人也，泣而諫之。此人歎曰：才華不爲妻子所容，何況行路！至死不覺。自見之謂明，此誠難也。

學爲文章，先謀親友；得其評論者（渭南嚴氏家塾《重校顏氏家訓》本作"得其課裁，知可施行"），然後出手。愼勿師心自任，取笑旁人也。自古執筆爲文者，何可勝言？然至於宏麗精華，不過數十篇耳。但使不失體裁，辭意可觀，遂稱才士。要須動俗蓋世，亦俟河之清乎[40]？……

或問揚雄曰：吾子少而好賦？雄曰：然。童子雕蟲篆刻，壯夫不爲也[41]。余竊非之曰：虞舜歌《南風》之詩[42]，周公作《鴟鴞》之詠[43]，吉甫、史克，雅頌之美者[44]，未聞皆在幼年累德也。孔子曰："不學詩無以言[45]。""自衛反魯，樂正，雅頌各得其所[46]。"大明孝道，引詩證之[47]。揚雄安敢忽之也！若論"詩人之賦麗以則，辭人之賦麗以淫"[48]，但知變之而已，又未知雄自爲壯夫何如也？著《劇秦美新》，妄投於閣[49]，周章怖慴[50]，不達天命，童子之爲耳！桓譚以勝老子[51]，葛洪以方仲尼[52]，使人歎息。此人直以曉算術，解陰陽，故著《太玄經》，爲數子所惑耳。其遺言餘行，孫卿、屈原之不及，安敢望大聖之清塵？且《太玄》今竟何用乎？不啻覆醬瓿而已[53]！

齊世有辛毗者[54]，清幹之士，官至行臺尙書。嗤鄙文學，嘲劉逖[55]云：君輩辭藻，譬若榮華，須臾之翫，非宏才也；豈比吾徒十丈松樹，常有風霜，不可凋悴矣。劉應之曰：旣有寒木；又發春華，何如也？辛笑曰：可矣。（宋本作“哉”。）

凡爲文章，猶人（宋本無“人”字）乘騏驥，雖有逸氣，當以銜勒制之，勿使流亂軌躅[56]，放意塡坑岸也[57]。

文章當以理致爲心腑[58]，氣調爲筋骨，事義爲皮膚[59]，華麗爲冠冕。今世相承，趨末棄本，率多浮豔。辭與理競，辭勝而理伏；事與才爭，事繁而才損。放逸者流宕而忘歸，穿鑿者補綴而不足。時俗如此，安能獨違，但務去泰去甚耳。必有盛才重譽、改革體裁者，實吾所希[60]。

古人之文，宏材逸氣，體度風格，去今實遠，但緝綴疎樸，未爲密緻耳。今世音律諧靡，章句偶對，諱避精詳，賢於往昔多矣。宜以古之制裁爲本，今之辭調爲末，並須兩存，不可偏棄也。……

沈隱侯[61]曰：文章當從三易：易見事，一也；易識字，二也；易讀誦，三也。邢子才常曰：沈侯文章用事，不使人覺，若胸臆語也，深以此服之。祖孝徵[62]亦嘗謂吾曰：沈詩云“崖傾護石髓”[63]，此豈似用事耶？

邢子才、魏收俱有重名，時俗準的，以爲師匠。邢賞服沈約而輕任昉[64]，魏愛慕任昉而毁沈約，每於談讌，辭色以之，鄴下紛紜，各有朋黨。祖孝徵嘗謂吾曰：任、沈之是非，乃邢、魏之優劣也。……

江南文制，欲人彈射，知有病累，隨卽改之。陳王得之於丁廙也[65]。山東風俗，不通擊難[66]。吾初入鄴，遂嘗以此忤人，至今爲悔，汝曹必無輕議也。

…………

文章地理，必須愜當。梁簡文[67]《雁門太守行》乃云：“鵝軍攻日逐，燕騎蕩康居，大宛歸善馬，小月送降書[68]。”蕭子暉[69]《隴頭水》云：“天寒隴水急，散漫俱分瀉，北注徂黃龍，東流會白馬[70]。”此亦明珠之纇[71]，美玉之瑕，宜愼之。

王籍《入若耶溪》詩云[72]：“蟬噪林逾靜，鳥鳴山更幽。”江南以爲文外斷絕[73]，物無異議。簡文吟詠不能忘之，孝元[74]諷味以爲不可復得，至《懷舊志》[75]載於籍傳。范陽盧詢祖[76]，鄴下才俊，乃言此不成語，何事於能？魏收亦然其論。《詩》云：“蕭蕭馬鳴，悠悠旆旌[77]。”《毛傳》曰：“言不諠譁也。”吾每歎此解有情致，籍詩生於此意耳。

蘭陵蕭慤[78]，梁室上黃侯之子，工於篇什。嘗有《秋詩》云：“芙蓉露下落，楊柳月中疎”，時人未之賞也，吾愛其蕭散宛然在目。潁川荀仲擧[79]，瑯琊諸葛漢，亦以爲爾。而盧思道[80]之徒，雅所不愜。

何遜[81]詩實爲清巧，多形似之言。揚都[82]論者，恨其每病苦辛，饒貧寒氣，不及劉孝綽[83]之雍容也。雖然，劉甚忌之[84]，平生誦何詩云：“蘧居響北闕[85]，憒憒[86]不道車。”又撰《詩苑》[87]，止取何兩篇。時人譏其不廣。劉孝綽當時旣有重名，無所與讓，唯服謝朓，常以謝詩置几案間，動靜輒諷味。簡文愛陶淵明文，亦復如此[88]。江南語曰：“梁有三何，子朗最多[89]。”三何者，遜及思澄、子朗也。子朗信饒淸巧，思澄遊廬山，每有佳篇，並爲冠絕[90]。

《四部叢刊》影明本《顏氏家訓》卷上

【註釋】

[1] 顏之推(公元五三一年——？)——字介，瑯琊臨沂人。先仕梁，後仕北齊、北周，卒於隋。《北齊書》卷四十五《文苑傳》，《北史》卷八十三《文苑傳》均有傳。著《家訓》共二十篇，清人趙曦明、盧文弨作註，刊入《抱經堂叢書》。

[2] 夫文章者原出五經——案：《文心雕龍·宗經》：“故論說辭序，則《易》統其首；

詔策章奏，則«書»發其源；賦頌歌讚，則«詩»立其本；銘誄箴祝，則«禮»總其端；記傳盟檄，則«春秋»爲根。”與此下數語同意。

［3］行有餘力則可習之——«論語·學而»：“行有餘力，則以學文。”

［4］屈原露才揚己二句——語本班固«離騷序»：“今若屈原，露才揚己……責數懷王。”

［5］宋玉體貌容冶二句——語本宋玉«登徒子好色賦»：“大夫登徒子侍於楚襄王，短宋玉曰：玉爲人體貌閑麗，口多微辭，又性好色，願王勿與出入後宮。”

［6］東方曼倩滑稽不雅——東方朔，字曼倩，漢武帝時人，著有散文«答客難»等。他善於詼諧，但武帝以爲持論不根，頗俳優畜之。詳見«漢書»卷六十五«東方朔傳»。

［7］司馬長卿竊貲無操——指司馬相如誘娶卓文君，卓王孫不得已而分與財物事。詳見«史記»卷一百十七«司馬相如傳»。

［8］王褒過章童約——王褒，字子淵，漢宣帝時辭賦家。他的«僮約»（即«童約»）對所買的奴僕作了種種苛刻嚴厲的規定。文載«古文苑»。

［9］揚雄德敗美新——王莽代漢，自立爲皇帝，國號新。揚雄作«劇秦美新»，論秦之劇，稱新之美，歌頌王莽的功德。見«文選»卷四十八。

［10］李陵降辱夷虜——李陵，漢名將李廣之孫。漢武帝天漢二年，領兵五千人遠擊匈奴，被圍，兵盡援絕而降。詳見«史記»卷一百〇九«李將軍傳»所附載。

［11］劉歆反覆莽世——劉歆，字子駿，劉向之子。漢代著名的經學家與目錄學家。他本是王莽的心腹，王莽稱帝後，仕爲國師。後因怨恨王莽殺他的三個兒子，謀反，事泄自殺。詳見«漢書»卷三十六«劉歆傳»及卷九十九«王莽傳»。

［12］傅毅黨附權門——傅毅曾依附大將軍竇憲爲司馬。見«後漢書»卷八十«文苑傳·傅毅傳»。

［13］班固盜竊父史——班固作«漢書»乃繼父班彪未竟之業。«後漢書»卷四十«班彪傳»：“武帝時司馬遷著«史記»，自太初以後，闕而不錄。後好事者頗或綴集時事，然多鄙俗，不足以踵繼其書。彪乃繼採前史遺事，傍貫異聞，作«後傳»數十篇。”班固在這數十篇«後傳»的基礎之上，潛精積思，二十餘年，乃成«漢書»。案趙曦明«顏氏家訓註»謂不如責固附竇憲及不教諸子事爲更確切。

［14］趙元叔抗竦過度——趙壹，字元叔，漢末辭賦家。他“恃才倨傲”，是個具有反抗性的人物。曾舉郡上計到京師，見司徒袁逢，計吏數百人皆拜伏庭中，莫敢仰視，壹獨長揖而已。又往見河南尹羊陟，陟尚臥未起，壹逕入上堂，舉聲痛哭。詳見«後漢書»卷八十«文苑傳·趙壹傳»。

[15] 馮敬通浮華擯壓——馮衍，字敬通，著有«顯志賦»等。他曾仕王莽新朝，故見黜於漢光武帝劉秀。明帝即位，又因很多人批評他"文過其實"，遂廢於家。詳見«後漢書»卷二十八«馮衍傳»。

[16] 馬季長佞媚獲誚——馬融，字季長，東漢著名學者。他因生活飢困，不得不應大將軍鄧騭之召，仕爲舍人。從此不敢復違忤勢家，遂爲梁冀草奏李固，又作«大將軍西第頌»，頗爲正直所羞。詳見«後漢書»卷六十«馬融傳»。

[17] 蔡伯喈同惡受誅——蔡邕，字伯喈，漢末著名作家。他因在司徒王允座中，對董卓被誅一事發出嘆息，有動於色，王允以爲他與董卓"共爲逆"，付廷尉治罪，死獄中。見«後漢書»卷六十«蔡邕傳»。

[18] 吳質詆訶鄉里——吳質，字季重，以文才爲曹丕所善。«三國志·魏書»卷二十一«王粲傳»裴松之註："始質爲單家，少遊遨貴戚間，蓋不與鄉里相浮沉，故雖已出官，本國猶不與之士名。"訶，宋本作忤。

[19] 曹植悖慢犯法——«三國志·魏書»卷十九«陳思王植傳»："黃初二年，監國謁者灌均希指奏植醉酒悖慢，劫脅使者，有司請治罪。"

[20] 杜篤乞假無厭——杜篤，字季雅，東漢初作家，著有«論都賦»等。他曾居美陽，數向縣令請託，不諧，頗懷怨恨。令怒，收篤送京師。見«後漢書»卷八十«文苑傳·杜篤傳»。

[21] 路粹隘狹已甚——路粹，字文蔚。曾承曹操意旨數致孔融罪狀，人們讀了都對他產生畏懼。見«三國志·魏書»卷二十一«王粲傳»註引«典略»。

[22] 陳琳實號麤疎二句——陳琳，字孔璋，建安七子之一。繁欽，字休伯。這二句本韋仲將語："休伯都無格檢"，"孔璋實自麤疎"。見«三國志·魏書»卷二十一«王粲傳»註引。

[23] 劉楨屈強輸作——劉楨，字公幹，建安七子之一。屈強，同倔強。輸作，送往作坊勞動，以體罰代死刑。«三國志·魏書»卷二十一«王粲傳»註引«典略»："太子(曹丕)嘗請諸文學，酒酣坐歡，命夫人甄氏出拜，坐中衆人咸伏，而楨獨平視，太祖(曹操)聞之，乃收楨，減死輸作。"

[24] 王粲率躁見嫌——王粲，字仲宣，建安七子之一。率躁見«文心雕龍·體性»註[27]。他曾至荆州依劉表，劉表因爲他貌寢、體弱而通侻(隨便)，不大看重他。見«三國志·魏書»卷二十一«王粲傳»。

[25] 孔融禰衡誕傲致殞——孔融，字文舉，漢末著名作家。他因反對曹操，多致乖忤，被曹操借故殺掉，詳見«後漢書»卷七十«孔融傳»。禰衡，字正平，漢末名士。他也反對曹操，被曹操送與劉表，又送與江夏太守黃祖，終因倨傲侮慢被

殺。詳見《後漢書》卷八十《文苑傳·禰衡傳》。

[26] 楊修丁廙扇動取斃——楊修，字德祖。丁廙，字敬禮。他們都是曹植的心腹，因參與曹丕、曹植爭立太子的鬥爭而被殺，見《三國志·魏書》卷十九《陳思王植傳》。

[27] 阮籍無禮敗俗——阮籍遭母喪，裴楷往弔，他散髮坐牀，箕踞不哭，並在司馬昭座上飲酒食肉如常。他的嫂子還家，他見與作別，並回答譏笑他的人說："禮豈爲我輩設哉！"當時何曾攻擊他"任性放蕩，傷禮敗俗"，要求司馬昭予以處分。見《世說新語·任誕門》及劉孝標註引《晉陽秋》。

[28] 嵇康凌物凶終——嵇康反對司馬氏勢力，在鍾會去看他時不與爲禮，後被讒遇害，詳見《晉書》卷四十九《嵇康傳》。

[29] 傅玄忿鬥免官——傅玄，字休奕，晉武帝時作家。曾仕至侍中。因與散騎常侍皇甫陶不和，爭言諠嘩，爲有司所奏，二人一起免官。見《晉書》卷四十七《傅玄傳》。

[30] 孫楚矜誇凌上——孫楚，字子荆，曾參驃騎將軍石苞幕下。他自負才氣，對石苞很不尊敬。初報到時只行一舉手禮，說"天子命我參卿軍事"，因此構成嫌隙。見《晉書》卷五十六《孫楚傳》。

[31] 陸機犯順履險——陸機參與諸王之亂，先後依附趙王倫與成都王穎，後領兵討長沙王乂，大敗，被讒遇害。詳見《晉書》卷五十四《陸機傳》。

[32] 潘岳乾沒取危——乾沒，徼幸取利的意思。潘岳性輕躁，趨世利，與石崇等諂事賈謐，爲賈謐二十四友之首。他的母親曾責問他："爾當知足，而乾沒不已乎？"他不聽。終於因得罪孫秀，誣以與石崇等奉淮南王允、齊王冏謀反，被誅。見《晉書》卷五十五《潘岳傳》。

[33] 顏延年負氣摧黜——顏延之，字延年。延年恃才負氣，每犯權要。出爲永嘉太守，怨憤而作《五君詠》。彭城王劉義康以爲他辭旨不遜，要把他黜爲遠郡。由此他屏居七年。見《宋書》卷七十三《顏延之傳》。

[34] 謝靈運空疏亂紀——謝靈運入宋後常懷憤惋，多愆禮度，爲永嘉太守、臨川內史時，常遨放不理公事，爲有司所糾，他興兵拒捕被擒，徙廣州被殺。見《宋書》卷六十七《謝靈運傳》。

[35] 王元長凶賊自貽——王融，字元長，齊竟陵王蕭子良門下八友之一。他乘齊武帝病危昏迷時，欲矯詔立蕭子良，未遂，下獄死。見《南齊書》卷四十七《王融傳》。

[36] 謝玄暉侮慢見及——謝朓，字玄暉，齊代著名的詩人。他常輕江祏爲人，加以

嘲弄。後江祏議廢東昏侯，欲立江夏王蕭寶玄，被謝朓泄露，遂構罪害之。見《南史》卷十九《謝朓傳》。

[37] 翹秀——出類拔萃者。

[38] 元吉——大福。

[39] 詆擊句——詆擊，嘲弄的意思。邢魏——邢邵，字子才。魏收，字伯起。北齊著名作家。《北齊書》卷三十七《魏收傳》："初河間邢子才及季景與收並以文章顯世，稱大邢小魏（魏收少邢邵十歲）。"

[40] 亦俟河之清乎——《左傳》襄公八年："周詩有之曰：俟河（黃河）之清，人壽幾何？"這裏用來比喻等待不到的意思。

[41] 或問揚雄曰五句——見《法言·吾子》。

[42] 虞舜歌南風之詩——見《文心雕龍·時序》註[3]。

[43] 周公作鴟鴞之詠——《毛詩序》："《鴟鴞》，周公救亂也。成王未知周公之志，公乃爲詩以遺王，名之曰《鴟鴞》焉。"

[44] 吉甫史克雅頌之美者——據《毛詩序》，《大雅》中《崧高》《烝民》《韓奕》《江漢》四篇，是尹吉甫作以贊美宣王，《魯頌》中《駉》一篇，是史克作以歌頌僖公。

[45] 不學詩無以言——見《論語·季氏》。

[46] 自衛反魯三句——見《論語·子罕》。

[47] 大明孝道二句——謂《孝經》。

[48] 詩人之賦麗以則二句——見《法言·吾子》。

[49] 妄投於閣——王莽以符命自立，即位後想杜絕其源。甄尋與劉棻復獻符命。王莽殺甄尋及其父甄豐，放逐劉棻。時揚雄正在天祿閣上校書，見治獄使者來，恐不能自免（因爲劉棻嘗從揚雄學作奇字），乃從閣上自投下，幾死。見《漢書》卷八十七《揚雄傳》。

[50] 周章怖慴——驚遽的樣子。

[51] 桓譚以勝老子——《漢書·揚雄傳》：引桓譚曰："凡人賤近而貴遠：親見揚子雲祿位容貌，不能動人，故輕其書；昔老聃著虛無之言兩篇，薄仁義，非禮學，然後世好之者尚以爲過於五經。……今揚子之書，文義至深而論不詭於聖人，……則必度越諸子矣。"

[52] 葛洪以方仲尼——葛洪（公元二八四年——三六三年），字稚川，自號抱朴子，丹陽句容人。晉代道家兼神仙家，著有《抱朴子》內篇二十卷，外篇五十卷。《晉書》卷七十一有傳。《抱朴子·尚博》："世俗率神貴古昔，而黷賤同時。""雖有益世之書，猶謂之不及前代之遺文也。是以仲尼不見重於當時，《太玄》見蚩薄

於比肩也。”

［53］不啻覆醬瓿而已——見«文心雕龍·知音»註［15］。

［54］辛毗——曹魏時人。宋本作席毗，其人不詳。

［55］劉逖——«北齊書»卷四十五«劉逖傳»：“劉逖，字子長，……發憤自勵，專精讀書。……亦留心文藻，頗工詩詠。”

［56］軌躅——車輪碾過的轍迹。

［57］坑岸——深溝。

［58］理致爲心胸——理致，指作品的思想感情，所以説是心胸。嚴氏家塾«重校顔氏家訓»本作“心腎”。

［59］事義爲皮膚——事義，指作品所運用的典實，即下文所云“用事”，這在寫作上是表現於外形方面的，所以説是皮膚。與«文心雕龍·知音»所云“事義”涵義有殊。

［60］希——希望。

［61］沈隱侯——即沈約，死後謚隱。

［62］祖孝徵——祖珽，字孝徵，北齊作家。«北齊書»卷三十九有傳。

［63］崖傾護石髓——沈約詩句，全首已佚。«晉書·嵇康傳»：“康遇王烈，共入山，嘗得石髓如飴。”

［64］任昉——字彦昇，竟陵八友之一。«梁書»卷十四、«南史»卷五十九有傳。

［65］陳王得之於丁廙也——陳王，謂曹植。曹植«與楊德祖書»：“僕嘗好人譏彈其文，有不善應時改定。昔丁敬禮（即丁廙）嘗作小文，使僕潤飾之。僕自以才不過若人，辭不爲也。敬禮謂僕：‘卿何所疑難。文之佳惡，吾自得之，後世誰相知定吾文者邪？’吾常嘆此達言，以爲美談。”

［66］擊難——批評的意思。

［67］梁簡文（公元五〇三年——五五一年）——即蕭綱，字世纘，武帝第三子，即位爲梁簡文帝。後因侯景叛亂，被害。他自述爲詩“傷於輕豔”，當時號曰宫體。詳見«梁書»卷四«簡文帝本紀»。

［68］鵝軍攻日逐四句——鵝軍，春秋時宋軍陣名。«左傳»昭公二十一年：“（宋）公子城以晉師至，……與華氏戰於赭丘，鄭翩願爲鸛，其御願爲鵝。”杜預註：“鸛、鵝皆陳（陣）名。”日逐，漢時匈奴王。康居、大宛、小月（小月氏），皆漢時西域諸國名。盧文弨曰：“此殆言燕、宋之軍，其與此諸國，皆不相及也。”案蕭綱«雁門太守行»全詩今佚。

［69］蕭子暉——字景先，有傳附見«梁書»卷三十五«蕭子恪傳»。丁福保輯其詩入

《全梁詩》卷十。

[70] 天寒隴水急四句——《宋書·朱脩之傳》:"後鮮卑馮弘稱燕王,治黃龍城。"《漢書·西南夷傳》:"自隴以東北,君長以十數,白馬最大。"盧文弨曰:"案隴在西北,黃龍在北,白馬在西南,地皆隔遠,水焉得相及?"案蕭子暉《隴頭水》全詩今佚。

[71] 明珠之纇——纇,同疵。《淮南子·氾論》:"明月之珠,不能無纇。"

[72] 王籍——字文海,瑯琊臨沂人。有傳見《梁書》卷五十。丁福保輯其詩入《全梁詩》卷十。

[73] 文外斷絕——《梁書·王籍傳》:"(會稽)郡境有雲門天柱山,籍嘗遊之,或累月不反。至若邪溪,賦詩,其略云:'蟬噪林逾靜,鳥鳴山更幽',當時以爲文外獨絕。"案斷絕疑當作獨絕。

[74] 孝元——梁元帝蕭繹。

[75] 懷舊志——蕭繹撰,一卷,今佚。

[76] 盧詢祖——盧觀從孫,范陽涿人。有傳附見《北史》卷三十《盧觀傳》。

[77] 蕭蕭馬鳴二句——《詩·小雅·車攻》詩句。

[78] 蕭慤——字仁德,梁上黃侯蕭曄之子。有傳見《北齊書》卷四十五《文苑傳》。

[79] 荀仲舉——字士高,有傳見《北齊書》卷四十五《文苑傳》。

[80] 盧思道——字子行,有傳附見《北史》卷三十《盧玄傳》。

[81] 何遜——字仲言,東海郯人。丁福保輯其詩入《全梁詩》卷九。《梁書》卷四十九《何遜傳》:"初,遜文章與劉孝綽并見重於世,世謂之何、劉。"

[82] 揚都——指南方京城。六朝時揚州治建業,即今南京。

[83] 劉孝綽——本名冉,字孝綽,彭城人,有傳見《梁書》卷三十三。丁福保輯其詩入《全梁詩》卷十。

[84] 劉甚忌之——《梁書·劉孝綽傳》:"孝綽少有盛名,而仗氣負才,多所陵忽,有不合意,極言詆訾。"

[85] 蘧居響北闕——何遜《早朝車子聽望》詩句,見《全梁詩》卷九。居,原作車。用春秋時衛大夫蘧伯玉乘車至闕而止故事,見劉向《列女傳》。

[86] 懂懂——乖戾的意思。

[87] 詩苑——劉孝綽撰,今佚。

[88] 簡文愛陶淵明文二句——案:蕭統《陶淵明集序》:"余愛嗜其文,不能釋手。"簡文愛陶淵明文未詳,疑因蕭統而誤。《全梁文》卷十一載簡文《答定襄侯籥臥簟書》有"高臥北窗"句,用淵明《與子儼等疏》中語,則簡文固亦嘗留心陶集。

［89］江南語曰三句——何思澄，字元靜。何子朗，字世明。《梁書》卷五十《何思澄傳》："初，思澄與宗人遜及子朗俱擅文名，時人語曰：'東海三何，子朗最多。'思澄聞之曰：'此言誤耳。如其不然，故當歸遜。'思澄意謂宜在己也。"

［90］思澄遊廬山三句——《梁書·何思澄傳》："（思澄）爲遊廬山詩，沈約見之，大相稱賞，自以爲弗逮，約郊居宅新構閣齋，因命工書人題此詩於壁。"案：原詩今佚。

【說明】

本文節錄自《顏氏家訓》第九《文章篇》，較集中地反映了顏之推文學思想的幾個重要方面。

李延壽在《北史·文苑傳序》裏，論南北文風的異同，曾說："江左宮商發越，貴於清綺；河朔詞義貞剛，重乎氣質。氣質則理勝其詞，清綺則文過其意；理勝者便於時用，文華者宜於詠歌。……"顏之推由南入北，他對文學，融合南北，提出了折衷的觀點。從本文可以看出：第一，在文學內容和形式、思想和藝術的關係上，他認爲"文章當以理致爲心胸，氣調爲筋骨，事義爲皮膚，華麗爲冠冕"；反對"趨末棄本"，"辭勝而理伏"。他的所謂理，即是儒家的理，把一切文章體製，都推源於五經；要求作者的人格修養都符合封建道德標準。但另一方面，他又重視詞華。從尙理的角度來說，他認爲文章的體度風格，古勝於今；從重詞的意義來說，則語言聲律之美，今過於古，因而得出了重本而不棄末，法古而不違時，"兩須並存，不可偏廢"的結論。這種看法，顯然是吸收了劉勰、蕭統等人的意見，融會貫通而構成自己的思想。第二，在創作論上，顏之推頗有其獨到之見。雖然他說各種文體，都本於五經，各體文章都有"敷顯仁義，發明功德"的社會教育作用，然而"陶冶性靈，從容諷諫"，作爲文學作品，特別是詩歌一類緣情的作品，又有其特點。因而他認爲文章與學術不同，創作要有天才，學問則全靠功力。所以說："鈍學累功，不妨精熟；

拙文研思，終歸蚩鄙。但成學士，自足爲人；必乏天才，勿強操筆。”但顏之推並不是天才决定論者，他一方面指出才能的重要性，一方面又強調創作態度的謹嚴，不因馳騁才氣，而“流亂軌躅”，總之要歸於“不失體裁，辭意可觀”。這樣，就必須積之以學問，充之以修養；否則也就談不上以“理致爲心胸”了。第三，基於這樣的認識，顏之推提出了文風問題。他說“吾家世文章，甚爲典正，不同流俗”（見本篇，本文未錄）。“典正”是針對當時“浮豔”的文風而言的。爲了扭轉“浮豔”之風，他主張爲文要“不失體裁”，遣詞必須愜當，連地理上的個別錯誤，也應該看作“美玉之瑕”。主張造意要完整；反對雜亂破碎。主張“用事如出胸臆”；反對“穿鑿補綴”，“事繁而損才”，所以楬櫫“三易”之說，作爲衡量的標準。他劇賞“芙蓉露下落，楊柳月中疎”，以爲“蕭散宛然在目”。看來，他所追求的是一種清空自然，有獨創性的意境。所以在評論作家時，獨推重謝朓和擊華寂寞的陶淵明。這種見識，在當時是不可多得的。

附　錄

北史·文苑傳（節錄）

〔唐〕李延壽

夫人有六情，禀五常之秀；情感六氣，順四時之序。蓋文之所起，情發于中。而自漢魏以來，迄乎晉宋，其體屢變，前哲論之詳矣。暨永明、天監之際，太和、天保之間，洛陽、江左，文雅尤盛，彼此好尙，互有異同。江左宮商發越，貴於清綺；河朔詞義貞剛，重乎氣質。氣質則理勝其詞，清綺則文過其意。理深者便於時用，文華者宜於詠歌。此其南北詞人得失之大較也。若能掇彼清音，簡兹累句，各去所短，合其兩長，則文質彬彬，盡美盡善矣。

中華書局本二十四史《北史》卷八十三

南北文學不同論(節錄)

〔清〕劉師培

……晉、宋以降,文體復更。淵明之詩,仍沿晉派。至若慧業文人,咸崇文藻,鑱雕雲風,模範山水。自顏謝詩文,舍奇用偶,鬼斧默運,奇情畢呈,句爭一字之奇,文采片言之貴,情必極貌以寫物,辭必窮力以追新。齊、梁以降,益尚豔辭,以情爲裏,以物爲表,賦始於謝莊,詩昉於梁武。陰、何、吳、柳,厥制益工,研鍊則隱師顏、謝,妍麗則近則齊、梁。子山繼作,掩抑沈怨,出以哀豔之詞,由曹植而上師宋玉,此又南文之一派也。鮑照詩、文,義尙光大,工于騁勢;然語乏清剛,哀而不壯。大抵由左思而上效蘇、張。此亦南文之一派也。

梁陳以降,文體日靡。惟北朝文人,舍文尙質。崔浩、高允之文,咸磽确自雄。溫子昇長於碑版,敍事簡直,得張、蔡之遺規。盧思道長於歌詞,發音剛勁,嗣建安之佚響。子才、伯起,亦工記事之文。豈非北方文體,固與南方文體不同哉?自子山、總持身旅北方,而南方輕綺之文,漸爲北人所崇尙。又初明、子淵,身居北土,恥操南音,詩歌勁直,習爲北鄙之聲,而六朝文體,亦自是而稍更矣。……

寧武南氏校印本《劉申叔遺書》第十五册

圖書在版編目（CIP）數據

中國歷代文論選．第1册／郭紹虞主編．—上海：上海古籍出版社，2001.10（2021.4重印）
高等學校文科教材
ISBN 978-7-5325-3043-4

Ⅰ．中…　Ⅱ．郭…　Ⅲ．文學理論-中國-古代-高等學校-教材　Ⅳ．I206.2

中國版本圖書館CIP數據核字（2001）第066774號

高等學校文科教材
中國歷代文論選
第一册
主　編　郭紹虞
副主編　王文生
上海世紀出版股份有限公司
上　海　古　籍　出　版　社　出版、發行
（上海瑞金二路272號　郵政編碼200020）
（1）網址：www.guji.com.cn
（2）E-mail：gujil@guji.com.cn
（3）易文網網址：www.ewen.co
新華書店上海發行所發行經銷　商務印書館上海印刷有限公司印刷
開本850×1168　1/32　印張11.875　字數268,000
2001年10月新1版　2021年4月第14次印刷
印數：34,001-36,100
ISBN 978-7-5325-3043-4
K·361　定價：38.00元